Bonner Arbeiten zur deutschen Literatur
Herausgeber Benno von Wiese, Band 38

Spaziergang mit Löwy zum Statthalterschloß,
das ich die Zionsburg nannte.
Eingangstore und die Himmelsfarbe
gingen sehr klar zusammen.

Franz Kafka

Inhalt

Sigel

B = F. Kafka: *Briefe 1902–1924*. Frankfurt 1958
( ) = F. Kafka: *Das Schloß*. Frankfurt 1967
E = F. Kafka: *Sämtliche Erzählungen*. Fischer Taschenbuch 1078/1975
F = F. Kafka: *Briefe an Felice u. andere Korrespondenz aus der Verlobungszeit*. Frankfurt 1967
H = F. Kafka: *Hochzeitsvorbereitungen auf dem Lande u. andere Prosa aus dem Nachlaß*. Frankfurt 1953
Ja = Gustav Janouch: *Gespräche mit Kafka*. Fischer Bücherei 1961
M = F. Kafka: *Briefe an Milena*. Frankfurt 1952
O = F. Kafka: *Briefe an Ottla und die Familie*. Frankfurt 1974
P = F. Kafka: *Der Prozeß*. Frankfurt 1965
T = F. Kafka: *Tagebücher 1910–1923*. Frankfurt 1951

A. Einleitung

I. Zur Deutung von Kafkas Schloß

Franz Kafka schreibt in einer programmatischen Tagebucheintragung kurz vor der Niederschrift seines letzten großen Romans *Das Schloß:*

Diese ganze Literatur ist Ansturm gegen die Grenze ... (T 553).

Er fährt dann fort:

sie [diese Literatur] hätte sich ... leicht zu einer neuen Geheimlehre, einer Kabbala, entwickeln können (T 553).

Dieser Hinweis des Tagebuchs auf die Kabbala, das große Werk der jüdischen Mystik, gibt der Wendung „Ansturm gegen die Grenze" einen bestimmten Sinn: wie der Mystiker in einer „stürmenden Ekstase des Aufstiegs"[1] zur göttlichen Thronwelt vorzudringen trachtet, so versteht Kafka offenbar sein Schreiben, „diese Literatur". Er nennt dieses bezeichnenderweise unmittelbar vorher:

Ansturm gegen die letzte irdische Grenze (T 553).

Ich habe in der vorliegenden Interpretation versucht, Kafkas *Schloß* von diesem Ansatz her zu deuten. Damit stehen wir vor der Frage: Ist diese Dichtung überhaupt deutbar?[2] Im Blick auf eine gesuchte Antwort kann ein von K. im *Schloß* gesprochener Satz Richtung weisend für uns werden. In einem seiner letzten Gespräche sagt K. zu der Herrenhofwirtin:

ich sagte ja, daß du nicht nur Wirtin bist, du zielst auf etwas anderes ab (456).

Dieses Wort will den Leser offenbar dazu führen, für die Gestalt der Wirtin einen Schlüssel zu finden. Daraus wage ich zu schließen, daß der Dichter an kleine, spezielle Schlüssel denkt, welche jede einzelne Gestalt, wie hier die der Wirtin, aufschließen. Aus dem Zusammenspiel derartiger Einzeldeutungen mag sich dann die Möglichkeit ergeben, den großen, allgemeinen Schlüssel zu finden, der dieses Schloß – in seinem Doppelsinne – öffnet.

Bei dem Bemühen, durch Deutung in dieses Kunstwerk einzudringen, gerät der Leser in einen dialektischen Prozeß. Zunächst folgt er mit Spannung einer Geschichte, von der er erwartet, daß sich die Motivation alles dessen, was da vor sich geht und gesprochen wird, klären wird, um am Schluß feststellen zu müssen, daß sich nichts aufgeklärt hat, daß am Ende alles so rätselhaft ist wie am Anfang. In dieser geheimnisvollen Landschaft, in der der Leser sich vorzutasten versucht, stößt er nun auf gewisse Zeichen, die ihn aufmerken lassen. Diese Zeichen gleichen erratischen Blöcken, deren Stoff und Bildung darauf hinweisen, daß sie aus einer anderen Epoche und aus einer andern Gegend stammen, als es die Entstehungszeit und der Ort ihres Fundes ist. Als solche erratischen Blöcke liegen Worte wie „Fluch", „Segen", „Angesicht", „Offenbarungswort" inmitten der Landschaft eines sehr sachlichen Prager Deutsch. Sollten sich hier so etwas wie

Schlüssel finden zu dieser geheimnisvollen Geschichte? Gibt es noch andere derartige Schlüssel? Stehen wir hier vor einer künstlerischen Absicht des Dichters?

Ein Wort aus der Dichtung scheint auf eine bestimmte Deutungsabsicht ihres Verfassers hinzuweisen: bei seinem Abschied von Olga läßt K. diese wissen,

> daß er ihr wegen ihrer kleinen Kunstgriffe in der Erzählung gar nicht böse sei, sondern sie sehr wohl verstehe ... (337).

Wenn wir als Leser in den Fußstapfen des K. gehen, indem auch wir solche „kleinen Kunstgriffe" beachten und auszuwerten versuchen, so befinden wir uns, nachdem alles aussichtslos schien, in einer dialektischen Gegenbewegung. Daß dieser dialektische Prozeß, in den der Leser des Romans hineingerät, in Kafkas künstlerischer Absicht liegt, können wir uns an zwei Meditationen Kafkas klarmachen. In der ersten geht es um das „Unfaßbare". Kafka sagt von den Gleichnissen:

> Alle diese Gleichnisse wollen eigentlich nur sagen, daß das Unfaßbare unfaßbar ist, und das haben wir gewußt (E 359).

In einer zweiten Meditation, in der er sich gegen eine Faßbarkeit durch die Sprache für „alles außerhalb der sinnlichen Welt" abgrenzt, billigt er aber der Sprache die Möglichkeit zu, wenigstens „andeutungsweise" für diese Welt gebraucht werden zu können:

> Die Sprache kann für alles außerhalb der sinnlichen Welt nur andeutungsweise, aber niemals auch nur annähernd vergleichsweise gebraucht werden, da sie, entsprechend der sinnlichen Welt nur vom Besitz und seinen Beziehungen handelt (H 45).

In dieser Dialektik alles Sagens: Unfaßbarkeit einerseits — andeutender Hinweis andererseits — schwingt die ganze *Schloß*-Geschichte; in ihr hat sich auch eine ihr gemäße Interpretation zu bewegen. Damit wäre dem Interpreten die Aufgabe gestellt, die Grenze des Unfaßbaren zu respektieren, gleichzeitig aber auch die andeutenden Zeichen zu beachten, welche auf ein geheimnisvolles X „außerhalb der sinnlichen Welt" hinweisen.

Mit seinem Wort „Von den Gleichnissen" stellt Kafka das Gleichnis seiner *Schloß*-Dichtung hinein in die jüdische Tradition. Politzer[3] hat darauf hingewiesen, daß Kafkas Dichtung dem jüdischen Maschal, dem Rätselwort, nahesteht. Auch im *Schloß* sieht der Leser zunächst nur diese Unerklärbarkeit, Rätselhaftigkeit. Von der *Schloß*-Dichtung läßt sich sagen, was Kafka über die Prometheus-Sage schreibt:

> Die Sage versucht das Unerklärliche zu erklären. Da sie aus einem Wahrheitsgrund kommt, muß sie wieder im Unerklärlichen enden (H 100).

Das „Unerklärliche" tritt uns in der Zeichnung der Gestalten des Romans entgegen. Wir werden im Verlauf unserer Interpretation sehen, wie es dem Dichter mit großer Sicherheit gelingt, alle Gestalten als offene Gestalten vor uns hinzustellen. Wir können sie umwandern, über sie meditieren, aber wir können kein Endurteil über sie fällen.

Aber dieses Offenlassen ist nicht gleichbedeutend mit Sinnlosigkeit. Im dialektischen Gleichgewicht zur Darstellung des Unerklärlichen stehen Hinweise auf einen

Sinn, durch welche die Verschlossenheit des Unerklärlichen angegangen wird. Die Hilfen in dem „Ansturm gegen die Grenze" des Unfaßbaren sind mannigfache Zeichen und Bilder. Nach ihnen greift der Leser in der Nachfolge des K.: Wie diese Zeichen den K. immer wieder ermutigen sollen, vor dem Unerklärlichen nicht zu kapitulieren, so hat sich auch der Leser an sie zu klammern, um von dem Unerklärlichen des Romans nicht bezwungen zu werden, indem er in der Rätselhaftigkeit nur eine Darstellung der Sinnlosigkeit sieht.[4]

Es finden sich in der Dichtung andeutende Zeichen der verschiedensten Kategorien, deren hauptsächlichste hier genannt werden sollen. Als Zeichen am deutlichsten erkennbar ist die Häufung eines bestimmten Wortes. So wird Momus 40 x „der Herr" genannt. Der Gemeindevorsteher spricht 15 x von K. als „Fall". In der Handhabung der Kumulation wendet Kafka ein häufig gebrauchtes Stilmittel des Alten Testaments[5] an. Es seien als Beispiele genannt: Genesis 4, die Geschichte von Kain und Abel, wo das tragende Wort „Bruder" 7 x erscheint. Genesis 15, in der Abrahamgeschichte, ist es das Wort „Erbe", das kurz hintereinander 3 x genannt und durch ein dreifaches „Besitzen" variiert wird. Es sei noch besonders hingewiesen auf Jesaias 53, dessen „verachtet" variiert durch „Allerverachtetste", ... „nichts geachtet" in der Amalia-Episode der *Schloß*-Dichtung aufgenommen wird. Wir stellen in dieser biblischen Handhabung der Kumulation eine Meisterschaft fest, die uns dieses Stilmittel nicht als ein Zeichen von Schwäche, das es auch sein könnte, sondern als ein Zeichen einer urwüchsigen Kraft empfinden läßt. Es läßt uns an den Faltenwurf archaischer Plastiken denken, in welchen bei scheinbar monotonem Gleichmaß durch kleine Variationen eine ihm innewohnende Kraft spürbar wird.

Ganz ähnlich ist die Handhabung der Kumulation bei Kafka. Auch bei ihm findet sich wie im Alten Testament an vielen Stellen eine Wiederholung des Motivwortes, die er durch sinnverwandte Worte variiert. Bei aller Deutlichkeit ist die Kumulation völlig unauffällig; sie wirkt so organisch, wie nur ein Gebilde sein kann, das einer lebendigen Wurzel entspringt. So werden in dem Schlußgespräch zwischen K. und Jeremias die Worte „Angst", „Furcht", „Fürchten", „Drohen", „Drohung" so spielerisch gelockert gebraucht, daß der Leser es zunächst übersieht, hier vor einer Gruppe von Schlüsselworten zu stehen.

Neben der Kumulation findet sich an ausgezeichneter Stelle des Romans die Übertragung eines biblischen Mythos in die moderne Welt durch ein in leichten Variationen übernommenes Wortgerippe. Dieses Gerippe wird vom Dichter seiner mythologischen Hülle entkleidet und in einem dichterischen Schöpfungsakt mit neuem Fleisch und Blut bekleidet. Es handelt sich um die Übernahme der Sündenfallgeschichte in die Pult- und die Schlittenszene. Wir werden auf diesen Vorgang in der Analyse der Frieda-Episode eingehen.

Ein Zeichen auf etwas „außerhalb der sinnlichen Welt" kann auch ein einzelnes Wort oder eine Wortgruppe sein. Hier ist zu denken an Worte wie „Fluch", „Segen", „Probe", „Möglichkeit", „vor Furcht zittern". Es sind Worte, die aus Kafkas Lektüre der Bibel und Kierkegaards stammen und etwas von dem Vollsinn ihres Ursprungs mitbringen.

11

Die nachfolgende Entstehungsgeschichte des Romans wird diesen geistigen Prozeß ans Licht bringen.

Der Fundort für solch zeichenhafte Worte kann neben der Lektüre auch die eigene Biographie sein. Der Dichter schreibt in einer Meditation:

> Das Schreiben versagt sich mir. Daher Plan der selbstbiographischen Untersuchungen. Nicht Biographie, sondern Untersuchung und Auffindung möglichst kleiner Bestandteile. Daraus will ich mich dann aufbauen, so wie einer, dessen Haus unsicher ist, daneben ein sicheres aufbauen will, womöglich aus dem Material des alten (H 388).

Kafka entnimmt solchen „selbstbiographischen Untersuchungen" Worte, die er in der Dichtung zu Schlüsselworten werden läßt. So tauchen die Worte „feindselig" aus den Selbstzeugnissen der Felicezeit ebenso wie ein „zerstört" aus den Briefen an Milena im *Schloß* als andeutende Zeichen wieder auf.

Neben diesen im Wort gefaßten Zeichen findet sich im *Schloß* auch verschiedentlich ein der Lektüre entnommenes Symbol als Zeichen. So wird der „Mann mit der Meßschnur"[6] der Propheten Sacharja und Hesekiel zum Landvermesser. Das Granatenhalsband, welches die Heldin der *Babička* der Božena Němcová trägt, wird in der Hand des *Schloß*-Dichters zum Symbol des gebundenen Menschen, des „Mädchen[s] mit dem Granatenhalsband".

Als Zeichen haben wir auch die Namen wichtiger Gestalten zu verstehen: Barnabas, Jeremias, Galater sind, wie wir sehen werden, der Bibel entnommen; Momus, Sortini (gleich Moira) der griechischen Mythologie.

Überblicken wir die Handhabung der andeutenden Zeichen, so machen wir noch einige interessante Feststellungen: Diese Zeichen verdeutlichen zwar, indem sie etwas von dem Geist ihres Ursprungs in die Kafkasche *Schloß*-Dichtung einbringen, aber dieses Verdeutlichen geschieht in dichterischer Weise. Ein Hauch von Unerklärlichem liegt als der „Dichtung Schleier"[7] über allen Zeichen und Symbolen. Es gibt Verfremdungen, Ironisierungen, Sprünge, die den Leser an der vermeintlich gefundenen Deutung irremachen wollen, eine ständige Mahnung, die Grenze des „andeutungsweise" nicht zu überschreiten.

Bedeutsam ist ferner, wo die Schlüsselworte im Text stehen. Meistens, wenn auch nicht immer, findet sich das aufschließende Wort am Schluß des betreffenden Kapitels. So fällt erst ganz am Ende des Kapitels „Amalias Strafe" in Olgas Erörterungen das Wort „Probe", erst am Ende des Kapitels „Olgas Pläne" findet sich das Wort „Aufopferung", und erst im letzten Gespräch zwischen K. und Jeremias fällt das Wort „Angst".

Dem hier vorliegenden Interpretationsversuch liegt die im Laufe der Arbeit gewonnene Überzeugung zugrunde, daß der Roman bis in alle Einzelheiten von seinen vielfachen Zeichen her zu deuten ist. Es erhebt sich nun die Frage: Mit welcher Art von Bewußtheit hat der Künstler diese Zeichen gesetzt? Wir können sicher sein, daß es sich hier nicht um eine intellektuelle Bewußtheit handelt. Mit dieser käme der Dichter in die bedrohliche Nähe der unkünstlerischen Allegorie, die Kafka deutlich ablehnte. So schreibt er über eine ihm vorgelegte „Legende":

[sie, die Legende] ist ... nichts ... als Allegorie, [die] alles sagt, was zu sagen ist, nirgends ins Tiefere geht und ins Tiefere zieht (F 596).

In einigen Stellen des Romans zeigt ein Vergleich von Dichtung und Entwurf, daß der Künstler die in der Skizze auftauchende allegorische Zeichnung später in der Dichtung vermeidet. Das wird besonders deutlich bei der Gestalt der Brückenhofwirtin.

Wir können die Frage nach der Bewußtheit in der Handhabung der Zeichen beantworten, wenn wir ihren Entstehungsprozeß verfolgen. Für das Verständnis der Genese der Schlüsselworte sind zwei Meditationen aus Kafkas künstlerischer Selbstdarstellung von Bedeutung. Beide Meditationen entstammen der *Schloß*-Welt. Zwischen frühen *Schloß*-Skizzen findet sich das Wort:

Fern, fern geht die Weltgeschichte vor sich, die Weltgeschichte deiner Seele (H 273).

Während seiner Arbeit am *Schloß* schreibt er:

Immer die in Zimmern eingesperrte Weltgeschichte (T 575).

Beide Worte Kafkas wollen dieses sagen: in seiner Dichtung wird das individuelle Leben, das Leben Franz Kafkas – „deiner Seele", „in Zimmern eingesperrt" – dargestellt als „Weltgeschichte", wobei wir „Weltgeschichte" als ein Geschehen zu verstehen haben, das nach Gesetzen verläuft, die „außerhalb der sinnlichen Welt" – „fern, fern" – Geltung haben. In einem Gespräch mit Janouch drückt Kafka das folgendermaßen aus:

Der Dichter hat die Aufgabe, das isolierte Sterbliche in das unendliche Leben, das Zufällige in das Gesetzmäßige hinüberzuführen. Er hat eine prophetische Aufgabe (Ja 117).

Wir sind in der Lage, an exemplarischen Beispielen der *Schloß*-Dichtung diesen Überführungsprozeß nachzuvollziehen. Dabei stellen wir vier Entwicklungsstufen fest.

Erste Stufe. Am Anfang steht das Erlebnis. Dieses Erlebnis kann verschiedener Art sein. Es kann einer menschlichen Begegnung entwachsen. So werden wir im Laufe unserer Darstellung sehen, daß die wichtigsten Gestalten des Romans: Frieda, Amalia, Olga, Pepi Spiegelungen der Begegnungen Kafkas mit Frauen seines Lebens sind. Das Erlebnis kann aber auch der zündende Blitz aus einer geistigen Begegnung sein, so wenn Kafka nach der Lektüre von Kierkegaards *Furcht und Zittern* von dem „Glück des Erkennens" (B 237f.) spricht.

Zweite Stufe. Das Erlebnis pflegt sich für Kafka in einem Wort zu verdichten. So faßt er die Entfremdung zwischen sich und Felice in dem Wort „feindselig", die Wirkung Milenas auf ihn in einem „zerstört". Die Quintessenz von Kierkegaards *Furcht und Zittern* und *Krankheit zum Tode* sind die Worte: „vor Furcht zittern" und „Möglichkeit". Diese Worte in ihrer prägenden Kraft sind bereits das erste Stadium eines künstlerischen Prozesses.

Dritte Stufe. Das Wort, in dem sich für ein Genie des Wortes das Erlebnis zusammenballt, wird in einem seelisch-geistigen Vorgang von dem künstlerischen Spieltrieb erfaßt und taucht in dichterischer Verkleidung im Kunstwerk wieder auf; es wird dort zum Angelpunkt, um die sich jeweils die „schwingende Geschichte" (T 498) bewegt. So findet sich das „feindselig" der Felice-Begegnung als Charakteristikum der Wirtin, des

13

„Mütterchens" Friedas wieder, das „zerstört" der Milenabriefe als die „Zerstörung seiner Kräfte" durch die Barnabasfamilie. Das „Furcht und Zittern" Kierkegaards wird zu dem „vor Furcht zittern" des Barnabas. Die „Möglichkeit" aus der „Krankheit zum Tode" ist ein Knotenpunkt in Bürgels Ausführungen.

Vierte Stufe. Das Wort, welches aus dem Erlebnis geboren ist, tritt in seiner künstlerischen Gestalt als hinweisendes Zeichen auf; es hat in besonderer Weise die Kraft des „Hinüberführens", von dem Kafka zu Janouch sprach. Dieses Wort wird Zeichen für etwas „außerhalb der sinnlichen Welt"; in ihm erscheint „andeutungsweise" die „fern[e], fern[e] Weltgeschichte". Die angeführten Beispiele „feindselig", „zerstört", „vor Furcht zittern", „Möglichkeit" sind in ihrem Vollsinn erst zu verstehen von dem „Unfaßbaren" her, auf das sie hinweisen.

Aus der Rückschau auf die Entstehung des aufschließenden Wortes erklärt sich auch die Zurückhaltung des Dichters, dieses Wort voreilig zu nennen. Es ist wie in der Beichte, wo der Mensch in schwerem Ringen die letzte Motivation seines Handelns aufdeckt. In Kafkas Briefen an Milena finden sich solche Beichten, die, wie wir sehen werden, in der Dichtung in künstlerischer Form aufgenommen sind. Es sei hier hingewiesen auf einen solchen Beichtbrief[8], in dem der Briefschreiber in immer neuen Ansätzen den letzten Grund seiner „Angst" aufdeckt.

Auf die zu Anfang gestellte Frage nach der Bewußtheit des andeutenden Zeichens ist nach diesen Ausführungen zusammenfassend zu sagen:

Das Zeichen als verdichtetes Gleichnis ist keine vom Intellekt erfundene Zutat, wie es die Allegorie ist, sondern es ist das Glied einer Kette, die von einem scheinbar zufälligen Erlebnis bis zu dem Blick in den „Wahrheitsgrund" reicht. Als Zeichen erhebt es das zufällig Erscheinende in das „Gesetzmäßige", das „unendliche Leben". Vom Lebendigen herkommend weist es auf das „unendliche Leben" hin. Es ist ein wichtiges Instrument in der Hand des Dichters zur Erfüllung seiner „prophetischen Aufgabe". Aus seinem Entstehungsprozeß erklärt sich seine künstlerische Qualität.

14

II. Die Entstehung des Schloß-Romans

Das *Schloß* hat seine Ursprünge in der geistigen und menschlichen Welt des Dichters, deren Kräfte sich zur Zeit von Kafkas Milena-Verhältnis zusammenballten, um dann in künstlerischer Gestalt als ein einheitliches Ganzes neu zu erstehen. Um diese Genese in etwa nachvollziehen zu können, soll im Folgenden versucht werden, in der Biographie Kafkas die Elemente dieses Prozesses zu entdecken und, so weit möglich, die Kräfte aufzuspüren, welche diese einzigartige Verwandlung hervorbrachten.

Um einen Überblick zu gewähren, füge ich diesem Kapitel eine Zeittafel der hauptsächlichsten geistigen und menschlichen Begegnungen bei, die für die Entstehung des Romans von Bedeutung sind.

Unter den Komponenten, welche die Bildung der *Schloß*-Welt mitbestimmt haben, sei hier als erste Kafkas Stellung zu seinem Judentum genannt. Aus den Briefen an Milena, welche der *Schloß*-Entstehung unmittelbar vorausgehen, klingt Kafkas Frage nach seinem Judentum wie ein Grundakkord hindurch. So heißt es gleich in dem ersten Brief an Milena:

Sie sind doch nicht heimatlos wie andere Leute (M 9).

In einem der Briefe nach der beginnenden Lösung von Milena spürt man den Herzschlag eines an seinem Judentum Leidenden. Das „Waldtier" hat ein neues „zuhause" gesucht und wird doch zurückgeworfen auf „den Wald …, auf diesen Ursprung und diese wirkliche Heimat" (M 223 f.). Und am Ende seiner Milena-Briefe bringt sich dieser Grundakkord noch einmal wie ein Aufschrei zu Gehör: „Judentum! Judentum!", ein Schrei, der doch unterschwellig auf eine Lösung hinweist, welche das Judentum seinen Kindern bietet. Kafka nennt sie hier „sicher sein" (M 266).

Um die Spuren des Judentums im *Schloß* deutlich machen zu können, soll hier Kafkas Stellung zu seinem Volk und dessen Glauben in seinen Selbstzeugnissen aufgewiesen werden. Kafka greift immer wieder nach der Bibel, dem Dokument der „alten großen Zeiten" (B 291). „Bibel aufgeschlagen", heißt es im Tagebuch (T 479), „viel in der Bibel gelesen" in einem Brief (B 315).

Kafka geht in großer Selbstverständlichkeit mit den Menschen der Bibel um. Nicht nur Abraham, Sara, Moses sind da, es ist, als sei ihm die ganze Welt der biblischen Menschen gegenwärtig, so daß er von ihnen wie von Vertrauten reden kann. Neben Abraham und Sara steht Lots Weib (H 319). Moses ist nicht nur der Führer durch die Wüste, er steht auch vor dem brennenden Dornbusch (B 297). Für die Gefährdeten stehen Simson und Dalila (M 219). Eine „Stimme" ruft die „Propheten, die schwache Kinder waren" (M 40, vgl. 1. Samuel 3, 1–10). Jesus nimmt eine besondere Stelle ein, „bei der Geburt Christi in der halboffenen Hütte [war] gleich die ganze Welt dabei" (B 347). Er tritt vor uns als der Zwölfjährige (B 231). Er spricht sein: „Folge mir nach!" (M 25). Durch ihn weiß der Dichter: „Im Hause des Vaters [sind] viele Wohnungen" (B 304 vgl. Johannes 14,2). Das „Beispiel Christi" soll richtunggebend sein für den Geschichtsunterricht (F 707). Die ersten *Schloß*-Skizzen lassen deutliche Bezüge zu Jesaia, Hesekiel und Joel erkennen (s. u.). Im Werk selbst tauchen die bedeutsamen Namen „Jeremias" und „Galater" auf.

In seiner Frage nach dem Judentum stand Kafka in ständigem Austausch mit seinen Freunden Felix Weltsch und Max Brod. Beide befaßten sich in grundlegenden Schriften mit Problemen des Judentums. Felix Weltsch schrieb eine Ethik: *Gnade und Freiheit*[1], Max Brod verfaßte die Schrift: *Heidentum, Christentum, Judentum*[2]. Im Frühjahr 1920 beschäftigt sich Kafka mit Weltschs *Gnade und Freiheit*. Er hat dieses Werk vor dem Druck genau durchgesehen, korrigiert und mit Fragen und Vorschlägen versehen. Er schreibt dazu: „Es (sc. die Korrekturen und Vorschläge) sind aber alles nur Kleinigkeiten, mit größeren Fragen wage ich nicht aufzutreten, nicht Dir gegenüber, nicht der Sache gegenüber. Als Erbauungsbuch – und das ist es ja viel mehr als ich dachte – bedeutet es mir viel und wird mir viel bedeuten" (B 264). Im August 1920 findet sich in einem Brief Kafkas eine Besprechung von Max Brods Schrift *Heidentum, Christentum, Judentum* (B 279f., M 109). Die Verfasser beider Werke stehen als Juden in der Auseinandersetzung mit dem Christentum, Brod darüber hinaus noch mit dem Griechentum. Die Fragen des Judentums: Gesetz – Gnade – rechtes Handeln – Prädestination – Willensfreiheit werden ausführlich erörtert unter Heranziehung von Zitaten der großen Theologen von Paulus bis Luther und Calvin. Es wird im Verlauf dieser Arbeit deutlich werden, daß Kafka in seiner *Schloß*-Dichtung einen Beitrag lieferte zu den Gesprächen mit seinen Freunden Weltsch und Brod.

Zu dem Fragenkomplex Judentum gehört Kafkas Beschäftigung mit dem Ostjudentum und seinen religiösen Grundlagen. Im Oktober 1911 beginnen in Kafkas Tagebüchern Eintragungen über seine Begegnung mit einer ostjüdischen jiddisch sprechenden Schauspielertruppe, deren Vorführungen seit 1910 von Kafka regelmäßig besucht wurden. Der Dichter befreundet sich mit Löwy, dem Leiter dieser Gruppe, von dem er schreibt, daß er ihn „im Staub bewundern möchte" (T 99). Kafka ist offenbar tief bewegt worden von diesen Begegnungen, die ihn an die religiösen Quellen seines Volkstums führten.

Max Brod schreibt zu der Begegnung Kafkas mit der ostjüdischen Theatergruppe: „Er … [Kafka] erhielt tiefe Einblicke in Bräuche und geistige Krise der polnisch-russischen Judenheit … Kafka wurde auf diese Art auch dazu geführt, jüdische Geschichte (Graetz)[3] und die Geschichte der jiddischen Literatur (nach der französischen Ausgabe des Buches von Pines) zu studieren".[4] Zu diesem Studium schreibt Kafka in sein Tagebuch:

> Ich … las Pines „L'histoire de la Littérature Judéo-Allemande", fünfhundert Seiten, und zwar gierig, wie ich es mit solcher Gründlichkeit, Eile und Freude bei ähnlichen Büchern noch niemals getan habe … (T 242).

Offenbar hat die Begegnung mit der jiddischen Schauspielertruppe Kafka angeregt, religiöses jüdisches Schrifttum zu lesen. Eine Reihe von Zitaten, die sich zwischen den Berichten über die Schauspielertruppe im Tagebuch eingestreut finden, zeigen auf, daß Kafka beginnt, sich mit dem Talmud zu beschäftigen, der in der religiösen Welt des Ostjudentums eine entscheidende Rolle spielte (s. T 173, 174, 177, 178 vgl. auch T 212, 222, 236). Die Berührung mit dem Ostjudentum scheint Kafka auch in die Welt des Chassidismus eingeführt zu haben. Das Tagebuch erwähnt zu dieser Zeit die Chassidim (T 178).

Die mystische Religiosität des Chassidismus wird Kafka auch auf die Kabbala, die wichtigste Quelle der jüdischen Mystik, geführt haben. So schließt eine Schilderung chassidischer Geselligkeit („bei denen sie sich fröhlich über Talmudfragen unterhalten") mit einer kabbalistischen Darstellung über die Sabbatseele der Frommen (T 178). Die Bekanntschaft mit dem Kabbalisten Georg Langer läßt später Kafkas Interesse an der Mystik des Chassidismus erneut aufleben. Das Tagebuch schildert die durch Langer vermittelte Begegnung mit einem „Wunderrabbi" (T 478 vom September 1915)[5]. Dieser Begegnung folgen im Tagebuch chassidische Geschichten Langers (T 482–484 vom 6. 10. 1915). April 1916 bringt das Tagebuch Entwürfe zur Darstellung einer Golemgeschichte (s. T 407f.), der bildlichen Gestaltung des Tagebuchwortes „Der Mensch komme hervor" (T 506)[6] [7]. 1917 schreibt Kafka an Brod:

> Die chassidischen Geschichten im jüdischen Echo sind vielleicht nicht die besten, aber alle diese Geschichten sind, ich verstehe es nicht, das einzige Jüdische, in welchem ich mich, unabhängig von meiner Verfassung, gleich und immer zu Hause fühle … (B 172f.).

In die Nähe der *Schloß*-Welt führt dann Kafkas Einleitung zu einem Kierkegaard-Zitat: „ … folgende Stelle ist nicht aus dem Talmud". Dieses talmudisch klingende Kierkegaard-Zitat könnte als Motto über dem Weg des K. stehen; es lautet:

> Sobald ein Mensch kommt, der etwas Primitives mit sich bringt, so daß er also nicht sagt: Man muß die Welt nehmen wie sie ist …, sondern der sagt: Wie die Welt auch ist, ich bleibe bei einer Ursprünglichkeit, die ich nicht nach dem Gutbefinden der Welt zu verändern gedenke: im selben Augenblick, als dieses Wort gehört wird, geht im ganzen Dasein eine Verwandlung vor sich. Wie im Märchen, wenn das Wort gesagt wird, sich das seit hundert Jahren verzauberte Schloß öffnet und alles Leben wird: so wird das Dasein lauter Aufmerksamkeit. Die Engel bekommen zu tun und sehen neugierig zu, was daraus werden wird, denn dies beschäftigt sie. Auf der andern Seite: finstere, unheimliche Dämonen, die lange untätig dagesessen und an ihren Fingern genagt haben, springen auf und recken die Glieder, denn, sagen sie, hier, worauf sie lange gewartet haben, gibt's etwas für uns usw. (B 239)[8].

Zu dem Komplex „Judentum" gehört an zweiter Stelle Kafkas Beschäftigung mit dem Zionismus. Wir stoßen in Kafkas Selbstzeugnissen auf vielfältige Spuren seiner Auseinandersetzung mit dieser westlichen Ausprägung des Judentums. Kafka hat über ein Jahrzehnt in der Auseinandersetzung mit dem Zionismus gestanden. Die „Selbstwehr", eine zionistische Zeitschrift, von seinem Freund Felix Weltsch redigiert, las er mit Eifer[9]. Er förderte die Palästinapläne von Verwandten und Freunden[10], und dachte offenbar selber an eine Übersiedlung nach Palästina[11]. Dabei war Kafkas Verhältnis zum Zionismus durchaus kritisch. Eine Darstellung Max Brods[12] zeigt den Punkt auf, an dem Kafkas Kritik einsetzte: es war der politische Ansatz des Zionismus. Hier schied er sich von seinem Freund Brod. In den Briefen an Felice zeigt sich dieselbe fundamentale Kritik. Er schreibt an Felice:

Heute früh war ich im Zionistischen Kongreß. Die richtige Anknüpfung fehlt mir. Im einzelnen habe ich sie, über das Ganze hinaus auch, im Eigentlichen aber nicht" (F 462). Der Zionismus ... ist nur der Eingang zu dem Wichtigeren (F 675).

Was für Kafka dieses „Wichtigere" war, ist aus einem Brief zu ersehen, der sich auf einen Vortrag von Dr. Lehmann bezog. Felice hatte den Vortrag: „Das Problem der jüdisch-religiösen Erziehung" gehört. In seinem Brief an Felice schreibt Kafka:

Übrigens scheinst du insofern hinsichtlich des Vortrags ein besonderes Glück gehabt zu haben, als er die Kernfrage behandelt hat, die meiner Meinung nach nie ruhen wird, immer wieder aufleben, immer wieder den Boden des Zionismus in Unruhe bringen muß (F 694 vgl. F 702 Anm. 1).

Eine andere Briefstelle weist auf den Gefahrenpunkt des Zionismus hin. (Kafka spricht von der Kraft der Seele, mit der die Helfer im jüdischen Volksheim ihre Arbeit leisten), er schreibt:

Mit dem Zionismus hängt es [das „leisten"] nur in der Weise zusammen, daß die Arbeit im Heim von ihm eine junge kräftige Methode, überhaupt junge Kraft erhält, daß nationales Streben anfeuert, wo anderes vielleicht versagen würde, und daß die Berufung auf die alten ungeheuren Zeiten erhoben wird, allerdings mit den Einschränkungen, ohne die der Zionismus nicht leben könnte. Wie Du mit dem Zionismus zurecht kommst, das ist Deine Sache, jede Auseinandersetzung (Gleichgültigkeit wird also ausgeschlossen) zwischen dir und ihm wird mich freuen ..., solltest du aber Zionistin dich einmal fühlen ... und dann erkennen, daß ich kein Zionist bin — so würde es sich bei einer Prüfung wohl ergeben — dann fürchte ich mich nicht, und auch du mußt dich nicht fürchten, Zionismus ist nicht etwas, was Menschen trennt, die es gut meinen (F 697f.)[13].

Kafka sah neben der Gefährdung des Zionismus durch seine politische Ausrichtung aber auch durchaus seine einzigartige Gabe: er erkannte sie in der Kraft, aus dem Geist der „alten Jahrhunderte" (sc. des Alten Testaments) die reale Existenz seines Volkes zu gestalten (s. T. 553).

Die Bedeutung der beiden großen jüdischen Geistesströmungen Chassidismus und Zionismus für die *Schloß*-Welt faßt die Tagebucheintragung vom 16. 1. 1922 zusammen:

Diese ganze Literatur ist Ansturm gegen die Grenze, und sie hätte sich, wenn nicht der Zionismus dazwischengekommen wäre, leicht zu einer neuen Geheimlehre, einer Kabbala, entwickeln können. Ansätze dazu bestehen. Allerdings ein wie unbegreifliches Genie wird hier verlangt, das neu seine Wurzeln in die alten Jahrhunderte treibt oder die alten Jahrhunderte neu erschafft und mit all dem sich nicht ausgibt, sondern jetzt erst sich auszugeben beginnt (T 553).

Die explizite Anführung der Kabbala ist hier ein wichtiger Hinweis, auch der Terminus „Ansturm gegen die Grenze" ist zu beachten. Er entspricht der Haltung des Mystikers. Davon wird noch im Einzelnen die Rede sein. Dagegen ist – wie wir sahen – das Neuerschaffen der alten Jahrhunderte als zionistisches Erbe zu verstehen. Nach dieser Tagebucheintragung bilden die Geisteshaltungen von Chassidismus und Zionismus auf dem Hintergrund der Bibel die Grundlage von Kafkas „Literatur", dem *Schloß*, das sich zur Zeit dieser bedeutsamen Eintragung im Geburtsstadium befand.

Wie die angeführte Tagebuchnotiz besagt, ist das „Genie" Kafka bemüht, die Welt des Judentums in seiner Existenz nachzuvollziehen. Aus dieser existentiellen Haltung, welche Kafka als Schüler Kierkegaards von einem gnostischen nur spekulativen Kabbalisten unterscheidet, entspringt die Bedeutung der menschlichen Begegnungen für sein Leben. Der künstlerische Niederschlag dieses existentiellen Nachvollzugs der „alten Jahrhunderte" liegt in der *Schloß*-Dichtung vor. Es ist deshalb für die Interpretation von Bedeutung, daß wir uns die wichtigsten Begegnungen Kafkas „besonders hinsichtlich der Frauen" (T 565) seines Lebens vor Augen stellen: es sind Felice Bauer, Julie Wohrycek, Milena Jesenská und Grete Bloch.

Zur Zeit der *Schloß*-Entstehung sind die Verlobungen mit Felice Bauer und Julie Wohrycek zwar gelöst, aber das Bewußtsein der Schuld an diesen Menschen bleibt bestehen. Der Gedanke an Grete Bloch, die „Freundin" Felices, weitgehend deren Gegenspielerin, weckt immer wieder die Frage nach dem Grund des Scheiterns der Verlobungen, aber auch nach den Beweggründen des Verhaltens von Grete Bloch. Entscheidend für die Entstehung der *Schloß*-Geschichte wird dann die Begegnung Kafkas mit Milena Jesenská. Die Problematik dieses Verhältnisses wird uns noch ausführlich beschäftigen; hier sei nur kurz sein äußerer Verlauf skizziert.

Kafka lernte April 1920 die Tschechin Milena Polak, geborene Jesenská, als Übersetzerin seiner frühen kurzen Prosastücke ins Tschechische kennen (s. M 9, 10, vgl. M 11 mit B 271). Die sich anbahnende Briefliebe flammte auf in einem Zusammensein in Wien, von Kafka „die vier Wiener Tage" genannt (30. Juni bis 3. Juli)[14]. Sie bilden den Höhepunkt dieses Liebesverhältnisses. Kafka hatte gehofft und erwartet, daß Milena sich aus ihrer unglücklichen Ehe mit Ernst Polak lösen würde. Er mußte aber bald einsehen, daß Milena geheimnisvoll an ihren Mann gebunden war (s. M 179, 196, 216f.). Es trat eine Entfremdung ein. Anfang August 1920 gibt es in einem Brief Milenas „harte Sätze", die Kafka tief verletzten (s. M 165f.). Ein kurzes Treffen in Gmünd am 15. August machte die entstandene Spannung deutlich. Nach Gmünd heißt es in einem Brief vom 25. August: „Es ist jetzt viel besser, nicht täglich zu schreiben" (M 210). Am 13. September 1920 hat sich Kafka zu einer klaren Lösung von Milena durchgerungen, er fährt nicht – wie geplant – in ein Sanatorium nach Grimmerstein über Wien, wo er Milena getroffen hätte, sondern in anderer Richtung nach Matliary in der Tatra. Von dort lautet ein dringender Appell an Milena: „Nicht schreiben und verhindern, daß wir zusammenkommen, nur diese Bitte erfülle mir im stillen, sie allein kann mir irgendein Weiterleben ermöglichen, alles andere zerstört weiter"[15]. Von diesem Zeitpunkt an bricht der regelmäßige Briefwechsel mit Milena ab (s. M 254); April 1921 sehen wir Kafka auf der Flucht vor Milena (s. B 316, 317f.). Er ist Milena aber dann doch noch einige Male begegnet: Oktober 1921 hat er ihr alle seine Tagebücher gegeben (s. T 542). Dezember 1921 erwähnt das Tagebuch „vier Besuche" Milenas (T 550), und am 19. Januar 1922 noch einige Besuche „wie Krankenbesuche" (T 555f.). Am 6. April 1922 schreibt er: „Geplanter Brief an Milena" (T 578), wohl die Antwort auf einen „Brief" [Milenas] (T 575 vom 25. 2.). Dieser geplante Brief ist wahrscheinlich der Brief, welcher anfängt: „Dann kam Ihr Brief" (M 262 vgl. B 299). In diesem Antwortbrief Kafkas (wohl von Anfang April 1922) sind die *Schloß*-Beziehungen deutlich. Das Zentralthema des Romans, die Berufung K.s klingt in dem Anfangssatz an: „es war, als hätte ich alle Jahr hindurch nur nebenbei alles, was verlangt wurde, getan und in Wirklichkeit nur darauf gehorcht, ob man mich riefe" (M 262). In dem Schlußsatz des Briefes mag eine Anspielung auf den Buchtitel „Das *Schloß*" beabsichtigt sein: „(Sie) müssen ... Geduld haben, diese Knospe öffnet sich langsam und sie ist ja nur Knospe, weil man das Geschlossene Knospe nennt" (M 263). Milena hat offenbar diesen Brief durch einen Besuch erwidert (T 580 vom 27. 4. 1922). Mit der Notiz vom 8. Mai „Milena hier gewesen, kommt nicht mehr" (T 580) brechen die Beziehungen zwischen Kafka und Milena ab. Nur einige wenige Grüße werden noch ausgetauscht (M 267–270)[16].

In das Auf und Ab dieser Begegnungen Kafkas mit Milena greift wie ein Zahnrad die beginnende Arbeit am *Schloß*. Nach den „harten Sätzen" Milenas (M 165f.) und dem unglücklichen Treffen in Gmünd am 15. August berichtet er am 26. August:

Ich habe seit paar Tagen mein Kriegsdienst- oder richtiger „Manöver-Leben" aufgenommen, wie ich es vor Jahren als für mich zeitweilig bestes entdeckt habe ... die eigentliche Beute steckt ... in der Tiefe der Nacht ... dieses Im-Dienst-Sein ist gut auch ohne alle Ergebnisse. Es wird auch keine haben, ich brauche ein halbes solches Jahr, um mir erst die Zunge zu lösen.

Diese Notiz steht in einem Brief, der schließt:

Gewiß, so schlimm waren die Briefe nicht, aber diesen Bleistiftbrief verdiene ich doch nicht. Wo ist überhaupt jemand, der ihn verdienen würde, im Himmel und auf Erden" (M 208f.). Man vergleiche hiermit die „Manöverleben"-Skizze: „Es fängt damit an, daß du in deinen Mund zu seiner Überraschung statt des Essens ein Bündel von soviel Dolchen stopfen wolltest, als er nur faßt (H 301f.).

Wir werden in dem hier genannten „Manöverleben" mit seiner „Beute" an die „Fragmente aus Heften und losen Blättern" zu denken haben, die in den „Hochzeitsvorbereitungen auf dem Lande" erschienen sind. Sie werden in der Zeittafel „Manöverleben"-Skizzen genannt und unter H angeführt. Es werden die Skizzen H 289–H 353 sein. Zum Teil sind diese Fragmente mit einem Datum versehen. Diese Datierung ist von Bedeutung, weil die Tagebuchnotizen gerade in dieser Zeit fehlen (Kafka hat sie wahrscheinlich wegen ihrer Milena-Bekenntnisse selbst vernichtet). Zu H 298 heißt es in der

Anmerkung: „Ein dem Heft beiliegendes Blatt trägt die Jahreszahl 1920" (H 452). Datiert sind die Skizzen H 301 vom 15. 9. 1920, H 303 vom 16. 9. 1920, H 303 vom 17. und 21. 9. 1920.

Der Einsatz einer der ersten *Schloß*-Skizzen vom 15. September 1920: „Es fängt damit an ..." im Vergleich mit dem genannten Brief an Milena markiert den Zusammenhang von Biographie und Kunstwerk.

Vor den eigentlichen *Schloß*-Skizzen findet sich eine, in der ein Schloß als höchstes Ziel schon anvisiert wird. Es ist H 242:

> Ich fragte einen Wanderer, den ich auf der Landstraße traf, ob hinter den sieben Meeren die sieben Wüsten wären und hinter ihnen die sieben Berge, auf dem siebenten Berge das Schloß und ...

Es ist interessant, daß nur hier von einem Schloß die Rede ist, während in allen späteren Skizzen das Bild für das Sehnsuchtsziel nie ein Schloß ist.

Als deutlichen Einsatz der *Schloß*-Skizzen werden wir H 289 anzusehen haben:

> Lange, schon lange wollte ich in jene Stadt. Es ist eine große belebte Stadt, viele Tausende Menschen wohnen dort, jeder Fremde wird eingelassen.

Im Kontext finden sich die Zeilen:

> Folgender militärischer Befehl wurde zwischen verwehten herbstlichen Blättern in der Allee gefunden, es ist unerforschlich, von wem er stammt und an wen er gerichtet ist ... (H 289).

Für die Zeitbestimmung der *Schloß*-Entstehung interessiert hier die dargestellte Herbststimmung, die zu dem Zeitpunkt paßt, an dem mit den Manöverleben-Skizzen begonnen wurde: Ende August 1920. Auf diesen Zeitpunkt als Beginn eines ganz besonderen Aufbruchs weist die Fortsetzung dieser Skizze hin:

> Heute nacht beginnt der Angriff. Alles Bisherige, die Verteidigung, das Zurückweichen, die Flucht, die Zerstreuung ... (H 289).

Zu der Darstellung dieses Aufbruchs als Kampfbeginn halte man zum Vergleich den schon zitierten Brief an Milena vom 25. August 1920:

> Ich habe seit paar Tagen mein „Kriegsdienst" oder richtiger „Manöver"-Leben aufgenommen ... (M 208).

Das Erlebnis dieses Aufbruchs zur Zeit der Milena-Krise verarbeitet nun der Dichter mit biblischen Bezügen. Den angeführten Einsatz der *Schloß*-Skizzen: „Lange, schon lange wollte ich in jene Stadt" können wir wohl als Transposition von Sacharja 2, 8 u. 15 ansehen. Dort heißt es: „Lauf hin und sage diesem Jüngling und sprich: Jerusalem wird bewohnt werden ohne Mauern vor g r o ß e r M e n g e der Menschen und Viehs, die darin sein wird ... Und sollen zu der Zeit v i e l H e i d e n zum Herrn getan werden und sollen mein Volk sein ..."

Für die Gestaltung der „Manöverleben"-Skizzen ist es interessant, daß viele ihrer Bilder der Bibel und der Kabbala entnommen sind. Wir haben darin die künstlerische

Umsetzung von Kafkas Briefnotiz zu sehen: „viel in der Bibel gelesen" (B 315, April 1921). So finden sich in diesen Skizzen folgende biblische Bilder: Stadt (H 289, 304, 316, 333), Tor (H 290, 350), Sonne (H 292, 314, 324), Quelle (H 305), Urbetrug (H 333, 318). Der Kabbala ist entnommen das Bild des Wagens (H 290, 291f, 293, 352). Diese Bilder werden wir, z. T. in abgewandelter Form, im Roman wiederfinden. An den betreffenden Stellen wird dort ihr biblischer bzw. ihr kabbalistischer Ursprung aufgewiesen werden.

Im gleichen Zeitraum, in dem Kafka diese Skizzen niederschreibt, in welchen wir Vorformen der *Schloß*-Dichtung erkennen können, verfertigt er eine Abschrift seiner Meditationen H 70 bis 106. Sie stehen in den Oktavheften unter H 39 bis 55. Es ist zu beachten, daß Kafka diese Meditationen mit ihren vielfachen Bezügen auf Genesis 2 und 3 zur Zeit der ersten *Schloß*-Skizzen wieder aufnimmt. Damit wird die geistig-künstlerische Umsetzung seines Felice-Erlebnisses (aus dem Jahr 1917), die uns noch beschäftigen wird, in die entstehende *Schloß*-Welt einbezogen.

Ein neuer Einstieg in die *Schloß*-Materie erfolgt 1921. Kafka befindet sich auf der Flucht vor Milena. Er bittet Max Brod, ein von Milena geplantes Zusammentreffen mit ihm zu vereiteln (B 316f.). In dieser Zeit des Abstandnehmens greift er die 1918 begonnenen Kierkegaardstudien wieder auf (s. B 224; 239). Aus der erneuten Beschäftigung mit Kierkegaard bildet sich der Kristallisationskern des Romans, von dem alle vorhandenen Elemente ihre Ordnungsstruktur erhalten. Einen Einblick in diesen bedeutsamen Vorgang gewährt ein Brief an Robert Klopstock. Kafka schreibt im Juni 1921 an diesen neu gewonnenen Freund:

Ich könnte mir einen anderen Abraham denken, der – freilich würde er es nicht bis zum Erzvater bringen, nicht einmal bis zum Altkleiderhändler – der die Forderung des Opfers sofort, bereitwillig wie ein Kellner zu erfüllen bereit wäre, der das Opfer aber doch nicht zustandebrächte, weil er von zuhause nicht fort kann, er ist unentbehrlich, die Wirtschaft benötigt ihn, immerfort ist noch etwas anzuordnen, das Haus ist nicht fertig, aber ohne daß sein Haus fertig ist, ohne diesen Rückhalt kann er nicht fort, das sieht auch die Bibel ein, denn sie sagt: „er bestellte sein Haus", und Abraham hatte wirklich alles in Fülle schon vorher; wenn er nicht das Haus gehabt hätte, wo hätte er denn sonst den Sohn aufgezogen, in welchem Balken das Opfermesser stecken gehabt? ... am andern Tag: noch viel über diesen Abraham nachgedacht, aber es sind alte Geschichten, nicht mehr der Rede wert, besonders der wirkliche Abraham nicht, er hat schon vorher alles gehabt, wurde von der Kindheit an dazu geführt, ich kann den Sprung nicht sehen. Wenn er schon alles hatte und doch noch höher geführt werden sollte, mußte ihm nun, wenigstens scheinbar, etwas fortgenommen werden; das ist folgerichtig und kein Sprung. Anders die oberen Abrahame, die stehn auf ihrem Bauplatz und sollen nun plötzlich auf den Berg Morija; womöglich haben sie noch nicht einmal einen Sohn und sollen ihn schon opfern. Das sind Unmöglichkeiten, und Sarah hat Recht, wenn sie lacht. Bleibt also nur der Verdacht, daß diese Männer absichtlich mit ihrem Haus nicht fertig werden und – um ein sehr großes Beispiel zu nennen – das Gesicht in magischen Trilogien verstecken, um es nicht heben zu müssen und den Berg zu sehen, der in der Ferne steht.

Aber ein anderer Abraham. Einer, der durchaus richtig opfern will und überhaupt die richtige Witterung für die ganze Sache hat, aber nicht glauben kann, daß er gemeint ist, er, der widerliche alte Mann und sein Kind, der schmutzige Junge. Ihm fehlt nicht der wahre Glaube, diesen Glauben hat er, er würde in der richtigen Verfassung opfern, wenn er nur glauben könnte, daß er gemeint ist. Er fürchtet, er werde zwar als Abraham mit dem Sohne ausreiten, aber auf dem Wege sich in Don Quixote verwandeln. Über Abraham wäre die Welt damals entsetzt gewesen, wenn sie zugesehen hätte, dieser aber fürchtet, die Welt werde sich bei dem Anblick totlachen. Es ist aber nicht die Lächerlichkeit an sich, die er fürchtet – allerdings fürchtet er auch sie, vor allem sein Mitlachen – hauptsächlich aber fürchtet er, daß diese Lächerlichkeit ihn noch älter und widerlicher, seinen Sohn noch schmutziger machen wird, noch unwürdiger, wirklich gerufen zu werden. Ein Abraham, der ungerufen kommt! Es ist so, wie wenn der beste Schüler feierlich am Schluß des Jahres eine Prämie bekommen soll und in der erwartungsvollen Stille der schlechteste Schüler infolge eines Hörfehlers aus seiner schmutzigen letzten Bank hervorkommt und die ganze Klasse losplatzt. Und es ist vielleicht gar kein Hörfehler, sein Name wurde wirklich genannt, die Belohnung des Besten soll nach Absicht des Lehrers gleichzeitig eine Bestrafung des Schlechtesten sein (B 333 f.).

Wir erkennen hier die Umrisse des *Schloß*-Romans. Es ist ein Ruf ergangen zum Opfergang auf den Berg Morija. Auf diesen Ruf wird von den „Abrahamen" verschieden reagiert. Einige *Schloß*-Gestalten zeichnen sich in ihnen ab. So, wie wir sehen werden, die Brückenhofwirtin. Es ist der „Abraham", von dem es heißt: Er versteckte „das Gesicht in magischen Trilogien, um es nicht heben zu müssen und den Berg zu sehen, der in der Ferne steht". In dem „widerlichen alten Mann" zeichnet sich der Vater der Barnabasschen ab. Der letzte Abraham wird zum Helden des Romans werden. Es ist der, „der durchaus richtig opfern will und überhaupt die richtige Witterung für die ganze Sache hat, aber nicht glauben kann, daß er gemeint ist". Es ist ein Abraham, der fürchtet, er werde auf dem Weg „sich in den Don Quixote verwandeln". Ja, – noch gesteigerter – ein Abraham, der nicht als der Beste der Klasse, sondern als der Schlechteste herausgerufen wäre. In diesem Abraham, der seines Rufes bis in die letzten Dimensionen ungewiß ist, erkennen wir bereits den K. des Romans.

Diese Abraham-Meditation faßt die „Manöverleben"-Skizzen unter einem Blickwinkel zusammen: Es ist die Frage nach dem „Ruf". Um diese Frage nach dem Ruf zur Auswanderung auf den Berg, „der in der Ferne steht", gruppieren sich in der Abraham-Meditation die Gestalten der ersten *Schloß*-Skizzen.

Einige Monate später nach diesem Klopstockbrief schreibt Kafka eine Notiz aus derselben Gedankenwelt: die Sara-Meditation (T 546). Sie ist datiert vom 21. Oktober 1921. Kafka hatte (am 8. Oktober etwa) „Alle Tagebücher M[ilena] gegeben" (T 542). Er fragte sich: „Ein wenig freier"? Um darauf mit einem glatten „Nein" zu antworten. In die Zeit dieses Versuchs einer Befreiung von Milena fällt also die Sara-Meditation. Aus ihr klingt es wie eine hoffnungslose Gebundenheit und doch steht hinter ihr das Wissen: Sara irrt, wenn sie alles für aussichtslos hält (s. 1. Mose 18).

Die Bibel liefert Kafka noch ein anderes Bild für den Glaubend-Zweifelnden. Kurz vor der Sara-Betrachtung, am 19. Oktober 1921 (T 545) notiert Kafka eine Moses-Meditation. Nach ihr hat Moses wie sein Abraham des Klopstockbriefes die „Witterung für Kanaan", aber er kommt nicht hinein, weil sein Leben „ein menschliches Leben" war, wir können wohl sagen: ein von Zweifeln bedrohtes Leben.

Die nächste deutlich erkennbare Stufe auf dem Weg zur dichterischen Gestaltung finden wir in einer Kanaan-Meditation (T 564 f.). Sie ist datiert vom 28. 1. 1922. Hinter ihr steht die zunehmende Lösung von Milena. Im Dezember hatte es noch geheißen:

M[ilena] nach vier Besuchen weggefahren … Vier ruhige Tage innerhalb von gequälten. Ein langer Weg von da, daß ich über ihre Abreise nicht traurig bin, nicht eigentlich traurig bin, bis dorthin, daß ich doch wegen ihrer Abreise unendlich traurig bin … (T 550). Immer M., oder nicht M., aber ein Prinzip, ein Licht in der Finsternis (T 550).

Eine Tagebuchnotiz vom 19. 1. 1922 zeigt auf, daß Kafka sich bewußt wurde, daß auch Milena ihrerseits sich von ihm entfernte.

Die zwei Fragen: Ich hatte aus einigen Kleinigkeiten, die anzuführen ich mich schäme, den Eindruck, daß die letzten Besuche zwar lieb und stolz wie immer waren, aber doch auch etwas müde, etwas gezwungen, wie Krankenbesuche. Ist der Eindruck richtig? Hast du in den Tagebüchern etwas Entscheidendes gegen mich gefunden (T 555 f.).

Kafka hatte richtig gefühlt. Milena löste sich von ihm. Das bezeugt ein Brief Milenas an Max Brod[17]. In der nachfolgenden Stille des Verlassenen (fünfmal heißt es im Tagebuch „still" (T 556 vom 20. 1., T 557 vom 21. 1.) öffnet sich das Verließ der Vergangenheit. Aus ihm tauchen in der Kanaan-Meditation noch schemenhaft, Gestalten auf: der „Vater", die „Frauen" (T 564 f.). Sie werden mitspielen bei der angekündigten „Theater-Vorstellung" (T 557, 574).

Die zu diesem Zeitpunkt entstandene Kanaan-Meditation zeigt in ihrer Form eine Weiterführung der bisherigen (Abraham-, Sara-, Moses-) Meditationen. Ihr Subjekt ist nicht mehr eine biblische Gestalt, sondern das „Ich" des Tagebuchs. Sie lautet:

Ein wenig bewußtlos, müde vom Rodeln, es gibt noch Waffen, so selten angewendet, ich dringe so schwer zu ihnen vor, weil ich die Freude an ihrem Gebrauch nicht kenne, als Kind nicht gelernt habe. Ich habe sie nicht nur „aus Vaters Schuld" nicht gelernt, sondern auch deshalb, weil ich ja die „Ruhe" zerstören, das Gleichgewicht stören wollte, und deshalb nicht drüben jemanden neugeboren werden lassen durfte, wenn ich ihn hüben zu begraben mich anstrengte. Freilich komme ich auch hier zur „Schuld", denn warum wollte ich aus der Welt hinaus? Weil „er" mich in der Welt, in seiner Welt nicht leben ließ. So klar darf ich es jetzt allerdings nicht beurteilen, denn jetzt bin ich schon Bürger in dieser andren Welt, die sich zur gewöhnlichen

Welt verhält wie die Wüste zum ackerbauenden Land (ich bin vierzig Jahre aus Kanaan hinausgewandert), sehe als Ausländer zurück, bin freilich auch in jener andern Welt – das habe ich als Vatererbschaft mitgebracht – der Kleinste und der Ängstlichste und bin dort nur kraft der besondern dortigen Organisation lebensfähig, nach welcher es dort auch für die Niedrigsten blitzartige Erhöhungen, allerdings auch meerdruckartige tausendjährige Zerschmetterungen gibt. Muß ich trotz allem nicht dankbar sein? Hätte ich den Weg hierher finden müssen? Hätte ich nicht durch die „Verbannung" dort, verbunden mit der Abweisung hier an der Grenze erdrückt werden können? Ist nicht durch Vaters Macht die Ausweisung so stark gewesen, daß ihr (nicht mir) nichts widerstehen könnte? Freilich, es ist wie die umgekehrte Wüstenwanderung mit den fortwährenden Annäherungen an die Wüste und den kindlichen Hoffnungen (besonders hinsichtlich der Frauen): „ich bleibe doch vielleicht in Kanaan" und inzwischen bin ich schon längst in der Wüste, und es sind nur Visionen der Verzweiflung, besonders in jenen Zeiten, in denen ich auch dort der Elendste von allen bin, und Kanaan sich als das einzige Hoffnungsland darstellen muß, denn ein drittes Land gibt es nicht für die Menschen (T 564f.).

Bei den „Frauen", welche diese Kanaan-Meditation summarisch erwähnt, werden wir an Felice und Milena zu denken haben. Daß die Schuld an Felice, in eins gesehen mit der Schuld an Julie Wohryzek, Kafka zur Zeit des Milena-Erlebnisses immer noch gegenwärtig ist, ersehen wir aus seinen Briefen (M 15f., 50–53, 68, 119–122, 126, 134f.). Drei Jahre nach seiner zweiten Entlobung schreibt er an Brod:

Ich habe für F. die Liebe eines unglücklichen Feldherrn zu der Stadt, die er nicht erobern konnte (B 285).

Kafka hatte die Schuld an Felice in seinem *Prozeß* künstlerisch gestaltet[18], er ließ dort den Josef K. an Fräulein Bürstner schuldig werden (F. B. war in Kafkas Briefen und Manuskripten die Abkürzung sowohl für Felice Bauer als auch für Fräulein Bürstner). Zur Zeit der Konzipierung des *Schloß*-Romans ist der Dichter immer noch von dieser Schuld bewegt. Das zeigt eine Notiz vom 27. 1. 1922:

Trotzdem ich dem Hotel deutlich meinen Namen geschrieben habe, trotzdem auch sie mir zweimal schon richtig geschrieben haben, steht doch unten auf der Tafel Josef K. Soll ich sie aufklären oder soll ich mich von ihnen aufklären lassen (T 564).

Wir haben in dieser Notiz einen Hinweis darauf zu sehen, daß im *Schloß* die *Prozeß*-Welt noch gegenwärtig ist.

Am 29. 1., einem Tag nach der Niederschrift der Kanaan-Meditation, vermischt sich das Erlebnis einer Schneewanderung in Spindlermühle mit der Vorstellung einer Wüstenwanderung. Die Konturen des Romans werden deutlicher:

Angriffe auf dem Weg im Schnee am Abend. Immer die Vermischung der Vorstellungen, etwa so: In dieser Welt wäre die Lage schrecklich, hier allein in Spindlermühle, überdies auf einem verlassenen Weg, auf dem man im Dunkel, im Schnee fortwährend ausgleitet, überdies ein sinnloser Weg ohne irdisches Ziel; (zur Brücke?

Warum dorthin? Außerdem habe ich sie nicht einmal erreicht), überdies auch ich verlassen im Ort. ... (T 565).

Nach unserer bisherigen Darstellung liegt bis Ende Januar 1922 ein erweiterter Kristallisationskern der *Schloß*-Dichtung vor. Die Ursprünge der *Schloß*-Dichtung erkannten wir in den „Manöverleben"-Skizzen, in denen der Dichter sein Milena-Erlebnis mit biblischen Bezügen verarbeitete (Abschluß etwa Januar 1921). Diese Skizzen erhielten ihre Ordnungsstruktur durch die Abrahammeditationen, welche ein wieder aufgenommenes Kierkegaardstudium zeitigte (Juni 1921). Dem um die frühen Skizzen erweiterten Kristallisationskern der Abrahammeditationen schlossen sich an: die Sara-Meditation (Oktober 1921), die Moses-Meditation (Oktober 1921), die Kanaan-Meditation (Januar 1922). In weiteren Tagebuchmeditationen von Januar 1922 sind Vorformen der „Schloß"-Gestalten erkennbar. In der Frage: „zur Brücke?" (T 565) tauchen die Umrisse der Brückenhofwirtin auf. Die Meditationen über das „Gesetz" (T 554f.) bilden den Kern der Gemeindevorsteher-Gestalt. Eine Betrachtung über das „erlösende Glück" durch die mütterliche Frau (T 555) wird in dem „Mädchen aus dem Schloß" Gestalt annehmen. In der „Sehnsucht nach dem Land" (T 556) steckt der „Landvermesser", im „Trost des Schreibens" (T 563) Barnabas, in den „Komödianten" (T 556) und „Gespenstern" (T 569) verbergen sich die „Gehilfen". Der „Josef K." (T 564) aus dem *Prozeß* wird als K. noch einmal mitspielen im *Schloß*-Theater, sein Fräulein Bürstner diesmal als Frieda.

Neben dieser Frau findet sich noch keine Vorform der großen Frauengestalten des Romans: Amalia und Olga. Diese Lücke ist nicht ohne Bedeutung. Wir werden im Laufe dieser Arbeit sehen, daß Kafka in Amalia und Olga Milena Jesenská darstellt. Das Fehlen der Vorformen von Amalia und Olga macht hier darauf aufmerksam, daß Kafkas Milena-Erlebnis bis zum letzten Moment der *Schloß*-Entstehung noch künstlerisch unverarbeitet war. Die Tagebuchnotiz: „Immer M., oder nicht M., aber ein Prinzip, ein Licht in der Finsternis" (T 550) läßt uns aber ahnen, daß diese Gestalt eine überragende Bedeutung für die *Schloß*-Konzeption haben wird.

III. Zeittafel

Zur Datierung der *Schloß*-Entstehung

Zu der Datierung des Milena-*Schloß*-Komplexes sind einige Erklärungen notwendig. Kafkas Briefe an Milena sind undatiert. Es ist möglich, die Daten des Milena-*Schloß*-Komplexes von drei festen Punkten aus festzustellen.

1. Der Anfang der Milena-Briefe läßt sich annäherungsweise datieren durch einen Vergleich eines Briefes an Milena (M 11) mit einem Brief an Weltsch (B 271). Es kommt in beiden Briefen fast wörtlich derselbe Satz vor: „bei einem Wetter, bei dem in Prag fast die Pfützen gefrieren, öffnen sich vor meinem Balkon langsam die Blüten". Der Brief an Weltsch ist datiert vom 10. 4. 1920. Der Anfang der Milena-Korrespondenz muß kurz vorher liegen.

2. Die Datierung der „vier Wiener Tage" wird ermöglicht durch den Poststempel (29. 6. 1920) auf einem Kartenbrief, den Kafka nach seiner Ankunft an Milena sandte (M 77). Nach dem Tage der Ankunft, dem 29. Juni, waren die „vier Wiener Tage" der 30. Juni, der 1. 2. und 3. Juli.

3. Als 3. Fixpunkt einer Datierungsmöglichkeit bietet sich Milenas Geburtstag an. Nach M 163, 187–190, 192 war der Geburtstag am Mittwoch, dem 10. August. Von da aus ist der Zeitpunkt des Treffens in Gmünd festzustellen. Nach M 163, 186 fand er statt am Sonntag nach Milenas Geburtstag, also am 14. August.

Von diesem Datum aus ergibt sich an Hand der Wochentagangaben der Briefe, daß die ersten *Schloß*-Skizzen (das „Manöverleben") ein „paar Tage" vor Donnerstag, dem 25. August, aufgeschrieben wurden.

Diesen Skizzen schließen sich weitere an, von denen die vom 15., 16., 17. und 21. September von Kafka selbst datiert sind.

Die letzten *Schloß*-Meditationen stehen in den Briefen und Tagebüchern, sie sind datiert und lassen sich leicht den Brief- und Tagebuchnotizen über Milena einordnen.

Zeittafel

Datum	Biographie	Lektüre	Fragenkomplex Judentum	Skizzen und Meditationen	*Schloß*-Motive
Okt. 1911	Ostjüdische Schauspielertruppe. Löwy T 99				Statthalterschloß-Zionsburg T 182
1. Nov. 1911		Graetz: Geschichte des Judentums T 132			
Nov. 1911		Talmud T 173, 174, 177, 178. Kabbala T 178, 212, 222	Chassidim T 178		
Jan. 1912		Talmud T 336			
24. Jan 1912		Pines: L'histoire de la Littérature Judéo-Allemande T 242	Einsatz für die ostjüdische Schauspielertruppe T 242		
20. Sept. 1912	1. Brief an Felice F 43 f.		Geplante Palästinareise F 43		
21. Aug. 1913		Kierkegaard: Buch des Richters T 318 vergl. B 239			
23. Aug. 1913			Gespräche mit Brod über Zionismus (Max Brod Ü F K 100 f.)		
29. Okt. 1913	1. Brief an Grete Bloch F 470				Pepi
Mai 1914	Verlobung mit Felice F 769				

Datum	Biographie	Lektüre	Fragenkomplex Judentum	Skizzen und Meditationen	*Schloß*-Motive
11. Juni 1914				„Verlockung im Dorf" T 389—400	
23. Juli 1914	Entlobung. Grete Bloch T 407			„Ich war bei den Toten zu Gast" H. 259 f.	Pepi und Frieda
15. Okt. 1914	Letzter Brief an Grete Bloch F 614 f.			Die „zigeunerartige Frau" H 328, 381	Pepi und K.
14. Sept. 1915			Wunderrabbi T 478		
15. Sept. 1915		„Bibel aufgeschlagen" T 479.			
6. Okt. 1915		Chassidische Geschichten Langers T 482 ff.			
19. Juni 1916		Genesis T 502			
Juli 1916	2. Verlobung mit Felice B 139	„Nur das Alte Testament sieht" T 504			
14. Juli 1916				Genesis-Meditationen T 506	
20. Aug. 1916				H-Skizzen 238—248 H 39—54	Frieda
11. Sept. 1916			Auseinandersetzung mit dem Zionismus F 694		Brunswick
12. Sept. 1916			F 697		
Okt. 1917		Chassidische Geschichten im Jüdischen Echo B 172 f.	Selbstwehr B 177		

Datum	Biographie	Lektüre	Fragenkomplex Judentum	Skizzen und Meditationen	*Schloß*-Motive
Dez. 1917	2. Entlobung (Max Brod Ü F K 147 f.)			Genesismeditationen und mythol. Skizzen H 70–106 (18. Okt. 1917–Jan. 1918)	Pult- und Schlittenszene
Jan. 1918		Troeltsch: Luther und der Protestantismus B 218, 224			
März 1918		Kierkegaard B 224			
März 1918		Kierkegaard B 237 ff.	„mit dem Finger auf der Landkarte nach Palästina" B 237	Abraham-Meditationen H 124 f. „Ach was wird uns hier bereitet" H 129	Landvermesser Schlittenszene
1919	Julie Wohryzek				
6. Febr. 1919			Selbstwehr B 252 Kafkas Verhältnis zu Brods zionistischer Grundhaltung M. Brod Ü F K 101		
März 1920	Gustav Janouch Ja 11				
Frühjahr 1920		Felix Weltsch: Gnade und Freiheit B 264			Klamms Briefe
vor dem 10. April 1920	Milena Jesenská vgl. M 11 mit B 271	Božena Němcová: Babička M 28, 245	„nicht heimatlos wie andere Leute" M 9 Selbstwehr B 271		Das Mädchen mit dem Granatenhalsband
vor Mitte April 1920	Beginnende Lösung von Julie Wohryzek M 15, 32				

Datum	Biographie	Lektüre	Fragenkomplex Judentum	Skizzen und Meditationen	*Schloß*-Motive
Frühling 1920	Milenas Frage nach Kafkas Verlobungen M 15				Amalia und Frieda
12. Juni 1920			Der kleine Buchbinderarbeitstisch in Palästina B 277 A. 512		
30. Juni–3. Juli 1920	Die vier Wiener Tage M 77, 106, 148 B 317 f. Max Brod Ü F K 203				Feuerwehrfest am 3. Juli
Ende Juli–Anfang Aug. 20	Reflexionen über Milenas Ehe M 179, 196, 198, 216 f. vgl. Max Brod: Ü F K 197 Buber-Neumann 82–91				Sortini und Amalia
vor dem 7. Aug. 1920			Max Brod: Heidentum, Christentum, Judentum B 279 M 109	Max Brod: Heidentum, Moira B 279	Sortini
vor dem 10. Aug. 1920	„harte Sätze" Milenas M 165 f.				
10. Aug. 1920	Milenas Geburtstag M 163, 187–190, 192				
vor dem 14. Aug. 1920	beginnende Entfremdung M 185				
14. Aug. 1920	Treffen in Gmünd „wie fremde Menschen" M 205				
vor dem 25. Aug. 1920				Beginn der ersten *Schloß*-Skizzen (Manöverleben M 208) H 289–301; H 306–310)	

Datum	Biographie	Lektüre	Fragenkomplex Judentum	Skizzen und Meditationen	Schloß-Motive
26. Aug. 1920	„nicht täglich schreiben" M 210, 215				
5. Sept. 1920	Auseinandersetzung mit Milena „Simson und Dalilas Geheimnis" M 218 f.				Amalias Geheimnis. Olga
8. Sept. 1920	„Das deutlichste war, daß Du mich schlugst; es fing . . . mit „sofort" an, das war der Schlag" (M 221)				Sortinis „sofort"
15., 16., 21. Sept. 1920 und später				Fortsetzung der Schloß-Skizzen H 301–353 Abschrift der Genesis-Meditationen aus dem Jahr 1917: H 39–55, Frieda-Motive der Schloß-Skizzen H 353 f.	Frieda
Nov.–Dez. 1920			„Balken von Ahlem nach Palästina tragen" B 281		
3. Dez. 1920	Lösung von Milena Reise nach Matliary B 283				
1. Dez. 1920	Gedenken an Felice B 285				

Datum	Biographie	Lektüre	Fragenkomplex Judentum	Skizzen und Meditationen	Schloß-Motive
Anfang Januar 1921	"Nicht schreiben und verhindern, daß wir zusammen kommen . . . alles andere zerstört weiter" (an Milena) Max Brod Ü F K 202 B 295				"Zerstörung seiner [K's] Kräfte"
Ende Januar 1921 Anfang Februar 1921	"letzter" Brief von Milena B 299	"im ersten Monat . . . viel in der Bibel gelesen" B 315	Kabbala B 303	H 304. 333 Entstehung des Schloß-Bildes	Das Schloß
Ende März 1921			"der Kinereth- oder der Tiberias-See sind schön" B 312		
Mitte April 1921	Flucht vor Milena. Ein Brief Milenas B 316 vgl. Max Brod Ü F K 205 Vergleich von Milena und Felice. B 317				Amalia und Frieda
Mai–Juni 1921	Milenas Urteile führen zu den "olympischen . . . Göttern" B 329				Sortini
Juni 1921		Kierkegaard: Furcht und Zittern B 333 f.	Selbstwehr B 332	Abraham-Meditationen B 333 f.	Barnabas. Landvermesser K.
5. Okt. 1921	"Alle Tagebücher Milena gegeben" T 542				
19. Okt. 1921				Wüstenweg-Meditation T 545	Weg des K.

Datum	Biographie	Lektüre	Fragenkomplex Judentum	Skizzen und Meditationen	Schloß-Motive
21. Okt. 1921				Sara-Meditation T 546	
23. Okt. 1921			Palästinafilm T 547		Landvermesser
1. Dez. 1921	„M. nach vier Besuchen weggefahren" T 550				
2. Dez. 1921	„M. . . . ein Licht in der Finsternis" T 550				Olga
16. Jan. 1922			„Kabbala". „Wenn nicht der Zionismus dazwischen gekommen wäre" T 553		
18., 19. Jan. 1922				Gesetz-Meditationen T 554, 555	Gemeindevorsteher
19. Jan. 1922	M's „Krankenbesuche" T 555			Erlösung durch die Mutter T 555	Das Mädchen aus dem Schloß
20. Jan. 1922				„Die Sehnsucht nach dem Land" T 556	Landvermesser
23. Jan. 1922			Antizionismus Zionismus T 560		K.-Brunswick
27. Jan. 1922	Spindlermühle T 563			„Trost des Schreibens" T 563	Barnabas

Datum	Biographie	Lektüre	Fragenkomplex Judentum	Skizzen und Meditationen	*Schloß*-Motive
28. Jan. 1922				Kanaan-Meditationen T 564 f. Joseph K. T 564	Landvermesser K.
29. Jan. 1922	„Wenn M. hier wäre . . . abgestürzt" T 567			„Komödianten" T 566, „Gespenster" T 569	K. und die Gehilfen
5. Febr. 1922	„Zu Hause bei der Lampe im stillen Zimmer" T 571 (beim Schreiben in Prag)				
9. Febr. 1922				„Einbürgerung" T 572	Das Dorf
10. Febr. 1922	„Neuer Angriff von G." T 572				Pepi
12. Febr. 1922				„In meiner Kanzlei wird immer noch gerechnet" T 574	Momus
14. Febr. 1922				„Was ich baue" „Theaterdirektor" T 576	
25. Febr. 1922	„Ein Brief" (Milenas) T 575 vgl. M. 262 T 578			„nur darauf gehorcht, ob man mich riefe" M 262	Der Ruf an K.
5. März 1922				„Die in Zimmern eingesperrte Weltgeschichte" T 575	Der Weg des K.
15. März 1922	„aus dem *Schloß* vorgelesen" T 730				

Datum	Biographie	Lektüre	Fragenkomplex Judentum	Skizzen und Meditationen	*Schloß*-Motive
4. April 1922	„Szene im Hof" T 578				Schlittenszene
6. April 1922	„geplanter Brief an Milena" T 578 „diese Knospe öffnet sich langsam" „Das Geschlossene" M 262				„*Das Schloß*"
April 1922	„nicht mehr schreiben . . . zerstört" M 266		„Judentum! Judentum!" M 266		„Zerstörung seiner (K's) Kräfte"
Frühjahr 1922	„. . . ein wenig zu schreiben angefangen" B 374				
27. April 1922	„M. die Tür geöffnet" T 580				
8. Mai 1922	„Arbeit mit dem Pflug" „Die Arbeit schließt sich" T 580 „M. hier gewesen, kommt nicht mehr" T 580				
20. Juli 1922	Teile des ,*Schloß*'-Manuskriptes an Brod B 396 A 516				
11. Sept. 1922	„ich habe die Schloß-geschichte offenbar für immer liegen lassen müssen" B 413				

B. Erster Teil

Die Spieler und ihre Gegenspieler

Kafka schreibt in der ersten Zeit seiner *Schloß*-Niederschrift (am 18. 2. 1922):

Theaterdirektor, der alles von Grund auf selbst schaffen muß, sogar die Schauspieler muß er erst zeugen. Ein Besucher wird nicht vorgelassen, der Direktor ist mit wichtigen Theaterarbeiten beschäftigt. Was ist es? Er wechselt die Windeln eines künftigen Schauspielers (T 574).

Im Sinne dieses Selbstverständnisses seiner Dichtung können wir Kafkas *Schloß* als ein großes Welttheater verstehen; daraus ergibt sich der Gang meiner Darstellung.

Im ersten Teil dieser Arbeit stellen sich die Spieler und ihre Gegenspieler vor. Im zweiten Teil rollt das Spiel ab. Im ersten Teil halte ich noch einige wichtige Spieler zurück. Sie würden zu viel von dem Spiel vorwegnehmen, indem ich sie als Spieler vorstellte. So bleiben sie in den Kulissen verborgen, bis sie in das Spiel eintreten.

Dem Leser des Romans kommt die Frage: Was bedeuten die Spieler und woher nehmen sie ihre ganz bestimmte Gestalt? Darauf können wir letztlich erst im Laufe dieser Interpretation Antwort erhalten. So viel können wir aber schon sagen: Es ist Franz Kafka und es sind die Frauen seines Lebens, die hier in wechselnden Rollen spielen.

Diese Menschen eines wirklichen Lebens sieht der *Schloß*-Dichter nun unter einem bestimmten Aspekt. Er selbst versteht diesen als die Sicht des Alten Testaments.

Nur das Alte Testament sieht, nichts darüber noch sagen (T 504),

so drückt es das Tagebuch aus. Diese Sicht gestaltet Kafka in dem Zusammenspiel der Spieler mit bestimmten Gegenspielern: den Schloßbeamten und ihren Sekretären. Diese Gegenspieler treten zum Teil selbst auf, von anderen hören wir durch die Gespräche der *Schloß*-Personen.

In diesem Spiel erleben wir den Menschen als ein Wesen im Kampf zwischen Himmels- und Höllenmächten. Wir finden hier einen ähnlichen künstlerischen Vorgang wie im Buch Hiob[1]. Auch dort nehmen die heimlichen Gegenspieler Hiobs Gestalt an in dem „Herrn" und den „Kindern Gottes" (Hiob 1,6; 2,1) auf der einen Seite und dem „Satan" auf der anderen Seite.

So verstanden sind die Personen des Romans – um mit Martin Walser[2] zu sprechen – zwar „nicht wahr im psychologischen Sinne ..., nicht wirklich im empirischen, nicht menschlich im anthropologischen und nicht natürlich im biologischen Sinne" – so weit kann ich Walser folgen –, aber – so muß ich als entscheidend hinzufügen – sie sind zeitlos wahr im religiösen Sinne. So sah nach Kafka Kierkegaard, sein großer „Stern", den Abraham des Alten Testaments[3]. Nach diesem Verständnis sind die Menschen des Romans Urbilder vom „Verhältnis zum Göttlichen"[4].

Ein Kafka bekanntes Lutherwort gibt der hier vorgetragenen Sicht des Welttheaters eine einprägsame Fassung: „Wunderlich regiert und rumort Gott in allen und in allem, so daß die ganze Geschichte vor ihm zu einem Turnier wird".[5]

I. Die Beamten

Um die Gestaltung des Romans begreifen zu können, stelle ich an den Anfang ihrer Darstellung eine Betrachtung über die Beamten im allgemeinen. Sei es, daß diese als Projektionen der einzelnen Gestalten erscheinen, sei es, daß sie als die eigentlich Motivierenden anzusehen sind, immer sind sie der Bezugspunkt aller Handlungen und aller Gespräche der im Roman erscheinenden Personen. Wir fragen: Was hat es auf sich mit diesen Beamten, um die sich alles in der *Schloß*-Welt dreht? Wer sind sie? Woran haben wir bei ihnen zu denken?

Die Interpreten stehen in der Frage nach den Beamten in verschiedenen Lagern: Max Brod, der in dem Schloß die „Gnade" dargestellt sieht, kann den Beamten Sortini einfach als den „Himmel" bezeichnen[6]. Dagegen ist für Erich Heller das „Schloß" in Kafkas Roman „sozusagen die stark befestigte Garnison einer Abteilung von gnostischen Dämonen, die eine vorgeschobene Stellung erfolgreich gegen die Manöver einer ungeduldigen Seele verteidigen". Solcherart Dämonen wären also – nach Heller – die Schloß-Beamten. Heller sagt im Blick auf Brods Interpretation: „Ich weiß von keiner denkbaren Vorstellung von der Gottheit, welche jene Deutungen rechtfertigen könnte, die im Schloß die Residenz des göttlichen Gesetzes und der göttlichen Gnade sehen"[7].

Um zwischen diesen einander widersprechenden Positionen einen Weg zu finden, der der künstlerischen Darstellung Kafkas entspricht, stellen wir uns einige der Beamten in groben Umrissen vor Augen. Wir stoßen dabei auf zwei einander widersprechende Aspekte, die jeder der genannten Darstellungen Recht zu geben scheinen.

So erfahren wir von dem Dorfsekretär Momus, daß er für zwei „Herren" arbeitet, „für Klamm und für Vallabene" (163). Es genügt hier eine vorläufige Betrachtung der beiden Namen, um hier das Rätselhafte und dort das Wohltuende in dem „bene" zu erfassen und damit die vom Künstler beabsichtigte Gegensätzlichkeit. Neben den Knechten Klamms, dem „Verächtlichsten und Widerlichsten", die wie das Vieh „in den Stall" (60) getrieben werden, gibt es im Herrenhof noch eine andere Dienerschaft: „es soll" – so sagt Olga – „ein wunderbarer Anblick sein, diese auserlesen großen, starken Männer langsam durch die Korridore gehen zu sehen …" (254). Derselbe Gegensatz kommt auch in den Namen der Beamten Fritz und Friedrich zum Ausdruck. Im ersten Telefongespräch des K. mit dem Schloß meldet sich ein abweisender „Herr Fritz" (8), dagegen arbeitet der Sekretär Bürgel für einen Beamten mit dem bedeutsamen Namen „Friedrich" (376).

Diese in betonter Gegensätzlichkeit dargestellten Beamtenpaare stellen uns vor die Frage: Ist der Mensch – in dem Weltenwanderer K. dargestellt – ein Spielball der einander bekämpfenden Himmels- und Höllenmächte, und ist grundsätzlich der Sieg der einen oder anderen Seite schon entschieden, oder müssen wir nicht vielmehr diese Gegensätzlichkeit stehen lassen und darin einen Sinn finden?

Für das Bemühen des Lesers um ein Verständnis des Textes im Sinne des Künstlers ist K.s erste Begegnung mit dem Schloß aufschlußreich. Vergegenwärtigen wir uns die Grundzüge von K.s Telefongespräch:

Aus der Hörmuschel kam ein Summen, wie K. es sonst beim Telefonieren nie gehört hatte. Es war, wie wenn sich aus dem Summen zahlloser kindlicher Stimmen – aber auch dieses Summen war keines, sondern war Gesang fernster, allerfernster Stimmen –, wie wenn sich aus diesem Summen in einer geradezu unmöglichen Weise eine einzige hohe, aber starke Stimme bilde, die an das Ohr schlug, so, wie wenn sie fordere, tiefer einzudringen als nur in das armselige Gehör (32).

Der göttliche Aspekt dieser Stimmen aus dem Schloß ist unverkennbar: Die gebrauchten Superlative lassen diese Erscheinung allem menschlichen Maß entrückt sein: „Zahllos“, „fernster, allerfernster Stimmen„, „in einer geradezu unmöglichen Weise“; demgegenüber hat der Mensch nur das Maß des „armseligen“. Doch bald zeigt sich das Schloß von einer anderen Seite. Von dort meldet sich „jemand“:

„Hier Oswald, wer dort?“ rief es, eine strenge, hochmütige Stimme mit einem kleinen Sprachfehler, wie es K. schien (32).

Der Umschlag ist durch den „Sprachfehler“ als Störung der Harmonie deutlich gekennzeichnet. Das Negative in dem „hochmütig“ unterstreicht diese Wandlung der Erscheinung. Es ist, als käme das Dämonische zum Zuge. Aber diese Macht des Dämonischen ist nur scheinbar, denn

die gleiche Stimme mit dem gleichen Sprachfehler … war doch wie eine andere tiefere, achtungswertere Stimme (33).

Wollen wir das scheinbar Widersprüchliche in der Erscheinung der Stimmen verstehen, so werden wir die Bewegung, die durch diese Erscheinungen hindurchgeht – positiv, negativ – als eine dialektische Entfaltung einer höheren Positivität – „und war doch eine tiefere, achtungswertere Stimme“ – verstehen müssen.

Der Leser erkennt hier ein Gesetz, das für das *Schloß* und damit für seine Interpretation grundlegend ist; die Dichtung bezeichnet es einmal als

Einheitlichkeit des Dienstes, [eine Einheitlichkeit], die man besonders dort, wo sie scheinbar nicht vorhanden war, als eine besonders vollkommene ahnte (85).

Diese „Einheitlichkeit des Dienstes“ ist das oberste Beamtengesetz. Mögen die Beamten auch als Gegensätze in Erscheinung treten, so ist doch diese Gegensätzlichkeit nur „scheinbar“, verkörpert nur die Erscheinungsformen einer verborgenen „bewunderungswürdigen“ Einheitlichkeit. Jede Erscheinung zeigt nur eine Seite einer sinnvollen Lenkung: nicht nur die Harmonie, sondern auch die gestörte Harmonie hat ihren Sinn:

Bedenkenlos geschieht hier nichts (92),

wird K. vom Gemeindevorsteher in Bezug auf die störenden Gehilfen belehrt. Die „Einheitlichkeit des Dienstes“ wird noch unterstrichen durch ein gültiges Beamtengesetz: das Gesetz der gegenseitigen Vertretung

meistens vertreten einander die Beamten gegenseitig (273):

so wird ein Klamm durch Galater vertreten (s. 339), so verschieden auch ihre Arbeitsgebiete sein mögen. Dieses Gesetz der gegenseitigen Vertretung ist um so beachtenswerter, als der Beamtenapparat offenbar einen hierarchischen Aufbau kennt. Kafka spricht einmal in einem Brief an Milena von einer unabsehbaren „Hierarchie der Instanzen", durch die „die Dinge" seines Lebens „beurteilt und entschieden" werden (M 255). Als eine solche „Hierarchie der Instanzen" haben wir den Beamtenapparat des Romans zu verstehen. Wir werden im Verlauf der Interpretation etwas von dem Aufbau und der Spannweite dieser „unabsehbaren Hierarchie" kennen lernen.

Mit der hier skizzierten Darstellung einer einheitlichen Weltenlenkung, die sich in den verschiedensten Erscheinungsformen – vom Göttlichen bis zum Dämonischen – manifestiert, steht Kafka in der Tradition der Kabbala. Es bot sich an, nach dem Einfluß dieses bedeutenden Werks der jüdischen Geistesgeschichte auf die *Schloß*-Welt zu fragen, da, wie wir sahen, Kafka mit der Kabbala bekannt war.

Es wird im Folgenden deutlich werden, daß Kafka in seiner Darstellung der Beamtenschaft von der Vorstellungswelt der Kabbala geprägt war. Da von der Auffassung der Beamten die Interpretationsrichtung des Romans bestimmt wird, erscheint eine kurze Darstellung der kabbalistischen Vorstellungen gerechtfertigt. Ich folge in der Beschreibung der kabbalistischen Gottesvorstellungen dem Werk von Gershom Scholem: *Die Jüdische Mystik in ihren Hauptströmungen*. Lassen wir uns diese Vorstellungen durch Scholem vor Augen stellen:

„Der verborgene Gott, sozusagen das innerste Selbst der Gottheit, hat weder Bestimmungen noch Attribute. Dieses innerste Selbst nennen der Sohar und die meisten Kabbalisten gern En-Sof, das heißt „das Unendliche". Wo aber dieses verborgene Selbst im Weltprozeß wirkend hervortritt, da kommen ihm positive Attribute zu (die „Sefiroth") und diese Attribute sind tiefe Realitäten des göttlichen Lebens; sie sind Stufen göttlichen Seins und göttlicher Manifestationen, in denen sich sein verborgenes Leben ausströmt ..."

„Die mystischen Attribute sind ... Lichtwelten, in denen das dunkle Wesen von En-Sof sich manifestiert"[8]. „Die Kabbalisten nehmen zehn solch fundamentaler Attribute Gottes an, die zugleich eben die zehn Stufen sind, in denen das Leben Gottes als eine Bewegung aus ihm selbst und zu ihm selbst hin- und herströmt ... dies müssen wir uns klarmachen: die Sefiroth sind nicht etwa Mittelwesen, die zwischen Gott und der Welt stehen. Sie haben nichts mit den „Mittelstufen" zu tun, die die Lehre der Neuplatoniker zwischen dem absoluten Einen und der sinnlichen Welt kennt"[9].

Von den zehn Namen der Sefiroth, die Scholem der kabbalistischen Darstellung entnimmt, interessieren den Kafka-Interpreten vor allem drei: 1. Die „Liebe" oder „Gnade" Gottes; 2. Die „Macht" Gottes, die sich vor allem als strafende Macht und richtende Gewalt darstellt; 3. Die zwischen den Gegensätzen der beiden genannten Sefiroth ausgleichende „Barmherzigkeit" Gottes[10]. Nach Scholem sind die Sefiroth jene zehn Namen, mit denen Gott vornehmlich genannt wird ... Sie sind die „Gesichter des Königs", das heißt also die Aspekte, unter denen er erscheint, und heißen so auch das „innerliche" oder mystische „Antlitz Gottes"[11].

Ein Vergleich der Kafkaschen Beamtenschaft mit diesen kabbalistischen Gottesvorstellungen ergibt eine ins Auge springende Verwandtschaft beider Welten. Wie die

Beamten hier sind dort die Sefiroth der Kabbala Erscheinungsformen, Manifestationen des Göttlichen. Wie ein K. bemüht ist, in einem Klamm Gott zu finden – denn darauf deutet das biblisch formulierte „vor sein Angesicht kommen" (161) hin (vgl. Psalm 11,7; 41,13; 42,6; 51,13; 69,18) – so sucht der Mystiker in den Sefiroth das „Antlitz Gottes" zu finden. Dabei wissen beide, hier ein K. und dort der Mystiker, daß alle diese Begegnungen nur Begegnungen mit den Erscheinungsformen des Göttlichen sein können, nicht aber Begegnungen mit dem einen Gott selbst. Der Mystiker scheidet ausdrücklich zwischen zwei Welten, einer zugänglichen und einer unzugänglichen, einer Welt, an der Gott erkannt wird, und der Welt der Verborgenheit, der des deus absconditus. So ist auch Klamm für K., obwohl in biblischen Wendungen von ihm gesprochen wird, nicht das „Schloß", nicht das letzte Ziel:

> ... nicht Klamms Nähe an sich war ihm das Erstrebenswerte, sondern daß er, K., ... an Klamm herankam und an ihn herankam, nicht um bei ihm zu ruhen, sondern um an ihm vorbeizukommen, weiter, ins Schloß (163).

Auch in seiner Darstellung der „Hierarchie der Instanzen" steht Kafka auf dem Boden der Kabbala, die eine „Hierarchie des Hofstaates Gottes" kennt[12]. Und endlich ist die gegenseitige Vertretung der Beamten die Aufnahme einer kabbalistischen Vorstellung: der Mystiker weiß von einer Austauschbarkeit der Sefiroth[13].

Die grundlegende Frage der Kafka-Interpretation, die wir uns zu Anfang dieses Kapitels stellten, ist hier noch einmal aufzunehmen. Ist es möglich, Brods These durchzuhalten, die Beamtenschaft verkörpere den „Himmel", oder ist die Beamtenschaft, wie Heller es darlegt, gleichsam eine „Garnison von gnostischen Dämonen"? Hat die Kafkasche Beamtenschaft noch etwas zu tun mit jener Welt des Göttlichen, die in den Sefiroth als „Weisheit, Liebe, Gnade, Macht, Barmherzigkeit, Dauer, Majestät" Gottes[14] in Erscheinung tritt? Kann sich der „Himmel" so sehr verhüllen (wie Brod es mit dem Hinweis auf Kierkegaard vertritt), daß er wie ein unflätiger, rachsüchtiger Sortini erscheint?

Wir müssen zunächst feststellen: Hellers Hinweis auf die gnostischen Züge in Kafkas Weltbild ist berechtigt. Wir können mit Sicherheit annehmen, daß Kafka – über Hellers Vermutung hinaus[15] – mit den Grundzügen der gnostischen Lehren vertraut war. In Kafkas Handbibliothek befand sich ein Band „Die Gnosis"[16]. Dort las er: „die unmittelbare Verbindung zwischen Gott und Welt ist bei den Gnostikern abgerissen" (S. 21). „Der Gnostizismus ... wird zum metaphysischen Dualismus. Die Spannung zwischen Gott und Welt hat den höchsten nur denkbaren Grad gewonnen: sie sind einander wesensfremd geworden, sind verschiedene Prinzipien. Jüdisch gedacht war das nicht: trotz der beständig gesteigerten Transzendenz Gottes stand mit ehernen Lettern im Judenherzen geschrieben die erste Zeile des heiligen Buches: „im Anfang schuf Gott Himmel und Erde"; so war die Erde Gottes Kreatur und nicht ein ihm gegenüberstehendes Prinzip ... Die Welt ist bei den Gnostikern ... hingegen ... Werk eines besonderen Gottes. „Demiurgos" heißt in verschiedenen gnostischen Systemen immer wieder der Weltformer" (S. 21f.). In dem ihm wohlbekannten Werk seines Freundes Brod *Heidentum, Christentum, Judentum* las Kafka von dem Gott, der „als böser Demiurg, als

Weltenschöpfer erschien"[17]. So wird er auch die gnostischen Züge in der Kabbala erkannt haben, die auf einem nachweisbar historischen Weg dort eingedrungen sind[18]. Und wir können annehmen, daß Kafka die Züge von Bosheit und Obszönität – die Heller so ausführlich behandelt[19] – seinem Gottesbild als eine Sicht gnostischen Weltverständnisses einzeichnete.

Doch nun besteht ein grundlegender Unterschied zwischen der Gnosis und dem jüdischen Denken. Während sich das Böse für den Gnostiker zur Gestalt des Demiurgen, des Weltenschöpfers, verdichtet, sodaß ein Dualismus entsteht zwischen dem Guten, Geistigen, göttlichen Prinzip und dem bösen, materiellen, dämonischen des Demiurgen, ist der jüdische Kabbalist bemüht, die monotheistische Linie durchzuhalten, das Böse „als ein positiv Daseiendes zu erklären"[20]. Den theologischen Ort für das Böse in der göttlichen Hierarchie findet der Kabbalist in der Manifestation der „Macht" Gottes – einer Stufe der Sefiroth –, die sich vor allem als strafende und richtende Macht, als Gottes Zorn darstellt[21]. An dieser Stelle findet sich in den kabbalistischen Gedankengängen eine Prägung, die – wie wir sehen werden – Kafka aufnimmt, und deren Verständnis für die *Schloß*-Interpretation wichtig ist. Der Kabbalist bezeichnet – nach Scholem – den Zorn Gottes als seine linke Hand. Diese linke Hand ... „steht [aber] in innigem Zusammenhang mit der Eigenschaft der Gnade und Liebe, die seine rechte Hand heißt. Die eine kann sich nicht manifestieren, ohne zugleich die andere mit in sich zu enthalten. Die Sefira der Strenge ... ist das große Zornesfeuer, das in Gott lodert, aber immer wieder von der Gnade gemildert und gebändigt wird"[22].

Hier findet sich, wie diese Darstellung zeigt, in der Kabbala bei allem Interesse an der Welt des Bösen die letztlich monotheistische Weltauffassung, die altes jüdisches Erbe ist, und die auch Kafkas Weltbild bestimmt.

Wir können annehmen, daß Kafka mit künstlerischer Bewußtheit seinen Beamten die mythisch-heidnischen Züge der Gnosis verliehen hat. Aber Kafka vollzieht in der Gefolgschaft der Kabbala die entscheidende Wendung: das Böse, Widergöttliche, Dämonische wird eingebaut in eine letztlich gute, göttliche Weltordnung.

Selbst Heller, ein heftiger Gegner einer Kafka-Interpretation aus der Sicht eines religiösen Erbes, verläßt am Schluß seines Essays seine Position, Kafka als „enterbten Geist" darzustellen wenn er schreibt: „Ist es, so fragt man sich, bloß eines der vielen Phantome von Hoffnung in einer getäuschten Welt, was in diesem Roman ein Kind, ein einfaches Mädchen und eine unglückselige Familie sich K. mit geheimnisvoll messianischer Hoffnung zuwenden läßt? Und was auf einer gestrichenen Seite des unvollendeten Manuskripts eine Mutter veranlaßt, dem heimatlosen Fremdling ihr Haus mit den Worten anzubieten: „Diesen Mann sollte man nicht verkommen lassen"? Oder ist es vielleicht der Widerschein eines Glaubens, der noch in der Umklammerung durch die Verdammnis lebendig bleibt, eines Glaubens, dem Nietzsche einmal Ausdruck gab, als er sagte, daß, „wer irgendwann einmal einen neuen Himmel gebaut hat, die Macht dazu erst in der eigenen Hölle fand"[23].

Es scheint mir, daß Heller zu einem anderen Kafka-Bild als dem von ihm gezeichneten gekommen wäre, wenn er die am Schluß seines Essays aufgeworfene Frage grundsätzlicher gestellt hätte. Er wäre damit vor der Vereinseitigung seines Kafka-Bildes bewahrt geblieben, die durch die Überbetonung der Welt des Fluches entsteht.

Als Beispiel für meine Kritik an Heller wähle ich Hellers Darstellung der Sara-Meditation, die zeitlich und inhaltlich zur *Schloß*-Welt gehört. Das Leben in einer verfluchten Welt sieht Heller dargestellt in dem Wort aus Kafkas Tagebuch: „Alles ist Phantasie, die Familie, das Bureau, die Freunde, die Straße, alles Phantasie, fernere oder nähere, die Frau; die nächste Wahrheit aber ist nur, daß du den Kopf gegen die Wand einer fenster- und türlosen Zelle drückst." (Heller: Enterbter Geist s. o. S. 284) Es eröffnet sich aber eine andere Perspektive, wenn wir das unmittelbar vorher aufgeschriebene dialektische Gegenglied dazuhalten – Heller führt es nicht an –. Es ist eine Meditation, die sich auf Genesis 18 bezieht: „Es war ihm unmöglich gewesen, in das Haus einzutreten, denn er hatte eine Stimme gehört, welche ihm sagte: „Warte, bis ich dich führen werde!" Und so lag er noch immer im Staub vor dem Haus, obgleich wohl schon alles aussichtslos war (wie Sara sagen würde)" (T 546). Dieses „obgleich wohl schon alles aussichtslos war (wie Sara sagen würde)" weist von der Verzweiflung weg auf die andere Möglichkeit, die die irrende Sara zwar nicht sieht, um die aber die Bibel weiß: „Sollte dem Herrn etwas unmöglich sein?" (Genesis 18, 14) Durch diese dialektische Gegenbewegung ist die Verzweiflung in dem von Heller angeführten Tagebuchzitat relativiert, ja letztlich aufgehoben. Es ist von grundlegender Bedeutung, den Schritt Kafkas aus der Negation zur Position mitzuvollziehen, für den die Sara-Meditation beispielhaft ist. So wird aus einem dualistischen Weltbild, wie Heller es bei Kafka sieht, ein monotheistisches Weltbild, wo auch das Böse letztlich seinen Platz in einer guten göttlichen Ordnung findet.

Es ist das Anliegen Max Brods gewesen, diese monotheistische Grundhaltung Kafkas zum Ausdruck zu bringen. Er hat aber die Synthese (Sortini gleich Himmel) vielleicht zu schnell vollzogen, so daß der ungeheure Weg der Kafkaschen Dialektik nicht genügend zum Ausdruck kam und so das Mißverständnis seines Kafka-Bildes möglich wurde. Daß Brod aber grundsätzlich richtig sah, wenn er Kafka als Monotheisten verstand, macht eine nähere Beschäftigung mit dem *Schloß* je länger je mehr deutlich.

Die schärfste Zuspitzung ihrer Problematik bekommt die Beamtenschaft durch die Züge des Sexuellen, die Kafka ihrem Bilde einzeichnet. Hier muß eine Interpretation, die das monotheistische Weltbild Kafkas aufrechterhalten will, ihre letzte Probe bestehen. Und gerade an diesem Punkt hilft uns das Heranziehen der kabbalistischen Quellen. Wegen ihrer Wichtigkeit für das *Schloß*-Verständnis möchte ich hier näher auf die Züge des Sexuellen in den kabbalistischen Gottesvorstellungen eingehen.

Wir bekommen einen Eindruck von dieser problematischen Seite der Kabbala durch die Darstellung Scholems. Er führt aus: „Während … die Darstellung des Verhältnisses des Menschen zu Gott bei den Kabbalisten nur selten die Sprache des Sexus spricht, so beherrscht diese um so mehr die Schilderung der inneren Beziehungen der Gottheit zu sich selbst, wie sie in der Sefiroth-Welt gegeben wird. Das Mysterium der Geschlechter ist für den Kabbalisten von wahrhaft schauerlicher Tiefe. Er sieht in seiner Erscheinung im Leben des Menschen nur ein Symbol für die Liebesbeziehung zwischen dem göttlichen „Ich" und dem göttlichen „Du", „dem Heiligen, gelobt sei Er", zu seiner Schechina. Der hieros gamos, die „heilige Verbindung" des Königs und der Königin, des himmlischen Bräutigams und der himmlischen Braut, ... ist von allen Vorgängen innerhalb der Welt der göttlichen Manifestationen der zentralste. In Gott selbst besteht eine Vereinigung der zeugenden und empfangenden ... Kräfte. Aus ihr stammt alle Seligkeit und alles Leben der unteren Welten.

Ohne Zweifel hat der Autor des Sohar eine besondere Vorliebe gerade für diese sexuelle Symbolik, die in allen möglichen Gestalten immer wieder auftritt. Eines der Bilder, das die Entfaltung der Sefiroth beschreibt, schildert diese ... als die Frucht mystischer Zeugung, bei der der erste Strahl des göttlichen Lichts zugleich der Weltensamen ist; denn der Strahl aus dem Nichts wurde in den göttlichen Intellekt, in die „himmlische Mutter" versenkt, aus deren Schoß die Sefiroth als König und Königin, als Sohn und Tochter hervorkommen. Hinter diesen mystischen und archetypischen Bildern nehmen wir die Umrisse der männlichen und weiblichen Götter der Antike wahr, die für das Bewußtsein der frommen Kabbalisten freilich ein Greuel gewesen wären ... Es kann nicht bezweifelt werden, daß der Autor des Sohar gerade von diesem Bereich unwiderstehlich angezogen worden ist. Der mythische Charakter seines Denkens kommt hier stärker als in allen anderen Stücken zu Geltung, und das will viel sagen. Hierzu gehört, daß phallische Symbolik, in Verbindung mit Spekulationen, die stets die Sefira Jessod betreffen, in diesem Buch eine ungewöhnlich große Rolle spielen, die in einem Werk striktester jüdischer Frömmigkeit dem Psychologen mehr als ein Rätsel aufgeben"[24].

Wir können mit Sicherheit annehmen, daß Kafka mit diesen Soharvorstellungen vertraut war. Dafür sprechen zwei Tatsachen: Scholem führt als einen der Wortführer gegen das „Lügenbuch" Sohar mit seinen „angeblichen Obszönitäten" Graetz an[25]. Wir wissen aus den Tagebüchern, daß Kafka 1911 begann, Graetz „Geschichte des Judentums" „gierig und glücklich" zu lesen ... (T 132).

Noch von einer anderen Seite wurde Kafka auf die sexuellen Bilder im Sohar hingewiesen. 1923 erschien in Prag ein Buch von M. D. Georg Langer: Die Erotik der Kabbala[26]. Der Verfasser muß derselbe Georg Mordechai Langer sein, den Brod in den Anmerkungen zu den „Briefen" als „unsere[n] [Kafkas und Brods] gemeinsamen Freund" bezeichnet[27]. Brod erwähnt in dieser Anmerkung die kabbalistischen Interessen Langers; in seiner Kafka-Biographie bezeichnet er ihn als „meine[n] kabbalistischen Freund"[28]. Kafka selbst schildert in seinem Tagebuch einen Besuch gemeinsam mit Brod und Langer bei einem Wunderrabbi (s. T 478f.), den auch Brod darstellt[29].

Langer ist mit der Methode der Freudschen Psychoanalyse an die Gottesvorstellungen der Kabbala herangegangen[30]. Da Langers Werk 1923 in Prag erschien, ist es sehr wahrscheinlich, daß er seine Entdeckungen mit seinen Freunden Brod und Kafka besprach.

Kafka hat die Ergebnisse der Forschungen seines Freundes Langer künstlerisch umgesetzt, wenn er den mythisch – archetypischen Untergrund der Kabbala als eine angedeutete Obszönität dem Bild eines Grafen Westwest und des Beamten Sortini einzeichnete.

Mit diesem Bewußtmachen der Sexualität in den Gottesvorstellungen geht der Künstler Kafka über die Absicht des Sohar hinaus. Im Sohar ist die Sexualität in den Gottesvorstellungen sozusagen inoffiziell vorhanden. Der Verfasser war weit davon entfernt, ihr als heidnisch-mythischer Komponente einen offiziellen Platz in seinem Gottesbild einzuräumen. Die Vorstellung eines männlich-weiblichen Dualismus im Göttlichen war für den jüdischen Kabbalisten eine Unmöglichkeit. Und doch ist das mythische Element in die Welt des Sohar eingedrungen. Aus der Macht seelischer Zwänge hat es sich gleichsam durch eine Hintertür Eingang verschafft in das Haus der jüdischen Vorstellungswelt und es verrät nun sein Dasein durch die Sexualität seiner Bildsprache.

Wenn Kafka nun diese unterbewußten Zusammenhänge künstlerisch bewußtmacht, indem er das obszöne Moment in der Beamtenschaft betont, so können wir hieraus nicht wie Heller den Schluß ziehen: „das Schloß repräsentiert weder göttliche Lenkung noch den Himmel", sondern wir haben diese Darstellung als eine bewußte Zumutung an sich und seine Leser zu verstehen, die letzte Spannung eines monotheistischen Glaubens zu ertragen. Wir können uns vorstellen, mit welcher Aufnahmebereitschaft Kafka ein Soharwort wie das folgende las: „Als Gott Israel die Tora gab, öffnete er ihnen die sieben Himmel und sie sahen, daß dort in Wirklichkeit nichts war als seine Glorie; er öffnete ihnen die sieben Erden, und sie sahen, daß dort nichts war als seine Glorie; er öffnete ihnen die sieben Abgründe, und sie sahen, daß dort nichts war als seine Glorie"[31]. Auch in den Abgründen der *Schloß*-Welt ist das Handeln der Beamtenschaft von einer „bewunderungswürdigen Einheitlichkeit des Dienstes, die man besonders dort, wo sie scheinbar nicht vorhanden war, als eine besonders vollkommene ahnte" (85).

II. Der Landvermesser K.

Der Landvermesser K. wird uns vorgestellt als ein

> Mann in den Dreißigern, recht zerlumpt, auf einem Strohsack ruhig schlafend, mit einem winzigen Rucksack als Kopfkissen, einen Knotenstock in Reichweite (8).

Dieser K. hat alle menschlichen Bindungen und Sicherheiten, die eine Heimat gewährt, aufgegeben, um sich auf die Wanderschaft zu begeben. Das bedeutet der Knotenstock, nach dem ein bewunderndes Kind greift. Der einzige Besitz, der ihm verblieb, ist der Rucksack. Er dient ihm auch als Kopfkissen auf seinem Strohlager, das er bald wieder verlassen wird. Auf diese Wanderschaft brachte ihn, wie er sagt, die „Berufung" durch den Grafen Westwest, den Besitzer des Schlosses. K. drückt sich allerdings zunächst unbestimmter aus: Er sagt:

> Lassen Sie es sich gesagt sein, daß ich der Landvermesser bin, den der Graf hat kommen lassen (7).

Erst später fällt das Wort „Berufung" (92, 102, 109, 272).

Da die Gewißheit des Rufes für den Weg des K. entscheidend ist, fragen wir zunächst nach dem Rufenden. Der Name Westwest läßt es in der Schwebe, wer der Rufende ist. „Er könnte das völlige Ende, die Todessphäre hinter dem Sonnenuntergang, aber auch das Jenseits des Todes, seine Überwindung markieren"[1]. Der Wanderer K. ist offenbar des Glaubens gewesen, daß ein Befugter ihn gerufen hat, sonst hätte er sich wohl kaum auf den Weg gemacht; und doch zeigt sein weiteres Verhalten, daß er weder der Berufung noch des Rufenden gewiß ist.

So zwiespältig tritt K. in das Dorf ein, das zum Schloß gehört. Hier umgibt es ihn wie eine knisternde Spannung. Jeder im Dorf weiß von ihm; wo er auftaucht, ist er wie gemeldet. Die Bauern, auf der untersten Stufe des Dorfes, umschleichen ihn gleichsam schnüffelnd wie Hunde, lassen sich kurz verscheuchen, um gleich wieder hinter und neben ihm zu sein. Als er sich vorstellt als „Landvermesser ... den der Graf hat kommen lassen", tritt unter den Bauern „allgemeine Stille" ein (7). Auf die telefonische Anfrage Schwarzers im Schloß wird von dort seine Landvermesserschaft bestätigt: „Das Schloß hatte ihn ... zum Landvermesser ernannt" (10). K. „mußte gar nicht erst verlangen, daß der Saal geleert wurde, denn alles drängte mit abgewendeten Gesichtern hinaus, um nicht etwa morgen von ihm erkannt zu werden" (10). Wie in der Wirtsstube folgt in der Badestube „vollkommene Stille", als gemeldet wird: „Es ist der Landvermesser" (19). Der Fuhrmann Gerstäcker weiß, daß K. als Landvermesser „zum Schloß" gehört (24). Das mit einem besonderen Blick begabte Ausschankmädchen Frieda ist bereits bei seinem Auftauchen über ihn vollkommen orientiert: „Was Sie betrifft, so weiß ich doch alles, Sie sind der Landvermesser" (58). Das „Mädchen aus dem Schloß" verfolgt den Weg des Landvermessers mit innerer Beteiligung (s. 212); für ihren Sohn Hans wird K. das Leitbild seines Lebens (s. 220 f.). Die „verfluchten Barnabasschen" erwarten von ihm eine Wende ihres Geschicks (s. 331 f.).

Auch der Behördenapparat des Schlosses hat den Landvermesser im Auge, wie es in den Briefen Klamms zu lesen ist (s. 36, 174). Im Gespräch mit Bürgel fragt dieser: „Wie verhält es sich mit der Landvermesserei?" (376) Und Erlanger fragt: „Ist nicht der Landvermesser dort?" (391).

Das Verhalten der „*Schloß*"-Gestalten weist darauf hin, daß der Landvermesserei etwas Auszeichnendes innewohnt, etwas, was den Landvermesser zu den „körperlich Größte[n]" (21) macht. Wir fragen mit der Herrenhofwirtin: „Was bist du denn eigentlich?" (455). Im Telefongespräch mit dem Schloß, in dem K. sich als „Gehilfe des Herrn Landvermessers" ausgibt, heißt es vom Schloß her: „Ich weiß schon. Der ewige Landvermesser. Ja. ja. Was weiter? ..." (33) Dieses einem ungeduldig bohrenden Frager wie nur hingeworfene „der ewige Landvermesser" wird uns als Schloßauskunft den Schlüssel zu der Gestalt des K. geben.

Der Leser fragt sich: soll in dem „ewigen Landvermesser" etwa eine Anspielung auf den „Ewigen Juden" vorliegen? Die Ahasvergestalt des ewigen Juden, einst vom antisemitischen Geist der Kreuzzüge geprägt, ist Kafka durchaus gegenwärtig und für ihn ein Bild seines Lebens, dieser „Wanderschaft, Bettlerschaft" (B 430). In einem Brief an Milena sieht Kafka sich in diesem ewigen Juden als den Menschen unter dem Fluch:

Mein Körper, oft jahrelang still wurde dann wieder geschüttelt bis zum Nicht-ertragen-können von dieser Sehnsucht nach einer kleinen, nach einer ganz bestimmten Abscheulichkeit, nach etwas leicht Widerlichem, Peinlichem, Schmutzigem; noch in dem Besten, was es hier für mich gab, war etwas davon, irgend ein kleiner schlechter Geruch, etwas Schwefel, etwas Hölle. Dieser Trieb hatte etwas vom ewigen Juden, sinnlos gezogen, sinnlos wandernd durch eine sinnlos schmutzige Welt (M 182).

Vergleiche dazu:

Bedenken Sie ..., Milena, welche 38 jährige Reise hinter mir liegt (und da ich Jude bin, eine noch so viel längere) (M 42).

Zu Gustav Janouch äußert Kafka:

Ich bin so alt wie das Judentum, wie der Ewige Jude (Ja 108)[2].

Der „Ewige Jude", der überall Fremde, ist von einem Lebensziel erfüllt, das Land, sein Land, zu erreichen. Was ist das für ein Land, das unser Held vermessen will? Was steckt in dem ersten Teil seines Titels? Hinter den Tagebuchnotizen und den Skizzen, die sich auf das Schloß beziehen, steht ein bedeutsames „Land":

Die Sehnsucht nach dem Land? Es ist nicht gewiß. Das Land schlägt die Sehnsucht an, die unendliche (T 556).

In der Kanaan-Meditation ist dieses „Hoffnungsland" „Kanaan", das „ackerbauende Land" im Gegensatz zur „Wüste" (T 564f.). Auch in der Moses-Meditation ist es das Land Kanaan, für das Moses zeit seines Lebens eine „Witterung" hat (T 545).

In diesen „Land"-Zitaten hören wir die Stimme des Zionismus, der Bewegung des Judentums, dem es um das „Land" geht. Ob Kafka Zionist war oder nicht, ist hier für uns nicht erheblich. Bald neigt sich die Waage zugunsten des Zionismus (s. T 560), bald zugunsten des Antizionismus (s. F 697 f.). Jedenfalls war Kafka an der zionistischen Bewegung nicht nur aufs stärkste beteiligt, sondern auch von ihr entscheidend beeinflußt. Das schon angeführte Tagebuchzitat, „wenn nicht der Zionismus dazwischen gekommen wäre" (T 553), macht das deutlich, gerade auch in Bezug auf die *Schloß*-Konzeption. Nach dieser Tagebuchnotiz liegt die Bedeutung des Zionismus für Kafka in seiner Wirklichkeitsbezogenheit. Das Land des Zionismus ist kein mystisch spiritueller Bereich, wie das Sehnsuchtsziel der Kabbala, sondern ein reales Land, geographisch bestimmbar, ein Land mit Historie, die durch Ausgrabungen bestätigt wird, ein Land, das man politisch gewinnen will, wie es das erklärte Ziel des Zionismus war. In dieses reale Land Palästina wollte Kafka mit Felice Bauer reisen (F 43), dort wollte er arbeiten (B 277 A 512), (Ja 18), dorthin wies er Ottla (B 264, A 511) und Minze E. (B 281, 312). Kafka erstrebte eine Ordnung seines irdisch realen Lebens vom „Land" her. Das wird deutlich erkennbar aus einer Briefstelle. Kafka hatte sich entschlossen, den ersten Band seiner Erzählungen seinem Vater zu widmen. Dazu schreibt er an Max Brod:

> Nicht als ob ich dadurch den Vater versöhnen könnte, die Wurzeln dieser Feindschaft sind hier unausreißbar, aber ich hätte doch etwas getan, wäre, wenn schon nicht nach Palästina übersiedelt, doch mit dem Finger auf der Landkarte hingefahren (B 237).

Und doch – hier wird Kafkas Abgrenzung gegenüber dem Zionismus deutlich – das „Land", sein Land, ist nicht nur das reale Land Palästina, sondern ein hinter diesem liegendes Land. Kafka hat ein religiöses Landverständnis, das „immer wieder den Boden des Zionismus in Unruhe bringen muß" (s. F. 694). Sein „Land" ist das „Land", das ein „Wanderer ... auf der Landstraße" „das Schloß" nennt:

> Ich fragte einen Wanderer, den ich auf der Landstraße traf, ob hinter den sieben Meeren die sieben Wüsten wären und hinter ihnen die sieben Berge, auf dem siebenten Berge das Schloß und ... (H 242).

Kafka erkannte in dem biblischen Landverständnis eine Komponente, die dem Zionismus fehlte. Er mußte schon in der Geschichte der Berufung Abrahams – dem Prototyp seines K. – sehen, daß der Besitz des Landes unlösbar verflochten war mit dem Segen Gottes. Er las dort: „Gehe aus deinem Vaterlande ... in ein Land, das ich dir zeigen will ... Ich will segnen, die dich segnen, und verfluchen, die dich verfluchen; und in dir sollen gesegnet werden alle Geschlechter auf Erden". „Und als sie gekommen waren in dasselbe Land ... Da erschien der Herr dem Abraham und sprach: Deinem Samen will ich dies Land geben. Und er (sc. Abram) baute daselbst dem Herrn einen Altar" (1. Mose 12, 1 f.). Um dieses Land des Segens Abrahams geht es im ganzen Alten Testament[3].

Wenn es das erklärte Ziel Kafkas war, in seiner *Schloß*-Dichtung diese „alten Jahrhunderte" neu zu erschaffen, so werden wir gerade seinen Helden, den Landvermesser, von dem Landverständnis des Alten Testaments her sehen müssen. An dem Streben zu diesem geheimnisvollen Land bricht K.s Gegensatz zu Frieda auf. Frieda klagt: „Ich werde dieses Leben hier nicht ertragen. Willst du mich behalten, müssen wir auswandern, irgendwohin, nach Südfrankreich, nach Spanien" (201). Das Land, in das Frieda ausweichen will „Südfrankreich, Spanien" ist das Land, in dem Don Quichotte lebte[4], dessen Land als Vision der Verzweiflung Kafka schon in seinen ersten Abraham-Meditationen anvisierte („er fürchtete, er werde zwar als Abraham mit dem Sohne ausreiten, aber auf dem Wege sich in Don Quixote verwandeln" (B 333). K. widersteht Friedas Plänen:

> Auswandern kann ich nicht … ich bin hierhergekommen, um hier zu bleiben. Ich werde hier bleiben … Was hätte mich denn in dieses öde Land locken können als das Verlangen hierzubleiben? Dann sagte er [zu Frieda]: Aber auch du willst hierbleiben, es ist ja dein Land (201).

Sehr deutlich gestaltet dann der Dichter das Landverständnis des K. in dem Gegensatz K.s zu dem Dorfbewohner Brunswick. Dieser ist zwar für die Berufung eines Landvermessers, aber mit einer zu beachtenden Einschränkung: „Sei es auch aus politischen Gründen" (218).

Brunswick hofft, daß durch die Zulassung eines Landvermessers Besitzveränderungen entstehen, von denen er profitieren kann, denn er ist „ein kluger Kopf, der den Augenblick zu nützen verstand" (294). Um seine realen Ziele zu erreichen, hat er wahrscheinlich „das Mädchen aus dem Schloß" geheiratet. Da das Ziel K.s, das Land hinter dem Land, – das Schloß – zu erreichen, Brunswicks Bestreben zuwiderläuft, muß er K. gleich dort entgegentreten, wo dieser auf sein Ziel zusteuert. Als K. in der Badestube versucht, sich dem „Mädchen aus dem Schloß" zu nähern, wird er von Brunswick und seinem Schwager gepackt und hinausbefördert.

Der Name „Brunswick" unterstreicht diese Darstellung. Wie kommt es zu diesem Namen? In der Stadt Prag[5] steht unterhalb der Karlsbrücke eine Rolandsäule[6], der „Brunsvĭk" genannt. Diese Figur mit dem Schwert in der Hand scheint Kafka zu einem Sinnbild geworden zu sein für den Menschen, der sich selbst Recht verschafft. So ist also Brunswick auch von seinem Namen her als Vertreter eines feststellbaren Rechtes zu sehen. Damit hat Brunswick auch ein anderes Landverständnis als es das des K. ist. Land ist für Brunswick realer Besitz, den man durch Schläue, durch Berechnung, durch Politik, an sich bringt, zu dessen Erwerb man keine mühevolle Schloßwanderung zu machen braucht, wie sie der besitz- und heimatlose Wanderer K. unternimmt. So unterstreicht das Verständnis dieses Gegenspielers K.s hintergründiges Landverständnis. Wir werden in dieser Gestaltung des Brunswick Kafkas Auseinandersetzung mit dem Zionismus zu sehen haben. In Brunswick wird der Finger auf den schwachen Punkt dieser großen Bewegung des Judentums gelegt. Der Dichter erhebt hier seine warnende Stimme: „Das Land" wird nicht durch Politik gewonnen, sondern nur als ein Geschenk empfangen, sonst verkehrt sich scheinbares Recht in Unrecht. Hier lebt die Stimme der alten Propheten auf, die einem Volk mit dem Exil drohten, das seines Landes zu sicher war, einem Volk, das vergessen hatte, daß das Land Kanaan nur als Land des Segens „das einzige Hoffnungsland" (T 565) real ist.

Wir haben nun den zweiten Teil des Titels unseres K. zu betrachten: „Vermesser". Beim Eintritt in das Dorf stellt K. Betrachtungen über das Schloß an, das sich seinen Blicken zeigt.

Hätte man nicht gewußt, daß es ein Schloß sei, hätte man es für ein Städtchen halten
können … Flüchtig erinnerte sich K. an sein Heimatstädtchen; es stand diesem angeblichen Schloß kaum nach … Und er verglich in Gedanken den Kirchturm der
Heimat mit dem Turm dort oben. Jener Turm, bestimmt, ohne Zögern geradewegs
nach oben sich verjüngend, breitdachig, abschließend mit roten Ziegeln, ein irdisches Gebäude – was können wir anderes bauen? – aber mit höherem Ziel als die
niedrige Häusermenge und mit klarerem Ausdruck, als ihn der trübe Werktag hat
(14, 15).

Dieser Vergleich des Vermessers zwischen dem Bau des Schlosses und dem Bau der Heimatkirche läßt den Leser annehmen, daß er am Bauen interessiert ist. Dient sein Beruf
des Vermessers vielleicht dazu, ein Gebäude zu bauen „mit höherem Ziel und mit klarerem Ausdruck, als ihn der trübe Werktag hat". Will er so etwas wie eine Kirche bauen,
dient sein „Vermessen" diesem Zweck?

Eine Skizze des „Manöverlebens" bestätigt diese Vermutung. Da sie noch in andrer
Beziehung aufschlußreich ist, sei sie hier – gekürzt – gebracht.

Es kamen einige Leute zu mir und baten mich, eine Stadt für sie zu bauen. Ich sagte,
sie wären viel zu wenige, sie hätten Raum in einem Haus, für sie würde ich keine
Stadt bauen. Sie aber sagten, es würden noch andere nachkommen und es seien doch
Eheleute unter ihnen, die Kinder zu erwarten hätten, auch müßte die Stadt nicht auf
einmal gebaut, sondern nur im Umriß festgelegt und nach und nach ausgeführt werden. Ich fragte, wo sie die Stadt aufgebaut haben wollten, sie sagten, sie würden mir
den Ort gleich zeigen. Wir gingen den Fluß entlang, bis wir zu einer genug hohen,
zum Fluß hin steilen, sonst aber sanft sich abflachenden und sehr breiten Erhebung
kamen. Sie sagten dort oben wollten sie die Stadt gebaut haben … Ich ging … hinauf
und fragte sie, warum sie gerade hier die Stadt gebaut haben wollten … ob genügen-
des Trinkwasser oben zu finden war, war noch nicht festgestellt, die kleine Quelle,
die man mir zeigte, schien nicht zuverlässig.
„Du bist müde", sagte einer von ihnen, „du willst die Stadt nicht bauen". „Müde bin
ich", sagte ich, und setzte mich auf einen Stein neben die Quelle. Sie tauchten ein
Tuch in das Wasser und erfrischten damit mein Gesicht, ich dankte ihnen. Dann
sagte ich, daß ich einmal allein die Hochebene umgehen wolle, und verließ sie; der
Weg dauerte lang; als ich zurückkam, war es schon dunkel; alle lagen um die Quelle
und schliefen; ein leichter Regen fiel. Am Morgen wiederholte ich meine Frage; sie
verstanden nicht gleich, wie ich die Frage des Abends am Morgen wiederholen könne.
Dann aber sagten sie, sie könnten mir die Gründe, aus welchen sie diesen Ort gewählt
hätten, nicht genau angeben, es seien alte Überlieferungen, welche diesen Ort
empfehlen. Schon die Voreltern hätten die Stadt hier bauen wollen, aber aus irgendwelchen auch nicht genau überlieferten Gründen hätten sie doch nicht angefangen.
Jedenfalls also sei es nicht Mutwille, der sie zu diesem Ort geführt habe, im Gegenteil,
der Ort gefalle ihnen nicht einmal sehr …, aber es sei eben jene Überlieferung da,
und wer der Überlieferung nicht folge, werde vernichtet … Ich beschloß fortzugehen

und kletterte den Abhang zum Fluß hinab. Aber einer von ihnen war erwacht und hatte die andern geweckt, und nun standen sie oben am Rand, und ich war erst in der Mitte, und sie baten und riefen mich. Da kehrte ich zurück, sie halfen mir und zogen mich hinauf. Ich versprach ihnen jetzt, die Stadt zu bauen. Sie waren sehr dankbar, hielten Reden an mich, küßten mich (H 304—306).

Beachten wir hier: Diese Skizze ist Ende 1920 notiert (21. 9. 1920). Kafka hat den Plan gefaßt, das *Schloß* zu schreiben. Dieses Schloß stellt sich ihm unter verschiedenen Bildern dar: als „Haus" oder als „Stadt" (s. H 290f.).

Bei der Schilderung der Suche nach einem Bauplatz stößt uns in H 306 ein Wort auf: „Überlieferung". Dreimal steht es da, einmal als „alte Überlieferung", ein viertes Mal spricht der Schreiber von „nicht genau überlieferten Gründen". Der Hinweis auf „alte Überlieferung" macht uns hellhörig. Verweist er uns, wie an ähnlichen Stellen (T 553, B 291) auf das Alte Testament? Die Standortbestimmung des Baues in der Nähe einer Quelle auf einer Hochebene bietet sich als Schlüssel an. Sie weist auf drei alttestamentliche Propheten hin: Hesekiel, Sacharja, Joel. Bei diesen Propheten ist die Rede von einer Tempelquelle (Hesekiel 47,1; Sacharja 14,8; Joel 4,18).

Wir hatten bis jetzt festgestellt, daß es dem Landvermesser um so etwas wie den Bau einer Kirche geht. Der Hinweis auf einen geplanten Bau bei einer Quelle in „alten Überlieferungen" ermöglicht uns jetzt eine nähere Bestimmung des „Vermessers". Bei Hesekiel und Sacharja, unseren Gewährsmännern für das Vorhandensein einer Tempelquelle, tritt ein „Vermesser" auf. Es ist ein Mann mit einer „Meßrute" und einer „Meßschnur" (Hesekiel 40,3; Sacharja 2,5; vgl. Offenbarung 21,15). So werden wir auf Grund der Quellen, auf welche die H-Skizzen hinweisen, nicht irregehen, wenn wir in dem Vermesser einen Mann am Werk sehen, der einen heiligen Bezirk vermißt. Das Vermessungsobjekt trägt in den Skizzen verschiedene Namen: bald ist es das Land, bald eine Stadt, bald ein Haus. Dieser Wechsel braucht uns nicht zu stören. Die Offenheit in der Bezeichnung des Sehnsuchtszieles entspricht der grundsätzlichen Offenheit der Kafkaschen Dichtung. In einer Skizze ist so etwas wie das Modell einer Stadt gezeichnet, das der Vermesser K. hätte entwerfen können:

Das Charakteristische der Stadt ist ihre Leere. Der große Ringplatz zum Beispiel ist immer leer. die Elektrischen, die sich dort kreuzen, sind immer leer. Laut, hell, befreit von der Notwendigkeit des Augenblicks klingt ihr Läuten. Der große Basar, der am Ringplatz beginnt und durch viele Häuser in eine weit entfernte Straße führt, ist immer leer. An den vielen im Freien stehenden Tischen des Kaffeehauses, das zu beiden Seiten des Basareinganges sich ausbreitet, sitzt kein Gast. Das große Tor der alten Kirche in der Mitte des Platzes ist weit offen, aber niemand geht ein oder aus. Die Marmorstufen, die zum Tor emporführen, strahlen mit einer geradezu unbändigen Kraft das Sonnenlicht zurück, das auf sie fällt.

Es ist meine alte Heimatstadt und ich irre langsam, stockend durch ihre Gassen (H 291f.).

Wir werden die Charakteristika dieser Stadt später im Werk wiederfinden. Hier interessiert uns, den Namen dieser Stadt zu erfahren, die das Arbeitsgebiet unseres Vermessers ist. Das große – weit offene – Tor[7] der Skizze verweist uns auf Jesaia 60,11: „Deine Tore sollen stets offen stehen".

Bei Jesaia erfahren wir den Namen der Stadt, den der Dichter auch in seinen Entwürfen nicht verrät: „Zion" (Jesaia 60,14) (Vergl. Jesaia 59,20). Zu einem entsprechenden Ergebnis führt der schon gebrachte Vergleich der ersten Manöverleben-Skizze mit einer Bibelstelle. Das Urbild von „lange schon lange wollte ich in jene Stadt" (H 289) weist den Namen „jene[r] Stadt" auf: es ist nach Sacharja 2,8 „Jerusalem".

Die biblischen Urbilder der angeführten Manöverlebenskizzen verrieten uns den Namen des Sehnsuchtszieles: Zion-Jerusalem. Es ist der Name, nach dem sich die große Bewegung des Judentums nannte, die nach Kafkas Aussage für ihn von entscheidender Bedeutung war: der Zionismus.

Wir können also unseren Landvermesser als Vermesser Zions charakterisieren. Bevor wir uns fragen, ob wir diese Charakterisierung des Landvermessers durchhalten können, müssen wir uns noch mit seinem Eigennamen, K., beschäftigen. Es ist jedem Leser klar, daß Kafka mit der Chiffre K. sich selbst meint. Was bedeutet der Hinweis auf sich selbst im Zusammenhang mit der Landvermesserei? Es soll wohl heißen: Schloß zeichnen, Schloß bauen kann sich nur vollziehen in einer konkreten Existenz, in der realen Wirklichkeit eines Franz Kafka. In der oben angeführten Skizze ist die „Leere" das „Charakteristische der Stadt". Diese Stadt mit ihrem offenen Kirchentor wartet offenbar auf jemand. H 290 spricht das besonders eindringlich aus:

Was stört dich? Was reißt an deines Herzens Halt? Was tastet um die Klinke deiner Türe? Was ruft dich von der Straße her und kommt doch nicht durch das offene Tor? Ach, es ist eben jener, den du störst, an dessen Herzens Halt du reißt, an dessen Tür du um die Klinke tastest, den du von der Straße her rufst und durch dessen offenes Tor du nicht kommen willst.

Das Eintreten in diese „große Stadt" durch dieses „offene Tor" würde für den Dichter heißen: sein Leben „Jenem" zu öffnen, der um die Klinke seiner Tür tastet, sein Leben sub specie aeternitatis durchzugehen und als Weg des K. neu aufzubauen, das *Schloß* zu schreiben.

Hat K. diese Vermessertätigkeit ausgeübt? Die Beantwortung dieser Frage bleibt im Zwielicht. Zunächst erscheint es dem Leser, als habe Franz Kafka mit seinem Fragen nach dem Sinn seiner Begegnungen „besonders hinsichtlich der Frauen" diese hohe Kunst der Landvermesserei betrieben und in K. dargestellt. Wir werden im Verlauf der Arbeit diese minutiösen Vermessungen bewundern können; aber der Dichter scheint Zweifel zu haben, ob das wirklich die geforderte Landvermesserei ist. So läßt er K. an dem Sinn seines Lebens zweifeln. K. ist überzeugt, daß er keine Landvermesserarbeit leistet. Klamm hatte ihm zwar geschrieben: „Die Landvermesserarbeiten, die Sie bisher ausgeführt haben, finden meine Anerkennung" (174). Darauf kann er nur antworten: „Es ist ein Mißverständnis" (174). „Der Herr ist falsch unterrichtet, ich mache doch keine Vermesserarbeit" (175 f.). In dem Gespräch mit Bürgel lautet K.s resignierte Antwort auf Bürgels Frage: „Wie verhält es sich denn mit der Landvermesserei?" „Ich mache keine solche Arbeit, ich werde nicht als Landvermesser beschäftigt". Auf Bürgels Gegenfrage: „Leiden Sie denn nicht darunter?" muß er antworten: „Ich leide darunter" (376 f.). Das würde also heißen: K.s Weg mündet in Sinnlosigkeit und damit wäre sein ganzes Leben vergeblich.

Bis zu einer späteren Betrachtung über den Weg des K. muß es offen bleiben, ob K. nicht doch Land vermißt, wie es Klamms Brief vorauszusetzen scheint oder ob er, wie es ihn selbst dünkt, keine solche Tätigkeit ausübt.

III. Die Gehilfen

Die Konturen des Landvermessers K. treten schärfer hervor, wenn wir uns mit seinen Begleitern befassen: den Gehilfen Artur und Jeremias auf der einen Seite, dem Boten Barnabas auf der anderen.

Es bestand eine große Ähnlichkeit zwischen ihm [Barnabas] und den Gehilfen, er war so schlank wie sie, ebenso knapp gekleidet, auch so gelenkig und flink wie sie, aber doch ganz anders (34).

Im Gegensatz zu dem lichten Barnabas sind die Gehilfen von dunkler Hautfarbe, von der „ein Spitzbart in seiner besonderen Schwärze" absticht (23). Wir finden diese Gehilfen als „hündisch lüsterne" (345) Burschen stets in der Nähe der erotischen Szenen zwischen K. und Frieda, diese Erotik anscheinend kindisch-spielend, aber in Wirklichkeit grausam-ernst parodierend. Nach der Liebesszene unter dem Pult weist Frieda auf die Gehilfen: „Sieh aber, wie die zwei lachen ‚Wer?', fragte K. und wandte sich um. Auf dem Pult saßen seine beiden Gehilfen, ein wenig übernächtig, aber fröhlich; es war die Fröhlichkeit, welche treue Pflichterfüllung gibt" (64). Die Beschreibung ihres Verhaltens zeigt, daß sie die sexuelle Seite des K.-Frieda-Verhältnisses widerspiegeln:

Er [K.] hätte gern mit Frieda vertraulich gesprochen, aber die Gehilfen, mit denen übrigens Frieda hie und da auch scherzte und lachte, hinderten ihn daran durch ihre bloße, aufdringliche Gegenwart. Anspruchsvoll waren sie allerdings nicht, sie hatten sich in einer Ecke auf dem Boden auf zwei alten Frauenröcken eingerichtet. Es war, wie sie mit Frieda öfter besprachen, ihr Ehrgeiz, den Herrn Landvermesser nicht zu stören und möglichst wenig Raum zu brauchen, sie machten in dieser Hinsicht, immer freilich unter Lispeln und Kichern, verschiedene Versuche, verschränkten Arme und Beine, kauerten sich gemeinsam zusammen, in der Dämmerung sah man in ihrer Ecke nur ein großes Knäuel. Trotzdem aber wußte man leider aus den Erfahrungen bei Tageslicht, daß es sehr aufmerksame Beobachter waren, immer zu K. herüberstarrten, sei es auch, daß sie in scheinbar kindlichem Spiel etwa ihre Hände als Fernrohre verwendeten und ähnlichen Unsinn trieben oder auch nur herüberblinzelten und hauptsächlich mit der Pflege ihrer Bärte beschäftigt schienen, an denen ihnen sehr viel gelegen war und die sie unzähligemal der Länge und Fülle nach miteinander verglichen und von Frieda beurteilen ließen (67).

Auch nach der zweiten Liebesszene sind die Gehilfen wieder gegenwärtig, diesmal militärisch salutierend. So sehr K. versucht, sich ihrer zu erwehren, sie zu verjagen, sie verfolgen ihn in allen Frieda-Szenen wie sein Schatten (vgl. H 311 f.). K. empfindet offenbar dieses Wesen der Gehilfen als schlangenhaft. Schon gleich nach der Begrüßung sagt er zu ihnen:

‚Ihr unterscheidet euch nur durch die Namen, sonst seid ihr einander ähnlich wie Schlangen' (29).

Erst nach K's Trennung von Frieda verlassen ihn die Gehilfen, Jeremias, um sich mit Frieda zu verbinden, Artur, um im Schloß Klage gegen K. zu führen.

Diese K. schlangenhaft verfolgenden Gefährten treten vor den Leser hin als Vertreter zweier Dimensionen. Zunächst empfindet der Leser sie als Vertreter einer heidnisch-mythischen Welt, des Dionysischen. Ihre Ähnlichkeit mit den Satyrn springt ins Auge. Nicht nur ihr Bart erinnert an den Bocksbart der Satyrn, auch ihr Verhalten ist satyrhaft: wie die berauschten Satyrn sind sie Wein- und Rumtrinker (s. 361, 371). Wie die tiermenschlichen Satyrn gebärden sie sich hündisch-lüstern, und wie die lachenden Satyrn sind sie große Komödianten (vgl. T 566), die K.s Verhalten kopieren. Und sie spielen wie die dionysischen Tänzer gerade dort ihr erregendes Spiel, wo der Todesriß der Welt spürbar wird, dort, wo die Liebe in das Todeserlebnis umschlägt: Friedas Hinweis auf die Gehilfen: „Sieh aber, wie die zwei lachen" folgt der Feststellung K.s: „Wir beide sind verloren" (64).

Wir stoßen hier zum erstenmal auf eine griechische Wurzel von Kafkas Kunst. Diese Komponente der *Schloß*-Dichtung wird uns noch ausführlich beschäftigen.

Ich möchte hier in einem Exkurs darlegen, inwiefern es möglich ist, eine Seite der *Schloß*-Darstellung vom Griechentum her zu interpretieren. Auf Kafkas Beschäftigung mit dem Griechentum weisen uns zwei biographische Fakten hin.

1. Nach Brods Bericht fand sich in Kafkas Arbeitszimmer als „Schmuck" außer einer Abbildung des Pflügers von Thoma nur noch „der vergilbte Gipsabguß eines kleinen antiken Reliefs, einer Mänadin" ...[1] Wir werden auf die Bedeutung der Mänade für Kafkas Selbstverständnis und dessen künstlerische Umsetzung noch zu sprechen kommen. Hier halten wir zunächst erst einmal fest, daß für Kafka eine Gestalt der griechischen Mythologie von Bedeutung war.

2. Aus den Briefen Kafkas an Max Brod ersehen wir, daß er in einer beteiligten Auseinandersetzung stand mit Brods Schrift: *Heidentum, Christentum, Judentum.* Das „Heidentum" war für Brod repräsentiert im Griechentum. Die Grundlage für diese Auseinandersetzung war den Freunden als Gymnasiasten von der Schule her mitgegeben[2]. Diese Auseinandersetzung fand dann, wie wir sehen werden, in der *Schloß*-Dichtung ihren Niederschlag.

Letztlich entscheidend für den Erweis der Anwesenheit des Griechentums im *Schloß* ist der Kulminationspunkt der Bürgelszene. K. kämpft dort im Traum gegen einen „Sekretär ... sehr ähnlich der Statue eines griechischen Gottes" (383). Wir hören später: „... vom Traum her ... streifte ihn beim Anblick der entblößten Brust Bürgels ... der Gedanke ...: Hier hast du ja deinen griechischen Gott!" (384). Diese Anspielung auf die griechische Mythologie in einem der wichtigsten *Schloß*-Kapitel würde in der Luft hängen, wenn nicht der „griechische Gott" in der Dichtung bereits mitgespielt hätte.

Nach diesem Exkurs stellen wir fest: eine künstlerische Verarbeitung der griechischen Mythologie im *Schloß* ist durchaus denkbar. Wir werden im weiteren Verlauf dieser Interpretation an entscheidenden Stellen auf deren griechische Wurzel stoßen.

Für die uns hier interessierende Frage nach der Anwesenheit des Dionysischen in der Gestaltung der Gehilfen stoßen wir auf eine Quelle, die Kafka beeinflußt haben dürfte.

Es ist Nietzsches *Geburt der Tragödie*[3]. Kafkas Kenntnis der „Geburt der Tragödie" mit ihrer doppelgesichtigen Darstellung des Künstlerischen als apollinisch und dionysisch ist allgemein anerkannt[4]. Kafka fand bei Nietzsche folgende Ausführungen über das Dionysische: „Singend und tanzend äußert sich der Mensch als Mitglied einer höheren Gemeinsamkeit: er hat das Gehen und das Sprechen verlernt und ist auf dem Wege, tanzend in die Lüfte emporzufliegen. Aus seinen Gebärden spricht die Verzauberung. Wie jetzt die Tiere reden und die Erde Milch und Honig gibt, so tönt auch aus ihm etwas Übernatürliches: als Gott fühlt er sich, er selbst wandelt jetzt so verzückt und erhoben, wie er die Götter im Traume wandeln sah. Der Mensch ist nicht mehr Künstler, er ist Kunstwerk geworden: die Kunstgewalt der ganzen Natur, zur höchsten Wonnebefriedigung des Ur-Einen, offenbart sich hier unter den Schauern des Rausches. Der edelste Ton, der kostbarste Marmor wird hier geknetet und behauen, der Mensch, und zu den Meißelschlägen des dionysischen Weltenkünstlers tönt der eleusinische Mysterienruf: ‚Ihr stürzt nieder, Millionen? Ahnest du den Schöpfer, Welt?' "[5].

Dieser Welt gehören die Gehilfen an: diese lachenden Parodisten des Liebesrausches, diese Bier- und Rumtrinker.

Kafka erkannte aber unter dem rauschhaften Zauber der dionysischen Welt den Todesriß, den ihr Jubel verdeckt. Er sah diese Erkenntnis in der Mänade des Mythos gestaltet: die Mänade, eine Gesalt aus dem Gefolge des Dionysos, zerreißt im Wahnsinnstaumel das Tier, das sie eben mit ihrer Milch säugte, und verschlingt es[6]. Von dieser griechisch-mythologischen Sicht her verstehen wir, daß Kafka in seinem Tagebuch zur Zeit der *Schloß*-Entstehung von den ihm offenbar vorschwebenden Gehilfen als einer „Totschlägerreihe" (T 563) spricht, von der ihn sein Schreiben erlöst. Jetzt verstehen wir auch die Bedeutung der tanzenden Mänade, die der Dichter in seinem Arbeitszimmer immer vor Augen hatte: Sie war für ihn wohl das Sinnbild dessen, was er das „Zerstöre dich" (H 80) seiner Kunst nannte.

Kafkas Gehilfen ist es aber verwehrt, den Todesriß der Welt durch das Rauscherlebnis zu verdecken, darum verweist sie der Dichter aus ihrem ursprünglich dionysisch-heidnischen Bereich in eine andere Welt. Das wird deutlich hervorgehoben, im Gespräch zwischen K. und Jeremias, in dem K. erfährt, daß ihm die Gehilfen von „Galater" zugeschickt worden sind. „Er vertrat damals gerade Klamm" (339). Die Kumulation an dieser Stelle läßt den Leser aufmerken: fünfmal fällt in diesem Gespräch der Name „Galater" (339f.), er wird später noch einmal aufgenommen (364, 367) – zuletzt betont als der eigentliche Entsender: „Wenn du auch dachtest, daß die Gehilfen von Klamm geschickt sind – es ist gar nicht wahr, sie kommen von Galater" (367).

Nehmen wir den Namen dieses „Galater" wörtlich, so vollziehen wir den Wechsel von der griechischen zur biblischen Welt. Wir haben nämlich Grund, anzunehmen, daß mit „Galater" der Galaterbrief des Paulus[7] gemeint ist. Es wird sich im Folgenden zeigen, daß die Gehilfen von diesem Galaterbrief her zu verstehen sind.

Zwei biographische Fakten bestätigen die Beziehung Kafkas zum Galaterbrief des Paulus. Wie wir sahen, war Kafka vertraut mit dem Werk *Gnade und Freiheit* seines Freundes Felix Weltsch. In *Gnade und Freiheit* fand er die Auseinandersetzung mit der paulinischen Ethik. Weltsch führt an aus Römer 7 die Verse 14, 15, 18, 22, 23, 24[8]. In Römer 7, 34 wird in der Lutherbibel auf die Parallelstelle Galater 5, 17 verwiesen. Diese lautet: „Das Fleisch gelüstet wider den Geist, und den Geist wider das Fleisch, dieselben sind widereinander, daß ihr nicht tut, was ihr wollt". Auch Max Brod setzt sich in *„Heidentum, Christentum, Judentum"* mit der paulinischen Ethik des Galaterbriefs auseinander[9]. So bestätigt uns die Einsichtnahme in Kafkas Lektüre, daß der Dichter mit dem „von Galater" dem Leser einen Interpretationsschlüssel in die Hand geben wollte.

Vergegenwärtigen wir uns die Gedankengänge des Galaterbriefes, die in den Gehilfen gestaltet sein könnten. Der Galaterbrief wurde von dem Judenchristen Paulus an Gemeinden in dem griechischen Galatien geschrieben. Sein Inhalt bezieht sich auf die jeden Juden erregende Frage nach dem Gesetz. Nach Paulus beruht die Wirkungslosigkeit des Gesetzes und darum die Bedürftigkeit einer Erlösung auf der Behaftung des Menschen durch das Widergöttliche, welches er „Fleisch" nennt (s. Galater 5, 13–21). Als „Fleisch" gehört der Mensch der Todeswelt, dem „Verderben", an. Demgegenüber steht der Mensch des „Geistes" in der Welt des „ewigen Lebens" (Galater 6, 8). Kafka spürte offenbar im Galaterbrief die Auseinandersetzung seines Verfassers mit der dionysischen Welt, eine Auseinandersetzung, die wir uns als sehr real vorzustellen haben: neben dem missionierenden Paulus pflegten in den kleinasiatischen Gemeinden Priester des Dionysos-Kultes zu wirken[10].

Der Galater 5, 19–21 aufgezeichnete sogenannte „Lasterkatalog" weist die Merkmale des Dionysischen aus paulinischer Sicht auf: „Offenbar sind ... die Werke des Fleisches ...: Ehebruch, Hurerei, Unreinigkeit, Unzucht, Abgötterei, Zauberei, Feindschaft, Hader, Neid, Zorn, Zank, Zwietracht, Rotten, Haß, Mord, Saufen, Fressen ...". Man halte dazu das Bild des Dionysischen der „Abgötterei", das Walter F. Otto entwirft. Er sagt von den Mänaden: „So ist aus dem Zauber grenzenloser Mütterlichkeit die Raserei mordlustiger Jägerinnen geworden ... der Schwarm folgt nur dem Beispiel ihres göttlichen Führers. Dionysos selbst ist ein Jäger ... Die Tötung ist ein Zerreißen und darauf folgt, als Gipfel der Lust, das Verschlingen des rohen Fleisches"[11]. In diesem Bild der Mänaden und ihres göttlichen Führers finden sich die Grundelemente des Lasterkatalogs: „Zauberei", „Fressen", „Saufen", „Mord".

Wenn der Dichter die Gehilfen dem K. von „Galater" zugeschickt sein läßt und hinzufügt: „Er vertrat damals gerade Klamm" (339), so kann das nur heißen: die Gehilfen lassen in ihrem dionysisch-klammschen Gebaren ihr „Fleisch" erkennen, wie K. von Jeremias sagt, „dieses Fleisch, das manchmal den Eindruck machte, als sei es nicht recht lebendig" (342), aber das geschieht nun nicht als künstlerisch rauschhafte Schaustellung der Todesnatur, wie es im dionysischen Tanze geschieht, sondern als eine Klarlegung der Todesnatur, die nach dem Galaterbrief überwunden werden kann und soll: „Wer auf sein Fleisch sät, der wird von dem Fleisch das Verderben ernten; wer aber auf den Geist sät, der wird von dem Geist das ewige Leben ernten" (Galater 6,8). Nun verstehen wir die beschwörenden letzten Worte, die K. an Frieda richtet: „Komme zu dir, fasse dich, wenn du auch dachtest, daß die Gehilfen von Klamm geschickt sind – es ist gar nicht wahr, sie kommen von Galater" (367).

Neben dem Galaterbrief haben noch andere biblische Schriften die Gehilfen – Gestalten bestimmt. An erster Stelle seien die Klagelieder Jeremias genannt. „Jeremias", der Name des führenden Gehilfen weist uns darauf hin. In dem Gehilfenpaar Artur und Jeremias ist der Letztere der Sprecher und der eigentlich Charakterisierende. Artur ist gleichsam sein Schatten, so wie Jeremias der Schatten des K. ist (vgl. H 311 ff., 313 f.). Arturs Namen werden wir als eine Zurücknahme des allzu deutlichen biblischen Bezugs bei „Jeremias" verstehen müssen. Eine auffallende Handhabung des Vokabulars weist uns auf die Beziehungen des Schloß-Jeremias zu dem der Klagelieder hin. Im letzten Gespräch zwischen K. und Jeremias gibt es eine starke Häufung der Worte „Furcht", „Angst", „Drohung", „Fürchten". Dieses Gespräch wird eröffnet durch K.s Wort „Nicht aus Angst vor dir ..." (342).

Auf dem Raum von drei Seiten findet sich sechsmal „Furcht", zweimal „fürchten", dreimal „Angst", einmal „Drohung". Dieses „Angst"-Gespräch des K. mit Jeremias verweist uns deutlich auf die Klagelieder Jeremias. Dort ist ein in die „Enge" Getriebener: „Er hat mich vermauert, daß ich nicht heraus kann" (Klagelieder Jeremias 3, 7). Dem so Geängstigten verbleibt nichts anderes als ein Schreien und Weinen (s. Kl. Jeremias 3; 8, 48, 49). Der letzte Grund dieses Geängstetseins ist das Gefühl der Gottesferne: „Du hast dich mit einer Wolke verdeckt, daß kein Gebet hindurch konnte" (Kl. Jeremias 3, 44). Von dem Jeremias der Klagelieder her verstehen wir die Bedrängnis des K. durch das Gehilfen p a a r : Es ist die Angst, die ihn in den Gehilfen gleichsam in die Zange nimmt.

In diesen „Angst"-Gehilfen gestaltet Kafka „die Angst" seines Lebens, von der in seinen Briefen so oft die Rede ist. Kafkas Briefe an Milena geben uns vielfache Hinweise auf diesen dunklen Untergrund seiner Existenz. Er schreibt an Milena:

> Du merkst vielleicht, daß ich seit paar Nächten nicht schlafe. Es ist einfach die „Angst". Das ist wirklich etwas, was mich willenlos macht, mich herumwirft nach Belieben, ich kenne nicht mehr oben und unten, rechts und links ... . Wärest Du schon hier! So habe ich niemanden, niemanden hier, als die Angst, gegenseitig in einander verkrampft wälzen wir uns durch die Nächte" (M 104 f.). ... ich suche immerfort etwas Nicht-Mitteilbares mitzuteilen, etwas Unerklärbares zu erklären, von etwas zu erzählen, was ich in den Knochen habe und was nur in diesen Knochen erlebt werden kann. Es ist ja vielleicht im Grunde nichts anderes als jene Angst, von der schon so oft die Rede war, aber Angst ausgedehnt auf alles, Angst vor dem Größten wie Kleinsten, Angst, krampfhafte Angst vor dem Aussprechen ein[es] Wortes (M 249 vgl. B 430).

Kafka schreibt an Milena, wie die Wunde der Angst zum erstenmal aufbrach „in einer langen Nacht", als er Das Urteil schrieb (M 214). In einem Gespräch mit Janouch bezeichnet er Das Urteil als „das Gespenst einer Nacht" (Ja 28), wie wir auch in den „Gespenstern" des Tagebuchs (T 569) die Urbilder der „Angst"-Gehilfen zu sehen haben. Diese Angst begleitet Kafka während seiner Verlobungsjahre, einer Angst-Zeit, die er noch in der Milena-Zeit empfindet als „wahre Wälder von Einzelheiten", vor denen er sich noch immer fürchtet „wie ein Kind, nur ohne des Kindes Vergessenskraft" (M 50).

Wenn wir uns mit der Frieda-Gestalt und ihrem biographischen Untergrund beschäftigt haben werden, wird es deutlich sein, warum der Dichter die Gehilfen so hündisch-lüstern hinter Frieda her sein läßt. Vorwegnehmend können wir jetzt schon sagen, daß der Dichter in ihnen sein Schuldbewußtsein darstellt, welches nicht von Felice loskommt, wie es der Mensch Kafka in dem angeführten Milena-Brief ausspricht. In den Entwürfen treten die Gehilfen auf als „Peitschenherren" vor und zwischen den Spiegeln (H 353), wie Kafka im Tagebuch das Mit- und Gegeneinander der Verlobten als ein Hauen mit Peitschen darstellt (T 534).

Der sich hier anbietende Vergleich zwischen Selbstzeugnissen und Kunstwerk gibt uns einen interessanten Ausblick frei auf den Prozeß der Genese der Dichtung. In den angeführten Zeilen an Milena über seine „Angst" – „gegenseitig in einander verkrampft wälzen wir uns durch die Nächte" – ist der seelische Zustand des Menschen Kafka bereits in einem eindrucksvollen Bild erfaßt. Im *Schloß* wird daraus eine gleichnishafte Erzählung, die das Schule-Kapitel beschließt:

Als K. in der Nacht durch irgendein Geräusch erwachte und in der ersten unsicheren Schlafbewegung nach Frieda tastete, merkte er, daß statt Friedas ein Gehilfe neben ihm lag. Es war das, wahrscheinlich infolge der Reizbarkeit, die schon das plötzliche Gewecktwerden mit sich brachte, der größte Schrecken, den er bisher im Dorf erlebt hatte. Mit einem Schrei erhob er sich halb und gab besinnungslos dem Gehilfen einen solchen Faustschlag, daß der zu weinen anfing (187f.).

Neben dem Jeremias der Klagelieder als Verkörperung der Angst erkennen wir in den Gehilfen noch die Züge einer anderen alttestamentlichen Gestalt. Jeremias läßt K. wissen, daß die Gehilfen von Galater den Auftrag erhielten, K. beizubringen, daß sein Eintritt ins Dorf „in Wirklichkeit gar nichts ist" (339). Diese ihre Aufgabe erfüllen die Gehilfen, wenn sie während des Verlesens der Klammschen Botschaft ein realistisch-gespenstisches Wind-Spielen betreiben:

der eine [hatte] ein Tuch um den Hals geschlungen, dessen freie Enden im Wind flatterten und einigemal gegen das Gesicht K.s geschlagen hatten, der andere Gehilfe hatte allerdings immer gleich das Tuch von K.s Gesicht mit seinen langen, spitzen, immerfort spielenden Fingern weggenommen, damit aber die Sache nicht besser gemacht. Beide schienen sogar an dem Hin und Her Gefallen gefunden zu haben, wie sie überhaupt der Wind und die Unruhe der Nacht begeisterte (175).

Der Dichter läßt hier seinem K. im Gleichnis der spielenden Gehilfen das vor Augen führen, was er bei dem Prediger Salomo las: „Ich sah alles Tun, das unter der Sonne geschieht; und siehe, es war alles eitel und Haschen nach Wind" (Prediger Salomo 1, 14). Das Wind-Spielen der Gehilfen während der Lektüre von Klamms Brief soll K. die Aussichtslosigkeit seines Strebens zum Schloß demonstrieren. Zu seiner Angst und Furcht gesellt sich eine tiefe Hoffnungslosigkeit: „Es ist alles eitel und Haschen nach Wind".

Auch hier gewinnen wir wieder einen Einblick in die künstlerische Genese. Dieses Mal dürfte es das Bibelwort gewesen sein, welches über den Weg einer existentiellen Verwirklichung die Gleichnisform der Wind-spielenden Gehilfen hervorbrachte.

Wir finden in der Zeichnung der Gehilfen noch die Spur eines dritten biblischen Grüblers und Zweiflers: Es ist Hiob. Frieda vermutet in den Gehilfen Abgesandte Klamms:

> Abgesandte Klamms, ich nenne sie in meinen Gedanken, im Spiel so, aber vielleicht sind sie es wirklich. Ihre Augen, diese einfältigen und doch funkelnden Augen, erinnern mich irgendwie an die Augen Klamms, ja, das ist es: es ist Klamms Blick, der mich manchmal aus ihren Augen durchfährt (205).

Man spürt dieser Stelle der *Schloß*-Dichtung die Faszination an, die ein Hiobwort wie das folgende auf Kafka ausübte: „Nun aber macht er [der Schmerz] mich müde und verstört alles, was ich bin ... mein Elend steht wider mich auf und verklagt mich ins Angesicht. Sein Grimm zerreißt, und der mir gram ist, beißt die Zähne über mich zusammen; m e i n W i d e r s a c h e r f u n k e l t m i t s e i n e n A u g e n a u f m i c h ... Gott hat mich übergeben dem Ungerechten und hat mich in der Gottlosen Hände lassen kommen" (Hiob 16, 7–11). Der Betrachtung Friedas über den funkelnden Blick der Gehilfen – ihre Augen „erinnern mich irgendwie an die Augen Klamms" – entspricht das Grübeln Hiobs, der in dem funkelnden Auge seines Widersachers Gott am Werk sieht. Daß „Hiob" im *Schloß* anwesend ist, bestätigt eine Stelle zwischen anderen *Schloß* Entwürfen:

> Es heißt in einer unserer alten Schriften: Diejenigen, welche das Leben verfluchen und deshalb das Nichtgeborenwerden oder das Überwinden des Lebens für das größte und für das einzige täuschungslose Glück halten, müssen recht haben, denn das Urteil über das Leben ... (H 325).

Der Bezug auf Hiob ist deutlich: „Hiob ... verfluchte seinen Tag. Und Hiob sprach: Der Tag müsse verloren sein, darin ich geboren bin, und die Nacht, welche sprach: Es ist ein Männlein empfangen. Warum bin ich nicht gestorben von Mutterleibe an?" (Hiob 3; 1–3, 11).

Die Hiobfrage führt in die Mitte des Gehilfenproblems: bedeuten diese Gestalten Segen oder Fluch? Bevor wir diese Frage zu beantworten versuchen, hat uns noch eine Seite der Gehilfendarstellung zu beschäftigen: das Verhältnis der Gehilfen zu K.. Dieses Verhältnis steht im Mittelpunkt des ersten Telefongesprächs K.s mit dem Schloß. Nach der Meldung des Schlosses entwickelt sich folgendes Gespräch:

> „Hier Oswald, wer dort?" ... „Hier der Gehilfe des Herrn Landvermessers." „Welcher Gehilfe?" „Welcher Herr? Welcher Landvermesser?" ... „Ich weiß schon. Der ewige Landvermesser." Ja. ja. Was weiter? Welcher Gehilfe? „Josef," sagte K. „Josef?", fragte es zurück. „Die Gehilfen heißen ... Artur und Jeremias." „Das sind die neuen Gehilfen", sagte K.. „Nein, das sind die alten." – „Es sind die neuen, ich aber bin der alte, der dem Herrn Landvermesser heute nachkam." – „Nein", schrie es nun. „Wer bin ich also?" fragte K., ... Und nach einer Pause sagte die gleiche Stimme mit dem gleichen Sprachfehler und war doch wie eine andere tiefere, achtungswertere Stimme: „Du bist der alte Gehilfe" (33).

Gehen wir diesem hintergründigen, scheinbar in sich widerspruchsvollen Gespräch nach, so ergibt sich Folgendes: K. sucht sich, so scheint es zunächst, zu verbergen vor dem Schloß, aus dem unter „Oswald"... „eine strenge, hochmütige Stimme, mit einem kleinen Sprachfehler", spricht. Auf Oswalds Frage: „Wer dort?" meldet sich K. als „Josef"... „der Gehilfe des Herrn Landvermessers"; Oswald geht zunächst auf das Spiel (oder ist es Ernst?) ein, er erinnert aber K. daran, daß die Gehilfen nicht „Josef", sondern „Artur und Jeremias" heißen. K. spürt seine Gefährdung durch diese neuen Gehilfen und versucht, sich von ihnen zu distanzieren, er wird aber belehrt, daß sie [auch] die alten sind. K. will in seinem Versteck bleiben, will sich nicht zu „K." bekennen, er will nur der alte Gehilfe [Josef] sein, „der dem Herrn Landvermesser heute nachkam". Auf das schroffe „Nein" Oswalds – du bist nicht [nur] der alte Gehilfe – stellt er die Gegenfrage: „Wer bin ich also?" und erhält von der „gleiche[n] Stimme mit dem gleichen Sprachfehler und war doch wie eine andere tiefere achtungswertere Stimme" – die Antwort: „Du bist der alte Gehilfe".

Nach diesem Telefongespräch zwischen K. und Oswald besteht also eine Identität zwischen dem Landvermesser K. und dem alten Gehilfen „Josef", der wiederum derselbe ist wie die neuen Gehilfen. In den neuen Gehilfen erkennen wir als alten Gehilfen den „Joseph K." des *Prozeß*-Romans wieder, „der dem Herrn Landvermesser heute nachkam" – trotz der kleinen Veränderung seines Namens: Josef statt Joseph. Es ist der Joseph K., von dem Kafka in sein Tagebuch schrieb: „Roßmann und K., der Schuldlose und der Schuldige" (T 481). Das „Nachkommen" des schuldigen Joseph K. aus der *Prozeß*-Welt in die *Schloß*-Welt ist deutlich spürbar in einer Tagebuchnotiz vom 27. 1. 1922 aus Spindlermühle, zu Beginn der *Schloß*-Niederschrift: „Trotzdem ich dem Hotel deutlich meinen Namen geschrieben habe, steht doch unten auf der Tafel Josef K.. Soll ich sie aufklären oder soll ich mich von ihnen aufklären lassen?" (T 564).

In der Zeichnung der Gehilfen als Verkörperung des Schuldbewußtseins, in diesem Erkennen und Aussprechen, in dem *Das Schloß*-Schreiben werden aus Gespenstern wirkliche Gehilfen. So belehrt K. Frieda in ihrem letzten Gespräch:

> ... du ... erlagst der Täuschung, daß das, was nur Augenblicke waren, Gespenster, alte Erinnerungen ..., daß dieses noch dein wirkliches jetziges Leben sei ... komme zu dir, fasse dich; wenn du auch dachtest, daß die Gehilfen von Klamm geschickt sind – es ist gar nicht wahr, sie kommen von Galater (367).

Auch der Passus in Klamms Brief – von K. als „Mißverständnis" aufgefaßt –: „Auch die Arbeiten der Gehilfen sind lobenswert, Sie wissen sie gut zur Arbeit anzuhalten" (174), auch dieser Passus ist ernst zu nehmen.

Die Zweifel eines Hiob, die Angst eines Jeremias, die Hoffnungslosigkeit eines Predigers, alle in den Gehilfen verkörperten Gestalten stehen in der Klammer, Abgesandte von Galater zu sein, Verkündiger des Lebens und nicht des Todes. In dem Blickwechsel von Dionysos zu Galater ist der Glaube einbezogen, daß die Gehilfen „aus der Richtung vom Schloß her" (23) kommen, so wie man im Dorf auch weiß, daß sie K. „zugeteilt" (92) worden sind. Kafka deutet diese Wendung in dem angeführten „Angst"-Brief an Milena an. Nachdem er seine Angst bis in alle ihre Verästelungen darstellt, folgt ein „Allerdings“.

Allerdings ist diese Angst vielleicht nicht nur Angst, sondern auch Sehnsucht nach etwas, was mehr ist als alles Angsterregende. (M 249).

So verstehen wir, daß Kafka schreiben kann:

die Angst ... ist vielleicht mein Bestes (M 148).

Was dieses „mehr“, dieses „Beste“ ist, spricht er in einem Brief an Milena aus:

diese Angst ist doch nicht meine private Angst – sie ist es bloß auch und fürchterlich – aber es ist ebenso die Angst alles Glaubens seit jeher (M 105)[12].

IV. Barnabas

K.s Begleiter von oben her ist Barnabas. Seine Zuordnung zu K. ist deutlich. „Barnabas war etwa so groß wie K." (41). Er hat dieselbe „Lebensfrage" wie K. (258). Obwohl der Dichter Barnabas und die Gehilfen einander ähnlich sein läßt („er war so schlank wie sie, ebenso knapp gekleidet, auch so gelenkig und flink wie sie" (34)), läßt die Charakterisierung des Barnabas erkennen, daß er, im Gegensatz zu den Gehilfen, auf der positiven, lichten Seite steht. [Er war]

> aber doch ganz anders. Hätte K. doch lieber ihn als Gehilfen gehabt! Ein wenig erinnerte er ihn an die Frau mit dem Säugling ... Er war fast weiß gekleidet, das Kleid war wohl nicht aus Seide, es war ein Winterkleid wie alle anderen, aber die Zartheit und Feierlichkeit eines Seidenkleides hatte es. Sein Gesicht war hell und offen, die Augen übergroß. Sein Lächeln war ungemein aufmunternd; er fuhr mit der Hand über sein Gesicht, so, als wolle er dieses Lächeln verscheuchen, doch gelang ihm das nicht (34).

Auf K.s Frage „Wer bist du?" antwortet er:

> Barnabas heiße ich ... Ein Bote bin ich (34f.).

Barnabas sagt nicht nur von sich selbst „ein Bote bin ich", er verkörpert auch dieses Bote-sein:

> sein Blick, sein Lächeln, sein Gang schien eine Botschaft zu sein, mochte er auch von dieser nichts wissen (41).

Wir fragen mit K.: „Wer bist du?" Barnabas Name ist wie der des Jeremias ein biblischer Name. Apostelgeschichte 4, 36 heißt es: „Joses aber, mit dem Zunamen von den Aposteln genannt Barnabas (das heißt: ein Sohn des Trostes)"[1]. „Trost" bedeutet bei Kafka: Göttlicher Zuspruch (vgl. H 318: „Trost" des Bodens) und damit Befreiung von Angst. Die lichte Schönheit von Barnabas' seidenartigem Gewand deutet auf diese göttliche Herkunft hin, wie auch sein huldvolles Herabneigen zu K., von dem es heißt:

> Es war unmöglich, daß dieser Mann jemanden beschämte (41).

Der Dichter betont, daß Barnabas nichts weiß von der Botschaft, die er überbringt (s. 40, 41, 176). Die Botschaft liegt nur in seiner Erscheinung: „sein Blick, sein Lächeln, sein Gang". Der betonte Hinweis auf die schöne Gestalt weist in die Welt der Form: Barnabas verkörpert den Künstler. Sein beflügelter Gang („wie du fliegst" (42)) läßt an Pegasus denken, das beflügelte Dichterroß der Griechen. Der Pegasosmythos steht offenbar hinter einigen H-Notizen: „Die Kunst fliegt um die Wahrheit" (H 104). Von besonderer Aussagekraft ist H 103: „Staunend sahen wir das große Pferd. Es durchbrach das Dach unserer Stube. Der bewölkte Himmel zog sich schwach entlang des gewaltigen Umrisses und rauschend flog die Mähne im Wind." In einer Skizze aus der „Prozeß"-Welt taucht ein „Doktor Bucephalus" auf (H 57). Er trägt den Namen des Lieblingsrosses Alexanders des Großen[2].

So werden wir in Barnabas die Darstellung des dichterischen Genius zu sehen haben, das, was Kafka in seinen Briefen, Tagebüchern und Gesprächen als sein „Schreiben" oder als „Literatur" bezeichnet. Eine Tagebuchnotiz vom 27. 1. 1922 – also in unmittelbarer Nähe des Romanbeginns – weist auf die Merkmale des Künstlers hin, die Kafka in Barnabas gestaltete.

Merkwürdiger, geheimnisvoller, vielleicht gefährlicher, vielleicht erlösender Trost des Schreibens: das Hinausspringen aus der Totschlägerreihe, Tat-Beobachtung. Tatbeobachtung, indem eine höhere Art der Beobachtung geschaffen wird, eine höhere, keine schärfere, und je höher sie ist, je unerreichbarer von der „Reihe" aus, desto unabhängiger wird sie, desto mehr eigenen Gesetzen der Bewegung folgend, desto unberechenbarer, freudiger, steigender ihr Weg (T 563 f.).

Hier im „erlösende[n] Trost" des Schreibens erkennen wir die Befreiung von Angst: „das Hinausspringen aus der Totschlägerreihe". In den „Gesetzen der Bewegung" ist die künstlerische Form spürbar; ihr Ursprung in eine[r] „höhere[n]" Art der Beobachtung ist gegeben durch ein sonnenhaftes Auge, das göttliche Zusammenhänge erblickt und so den steigenden Weg des Künstlers [sein „Fliegen"] bestimmt.

Die Darstellung des Barnabas enthält noch eine zu beachtende spezielle Charakterisierung. Unter den Bauern der Wirtsstube „mit ihren förmlich gequälten Gesichtern – der Schädel sah aus, als sei er oben platt geschlagen worden, und die Gesichtszüge hatten sich im Schmerz des Geschlagenwerdens gebildet" (35) – unter diesen Bauern und den zwielichtigen Gehilfen bewegt sich Barnabas „frei und selbständig, ohne sich mit ihnen zu vermischen" (35). Hier wird deutlich auf eine Distanz zu der Welt der tierisch-gequälten Bauern und der komödiantischen Gehilfen hingewiesen.

Die Sprache des Barnabas in ihrer knappen Klarheit und Eindeutigkeit ist aus dieser Distanz gestaltet. Sie hebt den Barnabas aus allen Gestalten des Romans heraus. Nur wenige Sätze hören wir ihn sprechen: „Barnabas heiße ich" ... „Ein Bote bin ich". (35) Auf K.s Frage, ob er den Inhalt der Botschaft kenne, antwortet er mit einem klaren „Nein" (40). K.'s Frage nach seiner Verbindung mit dem Vorstand beantwortet er nur darstellend, nicht erklärend:

ich bekam ... nur den Auftrag, den Brief zu übergeben, zu warten, bis er gelesen ist und, wenn es dir nötig scheint, eine mündliche oder schriftliche Antwort zurückzubringen (41).

Den Namen des Vorstands nennt er ohne Umschweife „Klamm" (41). So verläuft das inhaltschwere Gespräch zwischen K. und Barnabas weiter.

In dieser Zeichnung des Barnabas erkennen wir den apollinischen Künstler, dessen Gestalt – wie die des dionysischen – Kafka aus Nietzsches „Geburt der Tragödie" bekannt war.

In der Beschreibung eines Raffael-Gemäldes, der „Transfiguration" (Verklärung), gibt Nietzsche in nuce eine Darstellung des Apollinischen im Verhältnis zum Dionysischen. Da diese Darstellung das Verhältnis von Barnabas zu den Bauern und Gehilfen

64

trifft, sei sie hier gebracht. Nietzsche schreibt: „Raffael ... hat uns in einem gleichnisartigen Gemälde ..., den Urprozeß des naiven Künstlers und zugleich der apollinischen Kultur, dargestellt. In seiner Transfiguration zeigt uns die untere Hälfte, mit dem besessenen Knaben, den verzweifelnden Trägern, den ratlos geängstigten Jüngern, die Widerspiegelung des ewigen Urschmerzes, des einzigen Grundes der Welt ... Aus diesem Schein steigt nun wie ein ambrosischer Duft, eine visionsgleiche neue Scheinwelt empor, von der jene im ersten Schein Befangenen nichts sehen – ein leuchtendes Schweben in reinster Wonne und schmerzlosem, aus weiten Augen strahlenden Anschauen. Hier haben wir, in höchster Kunstsymbolik, jene apollinische Schönheitswelt und ihren Untergrund, die schreckliche Weisheit des Silen, vor unseren Blicken und begreifen, durch Intuition, ihre gegenseitige Notwendigkeit. Apollo ... zeigt uns, mit erhabenen Gebärden, wie die ganze Welt der Qual nötig ist, damit durch sie der einzelne zur Erzeugung der erlösenden Vision gedrängt werde und dann, ins Anschauen derselben versunken, ruhig auf seinem schwankenden Kahne, inmitten des Meeres, sitze". Nietzsche fährt dann fort: „Apollo, als ethische Gottheit, fordert von den Seinigen das Maß und, um es einhalten zu können, Selbsterkenntnis. Und so läuft neben der ästhetischen Notwendigkeit der Schönheit die Forderung des „Erkenne dich selbst" und des „Nicht zu viel"! her, während Selbstüberhebung und Übermaß als die eigentlich feindseligen Dämonen der nicht-apollinischen Sphäre, daher als Eigenschaften der vor-apollinischen Zeit, des Titanenzeitalters, und der außer-apollinischen Welt, das heißt der Barbarenwelt, erachtet wurden ... „Titanenhaft" und „barbarisch" dünkte dem apollinischen Griechen auch die Wirkung, die das Dionysische erregte: ohne dabei sich verhehlen zu können, daß er selbst doch zugleich auch innerlich mit jenen gestürzten Titanen und Heroen verwandt sei. Ja er mußte noch mehr empfinden: sein ganzes Dasein, mit aller Schönheit und Mäßigung, ruhte auf einem verhüllten Untergrunde des Leidens und der Erkenntnis, der ihm wieder durch jenes Dionysische aufgedeckt wurde. Und siehe! Apollo konnte nicht ohne Dionysos leben"[3].

Der Künstler als Schüler Apollos ist nach Nietzsche ein Naiver; „Wo uns das ‚Naive' [im Schillerschen Sinn] in der Kunst begegnet, haben wir die höchste Wirkung der apollinischen Kultur zu erkennen: welche immer erst ein Titanenreich zu stürzen und Ungetüme zu töten hat und durch kräftige Wahnvorspiegelungen und lustvolle Illusionen über eine schreckliche Tiefe der Weltbetrachtung und reizbarste Leidensfähigkeit Sieger geworden sein muß"[4].

Es ist deutlich, wie Kafka in Barnabas – jedenfalls zunächst – das Apollinische gestaltet. Seine Männlichkeit, die lichte Klarheit seiner Erscheinung, und die maßvolle Einfachheit seiner Sprache sind Züge aus der apollinischen Welt. Auch im *Schloß* kann Apollo nicht ohne Dionysos leben: Barnabas, der Schüler Apollos, hat unter den dionysischen Bauern „Bekannte ..., tauscht mit den Gehilfen [den Komödianten] ein paar Worte aus" (35). Auf K.s Bierprobe – der Teilnahme am Rausch – reagiert er positiv. „Er [K.] gab acht, wie er es [sc. das Bier] annehmen würde, er nahm es offenbar sehr gern an und trank sogleich" (36).

Und auch Barnabas ist, wie der apollinische Künstler Nietzsches, ein Naiver, der Welt der Bauern und Gehilfen enthoben, wie ein Kind, das inmitten einer bösen Welt durch seine Unschuld geschützt ist, auf K.s Frage in Bezug auf die Bauern und Gehilfen: „Gefällt es dir hier?" heißt es:

> Aber Barnabas nahm – in aller Unschuld freilich, das war zu erkennen – die Frage gar nicht auf, ließ sie über sich ergehen, wie ein wohlerzogener Diener ein für ihn nur scheinbar bestimmtes Wort des Herrn, blickte nur im Sinne der Frage umher, begrüßte durch Handwinken Bekannte unter den Bauern und tauschte mit den Gehilfen ein paar Worte aus, das alles frei und selbständig, ohne sich mit ihnen zu vermischen (35).

Als Schüler Apollos hat Barnabas die Gabe des Sehens. Seine übergroßen Augen ermöglichen es ihm, das Wesen der Menschen zu erfassen und ihren Platz im Ordnungsgefüge der Welt zu bestimmen. So gewinnt er Distanz von allem Chaotischen. Darin liegt seine Kraft begründet; so kann Barnabas K. auf den verwehten Schneewegen tragen.

Ein Vergleich mit Kafkas Selbstzeugnissen zeigt auf, daß Kafka in der apollinischen Gestalt des Barnabas sein „Schreiben" darstellt. In vielen Stellen seiner Briefe legt er dar, was für ihn das „Schreiben", die „Literatur", bedeutet. Aus bestimmtem Grund – davon wird noch die Rede sein – ist in den Briefen an Felice immer wieder von diesem „Schreiben" die Rede:

> das … berücksichtigst du in deinen Überlegungen nicht genug, daß … das Schreiben mein eigentliches gutes Wesen ist. Wenn etwas an mir gut ist, so ist es dieses" (F 407). „Ich habe kein literarisches Interesse, sondern bestehe aus Literatur, ich bin nichts anderes und kann nichts anderes sein (F 444 vgl. F 412, 450, 456, 460).

In den übergroßen Augen des Barnabas, die ihn zum Schauen als Schüler Apollos befähigen, zeichnet Kafka seinen „göttermäßigen Blick" (F 553), die „Klarheit des Blicks" (T 572), die seine ihm wohl bewußte Gabe war. Er schreibt an Felice:

> Wir … müssen den fast göttermäßigen, nur dem gesteigertesten menschlichen Gefühl gegebenen Blick für des andern Notwendigkeit, Wahrheit und endlich Zugehörigkeit haben. Ich habe, F., diesen Blick … (F 553f.). … ich verliere so selten den fremden Blick für andere … ich getraue mich zu behaupten, daß selten jemand so fähig ist wie ich, schweigend in halber Nähe, ohne unmittelbar dazu gezwun…gen zu sein, Menschen vollständig mit einer mich selbst erschreckenden Kraft zu fassen (F 559f.).

Die Distanz, die in dem zweiten dieser Briefe zum Ausdruck kommt, gewinnt Gestalt in der maßvollen Klarheit der Form, die die Kafkasche Prosa auszeichnet. Sie ist in bewußter Abkehr von allem Ekstatischen, Schreienden gestaltet. Wie Max Brod immer wieder betont, liebte Kafka das Einfache, Maßvolle in der Literatur und erstrebte es für seine Prosa. Wenn Kafka weitgehend aus der Sicht des sogenannten „Kafkaesken" – dem Verworrenen, Untergründigen, Dämonischen – gesehen wird, so wird dabei nicht beachtet, daß Kafka diese Welt des Dionysischen in der Form seiner Prosa als gebändigt und damit als überwunden darstellt[5].

Mit derselben Bestimmtheit, mit der der Dichter das Apollinische in der Barnabas-Gestalt zeichnet, weist er aber auch auf eine entscheidende Bruchstelle in dieser Gestalt hin. Statt K. zum Schloß oder zu seinen Toren zu führen, geht plötzlich der Weg des Barnabas „abwärts" (46), er führt in die Familie der Verfemten, die nach ihm die „Barnabasschen" genannt werden. Die göttlichen Züge des Barnabas verwischen sich:

> Matter schien ihm [K.] sein Lächeln, unscheinbarer er selbst … Ein Mißverständnis war es also gewesen, ein gemeines, niedriges Mißverständnis, und K. hatte sich ihm ganz hingegeben. Hatte sich bezaubern lassen von des Barnabas enger, seidenglänzender Jacke, die dieser jetzt aufknöpfte und unter der ein grobes, grauschmutziges, viel geflicktes Hemd erschien über der mächtigen, kantigen Brust eines Knechtes (47).

Aus dem Schloßboten ist ein Schuster geworden, der für einen Brunswick um Lohn arbeitet.

Aus der Sprache des Barnabas in ihrer apollinischen Klarheit und Gemessenheit wird mit dem Wechsel seines Gewandes ein indirektes Reden. Barnabas selbst verstummt, wir hören ihn auf weiten Strecken nur noch durch Olga sprechen in langen Sätzen, die mit ihren Thesen und Antithesen zu keiner Eindeutigkeit durchdringen – bis er, vor der Erlanger – Bürgelszene eine letzte Botschaft überbringt. Barnabas, der in eindeutiger Klarheit vor uns stand, ist zu einem Zwiespältigen geworden. Im Vokabular herrscht das Wort „zweifeln". Auf einigen wenigen Seiten (252 bis 270) findet sich im Bericht Olgas über Barnabas zehnmal das Wort „Zweifel", viermal „zweifeln", einmal „zweifelhaft", zweimal „Verzweiflung", einmal „angezweifelt". Die Zweifel des Barnabas beziehen sich zunächst auf seinen Beruf: „Ist es überhaupt Schloßdienst, was Barnabas tut" (254), ist er göttlicher Bote, eine Hilfe für den Landvermesser, der den Weg zum Schloß sucht, oder ist er nur Schustergeselle im Dienst eines Brunswick, der nichts vom Landvermessen versteht? Sind die „Kanzleien", in die er gehen darf, „das eigentliche Schloß" (254)? … „dann geht der Zweifel weiter" (255). Er geht auf den zuteilenden „Beamten". Ist der Beamte, der … „als Klamm bezeichnet wird, wirklich Klamm?" (255), sind die Briefe, die Barnabas zu übermitteln hatte, wirklich Botschaften von Klamm? Barnabas ist durch seine Zweifel in der Grundlage seiner Existenz bedroht, denn als Bote ist es für ihn „eine Lebensfrage, ob er wirklich mit Klamm spricht oder nicht" (258). So „vergeht" Barnabas „vor Furcht" (266), statt in „Ehrfurcht" (6 x 266–270) vor der Behörde zu stehen. Olgas Schilderungen über den von Zweifeln bedrohten Barnabas gipfeln in dem Satz:

> Wie zweifelhaft und drohend muß ihm dort alles erscheinen, wenn er nicht einmal zu einer unschuldigen Frage den Mund aufzutun wagt. Wenn ich das überlege, klage ich mich an, daß ich ihn allein in jenen unbekannten Räumen lasse, wo es derart zugeht, daß sogar er, der eher waghalsig als feig ist, dort vor Furcht wahrscheinlich zittert (266).

Wir werden in dieser Wendung „vor Furcht ... zittert" einen vom Künstler beabsichtigten Hinweis auf Kierkegaards „Furcht und Zittern" zu sehen haben, eine Absicht, die durch K.s Replik:

Hier, glaube ich, kommst du zu dem Entscheidenden (266)

noch unterstrichen wird.

Die Interpretation der Barnabas-Gestalt von Kierkegaard her würde heißen: Der Künstler verläßt den „schwankenden Kahn" der Erlösung im Schein und versucht „Boden" zu gewinnen:

Dieses Bedecken und gleichsam Umfassen möglichst viel Bodens rings um mich schien mir ein wenig Gleichgewicht oder richtiger, ein wenig Trost zu geben (H 318).

Nicht von Apollo, dem olympischen Gott, erwartet er Erlösung, sondern „Trost" von einem anderen Gott, mag er ihn auch so sehr erschüttern, daß er vor ihm „vor Furcht zittert".

Die Entstehung des Romans bestätigt die Interpretation des Barnabas von Kierkegaard her. Wie Kafkas Brief an Klopstock vom Juni 1921 (B 333f.) deutlich aufzeigt, haben wir in seinen Betrachtungen über Kierkegaards „Furcht und Zittern" die Keimzelle des *Schloß*romans zu sehen. Wir entnehmen diesem Brief, daß Kafka seine 1917 begonnenen Kierkegaardstudien wieder aufgenommen hat[6]. Kafka fand in Kierkegaards Darstellung der Abrahamgestalt, daß Angst und Zweifel Elemente des Glaubens sind.

Abraham ... bereitete alles zum Opfer, ruhig und mild, aber als er sich abwandte und das Messer zog, da sah Isaak, daß Abrahams Linke sich in V e r z w e i f l u n g ballte, daß ein Zittern seinen Körper durchzuckte, doch Abraham zog das Messer[7].

„In Furcht und Zittern" fand Kafka auch den Grund dieser Verzweiflung aufgewiesen:

Abraham ... hob ... den Knaben auf und ging mit ihm an der Hand und seine Worte waren voll Trost und Ermahnung. Aber Isaak konnte ihn nicht verstehen. Er bestieg den Berg Morija, aber Isaak verstand ihn nicht. Da wandte er sich einen Augenblick von ihm ab; aber als Isaak zum andernmal Abrahams Angesicht erblickte, da war es verändert, sein Blick war wild, seine Gestalt war Schrecken. Er faßte Isaak bei der Brust, warf ihn zur Erde und sagte: „Dummer Knabe, glaubst du, ich sei dein Vater? Ich bin ein Götzendiener. Glaubst du, es sei Gottes Befehl? Nein, es ist meine Lust"[8].

Auch im Kierkegaardschen Abraham steckte demnach der Zweifel, ob Gott oder ein Götze seine Hand führt. Hier, im Kierkegaardschen Abraham fand Kafka den Barnabas vorgebildet, dessen Glaube auf des Messers Schneide steht, der zweifelnd fragt, – in der Sprache der *Schloß*-Dichtung – ob Klamm wirklich Klamm ist oder nicht. Die Unmöglichkeit, durch Fragen oder Erkundung dieses alles auszumachen, macht die „jämmerliche Unsicherheit" (266) des Barnabas aus.

So wird aus Barnabas, dem schönen Boten, der mit klarer Sicherheit zu K. sprach, eine gebrochene Gestalt mit den Zügen der großen Zweifler der Bibel; eines Hiob, eines Jeremias der Klagelieder. Auch einen Hiob kommt „Furcht und Zittern" an, wenn er den Menschen mit Gott vergleicht (Hiob 4,14), und der Jeremias der Klagelieder spricht ähnlich wie Barnabas: „wir werden gedrückt und geplagt mit Schrecken und Angst". „Du hast dich mit einer Wolke verdeckt, daß kein Gebet hindurchdringen konnte" (Klagel. Jeremias 3; 47, 44).

In dieser doppelgesichtigen Barnabas-Gestalt erkennen wir das Selbstporträt Kafkas des Künstlers. In Barnabas, dem Boten u n d Schustergesellen stellt er die Gebrochenheit seiner Existenz dar. Zum Künstler berufen, ist er doch zur Knechtsarbeit verurteilt. Wir haben bei dieser „Schusterarbeit" wohl zunächst an die Fron eines ungeliebten Berufes zu denken, unter der der Dichter litt. In den Gesprächen mit Janouch spricht Kafka von seinem „Frondienst" in der Kanzlei[9]. Wie tiefgreifend diese Not war, beschreibt Max Brod in seiner Kafka-Biographie, in dem Kapitel „Kämpfe um Beruf und Berufung"[10]. Auch die Briefe an Felice bezeugen sein Leiden unter dem Brotberuf (s. F 680).

Die eigentliche Qual der Knechtsarbeit spielt sich aber innerhalb des künstlerischen Bereiches ab. „Talent für Flickarbeit" (T 582) – Schusterarbeit ist Flickarbeit – lautet ein Seufzer des Tagebuchs. Das „vielfach geflickte Hemd" erscheint als das Symbol der verunsicherten künstlerischen Existenz. Barnabas zweifelt, ob sein Dienst wirklich „Schloßdienst" ist. In dem weitergehenden Zweifel des Barnabas, „ob er wirklich mit Klamm spricht oder nicht", ist die Frage des Künstlers Kafka nach dem göttlichen oder widergöttlichen Auftrag seines Lebenswerkes gestellt.

An zwei Stellen seiner Selbstzeugnisse finden wir diese „Lebensfrage" im Anschluß an Kierkegaards *Furcht und Zittern* dargestellt. Die erste Notiz ist aufgeschrieben am 26. 3. 1918, zur Zeit seiner ersten Kierkegaardstudien. Sie lautet:

> Die vergängliche Welt reicht für Abrahams Vorsorglichkeit nicht aus, deshalb beschließt er mit ihr in die Ewigkeit auszuwandern. Sei es aber, daß das Ausgangs-, sei es, daß das Eingangstor zu eng ist, er bringt den Möbelwagen nicht durch. Die Schuld schreibt er der Schwäche seiner kommandierenden Stimme zu. Es ist die Qual seines Lebens (H 125, vgl. dazu die Anm. H 445).

Die zweite Stelle findet sich im Schluß des Briefes an Robert Klopstock. Fünfmal heißt es dort von Abraham: „Er fürchtete". Abrahams Furcht wäre behoben, „wenn er nur glauben könnte, daß er gemeint ist" (B 333).

Es ist aus diesen Selbstzeugnissen deutlich zu ersehen, daß Kafka die „jämmerliche Unsicherheit" des Barnabas – des Künstlers – von Kierkegaard her verstanden hat. Kafka sah nach T 563 sein Schreiben in einer grundlegenden Dialektik: „vielleicht gefährlicher, vielleicht erlösender Trost des Schreibens", er stand vor der Frage: Ist mein Schreiben Dämonendienst oder Gottesdienst? Dieses Ringen um den Sinn seines Schriftstellerberufs findet Ausdruck in einem Brief an Max Brod:

> Das Schreiben ist ein süßer wunderbarer Lohn, aber wofür? ... für Teufelsdienst ... Dieses Hinabgehen zu den dunklen Mächten, diese Entfesselung von Natur aus gebundener Geister, fragwürdige Umarmungen und was alles noch unten vor sich gehen mag, von dem man oben nichts mehr weiß, wenn man im Sonnenlicht Geschichten schreibt ... Und das Teuflische daran scheint mir sehr klar. Es ist die Eitelkeit und Genußsucht, die immerfort um die eigene oder auch um eine fremde Gestalt schwirrt

und sie genießt … Nötig zum Leben ist nur, auf Selbstgenuß zu verzichten; einziehen in das Haus, statt es zu bewundern und zu bekränzen … Mit welchem Recht erschrecke ich, der ich nicht zuhause war, daß das Haus plötzlich zusammenbricht; weiß ich denn, was dem Zusammenbruch vorhergegangen ist, bin ich nicht ausgewandert und habe das Haus allen bösen Mächten überlassen? (B 384ff.).

Eine dialektische Gegenbewegung zeichnet sich am Schluß dieses Briefes ab:

Die Definition des Schriftstellers, eines solchen Schriftstellers, und die Erklärung seiner Wirkung, wenn es eine Wirkung überhaupt gibt; Er ist der Sündenbock der Menschheit, er erlaubt den Menschen eine Sünde schuldlos zu genießen, fast schuldlos (B 386 vom 5. 7. 1922 zur Zeit der Arbeit am *Schloß*).

Hier ist zunächst zu beachten: Kafkas angeführter Brief ist aus einem Vertiefen in biblisches Gedankengut entstanden. Bei Mose heißt es über den Sündenbock: „er [sc. Aaron] soll [am großen Versöhnungstag] den lebendigen Bock herzubringen. Da soll denn Aaron seine beiden Hände auf sein Haupt legen und bekennen auf ihn alle Missetat der Kinder Israel und alle ihre Übertretung in allen ihren Sünden und soll sie dem Bock auf das Haupt legen und ihn durch einen Mann, der bereit ist, in die Wüste laufen lassen, daß also der Bock alle ihre Missetat auf sich in eine Wildnis trage; und er lasse ihn in die Wüste" (3. Mose 16, 20–22).

In 3. Mose 16, 8 wird dieser Bock als „Bock für Asasel" bezeichnet, dazu merkt die Lutherbibel an: „wohl ein unsauberer Geist". An dieser Stelle wird auf Matthäus 12, 43 verwiesen. Dort heißt es: „Wenn der unsaubere Geist von dem Menschen ausgefahren ist, so durchwandelt er dürre Stätten, sucht Ruhe und findet sie nicht. Da spricht er denn: Ich will wieder umkehren in mein Haus, daraus ich gegangen bin. Und wenn er kommt, so findet er's leer, gekehrt und geschmückt. So geht er hin und nimmt zu sich sieben andere Geister, die ärger sind denn er selbst; und wenn sie hineinkommen, wohnen sie alle da; und es wird mit demselben Menschen hernach ärger, denn es zuvor war" (Matthäus 12, 43–45).

Die Beziehung von Kafkas Gedanken über den Schriftsteller zu diesen Stellen ist unverkennbar. Das Haus, welches er nur „bewundert und bekränzt" anstatt darin einzuziehen, ist das nicht gelebte Leben des Schriftstellers. Es steht in deutlichem Bezug zu dem Haus bei Matthäus „leer, gekehrt und geschmückt".

Der hier dargestellte Teufelsdienst des Schriftstellers ist der Ästhetizismus, das genießende Kreisen um das Werk. H 104 drückt diesen Tatbestand als ein „Sich-nicht-verbrennen" aus.

Die Kunst fliegt um die Wahrheit, aber mit der entscheidenden Absicht, sich nicht zu verbrennen.

Kafka hat diese gefährliche Seite in Titorelli, dem Künstler des *Prozeß*romans, dargestellt. Er läßt ihn sagen: „Wie es dort – bei dem obersten Gericht – aussieht, wissen wir nicht und wollen wir, nebenbei gesagt, auch nicht wissen" (P 190).

70

In Barnabas' Nicht-kennen der Botschaft und seinem Sich-verneigen vor K., der Gott in seiner Existenz begegnen will, klingt diese Seite im Schloß an. Davon wird noch die Rede sein.

Doch sieht Kafka auch die entgegengesetzte Möglichkeit: neben dem „gefährlichen" kennt er auch den „erlösenden Trost" des Schreibens:

Jeder bringt sich auf seine Weise aus der Unterwelt hinauf, ich durch das Schreiben (F 595).

In Barnabas hat er diese positive Möglichkeit in zweifacher Sicht dargestellt.

Barnabas ist der Vermittler zwischen K. und Klamm. Als einziger der Dorfbewohner darf er in die Kanzleien des Schlosses. Er überbringt K. Briefe von Klamm und soll die Antworten K.s an Klamm überbringen.

Betrachten wir zunächst die Bedeutung des Barnabas als des Boten Klamms für K.. Die Tatsache des Bote-seins ist ein Fixum, das die Dialektik des Teufelsdienst – Gottesdienst durchbricht. Darauf wird deutlich hingewiesen in einem Gespräch zwischen K. und Olga. Formal ist zu beachten, daß hier K. über Olga zu Barnabas spricht, daß also die Wahrheit in einer doppelten Indirektheit angeboten wird, aber doch, wenn auch noch so gebrochen, als Wahrheit aufleuchtet. Bei der Betrachtung des Barnabasschen Botendienstes durch K. geht es darum zu erkennen, was ihm – dem Barnabas – „geschenkt" worden ist (267). K. meditiert: Mag das Geschenkte auch immer wieder fragwürdig werden, „irgendetwas" bleibt als fester Kern. Das Geschenk für Barnabas ist gebunden an seinen Botendienst:

Er darf in die Kanzleien (267).

Mag dort auch alles unsicher erscheinen, mag

der angebliche Klamm … mit dem wirklichen nicht das geringste gemeinsam haben, die Ähnlichkeit mag nur für die vor Aufregung blinden Augen des Barnabas bestehen, er mag der niedrigste der Beamten, er mag noch nicht einmal Beamter sein, aber irgendeine Aufgabe hat er doch bei jenem Pult, irgend etwas liest er in seinem großen Buch, irgend etwas flüstert er dem Schreiber zu, irgend etwas denkt er, wenn einmal in langer Zeit sein Blick auf Barnabas fällt, und selbst, wenn das alles nicht wahr ist und er und seine Handlungen gar nichts bedeuten, so hat ihn doch jemand dort hingestellt und hat dies mit irgendeiner Absicht getan. Mit dem allem will ich sagen, daß irgend etwas da ist, irgend etwas dem Barnabas angeboten wird, wenigstens irgend etwas, und daß es nur die Schuld des Barnabas ist, wenn er damit nichts anderes erreichen kann als Zweifel, Angst und Hoffnungslosigkeit (268).

Diese Satzperiode mit dem immer erneuten Andringen ihres „irgend etwas", „irgendeine Aufgabe", „irgendeine Absicht" kommt zu einem Haltepunkt: „Daß es nur die Schuld des Barnabas ist, wenn er damit nichts anderes erreichen kann als Zweifel, Angst und Hoffnungslosigkeit". Nehmen wir dazu, das „Geschenk" des Botendienstes, so ist deutlich, daß – nach K. – der Weg des Barnabas bestimmt ist von einem Geber und Richter. Das „Geschenk" des Botendienstes als Erweis seiner Existenzgrundlage steht aber gleichsam in einer Klammer der Verunsicherung. Die angeführte Satzperiode wird eingeleitet:

... sieh, immer wieder hindert dich etwas – ich weiß nicht, was es ist – voll zu erkennen, was Barnabas nicht etwa erreicht hat, aber was ihm geschenkt worden ist (267).

Würde dieses Hindernis weggeräumt werden können, so würde das für Barnabas wahrscheinlich die entscheidende Hilfe bedeuten.

Du kannst jemanden, der die Augen verbunden hat, noch so sehr aufmuntern, durch das Tuch zu starren, er wird doch niemals etwas sehen; erst wenn man ihm das Tuch abnimmt, kann er sehen. Hilfe braucht Barnabas, nicht Aufmunterung (269).

Der Leser ahnt, an welche Hilfe K. denkt. Lassen wir statt seiner einen Aphorismus Kafkas sprechen, der spürbar der angeführten Satzperiode mit ihrem „irgend etwas" zugrunde liegt. Es ist der bekannte Aphorismus vom „Unzerstörbaren", der sich an zwei Stellen der Oktavhefte findet:

Der Mensch kann nicht leben ohne ein dauerndes Vertrauen zu etwas Unzerstörbarem in sich, wobei sowohl das Unzerstörbare als auch das Vertrauen ihm dauernd verborgen bleiben können. Eine der Ausdrucksmöglichkeiten dieses Verborgenbleibens ist der Glaube an einen persönlichen Gott (H 44, H 90f.).

Zwei weitere Aphorismen charakterisieren dieses „Glauben":

Glauben heißt: das Unzerstörbare in sich befreien, oder richtiger: sich befreien, oder richtiger: unzerstörbar sein, oder richtiger: sein (H 89).

Dieses „sein" wird dann weiter erläutert:

Das Wort „sein" bedeutet im Deutschen beides: Dasein und Ihmgehören (H 44, H 89).

Ein Vergleich zwischen Dichtung und Meditation lenkt unsere Aufmerksamkeit auf ein wichtiges Charakterisierungsmerkmal des in Barnabas dargestellten Künstlers. Im Aphorismus ist der religiöse Gedanke deutlich aufgezeigt: Das Leben ist nur möglich im Vertrauen auf das Unzerstörbare, das eine Ausdrucksmöglichkeit hat im „Glaube[n] an einen persönlichen Gott". Dieser Glaube verwirklicht sich im „Sein": in der Existenz dessen, der Gott, gleich „Ihm" (groß geschrieben!), gehört.

Die Eindeutigkeit des Aphorismus ist in der Dichtung verhüllt. Aus der Sicherheit der Meditation wird in der Dichtung das „ich weiß nicht, was es ist". Dieser Zug, der uns im Vergleich von Dichtung und Entwurf immer wieder begegnet, ist bedeutsam für Kafkas Verständnis des Künstlers. Dem Künstler steht nur die Indirektheit an, die Direktheit des Beters und Propheten hat er zu meiden. Deshalb betont der Dichter, daß Barnabas den Inhalt der Botschaften, die er überbringt, nicht kennt (40, 41).

Dabei weist der Dichter auf den Vorrang der religiösen vor der künstlerischen Existenz. Betont läßt er den Barnabas sich vor K. verneigen (s. 34, 41). In dieser Reverenz des Barnabas vor seinem „Herrn" (46, 47, 49) weist der Dichter dem Gottsucher den ersten Platz an. Barnabas, der Künstler, erkennt auch in der geringen Gestalt des K. —

oder gerade in ihr – den Menschen mit der messianischen Aufgabe, auf den er nur hinweisen kann und soll.

Das „irgendetwas", das das Geschenk des Barnabas ist, wird nun noch näher bestimmt und überboten durch die „Briefe", die Barnabas zu überbringen hat. Alle andringenden Zweifel, die auch K. diesen Briefen entgegenbringt:

… denen ich zwar nicht viel traue … mögen sie auch alte, wertlose Briefe sein (268 f.),

geben auch hier wieder eine letzte Gewißheit frei:

sichtlich sind sie für mich, wenn auch vielleicht nicht für meinen Nutzen bestimmt; sind … von Klamm eigenhändig gefertigt und haben … eine große Bedeutung (269).

Für das Verständnis dieser „Briefe" findet sich wieder ein Schlüsselwort. Es sind „alte" Briefe. Bei der Beschreibung der Briefzuteilung in den Kanzleien heißt es:

Inzwischen sucht der Schreiber aus den vielen Akten und Briefschaften, die er unter dem Tisch hat, einen Brief für dich heraus, es ist also kein Brief, den er gerade geschrieben hat, vielmehr ist es, dem Aussehen des Umschlags nach, ein sehr alter Brief, der schon lange dort liegt. Wenn es aber ein alter Brief ist, warum hat man Barnabas so lange warten lassen? Und schließlich auch den Brief, denn er ist ja jetzt wohl schon veraltet (262).

Das „alt" wird hier deutlich unterstrichen: „sehr alt", „wohl schon veraltet", ein Brief, „der schon lange dort liegt". Was hat dieses „alt" zu bedeuten? Das „alt" findet sich bei Kafka immer in Verbindung mit der im „Alten Testament" überlieferten Welt des jüdischen Glaubens. In B 291 schreibt er von den „alten großen Zeiten", in denen „das einzige wirkliche Unglück … Unfruchtbarkeit der Frauen" war (vgl. 1. Mose 15; 17; 18; 29; 30. 1. Samuel 1). Wir werden demnach bei den „alten Briefen", die Barnabas, der Repräsentant des „Schreibens", zu überbringen hat, an die „Schriften" der Bibel denken müssen. Kafka sagt in seinen Gesprächen mit Janouch: „Es ist kein Zufall, daß die Bibel Schrift genannt wird" (Ja 117).

So steht nach Kafkas Verständnis der Künstler im Dienst der biblischen Wahrheit, er hat die „Schrift" dem Gottsucher in die Hand zu geben: „Sicherlich sind sie – die Briefe – für mich bestimmt". Dabei geht es nicht um ein Übermitteln der absoluten Wahrheit (es sind keine „amtlichen" Briefe), sondern um ein Angebot der ewigen Wahrheit für die Existenz des Adressaten. „Sicherlich sind sie für mich bestimmt … sie haben eine große, wenn auch nur private Bedeutung" (269). (vgl. dazu die Bezeichnung des Klammschen Briefes als „Privatbrief" (105))

In dem so verstandenen Barnabas erkennen wir die künstlerische Gestaltung der programmatischen Tagebuchnotiz vom 16. 1. 1922 (unmittelbar vor der Niederschrift der Schloßdichtung):

Diese ganze Literatur ist Ansturm gegen die Grenze … ein wie unbegreifliches Genie wird hier verlangt, das neu seine Wurzeln in die alten Jahrhunderte treibt oder die alten Jahrhunderte neu erschafft … (T 553).

In seinen Gesprächen mit Gustav Janouch legt Kafka diese Auffassung seines „Schreibens" offen dar:

... die Bibel ... ist die Stimme des jüdischen Volkes, die nicht etwas historisch Gestriges, sondern etwas durchaus Gegenwärtiges ist (Ja 117).
Der Dichter hat die Aufgabe, das isolierte Sterbliche in das unendliche Leben, das Zufällige in das Gesetzmäßige hinüberzuführen. Er hat eine prophetische Aufgabe (Ja 117).

Neben der prophetischen Aufgabe, der Deutung des Lebens vom Göttlichen her, hat nach Kafka der Künstler den Auftrag, das irdische Leben vor Gott auszubreiten. Das außerordentliche Gedächtnis des Barnabas befähigt ihn, K.s Lebensbericht in allen seinen Einzelheiten zu behalten, um ihn als „Botschaft" vor den „Herrn" hinzutragen:

Eine Botschaft habe ich dir anvertraut, ... damit du sie ... hinträgst zum Herrn (177).

Diese Botschaft hat das eine Ziel, eine Begegnung mit Klamm, dem „Herrn", zu vermitteln. Sie lautet:

Der Landvermesser K. bittet den Herrn Vorstand, ihm zu erlauben, persönlich bei ihm vorzusprechen; er nimmt von vornherein jede Bedingung an, welche an eine solche Erlaubnis geknüpft werden könnte. Zu seiner Bitte ist er deshalb gezwungen, weil bisher alle Mittelspersonen vollständig versagt haben, zum Beweis führt er an, daß er nicht die geringste Vermesserarbeit bisher ausgeführt hat und nach den Mitteilungen des Gemeindevorstehers auch niemals ausführen wird, mit verzweifelter Beschämung hat er deshalb den letzten Brief des Herrn Vorstandes gelesen, nur die persönliche Vorsprache beim Herrn Vorstand kann hier helfen. Der Landvermesser weiß, wieviel er damit erbittet, aber er wird sich anstrengen, die Störung dem Herrn Vorstand möglichst wenig fühlbar zu machen, jeder zeitlichen Beschränkung unterwirft er sich, auch einer etwa als notwendig erachteten Festsetzung der Zahl der Worte, die er bei der Unterredung gebrauchen darf, fügt er sich, schon mit zehn Worten glaubt er auskommen zu können. In tiefer Ehrfurcht und äußerster Ungeduld erwartet er die Entscheidung (179).

Von Barnabas, dem Künstler, erwartet demnach K., das, was ihm die „Mittelspersonen" – von ihnen wird noch die Rede sein – nicht verschaffen können: eine Begegnung mit Klamm zu erwirken. Während die Brückenhofwirtin, eine der „Mittelspersonen", deutlich sagt, daß Klamm einen gewissen „Jemand ... niemals ... vor sein Angesicht kommen lassen wird (161)", erwartet K., dieser „Jemand", von Barnabas, daß er diese Begegnung vermittelt. Nach dem Diktat der Botschaft heißt es in der Dichtung:

K. hatte in Selbstvergessenheit gesprochen, so, als stehe er vor Klamms Tür und spreche mit dem Türhüter (179).

Halten wir zu diesem Satz das dreifache „Bitten" in der Botschaft („ ... K. bittet den Herrn Vorstand", ... „Zu seiner Bitte ist er ... gezwungen ...", „Der Landvermesser weiß, wieviel er damit erbittet"), so erkennen wir hier die Umsetzung des Aphorismus:

Schreiben als Form des Gebetes (H 348).

Oder wie es bei Janouch heißt:

Dichtung tendiert ... zum Gebet (Ja 35).

In dem Aufdecken und Hintragen des ganzen Lebens vor den „Herrn" nimmt der Dichter die Schuld der Menschheit auf sich, wird er zum „Sündenbock der Menschheit".

Es wird nicht zufällig sein, daß Barnabas von Olga einmal das „Lämmchen" (295) genannt wird. Kafka schreibt an Milena den starken Satz:

... und nun, nun plötzlich ist es dir so, als seiest du einberufen zu dem großen welterlösenden Kampf (M 68).

Das *Schloß*-Schreiben würde demnach die Aufnahme dieses „welterlösenden Kampfes" bedeuten.

Zum Schluß bleibt noch die Aufgabe, die Reaktion des Barnabas auf seinen hohen Auftrag zu betrachten. Nach Olgas Zureden nimmt Barnabas – seufzend zwar – den Brief und „geht" (264); wie auch K. schon zu Beginn der Begegnung mit Barnabas erkannt hatte, daß nur das „Weitergehen selbst den Zweck ihres Beisammenseins bilden konnte" (44). Dieses „gehn", das im *Prozeß* als das „er setzte sich in Gang" (P 268) dargestellt ist, ist für Kafka das höchste sittliche Tun: der Durchbruch aus dem lähmenden Zweifel zum vertrauenden Handeln. In dem „gehn" des „Sohnes des Trostes" ist das immer wieder erneute Ansetzen zum „Schreiben" dargestellt, das Betreten des steigenden Weges beim „Trost des Schreibens".

Und doch erreicht dieses „gehn" scheinbar nicht sein Ziel. Barnabas tritt noch einmal direkt vor K. hin, um zu berichten, daß es ihm nicht gelungen ist, mit Klamm zu sprechen. Und trotzdem hat er „Erfolg" (346).

Finden sich in diesem letzten Auftreten des Barnabas bestätigende Zeichen für sein selbstbewußtes Wort: „ich hatte Erfolg"? Messen wir die Frage nach dem Erfolg des Barnabas an dem schon zitierten Tagebuchwort vom „Trost des Schreibens".

Wir stellen fest

1. Barnabas redet wieder mit dem Landvermesser. Hatten ihn seine Zweifel verstummen lassen, hatte er nur noch über Olga mit K. zu reden vermocht, so ist jetzt seine Zunge wieder gelöst; K. erlebt den „erlösenden Trost" des Barnabas.

2. Die Sprache des Barnabas ist nach der verwirrenden Antithetik der K.-Olga-Reflexionen wieder von einer naiv anmutenden Einfachheit und Klarheit. Ist er damit wieder zum Schüler Apollos geworden? Es könnte so aussehen. Es könnte aber auch sein, daß Barnabas die einfache Sprache des „Ritters des Glaubens"[11] gewonnen hat. In seiner kindlichen Sprache könnte sich das ausdrücken, was Kierkegaard die „ethische Primitivität" nennt, eine Begriffsbestimmung, die Kafka in der Kierkegaard-Anthologie „Buch des Richters"[12] fand. Sie findet sich dort unmittelbar nach dem Kierkegaard-Zitat: „Sobald ein Mensch kommt, der etwas Primitives mit sich bringt ...", das Kafka für Brod abschrieb (s. B 239).

3. Barnabas, der aus „seiner" Kanzlei kommt („ich nenne sie meine Kanzlei" (346), tritt auf mit dem Ruf: „Herr Landvermesser, Herr Landvermesser!" (345) Diese Anrede ist begleitet von einer Verbeugung („Atemlos kam er an, vergaß aber nicht, sich vor

K. zu verbeugen" (345). Anrede und Verbeugung bestätigen K. seine Berufung, gewähren ihm den „Trost des Schreibens".

4. Der Erfolg des Barnabas bewirkt für K. eine doppelte Erkenntnis: K. erfährt, daß man vor Klamm keine Bitten vorbringen kann: „K.: ‚Du hast meine Bitte Klamm vorgebracht?' − ‚Das ging nicht', sagte Barnabas" (345). Barnabas vermittelt dagegen die Begegnung mit dem „Herrn" Erlanger. Zu einer Audienz bei Erlanger eingeladen, verwechselt K. die Türen und gelangt zu Bürgel. Hier liegt der „Erfolg" des Barnabas. Im Austausch der Welt des Klamm-Dionysos mit der der „Herren" Erlanger-Bürgel liegt ein Sprung (das „Herausspringen aus der Totschlägerreihe"), der dem Sprung der Gehilfen aus der Welt Klamms in die des Galater entspricht. Das Ausmaß dieses Sprungs wird uns später beschäftigen, wenn es um Bürgel und den „griechischen Gott" geht. Hier genügt es vorläufig, diesen Sprung zu sehen und damit den „Erfolg" des Barnabas.

V. Die Mittelspersonen

Wir wenden uns jetzt einer Gruppe von Gestalten zu, die K. in seiner Botschaft an Klamm als „Mittelspersonen" (179) bezeichnet. Ihre Betrachtung wird deutlich machen, was sie zu diesem Namen kommen läßt.

Die Brückenhofwirtin

Eine Gestalt dieser Gruppe nimmt im *Schloß* den breitesten Raum ein: es ist die Brückenhofwirtin Gardena. Der Dichter unterstreicht ihre Größe: ihre „mächtige Gestalt" (8) füllt die Tür zur Küche, in ihren Drohungen ist sie „erschreckend" (72), Frieda reicht „stehend nur bis zur Schulter der sitzenden Wirtin" (70), ihr Strickstrumpf, „eine kleine Arbeit" (69), paßt wenig „zu ihrer riesigen, das Zimmer fast verdunkelnden Gestalt" (70).

Betont wird Gardena als „Mutter" bezeichnet. Zweimal läßt der Dichter Frieda sie „Mütterchen" nennen (66, 77). Sie selbst sagt aus, daß sie „über der kleinen Frieda mit mütterlicher Sorge wacht" (78), K. kritisiert ironisch ihre „mütterlichen Reden" (82). In diesem Vokabular will uns die Dichtung wohl einen zeichenhaften Hinweis auf die matriarchalischen Züge Gardenas geben.

In Gardenas Bereich gelten die Gesetze des Matriarchats. Gleichsam das Aushängeschild ihrer Wirtschaft ist der Strickstrumpf, der an die Stelle von Spindel und Webrahmen der großen Naturmütter getreten ist. Gardenas Heirat mit Hans kam nach matriarchalischer Sitte zustande, sie wurde bestimmt durch Hansens Onkel, wie im Matriarchat der Mutterbruder die maßgebende Gestalt ist[1]. Es ist bezeichnend für Gardenas Stellung als matriarchalischer Herrscherin, daß Hans, ihr Mann, fast wie ihr Kind ist. Er ist „der gute Junge" (72), der K. „wie ein Kind" (13) vorkommt, der von seiner Frau „sehr abhängig" (112) ist. Sein Name läßt uns an den „Hans im Glück" des Märchens denken. Dieser Junge kehrt nach dem Verlust aller seiner Güter heim „zu seiner Mutter". Durch die Zeichnung der matriarchalischen Befehlsgewalt macht der Dichter den Einfluß Gardenas auf Frieda glaubhaft, ein Einfluß, der für das Verhältnis K.-Frieda tiefgreifende Folgen hat. Davon wird noch zu reden sein. Ein Grundgesetz in der Welt des Matriarchats ist das Prinzip der Gewöhnung, der Sitte. Auch in der Welt der Brückenhofwirtin bestimmen die Gesetze des Althergebrachten den Weg des Menschen:

Ich leugne nicht, [so sagt die Wirtin,]
daß es möglich ist, einmal auch etwas ganz gegen die Vorschriften und gegen das Althergebrachte zu erreichen; ich habe etwas Derartiges nicht erlebt ... (77).

Auf diese Welt weist auch ihr Name „Gardena". Wir erkennen in ihm das französische garder = bewahren, in gutem Zustand erhalten. Für Gardena geht es darum, die Welt des Althergebrachten zu sichern. So fordert sie von K. „Sicherungen" (71) mit zweimaligem Nachdruck für sein Verhältnis zu Frieda. Auch im Verhältnis Gardenas zu Klamm geht es um dieses Sichern des Althergebrachten. In vergangenen Zeiten war Gardena „dreimal bei Klamm, später ließ er [sie] nicht mehr rufen" (117). Das Sichern des

Althergebrachten in Gardenas Verhältnis zu Klamm geschieht durch eine magische Handhabung von drei Andenken: Es sind ein Bild, ein Wolltuch und ein Häubchen. Diese Andenken hat Gardena selbst gewählt: „Klamm selbst gibt nichts, aber wenn man dort etwas Passendes liegen sieht, kann man es sich ausbitten" (117). Diese Andenken bewirken durch die bloße Berührung mit ihnen Heil. Gardenas schweres Atmen wird durch die Umhüllung von Klamms Tuch geheilt, „und auch alles Leid schien von ihr genommen zu sein" (114). Die drei Andenken verkörpern Klamms Nähe. Das Bild des Klammschen Boten, „durch den Klamm sie zum ersten Mal zu sich berief" (116), liegt griffbereit unter ihrem Polster, ebenso sind Wolltuch und Häubchen in Reichweite. Diese drei heilbringenden Gegenstände sind Zeichen von Gardenas Inthronisierung als Mutter. Das Bild ist das magisch wirksame Andenken an den zur Mutterschaft berufenden Klamm. Häubchen und Wolltuch sind Embleme ihrer Frauen- und Mutterschaft, die sie aus der Klammschen Welt an sich nahm.

Bei dieser Deutung Gardenas stoßen wir auf ein Werk, das Kafka spürbar für Züge dieser Gestalt anregte. Es ist das Werk *Babička* der Božena Němcová[2]. Kafka erwähnt die Němcová in einem Brief an Milena (M 28)[3]. Wir werden im Verlauf der Arbeit noch einmal auf diese Dichtung Bezug nehmen. Es soll hier in einem kleinen Exkurs der Nachweis erbracht werden, daß wir berechtigt sind, die Brückenhofwirtin von der *Babička* her zu interpretieren. Die Dichtung gibt uns dafür einen deutlichen Hinweis: In dem Sortini-Kapitel spielt ein Granatenhalsband eine wichtige Rolle. Sortinis Brief an Amalia ist adressiert „an das Mädchen mit dem Granatenhalsband" (279). Olga berichtet, daß sie [Olga] dieses Granatenhalsband von der Brückenhofwirtin geborgt bekam. Sie hat es am Tage des Feuerwehrfestes ihrer Schwester Amalia um den Hals gehängt (s. 274). Ein Granatenhalsband zieht sich nun durch die Babičkageschichte wie ein roter Faden. Die Großmutter bekam zu ihrer Hochzeit von ihrem Bräutigam ein Granatenhalsband. An diesem hängt der Taler, den ihr auf dem Höhepunkt ihres Lebens der Kaiser geschenkt hat. Christel, die junge Liebende des Romans, und der Schützling der Großmutter, erhält von der Comtesse als Hochzeitsgeschenk „schöne böhmische Granaten". Das „Granatenhalsband" ist demnach das deutliche Bindeglied zwischen *Schloß* und *Babička*. Als Leihgabe der Brückenhofwirtin stellt es außerdem die spezielle Beziehung her zwischen dem „Mütterchen" Gardena und dem „Großmütterchen" der Němcová.

Von der *Babička* her ist es nun möglich, die drei heilbringenden Gegenstände in Gardenas Besitz zu deuten: das Bild, das Wolltuch, und das Häubchen. Allerdings – und das ist bedeutsam – erkennen wir im *Schloß* bei deutlicher Herkunft von der *Babička* ebenso deutliche Verschiebungen. Wie Gardena hat auch das „Großmütterchen", die *Babička,* unter ihrem Kopfkissen ein Bild stets in Reichweite. Doch ist es ein Gegenbild zu der Darstellung des Klammschen Boten, der sich im „Hochsprung" (116) übt: es ist das Bild des sich h e r a b n e i g e n d e n Gekreuzigten. Das „Wolltuch" ist in der *Babička* das Zeichen des Muttertums, das „Großmütterchen" bekam ein schönes Wolltuch zur Geburt ihres ersten Kindes. Das „Mütterchen" Gardena dagegen ist kinderlos, ihr Mann Hans, „der Junge", und Frieda, ihre „liebe Magd" (70), sind Ersatzkinder. Das Wolltuch trat nie in praktischen Gebrauch, um ein Kind einzuwickeln. Gardena sah es nur bei Klamm liegen und nahm es als „Andenken" (117) mit. Sie hat sich dieses Zeichen der Mutterschaft also selbst verschafft. Ähnlich steht es mit dem Häubchen. Die Haube spielt in der *Babička* eine wichtige Rolle; ihre Bedeutung erleben wir, als Christel bei ihrer Hochzeit „unter die Haube" kommt. Aber während der jungen Frau der *Babička* „das Häubchen ausnehmend gut" steht, will Gardena dieses selbst gewählte Zeichen des Frauentums nicht passen: „… ein Nachthäubchen aus zartem Spitzengewebe, das sie trug, obwohl es zu klein war und auf ihrer Frisur schwankte, machte die Verfallenheit des Gesichtes mitleiderregend" (113).

Der Vergleich mit der Babička macht deutlich, wie es Kafka gelingt, mit wenigen Strichen eine aus den Fugen geratene Welt zu zeichnen. An Stelle des natürlichen Matriarchats der *Babička* ist ein Frauenreich getreten, dessen Macht auf Usurpation beruht.

Fassen wir Gardenas Züge zusammen: Macht, die durch Sitte herrscht, die das scheinbar Göttliche manipuliert, so erkennen wir die Gestalt der Institution. Diesem Bild fügen sich alle Züge Gardenas sinnvoll ein. Wie es jeder Institution im Grunde nur um Selbstdarstellung und Selbsterhaltung geht, so fehlt auch Gardena die Beziehung zu einem lebendigen göttlichen Gegenüber. Der Gardena zugeordnete Beamte Klamm trägt die Züge eines Götzen. Er ist stumm. Es ist die Ansicht Gardenas, daß es „bare Unmöglichkeiten" (72) sind, daß Klamm mit jemandem redet; „noch niemals hat er selbst mit jemandem aus dem Dorf gesprochen" (74), sagt Gardena. Dieser Klamm ist auch kein spendender Gott: „Klamm selbst gibt nichts" (117).

So trägt Gardenas Beamter Klamm die Züge des Götzen, des Nichts, wie er etwa in Psalm 115 geschildert wird: „Jener [der Heiden] Götzen sind von Menschenhänden gemacht. Sie haben Mäuler und reden nicht; sie haben Ohren und hören nicht …" (Psalm 115, 4 u. 5). Es kann nicht anders sein, als daß das, was Gardena an Religiosität darstellt, ins Leere geht, und damit zur sinnlosen Farce wird:

> Plötzlich aber horchte die Wirtin auf und starrte, ganz dem Horchen hingegeben, ins Leere … die Wirtin lief auf den Fußspitzen mit großen Schritten zu der Tür im Hintergrund, die in den Hof führte, blickte durchs Schlüsselloch, wandte sich dann zu den anderen mit aufgerissenen Augen, erhitztem Gesicht … die Wirtin sah … angestrengt hindurch, tiefgebückt, fast kniend, man hatte fast den Eindruck, als beschwöre sie jetzt nur noch das Schlüsselloch, sie durchzulassen, denn zu sehen war wohl schon längst nichts mehr (159f.).

Die Sinnlosigkeit dieses anscheinenden Gottesdienstes ist um so bemerkenswerter, als Gardenas Sprache biblische Wendungen enthält. Denn es ist ausgerechnet Gardena, die das Mit-Gott-reden als ein „vor sein Angesicht kommen" (161) bezeichnet, wie es die Psalmen tun (Psalm 11, 7; 41, 13; 42,3; 51,13). Und sie ist es, die wie die Bibel etwas von dem Handeln Gottes durch ein „Werkzeug" weiß. So sagt Gardena von Momus: Er ist „ein Werkzeug, auf dem die Hand Klamms liegt, und wehe jedem, der sich ihm nicht fügt" (170) (Vgl. Jesaia 13,5). Aber Gardenas Bibelkenntnis bleibt im Negativen stekken:

[sie kennt] ganz genau nur alle Hindernisse, die von Klamm abhalten (235): Niemals wird ein Jemand vor sein [Klamms] Angesicht kommen (161). [Auch das Werkzeug Momus ist nur ein Werkzeug des Zorns]: „Wehe jedem, der sich ihm nicht fügt (170)."

Die Dichtung gibt Hinweise auf zwei große Institutionen, die die Wirtin verkörpert: wenn Gardena K. auffordert, nicht Klamms Namen zu nennen (s. 127), so finden wir hier einen deutlichen Hinweis auf die jüdische Religion. Dagegen weisen die Anrede der Wirtin als „Mütterchen" sowie ihre matriarchalischen Züge auf die katholische Kirche, „unser aller Mutter", hin. Daß diese große Institution Kafka vor Augen stand, beweisen einige *Schloß*-Skizzen. Sie machen unter verschiedenen Bildern dieselbe Aussage: es geht um die Sicherung des Althergebrachten. In H 266 bis 268 ist von einem „Baubetrieb" die Rede, dessen Arbeit sich darauf richtet „das Bestehende zu sichern". Eine Ruine dieses Betriebs steht auf dem „Romberg" (!), man wandert „an einem stillen Sonntag dort hinauf". In der Skizze H 269 bis 271 ist von einem „Hotel" [die Wirtin!] die Rede, einem Hotel „Albian oder Cyprian Edthofer". Es ist schwer, den Eingang zu diesem Hotel zu finden, „man mußte, wenn man ins Hotel wollte, durch die Tür der Restauration [!] gehen".

Von dieser Interpretation der Brückenhofwirtin her ist es verständlich, daß K. sie unter die „Mittelspersonen" zählt. Die Institution stellt den Anspruch, daß sie ihren Gläubigen das Heil v e r m i t t e l t : extra ecclesiam nulla salus. So versichert die Wirtin K.: „Sie sitzen hier, halten meine Frieda und werden – … von mir gehalten" (78). Dieser Anspruch ist absolut: beugt man sich ihm nicht, so trifft den Widersetzlichen das „anathema sit". Die Wirtin sagt von K.s Versuch, mit Klamm zu reden: „Widersetzlichkeit ist es auf jeden Fall" (129). So trifft auch ihn der Bann: „versuchen Sie es, junger Mann, wenn ich Sie auch aus dem Hause weise, irgendwo im Dorf ein Unterkommen zu finden, und sei es in einer Hundehütte" (78). Gardenas Hinweis auf die „Hundehütte", in die K. nicht einmal aufgenommen werden wird, drückt die äußerste Verachtung aus. Es galt in Israel „als eine besondere Schmach, den Hunden preisgegeben zu werden"[4].

Die Brückenhofwirtin als Verkörperung der großen Institutionen muß aus ihrem Wesen heraus zur „mächtigen Feindin" (229) eines K. werden, der etwas „auf eigene Faust" (128) unternimmt, nämlich den Weg zu Klamm zu finden. Sie muß ihm seinen Weg versperren und zu einer Türhüterin („türfüllend" (8)) werden, zu einer „riesigen, das Zimmer fast verdunkelnden Gestalt" (69 f.).

Blicken wir mit K. zurück auf die Brückenhofwirtin als Verkörperung der Institution, die den Anspruch erhebt, als „Mittelsperson" das Heil zu vermitteln, so vernehmen wir sein Urteil: sie hat „versagt" (179). Wir fragen mit der Brückenhofwirtin:

Was hat man denn versäumt? (125), [um K.s Antwort zu hören]: Klamm zu fragen (126). Der Segen war über Ihnen, aber man verstand nicht, ihn herunter zu holen (125).

Das „Klamm fragen" würde aus dem toten Götzendienst der Institution mit seinen Monologen eine lebendige Religion machen, in der es mit Fragen und Bitten gelingen könnte, einen Dialog auszulösen und so den „Segen herunter zu holen".

In seiner Darstellung der Brückenhofwirtin gibt Kafka Antwort auf die Kritik an seinem Helden K., wie sie etwa Peter Demetz in seinem Nachwort zur *Babička* übt. Da eine Gegenüberstellung der Brückenhofwirtin mit der *Babička* ein Grundanliegen Kafkas deutlich macht, sei sie hier im Anschluß an Demetz gebracht.

Demetz schreibt von der Welt der Babička: „In dieser noch halb magischen Glaubenssphäre, in der die Feuermännlein neben den Heiligen, die Nixen neben den Märtyrern leben und weben, nimmt es kaum Wunder, daß auch das Fronleichnamsfest in einer charakteristischen Abwertung des eucharistischen Motivs vor allem als prächtiges Volksfest erscheint ... So überrascht auch nicht, daß die Handlung von den Liebenden auf das große Hochzeitsfest hinzielt, in dem sich die Individualität Christels und Milas in der überwältigenden Entfaltung althergebrachten Brauchtums schmerzlos zur Typik eines ländlichen Fruchtbarkeitsritus auflöst"[5].

Trotz seiner Einsicht, daß in der *Babička* eine Vermischung von Magie und Christentum herrscht, schneidet bei Demetz der Landvermesser K. im Vergleich mit der *Babička* schlecht ab: „Noch ist es der tätigen Liebe einer schlichten Greisin möglich, was dem allzu spekulativen und auf sich selbst bedachten Landvermesser K. als höchstes Geheimnis erscheint. Die heile und strahlend geordnete Welt Božena Němcovás ist in der Vision Kafkas zu einer Hölle grausamer Täuschungen zerfallen – ist es deshalb, weil dem Landvermesser Großmutters Charitas mangelt?"[6].

Die Darstellung der Brückenhofwirtin im *Schloß* gibt die Antwort auf diesen Vorwurf: Nicht der Mangel an Charitas stellt den *Schloß*-Helden in Gegensatz zu der heilen Welt der Němková, sondern ein anderes Verständnis der Gnade. Gnade ist in der „Großmutter" immanent. Sie ist gleichsam inkarniert in der schönen Gestalt der Heldin, die sie handhaben kann in all den magischen Gebräuchen, die christliche Charitas und heidnische Sitte in eine gefährliche Nähe kommen läßt. Dagegen ist bei Kafka die Gnade transzendent, sie ist dem Menschen nicht nur unzugänglich, sondern auch völlig uneinsichtig, so daß er nur mit „Furcht und Zittern" vor ihr stehen kann. Wenn Kafka den Klammschen Boten an die Wirtin darstellt im Bild eines jungen Mannes, der sich im Hochsprung übt, so ist das seine Kritik an der Frömmigkeit der Brückenhofwirtin, dem Nachbild der *Babička*. Diese scheinbare Charitas der *Babička* ist letztlich Selbsterlösung. Ihre Haltung ist, um es im Bild des Klopstock-Briefes auszudrücken: ein das Gesicht-Verstecken

in magischen Trilogien ..., um es nicht heben zu müssen und den Berg zu sehen, der in der Ferne steht (B 333).

Der Gemeindevorsteher

1. Der Gemeindevorsteher und sein Beamter Sordini

Eine bedeutende Gestalt unter den „Mittelspersonen" ist der Gemeindevorsteher. Klamms erster Brief verweist K. an ihn als seinen nächsten Vorgesetzten:

Ihr nächster Vorgesetzter ist der Gemeindevorsteher des Dorfes, der Ihnen auch alles Nähere über Ihre Arbeit und die Lohnbedingungen mitteilen wird und dem Sie auch Rechenschaft schuldig sein werden (36).

K.'s Meditation über diesen Brief charakterisiert auch den Gemeindevorsteher; es geht um „Dienst, Vorgesetzter, Arbeit, Lohnbestimmungen, Rechenschaft ..." (38).

K. findet in dem Gemeindevorsteher einen zwar äußerlich freundlichen, glattrasierten Mann, der aber in dunklen Räumen lebt, und von dessen Welt eine tödliche Kälte ausgeht. Er selbst ist krank, die Gicht plagt ihn. Aufschlußreich ist seine Sprache. Es ist die Sprache des Juristen. An die 30 x ist in verschiedenen Zusammensetzungen von „Amt" die Rede. „Amt und Leben" stehen im Gegensatz, wie auch „amtlich" und „privat". Wir hören viel von „Amtsarbeit", „Amtsgeheimnis", von „Kontrollämtern". Die Arbeit des Gemeindevorstehers dreht sich um die „Akten". Der „Akt" des Landvermessers wird gut 20 x erwähnt, der Umgang mit der Schloßbehörde geht nach seiner Darstellung nur über die „Akten". Für diesen Juristen ist K. nur ein „Fall". An die 20 x muß K. sich so als „Fall" betrachtet sehen [7].

Das entscheidende Schlüsselwort für die Deutung des Gemeindevorstehers fällt nach der Darstellung der Irrfahrt von K.'s Akt. K. stellt fest: „[ich] verstehe ..., daß hier ein entsetzlicher Mißbrauch mit mir, vielleicht sogar mit den G e s e t z e n getrieben wird" (103). In dem Gemeindevorsteher und seinen Helfern begegnet K. dem G e s e t z.

Wie das Gesetz nur Form sein kann und Form sein will, uninteressiert an allem, was innere Haltung, Gesinnung ist, so kennt der Gemeindevorsteher nur die „Büroeinrichtungen" im Schloß, sie sind für ihn „das Wichtigste" (100). Dieser Mann des Gesetzes hat kein „Telephon", das ihn mit dem Schloß verbände. Das, was in den „hiesigen Telephonen" der „Wirtsstuben und dergleichen" zu hören ist, ist seiner Meinung nach nichts als „Rauschen und Gesang", „dieses Rauschen und dieser Gesang [ist] das einzige Richtige und Vertrauenswerte, was uns die hiesigen Telephone übermitteln, alles andere ist trügerisch" (107).

Malcolm Pasley macht darauf aufmerksam [8], daß dieses „Rauschen" eine Anspielung auf Hesekiel 1, 24 ist. Wir sind bereits auf die Nähe der *Schloß*-Dichtung zu Hesekiel gestoßen, sie wird uns noch des öfteren beschäftigen. Greifen wir diese Anspielung bei dem „Rauschen" in den Telephonen auf, so würde das für das Verständnis des Gemeindevorstehers bedeuten, daß das „Gesetz" zwar etwas von der Nähe des Göttlichen weiß, seine Ausstrahlung erfaßt, daß es aber nicht in sein Inneres hineinführen kann und will. So läßt K.s Streben zum Schloß, seine Bemühungen um eine unmittelbare Berührung mit dem Göttlichen diesen Gesetzesvertreter allergisch reagieren. Nachdem K. das Gespräch auf das „Mädchen aus dem Schloß" gebracht hat, „verstummte" der Gemeindevorsteher, „sah auf die Uhr, goß Medizin auf einen Löffel und schluckte sie hastig" (100). So erklärt sich der Gemeindevorsteher auch nur für das „Amtliche" zuständig, dieses „Amtliche" vermißt er in Klamms Berufungsurkunde. Sie ist deshalb für ihn kein Beweis, daß K. wirklich berufen ist.

In der Verwaltung des „Amtlichen" ist der Gemeindevorsteher eine der „Mittelspersonen" (179), als die K. ihn ebenso wie die Brückenhofwirtin bezeichnet. Noch bevor

K. mit ihm spricht, „hatte er das Gefühl der außerordentlichen Leichtigkeit des Verkehrs mit Behörden. Sie trugen förmlich jede Last, alles konnte man ihnen auferlegen, und selbst blieb man unberührt und frei" (87). Der nach der Auffassung des Gemeindevorstehers einzig mögliche Weg wäre das sich von ihm Tragenlassen, wäre ein sich Unterordnen im „Dienst" seines „Vorgesetzten". So erklärt es sich, daß der Gemeindevorsteher gegen die Berufung eines Landvermessers ist:

> Wir brauchen keinen Landvermesser, [sagt er]. Es wäre nicht die geringste Arbeit für ihn da. Die Grenzen unserer kleinen Wirtschaften sind abgesteckt, alles ist ordentlich eingetragen. Besitzwechsel kommt kaum vor, und kleine Grenzstreitigkeiten regeln wir selbst. Was soll uns also ein Landvermesser? (88).

Der dem Gemeindevorsteher zugeordnete Beamte ist Sordini. Die Wendungen, in denen von diesem Beamten die Rede ist, lassen ihn als eine Gestalt von übermenschlicher Größe erscheinen: „Sordini ... ließ sich von Brunswick nicht täuschen, wie könnte Brunswick Sordini täuschen?" (101). Dieser Beamte ist unzugänglich, ja taub (sordus). „ich begreife ... nicht", – sagt der Gemeindevorsteher – " wie selbst ein Fremder glauben kann, daß, wenn er zum Beispiel Sordini anruft, es auch wirklich Sordini ist, der ihm antwortet" (108). Wie das Gesetz nur mit dem Bösen rechnet, so

> mißtraut [Sordini] ... jedem, auch wenn er zum Beispiel irgend jemanden bei unzähligen Gelegenheiten als den vertrauenswürdigsten Menschen kennengelernt hat, mißtraut er ihm bei der nächsten Gelegenheit, wie wenn er ihn gar nicht kennte oder richtiger, wie wenn er ihn als Lumpen kennte (94f.).

Die Handlungen dieses unzugänglichen Beamten erscheinen als Akte der Willkür, sie erfolgen „plötzlich blitzartig" (101). Die Schilderung der Irrfahrt von K.s Akt „Landvermesser" gibt einen Eindruck von dem Werk Sordinis, den K. in dem Wort zusammenfaßt:

> Die Geschichte ... unterhält mich ... dadurch ..., daß ich einen Einblick in das lächerliche Gewirre bekomme, welches unter Umständen über die Existenz eines Menschen entscheidet (94).

Dieser Gott des Gesetzes ist der ferne Gott:

> Wer darf denn Anspruch erheben, wegen seiner privaten kleinen Sorgen mitten in die wichtigsten und immer rasend vor sich gehenden Arbeiten hineinzuläuten? (107f.)

Es ist der zürnende Gott:

> es [kann] in auserlesener Stunde geschehen, daß, wenn man den kleinen Registrator anruft, Sordini selbst die Antwort gibt. Dann freilich ist es besser, man läuft vom Telephon weg, ehe der erste Laut zu hören ist (108).

Hier ist deutlich der Gott des Gesetzes gezeichnet: der unnahbare, zürnende Gott, der den Übertreter mit seinem Fluch belegt (vgl. 5. Mose 27, 26). Diese Gottheit des Gesetzes könnte auf den ersten Blick als ein gnostischer Demiurg erscheinen, dessen Züge Erich Heller in der Beamtenschaft des Schlosses meint sehen zu müssen [9].

Nun ist aber dem *Schloß*-Text zu entnehmen, daß Kafka den Beamten Sordini gegen ein Demiurgenverständnis abgrenzt. Die Entscheidungen von Sordinis Behörden sind meistens „sehr richtig" (101) und „meistens vortrefflich" (102), nur kann „von uns aus", „von hier aus ... nicht festgestellt werden, welcher Beamte in diesem Fall entschieden hat und aus welchen Gründen" (102). Es könnte demnach sein, daß hinter dem zürnenden, unnahbaren, verwerfenden Gott eine andre Gottheit stünde. Dann wäre Sordini, der richtende Gott des Gesetzes nur e i n e Erscheinungsform des Göttlichen, neben dem es noch andre Erscheinungsformen gibt – denn „die Beamten vertreten einander" (273).

Diese Gottheit mit dem doppelten Gesicht zeichnet sich bereits in der Kanaan-Meditation ab, in der von „blitzartige[n] Erhöhungen, allerdings auch meerdruckartige[n] tausendjährige[n] Zerschmetterungen" die Rede ist (T 565).

Der Dialektik in der Zeichnung des Beamten Sordini entsprechen die Eröffnungen des Gemeindevorstehers über die Berufung des K. Er weiß Entscheidendes von der Handlungsweise des Schlosses auch in diesem Fall: bei allem scheinbaren Wirrwarr in der Beamtenhierarchie steht für ihn fest: „bedenkenlos geschieht hier nichts" (92). So kann dieser Vertreter alles „Amtlichen" über Klamms Brief an K. – der für ihn nur ein „Privatbrief" (105) ist – sagen:

alle diese Äußerungen haben keine amtliche Bedeutung; wenn Sie ihnen amtliche Bedeutung zuschreiben, gehen Sie in die Irre; dagegen ist ihre private Bedeutung in freundschaftlichem oder feindseligem Sinne sehr groß, meist größer, als eine amtliche Bedeutung jemals sein könnte (108).

So verwahrt er sich am Schluß des Gesprächs gegen K.s Meinung, seine Behandlung sei als „Hinauswurf" zu verstehen:

Wer wollte wagen, Sie hinauszuwerfen, Herr Landvermesser? ... die Unklarheit der Vorfragen verbürgt Ihnen die höflichste Behandlung ... Niemand hält Sie hier zurück, aber das ist doch noch kein Hinauswurf (109).

In dieser Zeichnung erkennen wir in dem Gemeindevorsteher – der Verkörperung des Gesetzes – eine Türhütergestalt. Wie der Türhüter der Parabel „Vor dem Gesetz", kann es der Gemeindevorsteher dem Sucher nicht ermöglichen, das göttliche Angesicht zu sehen, ja, sein Bemühen geht sogar dahin, dieses Suchen abzuwehren und zu verhindern, daß K. „etwas Unbedachtes auf eigene Faust" (134) unternimmt. Und doch läßt dieser Türhüter die Möglichkeit offen, daß K. auf „privatem" Weg zum Ziele kommt. In diesem Offenlassen erhebt sich der Gemeindevorsteher über sich selbst. So wird gerade ein Wort des Gemeindevorstehers zu einem Ariadnefaden, der K. in den Gängen des Herrenhoflabyrinths leiten wird. Es ist das Wort vom „allerkleinsten Fall". Der Gemeindevorsteher hatte K. eröffnet:

Wenn nicht neue Arbeit von allen Seiten sich herangedrängt hätte wie immer und wenn nicht Ihr Fall doch nur ein sehr kleiner Fall gewesen wäre – man kann fast sagen, der kleinste unter den kleinen –, so hätten wir wohl alle aufgeatmet, ich glaube, sogar Sordini selbst (103).

An dieses Wort erinnert sich K. bei der Aktenverteilung im Herrenhof. Beim Anblick des winzigen Akts auf dem Wägelchen des Dieners „ging es K. durch den Kopf ..., das könnte recht gut mein Akt sein ... Der Gemeindevorsteher hatte ja immer von diesem allerkleinsten Fall gesprochen" (404).

2. Mizzi

In Mizzi, der Frau des Gemeindevorstehers, sieht uns die Synagoge an. Schon ihr Name, ein Kosename von Mirjam, kennzeichnet sie als typisch jüdische Gestalt. Ihr Aussehen deutet in dieselbe Richtung:

> ihr kleines Gesicht fiel jetzt im Kerzenlicht auf, mit klaren, strengen, nur durch den Verfall des A l t e r s gemilderten Linien (105).

Mizzi verwaltet einen Schrank, aus dem „zwei große Aktenbündel" herausrollen, „welche rund gebunden waren, so wie man Brennholz zu binden pflegt" (89 f.). Deutlich findet sich hier eine Anspielung auf den Thoraschrein, das Gehäuse der beiden Gesetzesrollen, der das Zentrum eines jeden Synagogenbaues ist. Auch die Kerze, mit der Mizzi hantiert, deutet auf die Synagoge hin: Lampen und Leuchter gehörten zu den Einrichtungsgegenständen der Synagoge[10]. Nach den Ausführungen der Wirtin ist Mizzi die Maßgebende in der Ehe des Gemeindevorstehers:

> ... der Vorsteher ist eine ganz belanglose Person ... er könnte keinen Tag in seiner Stellung bleiben, wenn nicht seine Frau wäre, die alles führt (128).

Neben dem kranken, bettlägerigen Gemeindevorsteher ist Mizzi die Gesunde, Tätige, so wie die Synagoge das an sich tote Gesetz in religiöses Leben verwandelt. Aus dem Verständnis Mizzis als Synagoge erklärt es sich, daß sie beim Einblick in den Klammschen Brief die Hände faltet: „kaum hatte sie in den Brief geblickt, faltete sie leicht die Hände" (105). Diese bedeutsame Geste entspricht der Aufgabe der Synagoge, vor allem ein Ort des Gebetes zu sein[11].

3. Der Lehrer

In den Bereich des Gemeindevorstehers gehört die Schule. Für das Verständnis der „Schule" halten wir uns vor Augen, daß die Judenschulen, die Synagogen, unter anderem die wichtige Aufgabe hatten, das Gesetz zu lehren. In der Schule des Romans wird K. angehalten, das Gesetz zu praktizieren. K. hatte sich für diesen Weg im Grunde schon entschieden, als er das „Dorfarbeitersein" dem „scheinbaren Dorfarbeitersein" – in der Verbindung mit Barnabas – vorgezogen hatte. In der Schule unter dem Lehrer, der „Hilfskraft" (90) des Gemeindevorstehers, realisiert sich diese Entscheidung. „Ich komme im Auftrag des Herrn Gemeindevorstehers" (132), so führt sich der Lehrer ein. In dessen Auftrag bietet der Lehrer K. „vorläufig die Stelle eines Schuldieners an" (134). Als Schuldiener unter der Fuchtel des Lehrers und der Lehrerin Gisa erfährt K., was es heißt, unter dem Gesetz zu leben. Das, was K. in Klamms Brief als Richtschnur für seine Tätigkeit im Dorf mitgegeben wurde: „Dienst, Vorgesetzter, Arbeit, Lohnbestimmungen, Rechenschaft" (38), alles das lernt K. hier kennen. Der Lehrer hält ihm seine „Dienstpflichten" (140) vor, weist ihm seine Arbeiten an, erörtert mit K.s Braut die Gehaltsfrage, um sie von vornherein negativ zu entscheiden. Auch ein Protokoll setzt der Lehrer auf, fünfmal ist von diesem Protokoll die Rede (133–135). Es bildet die Unterlage für die „Rechenschaft", die K. nach Klamms Brief dem Vorsteher schuldig war.

Noch ein Letztes aus K.'s Reflexionen über Klamms Brief realisiert sich in der Schule: das Bestimmtsein der persönlichen Sphäre von dem „Arbeitersein": „selbst, wenn anderes, Persönlicheres gesagt war, war es von jenem Gesichtspunkt [dem Arbeitersein] aus gesagt" (38). Was das bedeutet, erleben K. und Frieda, wenn die Turngeräte in K.'s Schlafzimmer stehen, wenn kein eigener Bereich für K. und Frieda übrigbleibt, kein Schlafzimmer, keine Küche, und wenn der Lehrer sogleich in K.'s persönlichste Angelegenheiten eindringt, indem er K. auffordert, seine „Beziehungen zu Fräulein Frieda möglichst bald [zu] legitimieren" (140f.), das heißt, nach dem Gesetz [lex] zu gestalten. Unter der Gewalt des Lehrers, dieses „rechthaberischen kleinen Mannes" erlebt. K. den „furchtbaren Ernst" (38) des Arbeiterseins. Als K. die mörderische Kälte des Schulraums bannen will und das wärmende Holz durch seine Gehilfen aus dem Schuppen stehlen läßt, droht ihm das Strafgericht des Lehrers: „Wo ist der Kerl, daß ich ihn zermalme"! (193) Dieses „Zanken gehöre ... zu des Lehrers Natur" (211), sagt K. von diesem Mann des Gesetzes, den er „beim Fleischhauer" (17) wohnen läßt.

4. Gisa

Die verletzende Seite des Gesetzes lernt K. sehr real unter Gisa, der Lehrerin, kennen. Diese Gisa ist ein „schönes, nur ein wenig steifes Mädchen" (189). Sie hält sehr auf „Anstand" (503). Beim Anblick der K.schen Wirtschaft entfährt ihr ein entrüstetes: „Pfui"! (189). Es drückt den „Widerwillen anständiger Zuschauer" gegen K.s „schmutzige Familienwirtschaft" aus (197). Das Gehabe dieses Mädchens weist die Frustration auf, zu der das äußerliche Halten des Gesetzes notwendigerweise führt. Aus der Frustration erwächst ihre Aggression gegen K., den Gesetzlosen. Mit ihrem Untier von Katze verwundet sie K.s Hand.

5. Die Gehilfen

Mitten in die Besprechung K.s mit dem Vorsteher stürmen die Gehilfen ins Zimmer. Der Vorsteher sieht in ihnen „Alte Bekannte" (91). K. findet das Lächeln aller drei „ununterscheidbar gleich" (91). Der Vorsteher genehmigt K.s Vorschlag, die Gehilfen am Suchen des Akts „Landvermesser" (91) zu beteiligen. Dem Gespräch des Vorstehers über die Gehilfen, in dem dieser sagt: „Die Gehilfen" ... „sie sind Ihnen also lästig, aber es sind doch Ihre eignen Gehilfen", diesem Satz ist eine zu beachtende Bemerkung eingeflochten: „ ‚Die Gehilfen', sagte der Vorsteher mit einem selbstzufriedenen Lächeln, so als gehe alles auf seine Anordnungen zurück, aber niemand sei imstande, das auch nur zu vermuten, ..., [sind Ihnen] zugeteilt worden" (92).

Demnach geht das Handeln der Gehilfen, das Suchen nach K.s Akt, auf die Anordnungen des Vorstehers zurück. Halten wir uns nun vor Augen, daß die von „Galater" abgesandten Gehilfen die Aufgabe hatten, K. sein „Fleisch", seine Todesnatur, zum Bewußtsein zu bringen, so haben wir jetzt hinzuzufügen, daß die Gehilfen ihre Arbeit im Auftrag des Gemeindevorstehers verrichten, übertragen ausgedrückt mit den Worten des Römer- und Galaterbriefs: „ ... die Sünde erkannte ich nicht, außer durchs Gesetz" (Römer 7;7)." Also ist das Gesetz unser Zuchtmeister gewesen auf Christum" (Galater 3, 24). Wir verstehen von diesen Römer- und Galaterbriefzitaten aus, daß es in dem Handeln des Gemeindevorstehers und seiner Helfer letztlich darum geht, K. durch alles Bedrängen und Verletzen reif zu machen zu einem Ausschauen nach Hilfe. So werden wir in dem Schulmeister des Romans den Paidagogos des Galaterbriefs wiedererkennen, den Luther mit „Zuchtmeister" übersetzt hat. Bei unserer späteren Betrachtung von K.'s Weg werden wir die Tragweite von K.'s Begegnung mit dem Gemeindevorsteher und seiner Helfer ermessen.

Die hier vorgebrachte Interpretation des Gemeindevorstehers wird bestätigt, wenn wir uns in Kafkas Leben umsehen. Wir finden in Kafkas Tagebüchern explizit genannte Auseinandersetzungen des Juden Franz Kafka mit dem mosaischen Gesetz. Unmittelbar vor der Schloß-Niederschrift finden sich Eintragungen, die seine existentielle Not, die Not des „Geschlechts", unter dem Blickpunkt des „Gesetzes" betrachten. Viermal wird das „Gesetz" hier genannt (T 554 f vom 18. und 19. 1. 1922). Die hier abgelegte Beichte endet mit dem Verzweiflungsschrei:

... nur daß das Blut in den Rinnen zwischen den großen Steinen des Gesetzes versickert (T 555).

Zum Abschluß sei hier noch auf Felix Weltsch *Gnade und Freiheit* und Max Brod *Heidentum, Christentum, Judentum* verwiesen. Wie wir schon sahen, stand Kafka in Auseinandersetzung mit diesen Schriften seiner beiden engsten Freunde. Kafka fand bei Weltsch Ausführungen über den Widerstreit zwischen „Trieb und sittlicher Entscheidung", die dem Erleben seines Kampfes zwischen „Trieb und Gesetz" entsprachen: „Der Trieb, der aus der Natur erwächst, will etwas anderes, als der Wille, der in unserer freien sittlichen Entscheidung lebt. In ganz anderer Richtung treibt uns die natürliche Lust, als der geistige Wille, der im Hinblick auf das Absolute, sub specie aeternitatis, gleichsam im Angesichte Gottes wählt."[12] Weltsch führt dann Römer 7 an: „Denn wir wissen, daß das Gesetz geistlich ist; ich bin aber fleischlich, unter die Sünde verkauft. Denn ich weiß nicht, was ich tue. Denn ich tue nicht, was ich will; sondern was ich hasse, das tue ich ... Denn ich weiß, daß in mir, das ist in meinem Fleische, wohnt nichts Gutes. Wollen habe ich wohl, aber Vollbringen das Gute finde ich nicht ... Ich habe Lust an Gottes Gesetz nach dem inwendigen Menschen. Ich sehe aber ein ander Gesetz in meinen Gliedern, das da widerstreitet dem Gesetz in meinem Gemüte und nimmt mich gefangen in der Sünde Gesetz, welches ist in meinen Gliedern." (Römer 7; 14, 15, 18, 22, 23)[13]

Lesen wir diesen von Weltsch angeführten Paulustext, so wird uns deutlich, daß die *Schloß*-Gestalten dieser Welt entnommen sind. In dieser Paulus-Darstellung könnte Kafka die Urform seiner Gehilfen gefunden haben, die dem Gemeindevorsteher, dem Gesetz, unterstellt sind. Weltschs Darstellung des Kampfes zwischen „Trieb" und „sittlicher Entscheidung" gipfelt im Anführen des Pauluswortes: „Ich elender Mensch"! wer wird mich erlösen von dem Leibe dieses Todes?" (Römer 7, 24) Bei Kafka finden wir dieses „Ich elender Mensch" zur Felice-Zeit in seinem Tagebuch (T 312). Das Tagebuchwort: „nur daß das Blut in den Rinnen zwischen den großen Steinen des Gesetzes versickert", dieses Wort nimmt den Schmerzensschrei des Römerbriefs noch einmal auf. Im Roman wird daraus die blutige Verletzung von K.s Hand, bei deren Anblick Frieda aufschreit.

Bei Brod fand Kafka eine ausführliche Darstellung der lutherischen Gesetzes- und Gnadenlehre, an welche die Gemeindevorsteherzeichnung erinnert. Brod führt aus Luthers „Freiheit eines Christenmenschen" an: „Die Gebote lehren und schreiben uns vor mancherlei gute Werke, aber damit sind sie noch nicht geschehen. Sie weisen wohl, sie helfen aber nicht, lehren, was man tun soll, geben aber keine Stärke dazu. Darum sind sie nur dazu geordnet, daß der Mensch darinnen sehe sein Unvermögen zu dem Guten und lerne an sich selbst verzweifeln. Und darum heißen sie auch das Alte Testament und gehören alle ins Alte Testament. Wie das Gebot: Du sollst nicht böse Begierde haben, beweiset, daß wir allesamt Sünder sind und kein Mensch vermag zu sein ohne böse Begierde, woraus er lernet an sich selbst verzagen und anderswo zu suchen Hilfe, daß er ohne böse Begierde sei und also das Gebot erfülle durch einen anderen, was er aus sich selbst nicht vermag – also sind auch alle anderen Gebote uns unmöglich"[14] [15].

Diese Einsichtnahme in Kafkas Lektüre zur Frage nach dem Gesetz bestätigt unsere Interpretation des Gemeindevorstehers. Das Gesetz, der Mittelpunkt des jüdischen Glaubens, verletzt, um zu heilen. Diesen aufdämmernden Trost einer existentiell gelebten Theologie gestaltet das Kapitel des Gemeindevorstehers.

VI. Frieda

Nach der Begegnung mit dem „Mädchen aus dem Schloß" ist Frieda die erste Frau des Romans, die den Landvermesser K. hoffen läßt, durch ihre Hilfe Verbindung mit dem Schloß zu bekommen. Diese Hoffnung zerschlägt sich. Die ganze Darstellung der Frieda-Episode ist das Bemühen, die Gründe des Scheiterns einer großen Hoffnung klarzulegen.

K.s Erwartungen gründeten sich auf der Beobachtung von Friedas Blick. Die Hinweise der Dichtung auf diesen Blick sind von solchem Nachdruck, daß wir in ihnen einen Schlüssel der Frieda-Gestalt sehen müssen.

Gleich zu Beginn der Bekanntschaft K.-Frieda heißt es von Frieda in betonter Häufung: „Ein unscheinbares, kleines, blondes Mädchen mit traurigen Augen und mageren Wangen, das aber durch ihren Blick überraschte, einen Blick von besondrer Überlegenheit. Als dieser Blick auf K. fiel, schien es ihm, daß dieser Blick schon K. betreffende Dinge erledigt hatte, von deren Vorhandensein er selbst noch gar nicht wußte, von deren Vorhandensein aber der Blick ihn überzeugte" (54 f.). Um welche „Dinge" es sich dabei handelt, erfahren wir aus Friedas Mund: „Was Sie betrifft, so weiß ich doch alles, Sie sind der Landvermesser" (58). Etwas von ihrer alten Überlegenheit bewahrt Frieda auch nach ihrem Sturz. Ein Bauer will sie nicht fortlassen, „ehe sie über . . . [einen] Stock springe; aber ihr Blick genügte, um ihn zu vertreiben" (65). Dieser Blick unterscheidet Frieda von einer Pepi. Mag K. auch Pepi einmal gierig ansehen, der Gedanke an „Friedas Blick" (148) bewahrt ihn davor, sie anzurühren. In seinem letzten Gespräch mit Frieda erinnert K. noch einmal an den entscheidenden ersten Blick: „ . . . ich bin ja im Grunde immerfort beschenkt worden, seit du deine Augen zum erstenmal mir zuwandtest" (366). Dieser Blick Friedas scheint für K. der Beweis zu sein, daß sie Klamms Geliebte ist, neben dem auch die Mängel ihres Aussehens nicht ins Gewicht fallen. K. zu Pepi:

Hast du einmal ihren Blick beachtet? Das war schon gar nicht mehr der Blick eines Ausschankmädchens, das war schon fast der Blick einer Wirtin. Alles sah sie und dabei auch jeden einzelnen, und der Blick, der für den einzelnen übrigblieb, war noch stark genug, um ihn zu unterwerfen. Was lag daran, daß sie vielleicht ein wenig mager, ein wenig ältlich war, daß man sich reineres Haar vorstellen konnte, das sind Kleinigkeiten, verglichen mit dem, was sie wirklich hatte, und derjenige, welchen diese Mängel gestört hatten, hätte damit nur gezeigt, daß ihm der Sinn für Größeres fehlte. Klamm kann man dies gewiß nicht vorwerfen ... (446).

So hängen die hohen Erwartungen K.s in Bezug auf Frieda wesentlich an der Beobachtung von Friedas Blick. Er erwartet nämlich, durch Frieda Beziehungen zu Klamm zu bekommen:

Die Nähe Klamms hatte sie so unsinnig verlockend gemacht, in dieser Verlockung hatte sie K. an sich gerissen (200).

Tatsächlich ist Frieda imstande, K. einen kurzen Einblick in die Welt Klamms zu vermitteln, durch ein Guckloch in der Tür läßt sie ihn, „Herrn Klamm", sehen.

Trotz der anscheinend begründeten Hoffnung, durch Frieda einen Zugang zur göttlichen Welt, die Klamm verkörpert, zu finden, gehen die Wege von K. und Frieda auseinander.

Versuchen wir die Gründe dieses Scheiterns zu erfassen! Friedas Welt ist eine dumpfe, unfreie Welt. Frieda selbst schildert ihr Leben als ein uneigentliches, unlebendiges Dasein: „Es beleidigte mich … einer der Gäste im Ausschank, … was bedeutete mir das? Es war mir, als sei es vor vielen Jahren geschehen oder als sei es gar nicht mir geschehen oder als hätte ich es nur erzählen hören oder als hätte ich selbst es schon vergessen" (80). Auch K.s erste Annäherung an Frieda geschieht in einem für ihn „günstigen Schlummer" (57 f.). Ebenso trägt Friedas Verhältnis zu Klamm die Züge des Unbewußten. Ihr Gehorsam ist ein „förmlich eingeborener Gehorsam" (63). Einen Augenblick scheint es, als sei sie durch den Eintritt K.s in ihr Leben verwandelt worden: „Etwas Fröhliches, Freies war in ihrem Wesen, was K. früher gar nicht bemerkt hatte …" (62), aber dann verfällt Frieda mit K. der dumpfen Welt eines rauschhaften Schlafes. Die Liebesszene unter dem Pult trägt die Züge des Rausches: „ohnmächtig vor Liebe", „Besinnungslosigkeit", ein dumpfes Schlagen „an Klamms Tür", „Verlockungen", „Verirren", „Aufdämmern", diese Worte kennzeichnen die psychische Verfassung des Paares, das sich in Bierpfützen wälzt (62 f.), eine Verfassung, die Pepi „Rausch einer neuen Liebe" (429) nennt.

Als Rauscherlebnis trägt die Begegnung von K. und Frieda unter dem Pult den Todeskeim in sich, zerstört es die Hoffnung K.s, mit Friedas Hilfe den Weg zum Schloß, zum wahren Leben, zu finden. Als Rauscherlebnis wird es zum Sündenfall. Auf diese Deutung verweist uns eine überraschende Übereinstimmung des Vokabulars dieser Szene mit dem von „Klamms Schlitten", eine Übereinstimmung, die gleichzeitig deutliche Bezüge zur Sündenfallgeschichte von Genesis 2 und 3 aufweist.

Ein Vergleich des Vokabulars dieser drei Szenen mag das verdeutlichen:

Pultszene	Klamms Schlitten-Szene	Genesis
(61–65)	(150–157)	(1. Mose 2 u. 3)
Vorschrift (2 x), verboten	verbotener Ort	Gott … gebot … sollst du nicht essen
glitt unter den Tisch	huschte hinein	(vgl. die Schlange)
süßer Liebling (vgl. süß waren Friedas Worte (77)	der Geruch war so süß Träger süßen Duftes	die Frucht war lieblich anzusehen
Bierpfützen, deren Geruch betäubend war	wie betäubt von der Wärme	(vergl.: da wurden ihrer beider Augen aufgetan …)
sie umfaßten einander	er kostete aus Neugier	sie nahm von der Frucht und aß und gab ihrem Mann auch davon und er aß

Pultszene	*Klamms Schlitten-Szene*	*Genesis*
der kleine Körper brannte in K.s Händen	der Kognak brannte und wärmte	(vgl. die Scham Adams und Evas)
die Stimme aus Klamms Zimmer	(vgl. Momus: „Das ist ja entsetzlich" ... „Wie kommen Sie denn hierher?")	Sie hörten die Stimme Gottes ... Adam ... wo bist du?
verstecken versteckt (3 x)	verstecken	Adam versteckte sich
die Ausrede war nicht unglaubwürdig	(Wenn er gefragt würde, allerdings nur dann, wollte er nicht verschweigen)	darum versteckte ich mich
die befehlend-gleichgültige Stimme aus Klamms Zimmer	Der Befehl lag in einem Schwenken der Hand Befehl befehlend Gegenbefehl verfehlen (3 x)	da wies ihn Gott aus dem Garten Eden

Der Vergleich der drei Szenen, zu dem das Vokabular auffordert, zeigt die Angelpunkte des Frieda-Erlebnisses auf: 1. Das Liebeserlebnis als Rauscherlebnis ist die Übertretung eines Gebotes („verboten". „Vorschrift", „gebot"). 2. Das Liebeserlebnis als Rauscherlebnis stößt an die Grenze eines widerstehenden Willens („Stimme", „wie kommen Sie denn hierher?"). 3. Der im Rausch schuldig gewordene „versteckt" sich. 4. Der Schuldige wird durch einen „Befehl" ausgewiesen. Dabei sind der Anfang („Verbot", „Vorschrift"), der Höhepunkt („verstecken") und der Schluß durch auffallende Kumulationen hervorgehoben. Der Schluß in der Schlitten-Szene ist durch das Wortspiel von „Befehl", „Gegenbefehl" und „verfehlen" zu einem eindrücklichen Finale gestaltet.

Durch die Zusammenstellung von Pultszene, Schlittenszene und Sündenfallgeschichte wird deutlich, daß das Liebeserlebnis unter dem Pult als Sündenfall zu verstehen ist. Das Bewußtwerden nach dem Liebeserlebnis („Wo waren seine Hoffnungen?" ... „Was hast du getan?" ... „Wir beide sind verloren" (64).) ist wie das Erwachen der ersten Menschen nach dem Sündenfall: „Da wurden ihrer beider Augen aufgetan" (Genesis 3, 7). Wenn wir das „verloren" in dem Vollklang hören, mit welchem es Kafka in dem Gebet seiner Tagebücher gebraucht: „Schiebe mich nicht zu den Verlorenen" (T 508), und wenn wir in dem Satz: „Frieda ... kam mit einem kleinen Wäschebündel zurück ..." eine Anspielung auf Genesis 3, 21 sehen dürfen: „Und Gott der Herr machte Adam und seinem Weibe Röcke von Fellen und kleidete sie", das der Dichter in seinem Tagebuch (T 502) anführt, so ist der Auszug von K. und Frieda wie ein Auszug aus dem Paradies. „ ‚Nun können wir gehen' ", sagte Frieda, „K. mit Frieda, hinter ihnen die Gehilfen, das war der Zug" (65).

Die drei verglichenen Szenen enthalten noch eine Komponente, der wir unsere besondere Aufmerksamkeit schenken müssen. Es ist die Beziehung zwischen Rausch und

Tod. Die Szenerie von Klamms Schlitten weist darauf hin. Während das übliche Gefährt der Beamten der Wagen ist, ist das Vehikel Klamms mit seinem Kognak der Schlitten in einer Umgebung von Schnee und Frost. Von anderer Seite weist die Gegenwart der Gehilfen auf den Todesuntergrund des Liebeserlebnisses hin. Es ist bezeichnend, daß beim Erwachen aus ihrem Liebesrausch Frieda auf die Gehilfen zeigt, welche die ganze Nacht neben dem Paar saßen: „Sieh aber, wie die zwei lachen" (64). Die beiden „Totschläger" waren also ihre unerkannten Begleiter.

Den Untergrund des Todes in der Lust sah der Dichter in der Sündenfallgeschichte aufgedeckt. Eine Tagebuchnotiz sagt lakonisch: „Die zwei Bäume, das unbegründete Verbot" (T 502). Lesen wir Genesis 2, was von diesen zwei Bäumen gesagt ist: „Und Gott der Herr ließ aufwachsen aus der Erde allerlei Bäume, lustig anzusehen und gut zu essen, und den Baum ds Lebens mitten im Garten und den Baum der Erkenntnis des Guten und Bösen … Und Gott der Herr gebot dem Menschen und sprach: Du sollst essen und den Baum des Lebens mitten im Garten und den Baum der Erkenntnis des und Bösen sollst du nicht essen; denn welches Tages du davon issest, wirst du des Todes sterben" (2, 9, 16–17). Nehmen wir dazu noch den Schluß der Sündenfallgeschichte: „Dieweil du hast gehorcht der Stimme deines Weibes und gegessen von dem Baum, davon ich dir gebot und sprach: Du sollst nicht davon essen … im Schweiße deines Angesichts sollst du dein Brot essen, bis daß du wieder zu Erde werdest, davon du genommen bist. Denn du bist Erde und sollst zu Erde werden" (Genesis 3, 17, 19), und halten wir diese Genesisstellen zu der Darstellung des rauschhaften Liebeserlebnisses zwischen K. und Frieda, so wird deutlich, daß der Dichter die biblischen Hinweise auf den Tod als Strafe der Grenzüberschreitung in der K.-Frieda-Begegnung verarbeitet hat.

Erkennen wir hier so den Tod als entscheidende Komponente der Sündenfallgeschichte, so schließt sich die Beziehung der drei Szenen, zu der uns das Vokabular hinführte, von innen her auf: In dem Frieda-Erlebnis erfaßt den Wanderer K. die Todesmacht.

In die hier aufgezeigten Zusammenhänge gehört ein Gedicht Kafkas:

> Ach was wird uns hier bereitet!
> Bett und Lager unter Bäumen,
> grünes Dunkel, trocknes Laub,
> wenig Sonne, feuchter Duft.
> Ach was wird uns hier bereitet!
>
> Wohin treibt uns das Verlangen?
> Dies erwirken? dies verlieren?
> Sinnlos trinken wir die Asche
> und ersticken unsern Vater.
> Wohin treibt uns das Verlangen?
>
> Wohin treibt uns das Verlangen?
> Aus dem Hause treibt es fort.

Es lockte die Flöte, es lockte der frische Bach.

Was geduldig dir erschien,
rauschte durch des Baumes Wipfel
und der Herr des Gartens sprach.

Suche ich in seinen Runen
Wechsels Schauspiel zu erforschen,
Wort und Schwäre ... (H 129)

Vergegenwärtigen wir uns den Inhalt des Gedichtes durch eine vom Vokabular gestützte Raffung: Der Garten („Bäume", „Laub", „Bach"). Eine Liebesszene („Bett und Lager", „Verlangen", „es lockte die Flöte"). Betäubung („sinnlos"). Stimme („der Herr des Gartens sprach"). Tod („Asche"). Verdecken der Schuld („wir ... ersticken unseren Vater"). Austreibung („Aus dem Hause treibt es fort"). In dem so verstandenen Gedicht ist der dargestellte Zusammenhang unserer drei Szenen deutlich greifbar.

Die Interpretation des Frieda-Erlebnisses als Todeserlebnis wird noch bestätigt durch einen Entwurf, der sich in der Nähe von Skizzen findet, die sichtlich Vorformen der Friedaszenen sind (so H 252 „Ich liebte ein Mädchen"):

Ich war bei den Toten zu Gast. Es war eine große reinliche Gruft, einige Särge standen schon dort, es war aber noch viel Platz, zwei Särge waren offen, es sah in ihnen aus wie in zerwühlten Betten, die eben verlassen worden sind. Ein Schreibtisch stand ein wenig abseits, so daß ich ihn nicht gleich bemerkte, ein Mann mit mächtigem Körper saß hinter ihm. In der rechten Hand hielt er eine Feder, es war, als habe er geschrieben und gerade jetzt aufgehört, ... (H 259).

Die „zwei Särge", in denen es aussah „wie in zerwühlten Betten", die „eben verlassen worden sind", weisen deutlich auf die Beziehung von Rauscherleben und Tod hin. Den „Mann mit mächtigem Körper" werden wir in den nachfolgenden Ausführungen als Klamm-Momus wiedererkennen.

Von dem Erleben der Todesmacht im Rausch der Liebe bleibt Frieda auf ihrem weiteren Weg geprägt: „Schläfrigkeit" (182), „Müdigkeit" (201), das Leben in Träumen („ich träume" (203)), „Träumereien" (366), „deine Nähe ist ... der einzige Traum, den ich träume" (368) charakterisieren ihre Welt. Einmal kommt ihr der Gedanke, der Welt des Todesschreckens zu entgehen durch ein Auswandern „nach Südfrankreich, nach Spanien" (201), die geahnte Todesrealität durch ein Scheinleben in der Welt des Don Quichotte zu überspielen, doch endet ihre Betrachtung in der Erkenntnis, daß für sie nur das erträumte „Glück" des G r a b e s verbleibt: K.s Hinweis auf Friedas Verbindung mit den Gehilfen beantwortet sie:

... das ist es ja, was mich unglücklich macht, was mich von dir abhält, während ich doch kein größeres Glück für mich weiß, als bei dir zu sein, immerfort, ohne Unterbrechung, ohne Ende, während ich doch davon träume, daß hier auf der Erde kein ruhiger Platz für unsere Liebe ist, nicht im Dorf und nicht anderswo, und ich mir deshalb ein Grab vorstelle, tief und eng; dort halten wir uns umarmt wie mit Zangen, ich verberge mein Gesicht an dir, du deines an mir, und niemand wird uns jemals mehr sehen (203).

Friedas weiterer Weg ist von unerbittlicher Konsequenz: da sie sich nicht für einen Weg des Lebens – wie K. ihn sucht – entschließt, verfällt sie immer mehr der Starre des Todes. Bei K.s Abschied in der Schule grüßt sie ihn mit „großen Augen und einem starren Lächeln" (236). Auch bei dem letzten Wiedersehen im Herrenhof ist Frieda durch diese Starre gekennzeichnet: „sie tat, als erkenne sie ihn nicht, blickte nur starr auf ihn" (355). K.s Versuch, wieder von ihr Besitz zu ergreifen, löst kaum ihre starre Haltung. Es ist wie eine Begegnung im Totenreich:

Es war, als habe sie sein Aussehen vergessen und wollte es sich so wieder ins Bewußtsein zurückrufen ... ihre Augen hatten den verschleierten Ausdruck des mühsam Sich-Erinnerns (355 f.).

Frieda und ihr Beamter Klamm-Momus

Im Mittelpunkt der K.-Frieda-Begegnung steht die Gestalt des Beamten Klamm. Wir werden im Laufe unserer Betrachtungen sehen, daß sich Klamms Natur in Frieda spiegelt, oder wir können auch sagen, daß Klamm eine Projektion des Frieda-Erlebnisses ist.

Als erstes stellen wir fest: Es ist für das Verständnis Klamms von Bedeutung, daß K. sich ihm durch eine Frau, Frieda, zu nähern versucht. Denn Klamm ist ... „wie ein Kommandant über den Frauen" im Gegensatz zu Sortini, „dessen Beziehungen zu Frauen zumindest unbekannt sind" (286).

Zweitens: Friedas dumpfes, unbewußtes Leben, das seinen Höhepunkt im Rausch hat, ist das Leben einer Jüngerin Klamms, trägt die Züge dieses ihres Gottes. Klamms Attribute sind dem Reich der Narkotika entnommen: in seiner rechten Hand hält er eine Virginia. Auf seinem Tisch steht ein Bierglas (56). Wir können feststellen: Klamm ist ein Gott des Rausches. So wird es verständlich, daß Frieda sagen kann:

Wohl aber, glaube ich, ist es sein Werk, daß wir uns dort unter dem Pult [in den Bierpfützen] zusammengefunden haben; gesegnet, nicht verflucht sei die Stunde (77).

Drittens: Es ist die Konsequenz seines Wesens als Gott des Rausches, daß Klamm kein redender Gott ist. Klamm wirkt nicht durch das Wort, sondern durch Zauber. K. sagt in seinem letzten Gespräch mit Frieda:

Komme zu dir, fasse dich; wenn du auch dachtest, daß die Gehilfen von Klamm geschickt sind ... und wenn sie dich auch mit Hilfe dieser Täuschung so b e z a u b e r n konnten, daß du selbst in ihrem Schmutz und ihrer Unzucht Spuren von Klamm zu finden meintest ... (367).

Mit Frieda hält die Wirtin es für „bare Unmöglichkeiten" (72), daß Klamm mit K. reden könnte. So ist auch Klamms Griff nach Frieda in der Pultszene, in der er mit „tiefer, befehlend – gleichgültiger Stimme" (63) nach Frieda ruft, mehr ein Beschlagnehmen als ein eigentliches Sprechen, ein Beschlagnehmen, auf das Frieda wie ein willenloses Medium „in einem förmlich eingeborenen Gehorsam" (63) reagiert.

Als Letztes sehen wir: Klamm verdeckt durch den Rausch sein wahres Wesen: den Tod. Denken wir an alles das, was wir über den Tod als Untergrund des Liebeserlebnisses in der Dichtung ausgesagt fanden, halten wir dazu, daß dieses rauschhafte Liebeserleben Klamms Werk ist, haben wir diese Zusammenhänge im Auge, so wird Klamm als Todesgottheit deutlich erkennbar. Frieda spürt diese Todesnatur Klamms als den Untergrund alles Seins: „Von Klamm ist ja hier eine Überfülle, zu viel Klamm; um ihm zu entgehen, will ich fort" (201), und doch weiß sie, daß sie ihm nicht entgehen kann: „ich ... träume (davon), daß hier auf der Erde kein ruhiger Platz für unsere Liebe ist ... und ich mir deshalb ein Grab vorstelle tief und eng: dort halten wir uns umarmt wie mit Zangen ..." (203). Vom Tod als Urgrund des Wesens Klamms wird auch sein Kleid in seiner Symbolsprache verständlich: „er trägt immer das gleiche Kleid, ein schwarzes Jackettkleid mit langen Schößen" (257). Fassen wir die Züge Klamms zusammen: ein Kommandant über den Frauen, ein Gott des Rausches, der durch Zauber wirkt und der durch das Rauscherlebnis den Tod verdeckt, so erkennen wir eine Gottheit der griechischen Mythologie: Dionysos.

Für die uns hier interessierende Frage nach der Gestaltung des Dionysischen in Klamm stoßen wir auf zwei Quellen, die Kafka beeinflußt haben dürften. Außer Nietzsches „Geburt der Tragödie", deren Beziehung zur *Schloß*-Dichtung wir bei der Besprechung der Gehilfen aufzeigten, weist uns die Gestalt des Klamm im Frieda-Kapitel noch auf ein anderes Werk hin. Es scheint mir Bachofens: „Mutterrecht und Urreligion" zu sein[1].

Kafkas Vertrautsein mit Bachofen läßt sich nur indirekt erschließen. Bachofen als Quelle für Kafkas Kenntnis des Griechischen im besonderen des Dionysischen, ist sinngemäß dort besonders deutlich greifbar, wo von der Beziehung Klamms zu den Frauen die Rede ist. Olgas Aussage über Klamm erinnert nach Inhalt und Form an Bachofen. Olga: „Klamm ist doch wie ein Kommandant über den Frauen, befiehlt bald dieser, bald jener, zu ihm zu kommen, duldet keine lange, und so, wie er zu kommen befiehlt, befiehlt er auch zu gehen" (286). Bachofen: „Dionysos ist im vollsten Sinne des Worts der Frauen Gott, die Quelle aller ihrer sinnlichen und übersinnlichen Hoffnungen, der Mittelpunkt ihres ganzen Daseins, daher von ihnen zuerst in seiner Herrlichkeit erkannt, ihnen geoffenbart, von ihnen verbreitet, durch sie zum Siege geführt"[2]. Wie im Mythos religio im Dienst des Dionysos ein Spielenlassen der weiblichen Reize ist („Nur in der schönsten Gestalt vermag sie [die Frau] dem weichlich üppigen Gotte, dem sie in den Mysterien angetraut worden, und mit welchem sie im Tode zur Vereinigung gelangt, zu gefallen"[3]), so bietet auch im Roman die Frauenschönheit die Angriffsfläche für das Wirken Klamms und seiner Gehilfen: Frieda sagt: „Würde mir doch lieber die hübsche Larve abgerissen, würde doch lieber mein Körper elend, daß ich in Frieden bei dir leben könnte" (201).

Dionysos, der Gott des Rausches, wirkt durch Zauber. Darauf weisen Bachofen und Nietzsche hin. Bachofen: „Die z a u b e r h a f t e Gewalt, mit welcher der phallische Herr des üppigen Naturlebens die Welt der Frauen auf neue Bahnen fortriß, offenbart sich in Erscheinungen, welche nicht nur die Grenzen unserer Erfahrung, sondern selbst die unserer Einbildungskraft hinter sich zurücklassen"[4]. Nietzsche: „Unter dem Z a u b e r schließt sich ... der Bund zwischen Mensch und Mensch wieder zusammen. Singend und tanzend äußert sich der Mensch als Mitglied einer höheren Gemeinsamkeit: er hat das Gehen und Sprechen verlernt und ist auf dem Wege, tanzend in die Lüfte emporzufliegen. Aus seinen Gebärden spricht die V e r z a u b e r u n g"[5].

Wenn der dionysische Zauber zerbricht, enthüllt er den Tod als Urgrund alles Seins. Deshalb lautet die Weisheit des Silen, des Begleiters des Dionysos: „Elendes Eintagsgeschlecht, des Zufalls Kinder und der Mühsal, was zwingst du mich, dir zu sagen, was nicht zu hören für dich das Ersprießlichste ist? Das Allerbeste ist für dich gänzlich unerreichbar: nicht geboren zu sein, nicht zu sein, nichts zu sein. Das Zweitbeste aber ist für dich – bald zu sterben"[6]. Der Grieche wußte: „Hades und Dionysos ... sind einer und derselbe" (Heraklit)[7].

Wir stellen fest: Das Frieda-Erlebnis als Todeserlebnis wird in der Dichtung nicht nur vom Alten Testament her gesehen, sondern auch vom Mythos des Dionysos. Wenn Frieda sagt: „Von Klamm ist hier ja eine Überfülle, zu viel Klamm; um ihm zu entgehen, will ich fort" ..., so erkennen wir hier in der Klamm-Gestalt Dionysos-Hades als Urgrund des Seins, während – wie wir sahen – in biblischer Sicht der Tod die Folge einer menschlichen Entscheidung gegen das göttliche Verbot ist.

Diesen Wechsel der Todessicht zwischen Mythos und Bibel gestaltet der Dichter in einem Wechsel von Klamm zu Momus:

[Olga sagt:] ein so oft ersehnter und so selten erreichter Mann, wie es Klamm ist, nimmt in der Vorstellung der Menschen leicht verschiedene Gestalten an. Klamm hat zum Beispiel hier einen Dorfsekretär namens Momus ... Ein junger, starker Herr ... Und sieht also wahrscheinlich Klamm gar nicht ähnlich. Und doch kannst du im Dorf Leute finden, die beschwören würden, daß Momus Klamm ist und kein anderer (265).

In dieser Eröffnung Olgas an K. ist die „Proteusnatur des Beamten Klamm"[8] erfaßt, die einer rationalen Interpretation entgegensteht. Während Klamms „verschlafene, träumerische Art" (265) ihn in der Pultszene wie Dionysos erscheinen läßt, ist in der Szene von Klamms Schlitten Momus-Klamm als kritischer, scharfsichtiger „Herr" der Genesis dargestellt. Wenden wir diesem Momus als einer Erscheinungsform Klamms jetzt unsere Aufmerksamkeit zu.

Momus trägt den latinisierten Namen des griechischen Gottes Momos. Momos war der Gott des Tadels und des Gerichts (Nemesis). Momus verfolgt K.s Weg mit scharfem Blick. Das unerbittlich helle elektrische Licht brennt bei seinem Erscheinen (153), um mit seinem Weggang zu verlöschen (157). Auch bei K.s Warten auf Erlanger erscheint Momus „zwischen zwei lampentragenden Dienern" (351) (vgl. H 337).

„Verhören", „Verhör", diese Vokabeln charakterisieren Momus' Arbeitsgebiet (8 x von 170 bis 172, 352). Das Verhören K.s geschieht in „Klamms Namen" (164). Es dreht sich um die „Nichtigkeiten [seines] Lebens" (169). Das Ergebnis des Verhörs soll in einem Protokoll fixiert werden. Über 20 x fällt das Wort „Protokoll" (165 bis 171). Der

Gegenstand des Protokolls ist K.s Verhalten in Klamms Schlitten. „Es handelt sich … darum, für die Klammsche Dorfregistratur eine genaue Beschreibung des heutigen Nachmittags zu erhalten" (167). Die Wirtin ist überzeugt, daß Momus als Werkzeug Klamms handelt. Was es für Momus bedeutet „Klamms Werkzeug" zu sein (170), erfahren wir durch eine auffällige Handhabung des Vokabulars. Momus wird als „Herr" eingeführt. Etwa 40 x wird er der „Herr" genannt (von 146 bis 162), 4 x wird dieses „Herr" verfremdet durch der „junge Herr". Dann gibt er seinen Namen „Momus" bekannt (162). Von da an heißt er „Herr Momus". Die Wirtin nennt ihn so oder auch „Herr Sekretär" (16 x von 162 bis 170). Behalten wir dieses auffällige Vokabular im Ohr, wenn wir Momus auftreten sehen in der Szene, wo K. auf verbotenen Wegen eine Begegnung mit Klamm erschleichen will, und „der Herr ihn überrascht hatte, daß nicht genug Zeit mehr gewesen war, sich vor ihm zu verstecken" (154), daß K. hier — wenigstens in Gedanken — die Schuld auf jemand anders, den Kutscher, schiebt, halten wir alle diese Momente zusammen, so wird deutlich, daß wir uns in der Nähe der Sündenfallgeschichte befinden, von der schon die Rede war. Kafka führt diese Sündenfallgeschichte in seinem Tagebuch an:

Und sie hörten die Stimme Gottes des Herrn, der im Garten ging, da der Tag kühl geworden war (T 502).

Beachten wir dazu die im Tagebuch bald darauf folgenden Notizen:

Halt dich an das Buch … Nur das Alte Testament sieht — Endloses Wälzen mit geschlossenen Augen, dargeboten irgendeinem offenen Blick (T 504 vom 6. Juli 1916);

fassen wir diesen ganzen Komplex mit der Genesisstelle in seinem Mittelpunkt ins Auge, so wird uns die Gestalt des Momus klar. In all seinem Erspähen und Aufdecken, Verhören und Protokollieren erscheint in diesem „Werkzeug" der „Herr" des Alten Testaments, der Herr, in dessen Gewalt es steht „Schwefel vom Himmel regnen" zu lassen über einen Widersetzlichen (172). Diese Anspielung auf Genesis 19, 24 am Schluß des Momus-Kapitels unterstreicht das biblische Verständnis des Momus, trotz seines griechischen Namens.

Nun zeigt sich dieser Herr in Momus in einer zweifachen Gestalt. Momus sagt von sich:

Die meisten Dorfsekretäre arbeiten nur für einen Herrn, ich aber für zwei, für Klamm und für Vallabene (162 f.).

Diese Auskunft wird von der Wirtin bestätigt und von K. echoartig zurückgegeben. Sahen wir bis jetzt Klamm als eine Gottheit des Gerichts, wie es dem Wesen des Momus, das durch sein juristisches Vokabular gekennzeichnet ist, entspricht, so weist der Name Vallabene in eine andre Richtung. Das „bene" läßt uns aufhorchen: gut, gütig, gnädig liegt darin. Das „Valla" führt uns noch einen Schritt weiter. Im Italienischen[9], zu dem das „bene" gehört, ist „valla" das Tal. „Vallabene" läßt uns denken an den „Garten in Eden"[10], diesen „Wonnegarten"[11], der von einem Strom gewässert wurde (1. Mose 2, 8–10).

97

Vallabene ist also eine Gestalt des Heils, dargestellt unter dem Bild des Gottesgartens. Kafka läßt diesen Vallabene selbst nicht auftreten, im Gegensatz zu Klamm, der dunklen Gottheit. Es bleibt bei einem leisen Hinweisen auf das Heil. Wir werden aber hier diesen Hinweis nicht überhören dürfen.

Von unserer Momus-Betrachtung aus wird die Beziehung von Pult- und Schlittenszene, auf die uns die Form hinwies, von innen her aufgeschlossen. Das Liebeserlebnis unter dem Pult, dort als dionysches Rauscherlebnis dargestellt, wird in der Schlittenszene unter einen biblischen Aspekt gerückt und damit als Todeserlebnis verurteilt, um gleichzeitig aber als Durchgang zu einer neuen Lebensmöglichkeit gesehen zu werden. Diese neue Lebensmöglichkeit würde K. durch eine „Sinnesänderung" (155) ergreifen können, die nicht nur der Kutscher, sondern auch der „junge Herr" [Momus] offenbar von ihm erwarten.

Von der biblischen Sicht her erfährt Klamm eine charakteristische Einstufung, die wir noch zu beachten haben. Klamm, der allgegenwärtige gewaltige Beamte zeigt sich für Frieda mit Zügen, die die Bibel dem Götzen verleiht. Darauf weist das „Klamm schläft" in Friedas Bericht mit aller Deutlichkeit hin. In sechsfacher Häufung findet sich hier dieses „Schlafen" Klamms: er „schläft" (2 x), „geschlafen", „Schlafstellung", „schlafen", „schliefe" (60). Auch Olga weist auf Klamms Schlafen hin: „er scheint zu schlafen" (262).

Dieses „Schlafen" Klamms läßt uns an eine Geschichte des Alten Testament denken. Es ist 1. Könige 18, 17—40, in der der Kampf des Propheten Elia mit den Baalspriestern dargestellt ist[12]. Hier wird Baal von dem Propheten als schlafender Götze verspottet: „Rufet laut, denn er ist ein Gott; er dichtet oder hat zu schaffen oder ist über Feld oder schläft vielleicht, daß er aufwache" (1. Kön. 18, 27), dem gegenüber ist Jahwe ein lebendiger, hörender, erhörender Gott (1. Kön. 18, 37—39). Vergleiche dazu Psalm 121, 3 u. 4: „Siehe, der Hüter Israels schläft noch schlummert nicht"[13]. Blicken wir von diesem schlafenden Gott auf Frieda, seine „Geliebte", so verstehen wir jetzt ihr traumhaftes, unbewußtes Leben. Die Einstufung Klamms als Götzen aus der Sicht der Bibel wird nun in der Dichtung wieder relativiert. Auch der Gott des Mythos — hier Dionysos — hat seinen Platz in der „Hierarchie der Instanzen". Darauf wies uns schon das Wort des Momus hin: „ich arbeite für Klamm und Vallabene". Klamm, auch als Dionysos — Klamm ist eine Erscheinungsform des Einen, Ewigen, Göttlichen, allerdings — mit der Kabbala gesprochen — eine Emanation der „linken Hand". Auf dieses kabbalistische Theologumenon scheint eine wie unabsichtlich eingefügte Angabe der Dichtung hinzuweisen. Bei der ersten Begegnung K.s mit Frieda heißt es: „Sie [Frieda] sagte leise: „Wollen Sie Herrn Klamm sehen?" K. bat darum. Sie zeigte auf eine Tür, gleich l i n k s neben sich. „Hier ist ein kleines Guckloch, hier können Sie durchsehen" (55). Soll in diesem „links" ein mit Hilfe der Kabbala geschmiedeter Schlüssel zu erkennen sein, der das Verständnis Klamms erschließt? Wenn wir meinen, diese Frage bejahen zu können, so muß dieser Schlüssel wirklich aufschließen. Und das scheint mir der Fall zu sein. Halten wir uns das Wesen des Momus als eines Arbeiters für Klamm vor Augen, sein Verhören und Protokollieren, so erkennen wir in dieser Seite des Momus [gleich Nemesis] den richtenden Gott des Alten Testaments, der für den Kabbalisten seine „linke Hand" ist, hinter dem aber in der Kabbala der Gott der Liebe und des Erbarmens als seine „rechte Hand" steht, so wie Momus nicht nur für Klamm, sondern auch für Vallabene arbeitet.

Auf Klamm als Gottheit zur „linken Hand" weist auch sein Name hin. Im Tschechischen bedeutet „klam" (Substantiv, masc.) „Täuschung", „Sinnestäuschung", „Illusion", „Wahn"[14]. Kafka hat dem Dionysos, der in der griechischen Mythologie ein Gott der Maske war[15], offenbar diesen Namen gegeben, um darin die Unerkennbarkeit Gottes darzustellen, die bis zur gefürchteten „Illusion" reicht. Der „verborgene Gott" Israels (s. Jesaia 45, 15), der sich in seinen Gerichten verbirgt, umfaßt nach dieser Darstellung Kafkas auch den Gott des Mythos. Auch Dionysos = Hades gehört zur göttlichen Hierarchie, wenn auch zur „linken Hand".

So verstehen wir nun auch den Wechsel in der Erscheinungsform des Göttlichen in Pult- und Schlittenszene. Bald ist es wie der Zauberer Dionysos, der mit „befehlend-gleichgültiger Stimme" spricht, der aber auch hier durch seine „Stimme" an den Herrn der Genesis erinnert, bald ist es der „Herr" der Genesis, der in der Schlittenszene als „Herr Momus" erscheint, der sich nun hier wieder durch seinen Namen aus der griechischen Mythologie verhüllt. So wird Klamms „Proteusnatur" von innen her verständlich.

Das Liebeserlebnis zwischen Frieda und K. löst in K. einen Kampf zwischen Tod und Leben aus. Das hat Frieda erkannt, das bezeugen ihre Worte: „plötzlich kommt ein kleiner Junge herein, und du beginnst mit ihm um seine Mutter zu kämpfen, so, wie wenn du um deine Lebensluft kämpftest." K. kann diese Einsicht Friedas nur bestätigen: „Du hast mein Gespräch mit Hans richtig aufgefaßt" … „So war es wirklich" (234). Jetzt verstehen wir, daß K. in Frieda, der an den Tod Gebundenen, noch Funken des göttlichen Lebens erkennt, daß er von ihr einer Pepi gegenüber in einem letzten Gespräch mit wahrer Begeisterung als einer Gott Gehörenden sprechen kann, ja, daß K. für sein Verhältnis zu Frieda bis zuletzt einen möglichen Weg des L e b e n s sieht. Davon wird im Abschnitt „Frieda und die Gehilfen" zu reden sein.

Frieda und die Gehilfen

Von dem Kampf zwischen Tod und Leben ist das Verhalten von Frieda zu den Gehilfen und der Wirtin auf der einen Seite und zu den Barnabasschen auf der anderen Seite bestimmt.

Frieda kann den Weg des Lebens nicht gehen, den K. durch das „Mädchen aus dem Schloß" gewiesen sieht. Durch ihre ganze Natur ist sie von Anfang bis zum Ende an die Gehilfen, diese Gestalten einer Todeswelt, gebunden. So ist es Frieda, die als erste nach der Nacht unter dem Pult die Gehilfen erblickt. Als K. mit dem „größten Schrecken, den er bisher im Dorf erlebt hatte", einen Gehilfen anstelle von Frieda neben sich liegend findet und diesen mit einem Faustschlag trifft, streicht Frieda „dem zusammengekauert wimmernden Gehilfen tröstend über das Haar" (188). Und als K., für Barnabas entschieden, die Schule verläßt, bleibt Frieda mit „großen Augen und einem starren Lächeln" zurück. Die Dichtung fährt fort: „Wußte sie, daß sie den Gehilfen damit mehr lockte, als abschreckte" (236)? Die Vereinigung mit Jeremias am Schluß von Friedas Auftreten ist die letzte Konsequenz ihrer dem Tod zugewandten Natur. Es ist bezeichnend, daß Jeremias als Gefährte der Frieda in seinen letzten Auftritten beide Male als „Fleisch" bezeichnet wird (342, 368), davon einmal als „dieses Fleisch, das manchmal den Eindruck machte, als sei es nicht recht lebendig" (342). In seinem letzten Gespräch versucht K. mit beschwörenden Worten Frieda von den Gehilfen zu lösen, sie von einem Zauber zu befreien und ihr zu zeigen, daß die Gehilfen nur „Gespenster", „alte Erinnerungen" sind, welche Frieda als Abgesandte Klamms ansieht, während sie in Wahrheit „von Galater" kommen. In diesem Abschiedswort versucht K., Frieda die Augen für die wahre Natur der Gehilfen zu öffnen [„vergangenes und immer mehr vergehendes einstmaliges Leben"] und ihren Blick für das wahre Leben [„von Galater"] zu erschließen:

> es gab Zeiten, wo du von mir wegsahst, dich irgendwohin ins Halbunbestimmte sehntest ... und es mußten nur in solchen Zwischenzeiten in der Richtung deines Blicks passende Leute aufgestellt werden, und du warst an sie verloren, erlagst der Täuschung, daß das, was nur Augenblicke waren, Gespenster, alte Erinnerungen, im Grunde vergangenes und immer mehr vergehendes einstmaliges Leben, das dieses noch dein wirkliches jetziges Leben sei. Ein Irrtum, Frieda ... komme zu dir, fasse dich; wenn du auch dachtest, daß die Gehilfen von Klamm geschickt sind – es ist gar nicht wahr, sie kommen von Galater –, und wenn sie dich auch mit Hilfe dieser Täuschung so bezaubern konnten, daß du selbst in ihrem Schmutz und ihrer Unzucht Spuren von Klamm zu finden meintest ..., so, wie jemand in einem Misthaufen einen einst verlorenen Edelstein zu sehen glaubt, während er ihn in Wirklichkeit dort gar nicht finden könnte, selbst wenn er dort wirklich wäre (367).

K. unternimmt also hier den Versuch, Friedas Blick von dem Todesgott Klamm – Dionysos auf den „Herrn des Lebens" (H 101) zu richten, wie es der Galaterbrief des Paulus tut: „Wer auf sein Fleisch sät, der wird von dem Fleisch das Verderben ernten; wer aber auf den Geist sät, der wird von dem Geist das ewige Leben ernten" (Galaterbrief 6, 8). Dieser Versuch mißlingt. Der kranke Jeremias interveniert. Frieda verläßt K., um Jeremias ins Bett zu bringen. Für K. bleibt „eine kleine Karaffe Rum" (371) als Schlaftrunk des Dionysos zurück.

Frieda und die Brückenhofwirtin

Von dem früher aufgezeigten Verständnis der Wirtin als Verkörperung der Institution erklärt sich das Verhältnis Friedas zur Brückenhofwirtin. Frieda, dem Zauber der dionysischen Todeswelt verfallen, verschlossen dem Reich des Lebens, das „Galater" verspricht, sucht Sicherheit vor den Schrecken des Todes. So verstehen wir Friedas Flucht in die Nähe der Wirtin. Von der Institution, dieser großen starken Mutter erwartet sie Hilfe in der Todesbedrohung. Es ist der Zeitpunkt unmittelbar nach dem Erlebnis des Todes in der Liebe, daß Frieda den Weg zur Brückenhofwirtin aufzeigt: „„Nun können wir gehen", sagte Frieda; es war selbstverständlich, daß sie das Wirtshaus „Zur Brücke" meinte, in das sie gehen sollten" (65). Nach der zweiten Liebesszene in diesem Wirtshaus verläßt Frieda K., und lehnt sich „an den Sessel der Wirtin", von dieser als „liebe Magd" bezeichnet (70).

Diese selbstverständliche Flucht in die Institution ist in einem Wesenszug Friedas begründet: Frieda hat einen Hang zum Kleinbürgerlichen. Die Requisiten ihres Haushalts: eine „weiße, gestrickte Decke" (131), später die „unvermeidliche, weiße Decke" (184) genannt, die „geblümte Kaffeetasse" (184), die „Kaffeemühle" (200) sind ihre Zeichen[16]. Diese kleine Welt möchte Frieda erhalten. So geht sie mit innerer Konsequenz den Weg der Sicherungen, den ihr die Wirtin anbietet.

Aus dem Bündnis zwischen Frieda und der Wirtin erwachsen die größten Feindseligkeiten gegen K.. Viermal wird kurz hintereinander die Wirtin K.s „Feindin" genannt (229, 231, 232). Einmal „eine mächtige Feindin" (229). Friedas Worte als „Gedanken der Wirtin" sind „feindselig" (231). In dem Kampf mit K. um Frieda setzt die Wirtin ihre ganze Macht ein. Die Sicherheit anbietende Wirtin und mit ihr Frieda, ihre „liebe Magd", müssen nicht nur K., sondern auch Barnabas und seiner Familie feindselig gegenüberstehen, kann doch Barnabas das Göttliche nur mit „Furcht und Zittern" erleben. Als K. von einem „recht guten Nachtlager, das [ihm] freisteht" spricht, rufen Frieda und die Wirtin: „ „Wo denn? Wo denn?" ... so gleichzeitig und so begierig, als hätten sie die gleichen Beweggründe für ihre Frage". Auf K's Antwort: „Bei Barnabas" ruft die Wirtin aus – sicherlich auch im Sinne Friedas –: „Die Lumpen! ... Die abgefeimten Lumpen"! (79).

Auch aus Friedas großem „Vorwurf" spricht der Geist dieser mächtigen Feindin. Die Wirtin, die „ganz genau ... alle Hindernisse, die von Klamm abhalten ...kennt" (235), kann in K's Streben zu Klamm, zum Göttlichen in der Liebe, nur Negatives, nur Berechnung sehen. So wirft Frieda K. im Sinne der Wirtin vor, daß er sie nicht um ihrer selbst willen geliebt habe, sondern nur als Geliebte Klamms.

Weil die Wirtin den Weg des K. – sein Streben zu Klamm – für unbeschreibbar hält, hat sie ihre Welt der Sicherungen, der magischen Manipulierbarkeit aufgebaut, in die Frieda in ihrer Entscheidung für Sicherheit eintritt. Das hört K. aus Friedas Vorwurf heraus: „Ich habe in dem Bericht deine und der Wirtin Meinung nicht immer voneinander unterscheiden können", so resümiert er. „Es war nur die Meinung der Wirtin" (228f.), gibt Frieda zu.

Durch K.s Entscheidung für den „gefährlichen Trost" des Barnabas gegen die Sicherungen, welche Frieda bei der Wirtin zu finden meint, gehen die Wege von K. und Frieda nach innerer Gesetzmäßigkeit auseinander. Damit wäre die zu Anfang des Frieda-Kapitels gestellte Frage nach dem Grund des Scheiterns des Verlöbnisses zwischen K. und Frieda beantwortet. Aber auch hier gibt es – wie stets bei Kafka – kein Endurteil. In seinem letzten Gespräch mit Pepi über Frieda gibt K. eine Erklärung ab, die die Zusammenfassung seines Frieda-Verständnisses in dem hier vorgetragenen Sinne, aber auch dessen Relativierung darstellt: „Ich kann bei weitem nicht so genau wie du erklären, warum Frieda mich verlassen hat. Die wahrscheinlichste Erklärung scheint mir die auch von dir gestreifte aber nicht ausgenützte, daß ich sie vernachlässigt habe" (444), um bei Barnabas zu sein. Die Trennung von K. und Frieda könnte nach K.s letzter Erkenntnis aber auch in seiner Schuld liegen:

> ... auch ist mir meine Schuld gar nicht klar, nur wenn ich mich mit dir [Pepi] verglei-che, taucht mir etwas Derartiges auf, so, als ob wir uns beide zu sehr, zu lärmend, zu kindisch, zu unerfahren bemüht hätten, um etwas, das zum Beispiel mit Friedas Ruhe, mit Friedas Sachlichkeit leicht und unmerklich zu gewinnen ist, durch Wei-nen, durch Kratzen, durch Zerren zu bekommen – so, wie ein Kind am Tisch-tuch zerrt, aber nichts gewinnt, sondern nur die ganze Pracht hinunterwirft und sie sich für immer unerreichbar macht –; ich weiß nicht, ob es so ist, aber daß es eher so ist, als wie du es erzählst, das weiß ich (448).

Die Trennung von K. und Frieda entspränge demnach derselben Schuld, die – nach Kafka – die ersten Menschen aus dem Paradiese vertrieben hat, der Ungeduld (s. H 72f.).[22]

Die Frieda-Gestalt und ihr biographischer Untergrund

Frieda und Felice Bauer

In der Darstellung der Frieda erleben wir ein Stück künstlerisch gestalteter Biogra-phie. Es ist faszinierend, im Vergleich von Selbstzeugnissen und Kunstwerk diesen Ge-staltungsprozeß mitzuerleben. Ein Vergleich der Frieda mit Felice Bauer – denn um diese handelt es sich – zeigt auf, daß Kafka alle im *Schloß* gezeichneten Züge der Frieda in Felice sah und in seinen Briefen und Tagebuchnotizen bereits hervorhob, um sie dann im Kunstwerk so zu verarbeiten, daß sie als lebendige Form einer aus dem Wesens-kern gestalteten Person empfunden werden.

Was gibt uns die Berechtigung, in Frieda Kafkas Verlobte Felice dargestellt zu se-hen?[17]

1. Der Name Frieda: Schon im *Urteil* ist nach Kafkas eigener Interpretation Frieda [Brandenfeld] in Beziehung gesetzt zu Felice Bauer. „Frieda hat ebensoviel Buchstaben wie F. und den gleichen Anfangsbuchstaben" (T 297). Im *Prozeß* tritt Felice Bauer als Fräulein Bürstner auf. Nach Max Brods Aussage bezeichnet Kafka „Fräulein Bürstner" im Manuskript meist als „Frl. B." oder „F. B."[18], wie er Felice Bauer im Tagebuch zu-nächst „F. B." (T 283) oder „Fräulein B." (T 285), später „F." (T 303–535) nennt.

2. Frieda wird im *Schloß* als „Verlobte" oder als „Braut" dargestellt, wie Felice fast vier Jahre lang Kafkas eigentliche Verlobte war.

3. Kafka stand während seiner Arbeit am *Schloß* immer noch in der Auseinanderset-zung mit seiner Schuld an Felice. Er schreibt 1920 an Milena über seine Verlobungen (zu den beiden Verlobungen mit Felice kommt noch die Verlobung mit Julie Wohry-zek): „Ich will nicht die lange Geschichte vor Ihnen ausbreiten mit ihren wahren Wäl-

dern von Einzelheiten, vor denen ich mich noch immer fürchte wie ein Kind, nur ohne des Kindes Vergessenskraft" (M 50).

4. Der entscheidende Beweis für die Darstellung Felices in Frieda liegt in Folgendem: Im *Schloß* finden sich Prägungen einzelner Worte in Bezug auf Frieda und längere Ausführungen über das Verhältnis von Frieda zu K., in denen wir bestimmte Formulierungen aus Kafkas Briefen an Felice und aus Tagebucheintragungen wiedererkennen. Wir werden diese Formulierungen aus Kafkas Selbstzeugnissen als künstlerische Vorformen anzusehen haben, in denen er einen Menschen (hier Felice) und seine Beziehungen zu dem Anderen (hier zu Kafka) als erfaßt empfand, und die der Künstler deshalb zum Kristallisationskern der *Schloß*-Gestalten werden ließ.

Dieser künstlerische Gestaltungsprozeß von der Biographie zum Kunstwerk ist deutlich erkennbar in der Darstellung von Friedas B l i c k. Der massierte Hinweis auf diesen Blick, der uns in der Dichtung auffiel, findet seine Entsprechung in der Darstellung von Kafkas Begegnung mit Felice. Es ist jedesmal der B l i c k Felices, der den Ausschlag gibt für Kafkas Entscheidung für sie. In den Tagen seiner inoffiziellen Verlobung (12./13. April 1914) taucht in Kafkas Briefen einige Male der Hinweis auf einen „göttermäßigen Blick" auf. Kafka schreibt an Grete Bloch (nachdem er von seiner Zerfahrenheit am Verlobungstag geschrieben hatte): „es hätte schon eines göttermäßigen Blickes bedurft, um in mir die Ruhe und Notwendigkeit meines Handelns und Daseins zu erkennen" (F 553).

Daß Felice es ist, die – wie er – diesen göttermäßigen Blick hat, bezeugt ein Brief an Felice aus denselben Tagen:

... wir sind doch äußerlich gegensätzliche Menschen, müssen also einer mit dem andern Geduld haben, müssen den fast göttermäßigen, nur dem gesteigertesten menschlichen Gefühl gegebenen Blick für des andern Notwendigkeit, Wahrheit und endlich Zugehörigkeit haben. Ich habe, F., diesen Blick, darum ist auch mein Vertrauen in unsere Zukunft fest. Streift mich einmal der leichteste Schein eines solchen Blickes aus Deinen Augen, so zittere ich vor Glück (F 553 f.).

In einem wenig später geschriebenen Brief führt Kafka das Zustandekommen seiner Verbindung mit Felice auf den ersten Blick in ihre Augen zurück:

Diese Augenblicksbeziehungen an paar Sonntagen in Berlin, an paar Tagen in Prag können nicht alles lösen, wenn auch im Kern alles längst gelöst ist, vielleicht seit meinem ersten Blick in Deine Augen (F 557).

Nach der Entlobung und zeitweiligen Trennung gibt wieder ein Blick den Ausschlag, sich zum zweiten Mal mit Felice zu verloben:

Jetzt aber sah ich den Blick des Vertrauens einer Frau und konnte mich nicht verschließen (B 139).

Ein weiteres wichtiges Beispiel der Übernahme einer biographischen Prägung in das Kunstwerk ist Felices „göttlicher Kern", dem im *Schloß* Frieda als „Geliebte Klamms" entspricht. Sehr früh schon schreibt Kafka an Felice:

Was sich … an dir, Felice, verändert hat, das waren nur Einzelheiten am Rande deiner Existenz, die sich im Laufe der Monate vor mir ausbreitete aus einem unveränderlichen göttlichen Kern (F 330).

Auch bei Felice wiegt – wie bei Frieda – der „göttliche Kern" alles auf, was ihr an äußerer Schönheit fehlt. Grete Bloch hatte offenbar mit weiblichem Raffinement auf Fehler in Felices Aussehen hingewiesen. Felices Zahnleiden spielt eine Rolle (F 473, 576). Ihr nicht immer günstiges Aussehen wird erwähnt (F 511). Diese Argumente, die in den Augen Grete Blochs gegen Felice sprechen, wischt Kafka mit einer Handbewegung weg: „Ich kann das alles und noch anderes feststellen, sehen, genau beobachten, es rührt auch von der Ferne nicht an mein Gefühl für F." (F 511). Bis in den Rhythmus hinein ähnlich klingen die Worte K.s über Frieda: „Was lag daran, daß sie [Frieda] vielleicht ein wenig mager, ein wenig ältlich war, daß man sich reineres Haar vorstellen konnte, das sind Kleinigkeiten, verglichen mit dem, was sie wirklich hatte, und derjenige, welchen diese Mängel gestört hatten, hätte damit nur gezeigt, daß ihm der Sinn für Größeres fehlte. Klamm kann man dies gewiß nicht vorwerfen" (446).

Kafkas Hoffnung war, durch Felice „Heilung" für sich „und für alles" zu finden (F 366). Ein anderes Mal schreibt er ihr:

Fällt dir, Felice, nicht auf, daß ich Dich in meinen Briefen nicht eigentlich liebe, denn dann müßte ich doch nur an Dich denken und von Dir schreiben, sondern daß ich Dich eigentlich anbete und irgendwie Hilfe und Segen in den unsinnigsten Dingen von Dir erwarte (F 368).

Von diesen Briefstellen aus fällt rückblickend ein Licht auf die Pläne K.s in Frieda, der „Geliebten Klamms", einen Weg zu Klamm und damit zum Schloß zu finden.

Der in der Pultszene dargestellte Umschwung von den höchsten Erwartungen K.s zu der Erkenntnis, als Schuldiger entdeckt und verstoßen zu sein, findet sich vorgezeichnet in den Aufzeichnungen über Kafkas Felice-Erlebnis der Marienbader Tage von Anfang Juli 1916, das wir als seine zweite Verlobung mit Felice Bauer anzusehen haben[19].

Die Datierung der zweiten Verlobung Kafkas mit Felice auf Juli 1916 ist für die Interpretation der Frieda-Szenen des *Schloß*-Romans von grundlegender Bedeutung. Wir stoßen hier auf einen Komplex, der davon handelt, daß Kafka seine Begegnung mit Felice in Marienbad als „Sündenfall" im Sinne von Genesis 2 u. 3 empfunden und in der Folge künstlerisch gestaltet hat. Kafkas Selbstzeugnisse versetzen uns in die Lage, die Umsetzung vom Erlebnis in die Dichtung nachzuvollziehen.

Kafka hatte sich im Juni 1916 in die Geschichten der Genesis vertieft. Er führt in seinem Tagebuch nach Genesis 2–5 an: Die Geschichten von Adam und Eva, Kain und Abel. Wörtlich zitiert er nach dem Text der Lutherbibel:

Und sie hörten die Stimme Gottes des Herrn, der im Garten ging, da der Tag kühl geworden war … Und Gott der Herr machte Adam und seinem Weibe Röcke von Fellen und kleidete sie (T 502).

104

In den folgenden Wochen begegnet er Felice in Marienbad, wohnt mit ihr „Tür an Tür, von beiden Seiten Schlüssel" (T 502 vom 3. Juli 1916). Auf eine anfängliche „Mühsal des Zusammenlebens" folgt eine Liebesnacht, die Kafka und Felice mit einem „Vertrag" (B 140) beschließen. Wir haben diesen „Vertrag" als Kafkas zweite Verlobung mit Felice anzusehen.

Von diesem Liebeserlebnis schreibt Kafka an Max Brod:

Im Grund war ich noch niemals mit einer Frau vertraut ... Jetzt aber sah ich den Blick des Vertrauens einer Frau und konnte mich nicht verschließen. Es wird manches aufgerissen, das ich für immer bewahren wollte ... und aus diesem Riß kommt auch, das weiß ich, genug Unglück für mehr als ein Menschenleben hervor, aber es ist nicht ein heraufbeschworenes, sondern ein auferlegtes. Ich habe kein Recht mich dagegen zu wehren, umsoweniger als ich das, was geschieht, selbst mit freiwilliger Hand täte, um nur jenen Blick wieder zu erhalten (B 139).

Ähnlich schreibt Kafka in sein Tagebuch:

Mit F. war ich nur in Briefen vertraut, menschlich erst seit zwei Tagen. So klar ist es ja nicht, Zweifel bleiben. Aber schön der Blick ihrer besänftigten Augen, das Sichöffnen frauenhafter Tiefe[20].

Kafka hat von allem Anfang an sein Marienbader Erlebnis dialektisch gesehen. Diese Dialektik klingt schon in den ersten Selbstzeugnissen an: neben dem „schön" steht das „Zweifel bleiben" seines Tagebuches. Eine Betrachtung der H-Skizzen verrät uns, um welche Frage es hier geht: es ist das Verhältnis von „sinnlicher Liebe" und „himmlischer Liebe" (H 98).

Auf dem Weg vom Erlebnis zur Dichtung stehen die Betrachtungen H 70—106 dem Erleben am nächsten, obwohl sie zeitlich dem ersten künstlerischen Niederschlag von Marienbad (T 506—510) nachfolgen. Diese Betrachtungen schrieb Kafka zu der Zeit, als seine in Marienbad geschlossene zweite Verlobung erneut in eine Krise geriet. Sie sind eng verknüpft mit biographischen Notizen, welche die sich anbahnende Entlobung aufzeigen. So schreibt er am 21. Dezember 1917:

Telegramm an F. Das erste Haustier Adams nach der Vertreibung aus dem Paradies war die Schlange (H 96). [Und nach dem 25., 26., 29. Dezember 1917]: Abreise F. Weinen ... ... Wenn das, was im Paradies zerstört worden sein soll, zerstörbar war, dann leben wir in einem falschen Glauben (H 97).

Eine der Betrachtungen zeigt deutlich den Zusammenhang der H-Skizzen von 1917 mit dem Marienbader Erlebnis:

Das Verführungsmittel dieser Welt sowie das Zeichen der Bürgschaft dafür, daß diese Welt nur ein Übergang ist, ist das gleiche. Mit Recht, denn nur so kann uns die Welt verführen und es entspricht der Wahrheit. Das Schlimmste ist aber, daß wir nach geglückter Verführung die Bürgschaft vergessen und so eigentlich das Gute uns ins Böse, der Blick der Frau in ihr Bett gelockt hat (H 118).

Hier findet sich der B l i c k, der Frieda und ihr Urbild charakterisierte. Die in den ersten Selbstzeugnissen nach Marienbad nur angedeutete Dialektik von „schön" und „Zweifel bleiben" ist hier deutlich herausgestellt. Es ist die Dialektik von dem „Guten" und dem „Bösen" innerhab desselben Erlebnisses.

Diese Dialektik hat Kafka in H 70–106 durchreflektiert, im Wesentlichen nach dem Grundmuster des Mythos von Genesis 2 und 3. Für die Fragen, die Kafka von seinem Liebeserlebnis her den „alten Geschichten" stellt, wählt er die Angelpunkte der Paradieses- und Sündenfallgeschichte. Er nennt in seinen H-Betrachtungen: Das Paradies, der Garten Eden: H 72, 94, 97, 101. Die Aufgabe: H 83, 99. Der Baum des Lebens: H 99, Herr des Lebens H 101. Der Baum der Erkenntnis: H 102f.. Das Gute und das Böse: H 75f. 80, 91f., 102. Das Gute: H 85, 87. Das Unzerstörbare: H 96, 96f.. Das Böse: H 82, 84, 87, 91, 97. Das Teuflische: H 75, 77, 116. Die Schlange: H 91, 116. Der Betrug: H 119. Die Verführung: H 118f.. Die Gottgleichheit: H 102. Ewigkeit: H 110. Ewiges Leben: H 105. Der Sündenfall: H 99, 101, 102, 105. Die Verfluchung: H 102, 118, 119. Der Tod: H 102. Die Toten: H 73.

Zwischen den Betrachtungen über alttestamentliche Worte finden sich überraschenderweise zwei Meditationen über Themen aus der griechischen Mythologie: „Das Schweigen der Sirenen" (H 78–80) und „Prometheus" (H 100). Ihr Vokabular weist aber auf einen Zusammenhang mit den Genesisgeschichten hin. Im „Schweigen der Sirenen" sind es die Worte: „aus eigener Kraft", „Überhebung", „[die] Verführten", „verführen". In Prometheus ist es wohl die Dialektik von dem „Unerklärlichen" und dem „Wahrheitsgrund" in der Sage, die der Dialektik vom Rätsel des Bösen und dem Glauben an den „Herrn des Lebens" entspricht.

In der bald nach Marienbad erfolgten künstlerischen Umsetzung des Liebeserlebnisses ist die alttestamentliche Thematik, welche die H-Betrachtungen aufdecken, noch spürbar, sie ist aber hier mit einem neuen Gewand bekleidet. Es handelt sich um die Skizzen, die sich im Tagebuch vom 13.–22. Juli 1916 finden.

Die Achse von Gut und Böse der Genesisgeschichten ist auch die dieser Skizzen. „Etwas von der L u f t, die man im Paradies vor dem Sündenfall geatmet hat" (M 183), weht hier. „Also öffne dich. Der Mensch komme hervor. Atme die L u f t und die Stille … Er suchte Hilfe in den Wäldern, er sprang fast durch die Vorberge, er eilte zu den Quellen der ihm begegnenden Bäche, er schlug die L u f t mit den Händen, er schnaufte durch Nase und Mund" (T 506). „Es war schön … jedes Kind wurde von einem Erwachsenen an die Hand genommen" (T 508f.).

Ein stärkerer Akzent liegt dagegen auf der Thematik einiger Szenen dieses Zyklus, in denen es um Gericht, Verurteilung und Verlorensein geht (s. T 507–508).

In den Oktavheften finden sich dann nach August 1916 (s. H 238) einige Szenen, denen deutlich die Problematik von Kafkas Verlobung zu Grunde liegt. Es sind die Skizzen H 238–242. Für die Beziehung des Marienbader Erlebnisses zur Schloß-Dichtung ist es interessant, daß sich hier zum erstenmal die Bezeichnung das Schloß (H 242) findet.

Noch ein drittes Mal setzt sich Kafka in seinen Selbstzeugnissen mit dem Marienbader Erlebnis auseinander, bevor er endgültig das *Schloß* schreibt. Es ist zur Milena-Zeit. Den Anlaß gab offenbar Milenas Frage nach seiner Verlobung (M 15, 50). Unter anderen auf das *Schloß* hinweisenden Themen finden sich deutliche Bezüge zum Felice-Erlebnis. Es seien genannt: „Ich liebte ein Mädchen, das mich auch liebte" (H 252), „Es ist ein Brief an ein Mädchen, ich nehme darin Abschied von ihr, wie es vernünftig und richtig ist" (H 258). Es sei ferner noch hingewiesen auf H 353: Die Hochzeitssituation mit den „Peitschenherren … vor und zwischen den Spiegeln". Für das Aufleben der Felice-Erinnerungen zur Milena-Zeit charakteristisch ist die Skizze „Worauf beruht deine Macht?" (H 376ff.). Ein „Ich" antwortet auf diese Frage: „Meine Macht beruht auf meinen zwei Frauen". Ihre Namen „Resi" und „Alba" deuten offenbar auf ihre Urbilder: Felice (angedeutet durch e, i) und Milena (a, l), die dann im *Schloß*, „Alba" nahestehend, zur „Amalia" wird.

In diesen Skizzen und denen aus ihrer Nähe ist der Bezug auf die Genesis nur noch andeutungsweise dargestellt. So in dem Entwurf: „Ich saß in der Loge, neben mir meine Frau …" (H 311ff.)

Hier spielen zwei Worte auf den Sündenfall an: Das „bäuchlings" erinnert an die Bestrafung der Schlange: „auf dem Bauche sollst du gehen" (1. Mose 3,14). Das „irgendein Betrug" von H 312 kehrt in H 318 3 x wieder, es wird dort noch „Urtrug", „versteckte Teufelei" und „großer Urbetrug" genannt, letzteres auf ein „Liebesspiel" bezogen.

Die „Stimme Gottes des Herrn" aus Genesis 3 findet ihre Umsetzung in den vielen Skizzen dieser Zeit, in denen ein „Ich" einem „Prüfer" gegenübergestellt ist (u. a. H 250, 253, 264).

Eine Verknüpfung mit Marienbad bringen dann noch einige „M"-Skizzen des Manöverlebens. Es sind die Skizzen: „Ich war letzthin in M." (H 278), „Don Quixote mußte auswandern, ganz Spanien lachte über ihn. Er reiste durch Südfrankreich … und kam endlich nach Mailand" (H 409), „Auf den Gütern der M.schen Herrschaft hat sich die Einführung eines sogenannten Aufpeitschers sehr bewährt" (H 410).

In den hier aufgeführten Verarbeitungen des Marienbader Erlebnisses, welche wir in drei Stufen verfolgen konnten (1916 zweite Verlobung in Marienbad, 1917–1918 zweite Entlobung, 1920 Rückerinnerung zur Milena-Zeit), können wir Kafkas Deutung dieses Erlebnisses von der Bibel und vom Mythos her verfolgen. Die klar vor uns liegende Entwicklung läßt erkennen, daß es in Kafkas künstlerischer Absicht lag, die im Roman verbliebenen biblischen Relikte als andeutende Zeichen zu verstehen.

Wir haben also in der auffallenden Handhabung des Vokabulars in Pult- und Schlittenszene einen Hinweis auf die göttliche Welt zu sehen, die Kafka vor allem im Alten Testament sah, die aber nach seiner Auffassung auch den Mythus umschließt.

Bei der Analyse der Frieda-Gestalt stoßen wir noch auf einen zweiten biographischen Kern, den wir zusammenfassend als das E r l e b n i s d e s A s k a n i s c h e n H o f s bezeichnen können. Kafka notierte in seinem Tagebuch nach der Entlobung im Askanischen Hof:

107

[F.] … Rafft sich plötzlich auf und sagt gut Durchdachtes, lange Bewahrtes, Feindseliges (T 407 vom 23. Juli 1914).

In diesem „Feindseliges" faßte sich für Kafka alles das zusammen, was zu seiner Trennung von Felice führte. Waren es bei der künstlerischen Gestaltung des Marienbader Erlebnisses die Bezüge zur Genesis, die sich wie ein roter Faden durch alle Entwürfe bis hin zur endgültigen dichterischen Gestalt ziehen, so ist es hier bei dem Erlebnis des Askanischen Hofs ein rein biographisches Element, welches Kafka unmittelbar nach dem Erleben als „Feindseliges" fixierte und das, wie wir sehen werden, vom Tagebuch über Briefe, Entwürfe (H 258 f.) bis zur *Schloß*-Fassung das prägende Wort für das Zerbrechen des Felice-Frieda-Verhältnisses der K.s ist.

Eine Lektüre von Kafkas Briefen an Felice macht deutlich, daß Kafka das seinem Wesen „Feindselige" in Felices Wohlstands- und Sicherheitsdenken sah. Er hat es in der Brückenhofwirtin im *Schloß* dargestellt. So umfaßt das „Feindselige" alles das, was die Wirtin im Roman gegen K. vorbringt. Der in dem Verhältnis K. – Wirtin dargestellte Kampf des „Einzelnen" (im Kierkegaardschen Sinne) gegen die Institution hatte sein Urbild in den Auseinandersetzungen Kafkas mit Felices konventioneller Lebenshaltung.

Dieser Kampf füllt nicht nur viele Seiten der Briefe und Tagebücher, er ist vielmehr deren eigentlicher Nerv. Das ist spürbar in den Äußerungen einer aufkommenden Entfremdung schon während der Zeit der ersten Verlobung (F 483, 508) bis in die Auseinandersetzungen der letzten Jahre (F 677, 680). Besonders aufschlußreich für die hier vorliegende Beziehung zwischen Leben und Kunstwerk ist der Vergleich eines Grundsatzbriefes mit dem Gespräch zwischen K. und Frieda, dem der Dichter im Manuskript die Überschrift „Friedas Vorwurf"[21] gab. Diesen Grundsatzbrief schrieb Kafka bei einer erneuten Annäherung nach der ersten Entlobung. Er wurde Ende Oktober/Anfang November 1914 geschrieben (F 615 ff.). Er sei wegen seiner grundlegenden Wichtigkeit für die Beziehung zwischen Biographie und Kunstwerk hier [gekürzt] gebracht.

… [ich] dachte … deshalb nicht daran zu schreiben, weil mir wirklich das Wichtigste in unserer Beziehung klar schien. Du warst schon seit langem im Irrtum, wenn Du Dich so oft auf Unausgesprochenes beriefst. Es hat nicht an Aussprache, aber an Glauben gefehlt. Weil Du das, was Du hörtest und sahst, nicht glauben konntest, dachtest Du, es wäre Unausgesprochenes vorhanden. Du konntest nicht die Macht einsehen, die meine Arbeit über mich hat. Du sahst sie ein, aber bei weitem nicht vollständig. Infolgedessen mußtest Du alles, was die Sorge um diese Arbeit, nur die Sorge um diese Arbeit, an Sonderbarkeiten in mir hervorrief, die Dich beirrten, unrichtig deuten. Nun traten aber diese Sonderbarkeiten … Dir gegenüber stärker auf, als jemandem sonst. Das war sehr natürlich und geschah nicht nur aus Trotz. Sieh, Du warst doch nicht nur der größte Freund, sondern gleichzeitig auch der größte Feind meiner Arbeit, wenigstens von der Arbeit aus gesehen, und sie mußte sich deshalb ebenso, wie sie Dich in ihrem Kern über alle Grenzen liebte, in ihrer Selbsterhaltung mit allen Kräften gegen Dich wehren …

Auch im Askanischen Hof habe ich nicht aus Trotz geschwiegen. Was Du sagtest, war doch so deutlich, ich will es nicht wiederholen, aber es waren Dinge darunter, die fast unter 4 Augen zu sagen unmöglich hätte sein sollen …

Wenn ich sage, daß Du meine Lage nicht begreifen konntest, so behaupte ich nicht zu wissen, wie Du hättest handeln sollen. Hätte ich das gewußt, ich hätte es Dir nicht verschwiegen. Ich habe Dir meine Lage immer wieder darzustellen versucht, Du hast sie natürlich auch verstanden, aber in eine l e b e n d i g e B e z i e h u n g zu ihr kommen, das konntest Du nicht. Es waren und sind in mir zwei, die miteinander kämpfen. Der eine ist fast so wie Du ihn wolltest, und was ihm zur Erfüllung Deines Wunsches fehlt, das könnte er durch weitere Entwicklung erreichen. Nicht einer Deiner Vorwürfe im Askanischen Hof bezog sich auf ihn. Der andere aber denkt nur an die Arbeit, sie ist seine einzige Sorge, sie macht, daß ihm die gemeinsten Vorstellungen nicht fremd sind, der Tod seines besten Freundes würde sich ihm zuallererst als ein wenn auch vorübergehendes Hindernis der Arbeit darstellen, der Ausgleich zu dieser Gemeinheit liegt darin, daß er für seine Arbeit auch leiden kann. Die zwei kämpfen nun, aber es ist kein wirklicher Kampf, bei dem je zwei Hände gegeneinander losschlagen.

Der erste ist abhängig vom zweiten, er wäre niemals, aus inneren Gründen niemals imstande, ihn niederzuwerfen, vielmehr ist er glücklich, wenn der zweite glücklich ist, und wenn der zweite dem Anschein nach verlieren soll, so kniet der erste bei ihm nieder und will nichts anderes sehen als ihn. …

In Wirklichkeit stellt sich das nun so dar, daß Du das alles vollständig hättest anerkennen müssen, daß Du hättest einsehen müssen, daß alles, was dort geschieht, auch für Dich geschieht, und daß alles, was die Arbeit für sich braucht, nicht Trotz, nicht Laune, sondern Hilfsmittel ist, zum Teil notwendig an sich, zum Teil durch meine für diese Arbeit äußerst feindlichen Lebensumstände erzwungen. Sieh, wie ich jetzt lebe …: Bis 1/2 3 im Bureau, dann Mittagessen zuhause, dann ein oder zwei Stunden Zeitunglesen, Briefeschreiben oder Bureauarbeiten, dann hinauf in meine Wohnung … und schlafen oder bloß schlaflos liegen, dann um 9 hinunter zu den Eltern zum Abendessen … um 10 mit der Elektrischen wieder zurück und dann so lange wach bleiben, als es die Kräfte oder die Angst vor dem nächsten Vormittag, die Angst vor den Kopfschmerzen im Bureau erlaubt …

Diese Art der Lebensführung habe ich immer eingestanden, sie war immer die Frage und die Probe. Du hast diese Frage nicht mit „nein“ beantwortet, aber Dein „ja“ umfaßte niemals die ganze Frage. Was aber als Lücke in dieser Antwort blieb, das füllte sich bei Dir, Felice, mit Haß, oder, wenn das Wort zu stark sein sollte, mit Widerwillen …

Und was Du schließlich im Askanischen Hof sagtest, war es nicht der Ausbruch alles dessen …?… Du willst eine Erklärung meines letzten Verhaltens und diese Erklärung liegt eben darin, daß ich Deine Angst, Deinen Widerwillen dauernd vor mir sah. Ich hatte die Pflicht, über meine Arbeit zu wachen, die mir allein das Recht zum

Leben gibt, und Deine Angst zeigte mir oder ließ mich fürchten …, daß hier für meine Arbeit die größte Gefahr bestand. …

Vielleicht habe ich aber meine Angst noch nicht gut begründet … Eines der deutlichsten Beispiele ist … die Nichtübereinstimmung wegen der Wohnung … Du wolltest etwas Selbstverständliches: eine ruhige, ruhig eingerichtete, familienmäßige Wohnung, wie sie die andern Familien Deines und auch meines Standes hatten. Du wolltest überhaupt nichts mehr als was diese Leute hatten … aber das was diese hatten, wolltest Du vollständig. Ich bat Dich einmal – es war schon nahe der letzten Angst – die Feierlichkeit im Tempel zu verhindern, Du antwortestest darauf nicht, ich nahm in meiner Angst an, daß Du über meine Bitte erbittert wärest, und tatsächlich erwähntest Du im A. H. auch diese Bitte. Was bedeutete aber die Vorstellung, die Du Dir von jener Wohnung machtest? Sie bedeutete, daß Du mit den andern übereinstimmtest, aber nicht mit mir …

… Du kannst mit Recht fragen, was für Pläne wegen der Wohnung ich von Dir also erwartete … Am entsprechendsten und natürlichsten für meine Arbeit wäre es allerdings gewesen, alles wegzuwerfen und irgendwo eine Wohnung noch höher als im 4ten Stock zu suchen, nicht in Prag, anderswo, aber allem Anschein nach bist weder Du geeignet, im selbstgewählten Elend zu leben, noch bin ich es … Nun, wir haben es noch keiner erprobt. Erwartete ich also etwa diesen Vorschlag von Dir? Nicht geradezu; ich hätte zwar nicht gewußt, was tun vor Glück über einen solchen Vorschlag, aber erwartet habe ich ihn nicht. Aber es gab vielleicht einen Mittelweg … Und Du hättest ihn gewiß gefunden …, wenn nicht jene Angst, jener Widerwille gewesen wäre, der Dich von dem abhielt, was für mich und für unser Zusammenleben unbedingt notwendig war. Ich konnte ja noch immer hoffen, daß es zu dieser Einigkeit käme, aber das waren nur Hoffnungen, gegenwärtig waren jedoch jene Anzeichen des Gegenteils, vor denen ich Angst haben mußte und gegen die ich mich auch wehren mußte, wenn ich wollte, daß Du einen l e b e n d e n M a n n bekommst.

Nun kannst Du ja gewiß das Ganze wenden und sagen, daß Du ebenso gefährdet warst in Deinem Wesen wie ich in meinem und daß Deine Angst ebenso berechtigt war wie meine. Ich glaube nicht, daß es so war. Ich liebte Dich doch in Deinem wirklichen Wesen, und nur wenn es feindlich an meine Arbeit rührte, fürchtete ich es. Ich hätte doch, da ich Dich so liebte, nicht anders können als Dir helfen, Dich zu erhalten. Immerhin ist das nicht ganz wahrheitsgemäß, gefährdet warst Du, aber wolltest Du denn gar nicht gefährdet sein? Niemals? Gar nicht? (F 616–621).

Dieser Brief wirkt wie ein Entwurf des Gespräches zwischen K. und Frieda im 13. Kapitel des Romans:

„Schon öfters", begann Frieda, „gleich anfangs, hat sich die Wirtin bemüht, mich an dir zweifeln zu machen, sie behauptete … nach dem letzten Gespräch mit dir im Brückenhof sei sie – ich wiederhole nur ihre bösen Worte – auf deine Schliche gekommen, jetzt könntest du sie nicht mehr täuschen, selbst wenn du dich anstrengtest, deine Absichten zu verbergen. Aber du verbirgst ja nichts, das sagte sie immer wieder, und dann sagte sie noch: Streng dich doch an, ihm bei beliebiger Gelegenheit wirklich zuzuhören, nicht nur oberflächlich, nein, wirklich zuzuhören. Nichts weiter als dieses habe sie getan und dabei hinsichtlich meiner folgendes etwa herausgehört: Du hast dich an mich herangemacht – sie gebrauchte dieses schmähliche Wort – nur deshalb, weil ich dir zufällig in den Weg kam ... Außerdem wolltest du, wie die Wirtin vom Herrenhofwirt erfahren hat, aus irgendwelchen Gründen damals im Herrenhof übernachten, und das war allerdings überhaupt nicht anders als durch mich zu erlangen. Das alles wäre genügender Anlaß gewesen, dich zu meinem Liebhaber für jene Nacht zu machen; damit aber mehr daraus würde, brauchte es auch mehr, und dieses Mehr war Klamm. Die Wirtin behauptet nicht zu wissen, was du von Klamm willst, sie behauptet nur, daß du, ehe du mich kanntest, ebenso heftig zu Klamm strebtest wie nachher. Der Unterschied habe nur darin bestanden, daß du früher hoffnungslos warst, jetzt aber in mir ein zuverlässiges Mittel zu haben glaubtest, wirklich und bald und sogar mit Überlegenheit zu Klamm vorzudringen. Wie erschrak ich ..., als du heute einmal sagtest, ehe du mich kanntest, wärest du hier in die Irre gegangen. Es sind vielleicht die gleichen Worte, welche die Wirtin gebrauchte; auch sie sagt, daß du erst, seit du mich kanntest, zielbewußt geworden bist. Das sei daher gekommen, daß du glaubtest, in mir eine Geliebte Klamms erobert zu haben und dadurch ein Pfand zu besitzen, das nur zum höchsten Preise ausgelöst werden könne. Über diesen Preis mit Klamm zu verhandeln sei dein einziges Bestreben. Da dir an mir nichts, am Preise alles liegt, seist du hinsichtlich meiner zu jedem Entgegenkommen bereit, hinsichtlich des Preises hartnäckig. Deshalb ist es dir gleichgültig, daß ich die Stelle im Herrenhof verliere, gleichgültig, daß ich auch den Brückenhof verlassen muß, gleichgültig, daß ich die schwere Schuldienerarbeit werde leisten müssen. Du hast keine Zärtlichkeit, ja nicht einmal Zeit mehr für mich, du überläßt mich den Gehilfen, Eifersucht kennst du nicht, mein einziger Wert für dich ist, daß ich Klamms Geliebte war ... Die Unterredung mit Klamm stellst du dir als ein Geschäft vor, bar gegen bar. Du rechnest mit allen Möglichkeiten; vorausgesetzt, daß du den Preis erreichst, bist du bereit, alles zu tun; will mich Klamm, wirst du mich ihm geben; will er, daß du bei mir bleibst, wirst du bleiben; will er, daß du mich verstößt, wirst du mich verstoßen; aber du bist auch bereit, Komödie zu spielen; wird es vorteilhaft sein, so wirst du vorgeben, mich zu lieben ... und hilft nichts anderes, dann wirst du im Namen des Ehepaares K. einfach betteln. Wenn du aber dann, so schloß die Wirtin, sehen wirst, daß du dich in allem getäuscht hast, in deinen Annahmen und in deinen Hoffnungen, in deiner Vorstellung von Klamm und seinen Beziehungen zu mir, dann wird meine Hölle beginnen, denn dann werde ich erst recht dein einziger Besitz sein, auf den du angewiesen bleibst, aber zugleich ein Besitz, der sich als wertlos erwiesen hat und den du entsprechend behandeln wirst, da du kein anderes Gefühl für mich hast als das des Besitzers.

Gespannt ... hatte K. zugehört ... und sagte: „Ich habe in dem Bericht deine und der Wirtin Meinung nicht immer voneinander unterscheiden können." – „Es war nur die Meinung der Wirtin", sagte Frieda ... „Durch mich wurde die Wirtin deine Feindin, eine mächtige Feindin, die du noch immer unterschätzt" ...

„Alles", sagte K., durch die Gewöhnung an den Vorwurf hatte er sich gefaßt, „alles, was du sagst, ist in gewissem Sinne richtig; unwahr ist es nicht, nur f e i n d s e l i g ist es. Es sind Gedanken der Wirtin, meiner Feindin, auch wenn du glaubst, daß es deine eigenen sind, das tröstet mich. Aber lehrreich sind sie, man kann noch manches von der Wirtin lernen. Mir selbst hat sie es nicht gesagt, obwohl sie mich sonst nicht geschont hat; offenbar hat sie dir diese Waffe anvertraut in der Hoffnung, daß du sie in einer für mich besonders schlimmen oder entscheidungsreichen Stunde anwenden würdest ... Nun aber, Frieda, bedenke; auch wenn alles ganz genau so wäre, wie es die Wirtin sagt, wäre es sehr arg nur in einem Falle, nämlich, wenn du mich nicht lieb hast. Dann, nur dann wäre es wirklich so, daß ich mit Berechnung und List dich gewonnen habe, um mit diesem Besitz zu wuchern ... Wenn es aber nicht der arge Fall ist und nicht ein schlaues Raubtier dich damals an sich gerissen hat, sondern du mir entgegenkamst, so wie ich dir entgegenkam und wir uns fanden, selbstvergessen beide, sag, Frieda, wie ist es dann? Dann führe ich doch meine Sache so wie deine; es ist hier kein Unterschied, und sondern kann nur eine Feindin (225–232, gekürzt).

„Es ist so schwer, sich zurechtzufinden, K.", sagte Frieda und seufzte. „Ich habe gewiß kein Mißtrauen gegen dich gehabt, und ist etwas Derartiges von der Wirtin auf mich übergegangen, werde ich es glückselig abwerfen und dich auf den Knien um Verzeihung bitten, wie ich es eigentlich die ganze Zeit über tue, wenn ich auch noch so böse Dinge sage. Wahr aber bleibt, daß du viel vor mir geheimhältst; du kommst und gehst, ich weiß nicht woher und wohin. Damals, als Hans klopfte, hast du sogar den Namen „Barnabas" gerufen. Hättest du doch nur einmal so liebend mich gerufen wie damals aus mir unverständlichem Grund diesen verhaßten Namen. Wenn du kein Vertrauen zu mir hast, wie soll dann bei mir nicht Mißtrauen entstehen; bin ich dann doch völlig der Wirtin überlassen, die du durch dein Verhalten zu bestätigen scheinst." ... „Vor allem, Frieda", sagte K., „ich verberge dir doch nicht das geringste. Wie mich die Wirtin haßt und wie sie sich anstrengt, dich mir zu entreißen ...! Sag doch, worin verberge ich dir etwas? Daß ich zu Klamm gelangen will, weißt du, daß du mir dazu nicht verhelfen kannst und daß ich es daher auf eigene Faust erreichen muß, weißt du auch, daß es mir bisher noch nicht gelungen ist, siehst du ... Und Barnabas? Gewiß, ich erwarte ihn. Er ist der Bote Klamms; nicht ich habe ihn dazu gemacht." – „Wieder Barnabas!" rief Frieda. „Ich kann nicht glauben, daß er ein guter Bote ist." – „Du hast vielleicht recht", sagte K., „aber es ist der einzige Bote, der mir geschickt wird". – „Desto schlimmer", sagte Frieda, „desto mehr solltest du dich vor ihm hüten." – „Er hat mir leider bisher keinen Anlaß hierzu gegeben", sagte K. lächelnd. „Er kommt selten, und was er bringt, ist belanglos; nur daß es geradewegs von Klamm herrührt, macht es wertvoll" (232 bis 234, gekürzt).

Beim Vergleich zwischen Brief und Dichtung stellen wir fest:

112

1. Es fällt eine starke Ähnlichkeit im Tenor auf. Es ist auf Seiten Kafkas wie K.s ein offenes, männliches, liebevolles Auseinanderlegen der Situation und der Versuch, aus der Wirrnis hinauszuführen.

2. Vergleichen wir das Vokabular von Brief und Dichtung, so stoßen wir in der Dichtung auf Umsetzungen, zu denen uns unsere bisherigen Betrachtungen die Schlüssel reichen. Im Brief ist 16 x von „Arbeit" die Rede; in Variationen taucht ein „Feind" auf: „Feind der Arbeit", „Widerwillen" gegen sie, „Gefahr" für sie. 6 x spricht der Brief vom „Widerwillen" Felices gegen die von der „Arbeit" bestimmten Verhältnisse Kafkas. 17 x lesen wir von „Angst", „Angst" bald Felices, bald Kafkas. In diesen so gehäuft gebrauchten Vokabeln des Briefes erkennen wir die uns bekannten Gestalten des Romans wieder: Barnabas in der „Arbeit", die Brückenhofwirtin in dem „Feind" der Arbeit, die Gehilfen in der „Angst".

3. Es ist im Brief wie in der Dichtung von „Vorwürfen" bzw. von einem „Vorwurf" die Rede. Zunächst ist es Felices Berufen auf „Unausgesprochenes". Darüber hinaus wird auf einen letzten, offenbar sehr schwerwiegenden Vorwurf angespielt, der aber im Brief nicht genannt wird:

Was du [im Askanischen Hof] sagtest, war ... so deutlich, ich will es nicht wiederholen, aber es waren Dinge darunter, die fast unter 4 Augen zu sagen unmöglich hätte sein sollen (F 616).

Auch das Tagebuch sagt nichts Inhaltliches über das „gut Durchdachte, Feindselige", das Felice im Askanischen Hof vorgebracht hatte. Wir gehen aber kaum fehl, wenn wir dieses Tiefverschwiegene als in der Dichtung ausgesprochen annehmen. Es wird der Vorwurf sein, den Frieda als Meinung der Wirtin vorbringt, daß K. sie nicht um ihrer selbst willen geliebt habe, sondern aus Berechnung als Mittel auf dem Wege zu Klamm. Das würde umgesetzt in Felices Sprache etwa heißen, daß Kafka sie [Felice] nicht als Person geliebt habe, sondern als Hilfe für sein Leben, wie er es ihr früher geschrieben hatte:

Als ich Deinen Brief las, glaubte ich, es gäbe für mich und für alles Heilung nur bei Dir (F 366). Fällt Dir, Felice, nicht auf, daß ich Dich in meinen Briefen nicht eigentlich liebe, denn dann müßte ich doch nur an Dich denken und von Dir schreiben, sondern, daß ich Dich eigentlich anbete und irgendwie Hilfe und Segen in den unsinnigsten Dingen von Dir erwarte (F 368).

Es gibt mehrere Hinweise darauf, daß dieses wirklich der große, schwerwiegende „Vorwurf" Felices im Askanischen Hof gewesen ist.

1. Wir besitzen eine Dublette der Rede der Wirtin in dem „Protokoll des Dorfsekretärs Momus" (531). Auch Momus hat herausbekommen, daß K. sich an Frieda aus „Berechnung schmutzigster Art ... herangemacht" hat und nicht von ihr lassen wird,

so lange er noch irgendwelche Hoffnung hat, daß seine Rechnung stimmt. Er glaubte nämlich in ihr eine Geliebte des Herrn Vorstandes erobert zu haben und dadurch ein Pfand zu besitzen, das nur zum höchsten Preise ausgelöst werden kann. Über diesen

Preis mit dem Herrn Vorstand zu verhandeln, ist jetzt sein einziges Streben. Da ihm an Frieda nichts, am Preise alles liegt, ist er hinsichtlich Friedas zu jedem Entgegenkommen bereit, hinsichtlich des Preises aber gewiß hartnäckig (533).

Durch diese Dublette wird das Gewicht der Frieda – Wirtin – Rede unterstrichen.

2. Der Dichter läßt die Wirtin sagen: „Streng dich doch an, ihm [K.] bei beliebiger Gelegenheit wirklich zuzuhören, nicht nur oberflächlich, nein, wirklich zuzuhören" (226). Hier haben wir wohl einen Hinweis darauf zu sehen, daß Felice mit dem geschärften Sinn des Mißtrauischen Kafka in seinen Briefen wirklich zugehört hat und dort das heraushörte, was im Askanischen Hof zu ihrem großen „Vorwurf" wurde.

3. Der Dichter läßt K. in seiner Verteidigungsrede gegen die Wirtin sagen, daß diese Frieda eine „Waffe" anvertraut habe, damit diese sie in einer für K. „besonders schlimmen oder entscheidungsreichen Stunde" anwenden würde (231). Hier ist deutlich auf die „Stunde" im Askanischen Hof angespielt.

Felices „Vorwurf" entsprang der Verletzung durch Kafkas Worte, daß er sie nicht „eigentlich liebe" ... sondern daß er „irgendwie Hilfe und Segen" von ihr erwarte. Felice hatte Kafka nicht verstanden, sie hatte nicht von innen her erfaßt, hatte es „nicht genug begriffen" (F 367), war in keine „lebendige Beziehung" dazu gekommen, was Kafka ihr in immer neuen Variationen über seine Existenz sagte: „daß Schreiben [seine] einzige innere Daseinsmöglichkeit" (F 367) sei, und daß dieses sein Schreiben auch für sie geschah: „Du hättest einsehen müssen, daß alles, was dort [in der Arbeit] geschieht, auch für Dich geschieht", schreibt er ihr (F 618), wie er als Dichter K. zu Frieda sagen läßt: „[ich] führe doch meine Sache so wie deine" ... (232). Hätte Felice ihn verstanden, so hätte sie die Besonderheit dieses „Schreibens" erfaßt, welches im Roman als Dienst des Barnabas eine „Art Schloßdienst" (252) ist. Sie hätte Kafka darin verstanden, daß er „hinsichtlich der Frauen" (T 565) „Hilfe und Segen" für diesen Dienst erhoffte, sie hätte sich nicht gekränkt sondern erhoben fühlen können.

Nach dem schweren Zusammenstoß im Askanischen Hof spürte Kafka den Wurzeln von Felices Feindseligkeit nach. Er fand sie in der Verschiedenheit ihrer Lebenshaltung, die er Felice an zwei Exponenten klarmacht: an dem Nichtübereinstimmen in der Wohnungsfrage und in der Religion.

Die kleinbürgerlichen Züge, die Kafka dem Bild der Frieda einzeichnete, fand er bei Felice. Sie wollte die solide „Kredenz" (F 650), eine Wohnung mit Möbeln, die sie „so herrlich gemütlich" (F651) machten. „Du wolltest eine ruhige, ruhig eingerichtete, familienmäßige Wohnung, wie sie die andern Familien Deines und auch meines Standes hatten" (F 620), schreibt Kafka ihr. Felices Kredenz aber bedrückt Kafkas Brust, „ein vollkommenes Grabdenkmal oder ein Denkmal Prager Beamtenlebens. Wenn bei der Besichtigung irgendwo in der Ferne des Möbellagers ein Sterbeglöckchen geläutet hätte, es wäre nicht unpassend gewesen" (F 650). Auch in der Frage der Religion denkt Felice bürgerlich-konventionell: Sie legt Wert auf die Trauung im Tempel. Kafka kann dagegen auch hier nicht den Weg der Konvention gehen. Er kann nur „ruhig durch den allgemeinen Menscheneingang" (F 700) in den Tempel gehen.

Kafka hat sich während der ganzen Verlobungszeit bemüht, Felice für seine Haltung aufzuschließen, sie gleichsam zu erwecken (vergl. H 241), so wie K. im Roman der träumerischen, verschlafenen Frieda zuruft: „Komme zu dir, fasse dich" (367). Als solch einen Weckruf haben wir einen von Kafka angeführten Brief der Erdmuthe Dorothea Gräfin von Zinzendorf zu verstehen: „Als die Gräfin nach der Hochzeit, 22 Jahre alt, in ihre neue Dresdner Wohnung kam, welche die Großmutter Zinzendorfs für das junge Paar in einer für die damaligen Verhältnisse wohlhabenden Weise hatte einrichten lassen, brach sie in Tränen aus. „Dies tröstet mich", schreibt sie, „daß der liebe Gott weiß, wie wir im Geringsten nicht schuld an diesen Tändeleien sein. Er gebe nur die Gnade, daß ich mich als sein wahres Kind in andern Stücken beweise, weil ich es hierin nicht gekonnt, wie ich gewollt. Er halte meine Seele fest und kehre meine Augen ab von aller Torheit der Welt."

Kafka fügt hinzu: „In eine Tafel einzugraben und über dem Möbelmagazin einzulassen" (F 677).

Die größte Hoffnung, sein Ziel zu erreichen, setzte Kafka auf Felices Mitarbeit im Jüdischen Volksheim in Berlin. Kafka ist zur Zeit von Felices Tätigkeit im Jüdischen Volksheim besonders zuversichtlich im Blick auf die Gestaltung ihres Verhältnisses. Er schreibt ihr: „Es kommen durch das Volksheim andere Kräfte [als der Zionismus] in Gang und Wirkung, an denen mir vielmehr gelegen ist. Der Zionismus ... ist nur der Eingang zu dem Wichtigern" (F 675). Was das „Wichtigere" ist, geht aus den Briefen hervor, in denen Kafka immer aufs neue nach einem Vortrag fragt, den Siegfried Lehmann, der Leiter des Jüdischen Volksheims, gehalten hatte: „Das Problem der jüdisch-religiösen Erziehung" (F 702 A[1]). Felice hatte auf diesen Vortrag nicht gerade interessiert reagiert:

Du sagst, das Gehörte hätte Dich weniger überrascht ... Du ... sagst ..., daß Du den Ideen des Vortrags seit langer Zeit fremd gegenüber stehst ... (F 694).

Kafka setzt mit erwärmenden Worten an, um Felice zu gewinnen:

Übrigens scheinst Du insofern hinsichtlich des Vortrags ein besonderes Glück gehabt zu haben, als er die Kernfrage behandelt hat, die meiner Meinung nach nie ruhen wird, immer wieder aufleben, immer wieder den Boden des Zionismus in Unruhe bringen muß ... Das freut so besonders mich an dem Ganzen ..., daß ich irgendwie zu erkennen glaube, daß du hier in dem, was sich da vor Dir aufmacht, sehen mußt, daß Du zum Teil ... bisher vom eigentlich Wichtigen, das das Beste Deiner Kraft aufzurühren imstande war, abgelenkt gewesen bist, daß das Geschäft, die Familie, die Literatur, das Theater, ihrem Wesen nach nur Teile jenes Besten in Anspruch nehmen konnten, daß jedoch hier vielleicht die eigentliche Anknüpfung liegt, die wiederum auch im Besten allen andern ... zugute kommen wird ... Wenn irgendein Abglanz jenes Gedankens ... von dem Ganzen und von seinen Möglichkeiten auf Dich ... gefallen wäre, dann wäre ich sehr glücklich (F 694 f.).

Dieses Glück wurde Kafka nicht beschieden. Die Macht der Konvention auf Felices Seite und auf seiten Kafkas das Verpflichtetsein gegenüber einer aus religiösen Quellen gespeisten Kunst blieben unversöhnte Gegensätze und führten zur Trennung von zwei

Menschen, die zu Beginn ihrer Begegnung auf demselben Weg zu sein schienen. In den verloren gegangenen Briefen an Felice aus dem Jahre 1917 werden wir uns ähnlich harte Gespräche zu denken haben, wie das, dessen „Grundriß" Kafka in seinem Tagebuch aufzeichnet:

> Ich: So weit habe ich es also gebracht.
> F: So weit habe i c h es gebracht.
> Ich: So weit habe ich dich gebracht.
> F.: Das ist wahr. (T 534)

Es werden Gespräche gewesen sein, die das Tagebuch als ein „Hauen mit Peitschen" charakterisiert (T 534). Diese Gespräche sind in den Entwürfen zu „Peitschenherren" geworden (H 353 vgl. H 252, 410). In der Dichtung finden sie ihre endgültige Gestalt in dem „Angst"-Gespräch zwischen K. und Jeremias im 16. Kapitel.

Ein erschütterndes Zeugnis des Unverständnisses auf seiten Felices ist ihre Frage an Kafka, ob sein Wort „immer wahrhaftig war" (F 755). Von dem durch ihr „Mißtrauen" erzeugten „Widerwillen" gegen Kafka verstehen wir, daß im Roman Frieda von dem Gehilfen Jeremias nicht loskommt, sondern gleichsam mit ihm verheiratet K. verläßt.

Und Kafka? Was wird aus seinem Felice-Erlebnis? Er kommt nicht los von der Last seiner Verlobungsjahre, wie wir es aus seinen Bekenntnissen gegenüber Milena hörten. Aber er kennt ein Heilmittel, von dem er in einem seiner letzten Briefe an Felice schreibt:

> Wenn ich mich auf mein Endziel hin prüfe, so ergibt sich, daß ich nicht eigentlich danach strebe, ein guter Mensch zu werden und einem höchsten Gericht zu entsprechen, sondern, sehr gegensätzlich, die ganze Menschen- und Tiergemeinschaft zu überblicken, ihre grundlegenden Vorlieben, Wünsche, sittlichen Ideale zu erkennen, sie auf einfache Vorschriften zurückzuführen, und mich in dieser Richtung möglichst bald dahin zu entwickeln, daß ich durchaus allen wohlgefällig würde, und zwar (hier kommt der Sprung) so wohlgefällig, daß ich, ohne die allgemeine Liebe zu verlieren, schließlich, als der einzige Sünder, der nicht gebraten wird, die mir innewohnenden Gemeinheiten offen, vor aller Augen ausführen dürfte. Zusammengefaßt kommt es mir also nur auf das Menschengericht an und dieses will ich überdies betrügen, allerdings ohne Betrug. Wende dies auf unsern Fall an, der kein beliebiger ist, vielmehr mein eigentlich repräsentativer Fall. Du bist mein Menschengericht (F 755f.).

In dem „offen, vor aller Augen ... ausführen [der ihm] innewohnenden Gemeinheiten" zeigt Kafka das Wissen um das Heilmittel der Beichte auf, ein Heilmittel, welches bewirkt, daß er als „der einzige Sünder" nicht gebraten wird. Es ist Beichte in Form der Dichtung, die in ihrer Verhüllung ein „betrügen ... ohne Betrug" ist.

Als Kafka dieses Wort schrieb, stand er in der Welt des *Prozeß*, in dem es um die Enthüllung seiner Schuld an Felice, um sein „Menschengericht", ging. Im *Schloß* werden die Prozeßakten noch einmal geöffnet, auch hier ist von Schuld die Rede, aber im Vordergrund steht die Tragik der Begegnung zweier Welten, der Welt der Konvention – des „Allgemeinen" – und der Welt des „Einzelnen". Eine Tragik, die Kafka in der Begegnung mit Felice an Leib und Seele erlitten hat.

VII. Pepi

Pepi ist die Frau des Romans, die von unten her kommt und nach unten hin zieht. Darauf weist ihre ganze Erscheinung hin, ihre Wohnung, ihre Sprache, ihre Kleidung.

Pepi ist nur vorübergehend, als Ersatz für Frieda, in den Ausschank gekommen. Ihre eigentliche Wohnung ist eine Mädchenkammer im Keller des Herrenhofes; dort lebt sie, zusammen mit zwei Freundinnen, in einem Raum, der „eigentlich nichts anderes [ist] als ein großer Schrank mit drei Fächern" (423), bei „künstlichem Licht und in ... dumpfer Luft" (424).

Was es mit dem „Unten" auf sich hat, verrät Pepis Sprache. Sie ist ordinär, mit Flüchen durchsetzt: „Sei in Teufels Namen Klamms Geliebte" (428), so lautet ihr Fluch über Frieda. Amalia wird von ihr die „verfluchte Barnabassche" (433) genannt. Von den Knechten im Herrenhof, in denen eine Olga noch Spuren der göttlichen Diener erkennen konnte, von diesem „schmutzige[n] Pack", weiß Pepi nichts anderes, als daß „nicht einmal eine Sintflut [ihr Zimmer] reinwaschen könnte" (422). Pepis Äußerungen über K.s Verhältnis zu Frieda sind Zeichen eines diabolischen Blickes: Bevor Frieda sich K. ergab, saß sie – nach Pepi – „wie eine Spinne im Netz" (418). Daß Frieda um K.s willen Klamm verließ, ist in Pepis Augen ein gemachter „Skandal" (429). Auf die Störung in dem Verhältnis K. – Frieda spielt sie mit bösen Worten an: „Das alles ist ja ein schöner Anfang der Flitterwochen" (439). Zu Friedas Trennung von K. sagt sie: „da brennt sie durch" (442).

Pepis Haartracht und ihre Kleidung handhabt sie als Verführungsmittel: „das üppige, rötlichblonde Haar war in einem starken Zopf geflochten, außerdem krauste es sich rund um das Gesicht" (146). Pepi weiß es: „der Verführung dieser Locken und Maschen widersteht keiner" (435f.); auch ein „Kettchen" dient diesem Ziel: „... um den Hals hatte sie ein Kettchen, das in den tiefen Ausschnitt der Bluse hinabhing" (418)[1]. Pepis Verführungskünste gipfeln in dem Tragen und Abtragen eines phantastischen Kleides, welches man „nach Belieben zuziehen und wieder lockern kann, oben und unten" (433). Dieses Kleid soll offenbar an ein Engelsgewand erinnern („... schmückst dich, wie deiner Meinung nach die Engel geschmückt sind" (446)), es ist aber „schon verdrückt und ein wenig fleckig" (433), eher ein Symbol der Vergänglichkeit, ein „Totenhemd" (H 262), wie in einer Skizze ein Urbild der Pepi ihr Hemd selbst bezeichnet.

Pepis Machenschaften zielen daraufhin, an Friedas Stelle zu treten und K.s Liebe zu gewinnen. Als sie an Friedas Stelle in den Ausschank kam, „liebte sie K., wie sie noch nie jemanden geliebt hatte" (419). Aber das, was Pepi unter Liebe versteht, ist keine echte Liebe. Sie sucht in K. nur den „Held und Mädchenbefreier" (419). Wie W. Emrich ausführt, ist es für Pepis Liebe bezeichnend, daß sie K. zu sich und ihren beiden Freundinnen in die düstere Kellerkammer des Herrenhofs zu locken versucht. Durch dieses künstlerische Moment einer Ehe zu viert charakterisiert der Dichter Pepis Liebe als ein „ganz allgemeines weibliches Schutzbedürfnis", das auch in einem Kollektiv gelebt werden kann, im Gegensatz zu einer „echten ... individuellen Liebe"[2]. Ich möchte den grundlegenden Mangel in Pepis Liebe ergänzend hierzu darin sehen, daß Pepis Liebe nur Verlockung ist, ein Hinabziehen in die Todessphäre (vgl. H 259: „Ich war bei den Toten zu Gast"), während K. in der Liebe einen Weg zum Leben sucht. Auf diesen Weg hatte ihn das „Mädchen aus dem Schloß" verwiesen, diese leidende Frau, um die er wie „um seine Lebensluft" kämpfte, während – paradoxer Weise – die „gesunde" (146) Pepi ihn in ihrem Totenhemd in die Todessphäre hinabzuziehen droht.

Alles, was an Negativem, Bösem aus Pepi herausbricht, hat seinen Quellpunkt in ihrem Verhältnis zu Frieda, K.s Braut. An die 80 x nennt Pepi in ihrem pausenlosen Erguß den Namen Frieda. Pepi geht mit biographischer Akribie die Entwicklung des Frieda-K.-Verhältnisses durch. Dabei hat ihre Darstellung unverkennbar das Ziel, Frieda schlecht zu machen und sich selbst in das beste Licht zu setzen; das alles, um K. von Frieda zu lösen und an sich – Pepi – zu binden. Mit psychologischer Meisterschaft läßt uns der Dichter hier ein Stück Leben – die Liebe zwischen Frieda und K. – aus der Sicht einer zerstörten und zerstörenden Seele nachvollziehen.

Friedas ausgezeichnete Stellung als das von Klamm geliebte Ausschankmädchen, welches ermächtigt ist, K. durch ein Guckloch einen Blick auf Klamm werfen zu lassen, diese Stellung vergleicht Pepi mit einer „Spinne im Netz . . ., die überall ihre Fäden hat" (418). Friedas Verhältnis zu Klamm ist in Pepis Augen fingiert: „Sei in Teufels Namen Klamms Geliebte . . . aber wenn du es schon bist, dann wollen wir es auch an deinem Aufstieg merken. Aber man merkte nichts" (428). Zu ihrem Dienst braucht Frieda – nach Pepi – keine schönen Kleider, versteht sie ja auch gar nicht, sich anzuziehen, ist . . . „von allem Geschmack verlassen"(434). Als Frieda merkt, daß man im Ausschank gleichgültig gegen sie wird, entschließt sie sich – so Pepi – „Skandal zu machen, sie, die Geliebte Klamms, wirft sich irgendeinem Beliebigen, womöglich dem Allergeringsten, hin . . . Friedas Glück führt ihr den Landvermesser in den Ausschank" (429 f.). Auch den weiteren Verlauf der Liebesgeschichte schildert Pepi aus ihrer Sicht: „Was hat ihn denn an Frieda so bestochen? . . . Hat sie ihm denn wirklich gefallen können, dieses magere, gelbliche Ding? Ach nein, er hat sie ja gar nicht angesehen, sie hat ihm nur gesagt, daß sie Klamms Geliebte sei, bei ihm schlug das noch als Neuigkeit ein, und da war er verloren! Sie aber mußte nun ausziehen, jetzt war natürlich kein Platz mehr für sie im Herrenhof" (431). „Um ihr [Frieda] . . . noch mehr Freiheit zu geben, übersiedelt er [K.] aus dem Brückenhof in die leere Schule. Das alles ist ja ein schöner Anfang der Flitterwochen" (439), höhnt Pepi. K. selbst begibt sich auf „Wanderungen" . . . will sich „irgendwie hinaufhaspeln, verzichte[t] deshalb vorläufig auf das Beisammensein [mit Frieda], um sich später ungestört für die Entbehrungen entschädigen zu dürfen" (439). Pepi sieht das Ende dieser Flitterwochen voraus: „Inzwischen verliert Frieda nicht die Zeit, sie sitzt in der Schule, wohin sie ja K. wahrscheinlich gelenkt hat, und beobachtet den Herrenhof und beobachtet K.. Boten hat sie ja ausgezeichnete zur Hand: K.s Gehilfen . . . sie dienen dazu, K. eifersüchtig zu machen . . . K. läßt sich von den Gehilfen eifersüchtig machen, duldet aber doch, daß alle drei beisammen bleiben, während er allein auf seine Wanderungen geht" (439 f.). „Da entscheidet sich Frieda endlich auf Grund ihrer Beobachtungen zum großen Schlag: Sie beschließt zurückzukehren" (440 f.). Dieser Schilderung von Friedas Weg blendet Pepi effektvolle Darstellungen ihrer Künste als

Ausschankmädchen ein. Friedas Auszug mit K. aus dem Herrenhof hat Pepi „den Weg nach oben" (419) frei gemacht. Pepi ist nicht mehr Zimmermädchen, ihr liegt es nicht mehr ob, die Zimmer aufzuräumen, in denen „die Knechte, dieses schmutzige Pack, … herumhantieren, und das Zimmer, wenn es endlich dem Zimmermädchen freigegeben ist, in einem solchen Zustand ist, daß nicht einmal eine Sintflut es reinwaschen könnte" (422). Pepi ist nicht mehr dem „Schleicher" (424) ausgesetzt, der manchmal vor der Tür der Zimmermädchen herumzuschleichen anfängt. Pepi ist Ausschankmädchen geworden, mit Sorgfalt frisiert, mit dem phantastischen Engelsgewand bekleidet, wenn auch „Wäsche und Stiefel" (433) der neuen Stelle noch nicht entsprechen. Um sich ganz den „Herren" zu widmen, „sie durch ein Wort, durch einen Blick, durch ein Zucken der Achseln förmlich [zu] verwandeln", hat sie die Knechte den „Kellerburschen" zugewiesen, welche Frieda noch „beaufsichtigt" (435) hatte. Wie gut weiß sich Pepi in ihrer Tätigkeit als Ausschankmädchen zu charakterisieren: [sie] „schwamm, wenn sie mit den Bierkrügen daherkam, in einem Meer von Freundschaft, ein Schreiber namens Bartmeier ist vernarrt in sie, hat ihr dieses Kettchen und Anhängsel verehrt und in das Anhängsel sein Bild gegeben, was allerdings eine Keckheit war; dieses und anderes war geschehen …" (436).

Allerdings, trotz Pepis Künsten, trotz aller ihrer Erwartung, kam Klamm „nicht herunter" zu dem neuen Ausschankmädchen. Der Grund ist auch hier Frieda: „Klamm kam nicht herunter, weil Frieda es nicht zuließ. Nicht durch ihre Bitten hat sie das bewirkt, ihre Bitten dringen nicht zu Klamm" (438). Sondern sie tut, „als müsse Klamm geschont werden" (440).

Aus dieser Sicht Pepis in Bezug auf Frieda und sich selbst kann sie K. nur als den Betrogenen sehen:

Ist es möglich, daß K. wirklich Frieda liebt, täuscht er sich nicht oder täuscht er vielleicht gar nur Frieda (420).

Diese Selbsttäuschung K.s rührt in Pepis Augen von seinem so sonderbaren Beruf her:

Er ist Landvermesser, das ist vielleicht etwas, er hat also etwas gelernt, aber wenn man nichts damit anzufangen weiß, ist es doch auch wieder nichts. Und dabei stellt er Ansprüche, ohne den geringsten Rückhalt zu haben, stellt er Ansprüche, nicht geradezu, aber man merkt, daß er irgendwelche Ansprüche macht, das ist doch aufreizend. … Und mit allen diesen besonderen Ansprüchen plumpst er gleich am ersten Abend in die gröbste Falle (430f.),

erliegt also einer Täuschung durch Frieda. K. hat nach Pepi nicht erkannt,

wie schmählich sie [Frieda] ihn täuscht, mit allem, mit ihrer angeblichen Schönheit, ihrer angeblichen Treue und am meisten mit der angeblichen Liebe Klamms (441).

In seiner Gegenrede auf Pepis Erguß weist K. ihr mit expliziten Worten den Platz an, auf den schon die ganze Darstellung dieser Frau hinzielte:

… was erzählst du sonst? Ich sei also mißbraucht und betrogen worden? Nein, liebe Pepi, ich bin so wenig mißbraucht und betrogen worden wie du. Es ist richtig, Frieda hat mich gegenwärtig verlassen oder ist, wie du es ausdrückst, mit einem Gehilfen durchgebrannt, einen Schimmer der Wahrheit siehst du ... Ihr Zimmermädchen seid gewohnt, durch das Schlüsselloch zu spionieren, und davon behaltet ihr die Denkweise von einer Kleinigkeit, die ihr wirklich seht, ebenso großartig wie falsch auf das Ganze zu schließen (443 f.).

K. zerrupft Pepis Vorstellungen von Schönheit: „[du] schmückst dich, wie deiner Meinung nach die Engel geschmückt sind – sie sind aber in Wirklichkeit anders –" (446). Er nimmt Pepis Argument des Betrogenseins auf und wendet es gegen sie. K.s beweiskräftigstes Argument für Frieda und gegen Pepi ist der Hinweis auf Friedas Blick. Dieser Blick Friedas ist für K. der Beweis für die von Pepi bezweifelte Wahrheit, daß Frieda Klamms Geliebte ist. Aber nicht nur Friedas Blick, ihr ganzes Wesen liefert in K.s Augen diesen Beweis:

> Selbst jemand, der gar nichts von dem Verhältnis zu Klamm wüßte, müßte an ihrem Wesen erkennen, daß es jemand geformt hat, der mehr war als du und ich und alles Volk im Dorfe (447).

Pepi hat K. nicht verstanden. Sie konnte ihn nicht verstehen, weil sie aus einer heillosen Welt kommt, auf die ihre ganze Erscheinung hinwies, während der Landvermesser K. zu einer anderen Welt strebt, von der er „hinsichtlich der Frauen" „Heil und Segen" erhofft.

K.s geduldigem Versuch, Pepi diese Welt aufzuschließen, setzt diese nichts anderes entgegen als das „komm zu uns" (449). Sie geht nicht ab von ihrem Ziel, K. herunterzuholen in ihre dunkle Mädchenkammer, wo er gebunden wäre an die „Ratschläge" (451) Pepis und ihrer Freundinnen. Würde K. den Ratschlägen dieses Mädchens folgen, so wäre aus dem unermüdlichen Land-Vermessenden ein Nesthocker geworden, er wäre verloren.

Die Pepi-Gestalt und ihr biographischer Untergrund

Pepi und Grete Bloch

In der Zeichnung der Pepi erkennen wir eine Frau wieder, die in Kafkas Verhältnis zu Felice eine Rolle spielte. Es ist Grete Bloch. Durch den Vergleich von Urbild und künstlerischer Gestalt können wir auch hier wie bei Frieda – Felice – interessante Einblicke in Kafkas künstlerische Absichten gewinnen.

Zunächst stellen wir uns die Biographie Grete Blochs vor Augen, soweit sie in Kafkas Felice-Verhältnis eingreift. Grete Bloch trat Oktober 1913 als Freundin Felices in Kafkas Lebenskreis, um in den Spannungen zwischen ihm und Felice zu vermitteln[3].

Aus der Vermittlerin wurde aber bald eine Gegenspielerin, die Felice zu verdrängen suchte. Alle Freundlichkeit, Dankbarkeit, ja Liebe, die aus Kafkas Briefen an Grete Bloch spricht, kann nicht verdecken, daß Kafka von allem Anfang an die Gefahr erkannte, die ihm von dieser Seite her drohte. Kafka sah sehr wohl die Gefährlichkeit der Waffen, die Grete Bloch benutzte, um ihr Ziel zu erreichen: das Herabsetzen Felices, ihre Eitelkeit und Koketterie, mit der sie an den Mann in Kafka appellierte. Kafka notiert schon am 17. Dezember 1913 im Tagebuch „Falscher Brief von Bl." (T 346). Er schreibt in einem hinausgezögerten Antwortbrief[4]:

Überempfindlich, wie ich in allem bin, was Beziehung zu F. hat, schmeckte ich etwas Bitteres in dem Brief, etwas (trotz aller nicht nur äußerlichen Güte) mir fast Feindseliges (F 489).

In der Folgezeit wird Grete Blochs Absicht, das Verlöbnis Kafkas mit Felice Bauer zu zerstören, immer deutlicher, so daß Kafka ihr zuletzt schreibt: „… das ist allerdings ein sehr eindeutiger Brief … Sie fangen an, in mir nicht F's Bräutigam, sondern F's Gefahr zu sehn" (F 608f. vom 3. 7. 1914).

In der Zusammenkunft im Askanischen Hof (am 12. 7. 1914 s. F 611, 769), die zur Entlobung führte, war Grete Bloch eine maßgebliche Zeugin gegen Kafka. Sie hat wahrscheinlich damals Briefe Kafkas zitiert, in denen er Zweifel an der Möglichkeit einer Ehe mit Felice ausgesprochen hatte (F 608, 612 A.1). In Bezug auf Grete Blochs Verhalten im Askanischen Hof trägt Kafka nach diesen Tagen in sein Tagebuch ein: „Scheinbare Schuld des Fräulein Bl." (T 408). Einen Brief Grete Blochs, den diese nach der Zusammenkunft im Askanischen Hof geschrieben hatte, beantwortet Kafka am 15. 10. 1914:

Es ist ein sonderbares Zusammentreffen, Fräulein Grete, daß ich gerade heute Ihren Brief bekam. Das, womit es zusammengetroffen ist, will ich nicht nennen, es betrifft nur mich und die Gedanken, die ich mir heute Nacht machte, als ich mich etwa um 3 Uhr ins Bett legte.
Ihr Brief überrascht mich sehr. Es überrascht mich nicht, daß Sie mir schreiben. Warum sollten Sie mir nicht schreiben? Sie sagen zwar, daß ich Sie hasse, es ist aber nicht wahr. Wenn Sie alle hassen sollten, ich hasse Sie nicht und nicht nur deshalb, weil ich kein Recht dazu habe. Sie saßen zwar im Askanischen Hof als Richterin über mir – es war abscheulich für Sie, für mich, für alle – aber es sah nur so aus, in Wirklichkeit saß ich auf Ihrem Platz und habe ihn bis heute nicht verlassen.
In F. täuschen Sie sich vollständig … Ich sage das nicht, um Einzelheiten herauszulocken. Ich kann mir keine Einzelheit denken, die mich davon überzeugen könnte, daß Sie sich nicht täuschen. Das, was Sie andeuten, ist vollständig unmöglich, es macht mich unglücklich zu denken, daß etwa F. aus irgendeinem unerfindlichen Grunde sich selbst täuschen sollte. Aber auch das ist unmöglich (F 614f.).

Diesen Brief an Grete Bloch notiert Kafka noch einmal in seinem Tagebuch nach dem Gedächtnis mit dem erschütternden Einschub: „Selbstmord, Brief an Max mit vielen Aufträgen" (T 438f.). Es ist der letzte Brief Kafkas an Grete Bloch. nach dem Antwortschreiben Grete Blochs notiert er in seinem Tagebuch:

Antwort von Bl. ist gekommen, ich wegen der Beantwortung vollständig unentschieden. Gedanken so gemein, daß ich sie gar nicht aufschreiben kann. Die gestrige Traurigkeit. Als Ottla mir bis zur Treppe nachging, von einer Ansichtskarte erzählte, … hatte und irgendeine Antwort von mir haben wollte [konnte ich] nichts sagen. Vor

Traurigkeit vollständig unfähig ... ich nur mit den Schultern ein Zeichen geben (T 441).

Am 8. Oktober 1917, also drei Jahre später erwähnt Kafka Grete Bloch noch einmal im Tagebuch: „G. B. droht mit einem Brief" (T 535). Wahrscheinlich bezieht sich eine Tagebuchnotiz vom 9. 2. 1922 ebenfalls auf Grete Bloch: „Neuer Angriff von G." (T 572).

Die erste Spur, welche uns auf die Identität von Grete Bloch mit Pepi hinweist, sind auch hier einige Realitätspartikel. Grete Blochs Hinweise auf Felices ungünstiges Aussehen – Felices schlechte Zähne spielen eine Rolle (F 473, 511) – nimmt der Dichter im *Schloß* auf, wenn er Pepi immer wieder auf Friedas kümmerliche Erscheinung und ihre geschmacklose Kleidung anspielen läßt. Die eitle Grete Bloch, welche kokett mit den Enden ihres Pelzes spielt (s. F 582), wird in der Dichtung zu dem Mädchen mit den Zöpfen und Maschen (Haarschleifen), das meint, „Engel sähen so aus" – und sich darin gründlich täuscht. Grete Blochs dunkles Zimmer (s. F 497, 501) wird im *Schloß* zu der dunklen Mädchenkammer im Keller des Herrenhofs, in das kein Strahl des Sonnenlichtes fällt. Ein Photo, welches Grete Bloch mit zwei Freundinnen darstellt (s. F 570, 573) wird zu dem Bündnis der drei Mädchen im Herrenhofkeller, zu denen K. als „Held" und „Mädchenbefreier" hinabkommen soll. Mit feiner Ironie hat der Dichter einen in den Briefen häufig erwähnten „Mann in München" (F 497, 508, 509, 515, 540) in den „Schreiber namens Bartmeier"[5], der in Pepi „vernarrt" ist, verwandelt. Wir sehen aus diesem Vergleich von Dichtung und Biographie, wie der Künstler kleine Realitätspartikel zu tragenden Bausteinen des Kunstwerks gemacht hat.

Letztlich entscheidend für die Identifizierung von Pepi mit Grete Bloch ist der Skopus von Pepis Reden und K.s Gegenreden im Vergleich zu dem verborgenen Skopus von Kafkas Briefen an Grete Bloch. Alles, was Kafka an diese schreibt, dreht sich um einen Mittelpunkt, der Felice Bauer heißt, wie es im *Schloß* in allen Reden Pepis und den Gegenreden K.s um Frieda geht.

Pepis Analyse des K.-Frieda-Verhältnisses umfaßt die Wegstrecke des Paares, welche genau der Epoche der Zeit der Grete Bloch-Korrespondenz entspricht. Halten wir uns die Epochen dieser Zeit in der Gegenüberstellung von Kunstwerk und Biographie vor Augen. In Pepis Sicht sehen die Entwicklungsstufen des K.-Frieda- und des entsprechenden K.-Pepi-Verhältnisses folgendermaßen aus: 1. K. lernt Frieda als Ausschankmädchen kennen. Pepi ist noch im Keller des Herrenhofes. 2. Der „Skandal": Frieda wirft sich dem „Allergeringsten" hin. K. und Frieda müssen den Herrenhof verlassen. Pepi kommt in Vertretung für Frieda nach oben in den Ausschank des Herrenhofs. 3. K. und Frieda sind mit den Gehilfen in der Schule. Währenddessen arbeitet Pepi im Ausschank. 4. Frieda trennt sich von K.. Sie kehrt in den Ausschank zurück. Pepi verliert ihre Stelle als Ausschankmädchen, sie muß in den Keller zurück.

In diesen mit Pepis Augen gesehenen Etappen des K.-Frieda-Pepi-Verhältnisses erkennen wir die Phasen der Beziehungen zwischen Kafka-Felice Bauer-Grete Bloch wieder. In ihrer Entsprechung sehen sie etwa so aus: 1. Kafka verliebt sich in Felice Bauer. Grete Bloch ist ihm noch nicht bekannt. 2. Kafka verlobt sich mit Felice. Schon

122

vor und auch nach der Verlobung äußert Kafka Zweifel an der Richtigkeit seiner Entscheidung gegenüber Grete Bloch, der Freundin Felices. 3. Kafka und Felice zweifeln an einer Ehemöglichkeit. Grete Bloch arbeitet auf eine Zerstörung des Verlöbnisses hin, um an Felices Stelle zu treten. 4. Im Askanischen Hof kommt es durch die negativen Aussagen von Grete Bloch zu einer Trennung der Verlobten. Daraufhin zieht Kafka einen Schlußstrich unter seine Grete Bloch-Beziehungen.

In Folgendem gehe ich dem Verhältnis Kafkas zu Grete Bloch weiter nach, um die Umsetzung der Biographie in das Kunstwerk noch deutlicher machen zu können. Im Anfang ihrer Begegnung mit Kafka spielt Grete Bloch mit verdeckten Karten, wenn sie von Felices Schwächen spricht, wenn sie, um Mitleid zu erregen, ihre eigene dunkle Wohnung beschreibt, den „Mann in München" als Gegenspieler erwähnt, bis sie, vor die Tatsache der Verlobung Kafkas mit Felice gestellt, die Karten auf den Tisch legt und deutlich von „täuschen" spricht, womit sie Kafkas Selbsttäuschung in Bezug auf seine Liebe zu Felice meint. Dieses Wort steht in dem einzigen erhaltenen Brief Grete Blochs. Sie schreibt: „Doktor mir versagen fast die Worte. Wenn Sie sich nicht in sich selbst t ä u s c h e n – kann ich das heute nach all diesen Gegenbeweisen noch hoffen? – steht es schlimm. Ich sehe auf einmal so klar und bin ganz verzweifelt. Daß ich mit Gewalt in einer Verlobung ein Glück für Sie beide sehen wollte und Sie so bestimmt habe, schafft – das ist sicher – eine grenzenlose Verantwortung, der ich mich kaum mehr gewachsen fühle" (F 608). Aus einem Brief Kafkas an Grete Bloch vom 3. 7. 1914 (eine Woche vor der entscheidenden Sitzung im Askanischen Hof) können wir das zielbewußte Drängen Grete Blochs auf eine Lösung des Verlöbnisses erschließen. Kafka schreibt an sie: „Nun habe ich Sie also überzeugt, Fräulein Grete, und Sie fangen an, in mir nicht F.s Bräutigam sondern F.s Gefahr zu sehen". Die Gefahr bestand nach Grete Bloch darin, daß Kafka kein „ebenbürtiger Mann" für F. war, nicht „heiter, temperamentvoll, intelligent und grundgut", sondern wie Kafka sich aus der Sicht Grete Blochs verstehn mußte: „traurig, schwerfällig, auf sich eingeschränkt und vielleicht nach dem Guten strebend, aber mit schwachen Kräften … Schließlich ist man auch gewiß nicht vollständig gesund und zumindest neurasthenisch bis in den Grund hinein" (F 609). Grete Bloch gelang es dann, im Askanischen Hof die Entlobung von Kafka und Felice Bauer herbeizuführen. Sie trat dort als „Richterin" auf. In der Rechtfertigung ihrer Rolle als „Richterin" muß sie wieder das Wort „täuschen" gebraucht haben. Kafka nimmt es in seinem oben angeführten Antwortbrief auf, um es dann gegen sie zu wenden: „In F. t ä u s c h e n Sie sich vollständig. … Ich kann mir [nicht denken], daß Sie sich nicht t ä u s c h e n … Es macht mich unglücklich zu denken, … daß F. sich selbst t ä u s c h e n sollte". (F 615) Die Häufung dieses entscheidenden Wortes in Kafkas letztem Brief an Grete Bloch hat dann der Dichter im *Schloß* in dem „„getäuscht" und „betrogenwerden" aufgenommen, um es dort in vielfachen Variationen zu einem Höhepunkt seiner Gegenrede an Pepi zu machen. K.s Gegenargument gegen Pepis Täuschungstheorie ist der Hinweis auf Friedas „Blick" und ihr „Wesen". Ein Satz aus K.s Verteidigungsrede läßt auch hier den biographischen Untergrund erkennen. K. an Pepi: „Was lag daran, daß sie vielleicht ein wenig mager, ein wenig ältlich war, daß man sich reineres Haar vorstellen konnte, das sind

Kleinigkeiten, verglichen mit dem, was sie wirklich hatte, und derjenige, welchen diese Mängel gestört hatten, hätte damit nur gezeigt, daß ihm der Sinn für Größeres fehlte. Klamm kann man dies gewiß nicht vorwerfen ..." (446). Kafka schrieb an Grete Bloch:

... ich weiß ... nicht genau, welche Einzelheiten über F. Sie wissen und welche Sie wissen wollen. F. sieht sehr wechselnd aus, an der Luft meist sehr frisch, im Zimmer manchmal müde, gealtert, mit fleckiger, rauher Haut. Ihre Zähne sind noch in schlechterem Zustand, alle, durchwegs alle plombiert. ... Ich kann das alles und noch anderes feststellen, sehen, genau beobachten, es rührt auch von der Ferne nicht an mein Gefühl für F. (F 511).

Dieser Vergleich von Biographie und Kunstwerk gibt uns einige Schlüssel in die Hand. Als Wichtigstes sei herausgegriffen: die Figur Klamms. In dem gebrachten Vergleich steht im Werk „Klamm", wo im Brief Kafkas „mein Gefühl für F." steht. Klamm ist also die Liebe, als Beamter Klamm wird die Liebe befragt nach ihrem Platz in der Hierarchie der Gotteserscheinungen. Wenn im *Schloß* so betont ausgeführt wird, wie Klamm zu Frieda „herunter" kommt, wie Klamm und Frieda nebeneinandersitzen „als sei es die selbstverständlichste Sache von der Welt" (447), so wird hier die Liebe zu Frieda deutlich als Erscheinung des Göttlichen gezeichnet. Dieses Göttliche in der Liebe ist Pepi nicht erschienen. „Er [Klamm] ... kam nicht" (437), wie die so geartete Liebe offenbar keinen Platz in dem Verhältnis Kafkas zu Grete Bloch hatte. Dieses Wissen Kafkas um die Art seines Verhältnisses zu Grete Bloch drückt der *Schloß*-Erzähler in der Schilderung der ersten Begegnung von K. mit Pepi aus:

trotz ihrem kindlichen Unverstand hatte auch sie wahrscheinlich Beziehungen zum Schloß; sie war ja, wenn sie nicht log, Zimmermädchen gewesen; ohne von ihrem Besitz zu wissen, verschlief sie hier die Tage, aber eine Umarmung dieses kleinen, dicken, ein wenig rundrückigen Körpers konnte ihr zwar den Besitz nicht entreißen, konnte aber an ihn rühren und aufmuntern für den schweren Weg. Dann war es vielleicht nicht anders als bei Frieda? O doch, es war anders. Man mußte nur an Friedas Blick denken, um das zu verstehen. Niemals hätte K. Pepi angerührt. Aber doch mußte er jetzt für ein Weilchen seine Augen bedecken, so gierig sah er sie an (148).

Hier in der Darstellung der K.-Pepi-Beziehung ist deutlich die Quintessenz von Kafkas Verhältnis zu Grete Bloch ausgesprochen: Verlockung, ja, „für ein Weilchen"; wahre Liebe, wie zu Felice: nein.

Noch einige weitere Einzelzüge der Dichtung schließen sich uns auf. Wir verstehn jetzt, was „Ausschank" bedeutet. Wie Felice und Grete Bloch zu Kafka in eine – echte oder vorgetäuschte – Liebesbeziehung kommen, so kommen im *Schloß* die künstlerischen Abbilder dieser Frauen in den Ausschank, Frieda als bewährte Kraft, Pepi als Aushilfe. Wir verstehen jetzt, was es heißt, daß Pepis Kognak „ungenießbar" ist, während K. einen „besseren" (159) kennt, nämlich den, welchen er in Klamms Schlitten gekostet hat.

Mit seinem Wort „in F. täuschen Sie sich vollständig" hat Kafka unter sein Verhältnis zu Grete Bloch einen Schlußstrich gezogen. Er schrieb ihr danach nicht mehr. Dagegen schwieg Grete Bloch nicht. Sie hat Kafka nach dem Abbruch ihrer Korrespondenz nicht mit Vorwürfen und Drohungen verschont (s. T 500, 535, 572). Fragen wir, was etwa der Inhalt von Grete Blochs Vorwürfen gewesen sein könnte, so können wir wohl der Dichtung — wie bisher stets — vertrauen, daß sie diese Vorwürfe zum Ausdruck bringen würde. Sie könnten kaum anders gelautet haben als der in der Dichtung ausgesprochene Vorwurf, daß Kafka sich nicht an Grete Bloch gebunden hat, nicht zu ihr „herunter" kam, wie es Pepi von K. forderte. Grete Bloch wollte offenbar Kafkas Aussprache über seine Felice-Probleme als Liebesbeweis ihr gegenüber sehen und fühlte sich, als ihre Erwartungen nicht in Erfüllung gingen, „mißbraucht und betrogen". Ein mehr an Vorwürfen über Kafkas Schuld an ihr ist nicht denkbar. Es findet sich nirgendwo, weder in Kafkas Selbstzeugnissen noch in der Dichtung auch nur andeutungsweise ein Vorwurf, den Grete Bloch nach der Sicht einiger Biographen Kafka hätte machen müssen, nämlich daß Kafka sie als Mutter eines Sohnes im Stich gelassen habe.

Es erscheint mir notwendig, von der hier gewonnenen Sicht der Pepi — Grete Bloch einen Beitrag zur Klarstellung der biographischen Fakten beizusteuern. Gegen die von Grete Bloch inaugurierte Sohn-Theorie[6] hatten bereits die Herausgeber der Felicebriefe stichhaltige Gegenargumente angeführt[7]. Chris Bezzel, der Verfasser einer Kafka-Chronik[8] hält trotzdem an ihr fest[9]. Er schreibt: „ca. 1914 oder erste Hälfte 1915: Grete Bloch gebiert einen Sohn, den sie wahrscheinlich mit K. gezeugt hat. Von diesem Kind erfährt K. nichts"[10]. Wenn wir fragen, überzeugen Bezzels Gegenargumente, so stellen wir folgendes fest: 1. Bezzel beruft sich auf Brod und Wagenbach als Mitvertreter seiner Theorie. Das bedeutet aber nichts, weil diese Biographien aus derselben Quelle schöpfen wie Bezzel: dem Brief Grete Blochs. 2. Der Brief Grete Blochs als authentische Quelle ist fragwürdig. Es ist zu beachten, daß Grete Bloch zwar auf Kafka anspielt (Todesjahr 1924 — „seine Meisterschaft wird heute noch gepriesen". „tödliche Krankheit"), aber nicht seinen Namen nennt. Auch Grete Blochs Darstellung der Trennung von Kafka weckt falsche Vorstellungen, wenn sie schreibt: „von dem ich mich schon im Krieg trennen mußte …", während, wie man nachlesen kann, diese Trennung durch Kafkas entschiedene Ablehnung ihres Verhaltens im Askanischen Hof herbeigeführt wurde (letzter Brief Kafkas an Grete Bloch vom 15. 10. 1914 F 614f.). Auf die Zwielichtigkeit in Grete Blochs Wesen, die sich hier zeigt, weisen die Herausgeber der Felice-Briefe hin. Im *Schloß* zeichnet der Dichter dieser Frau den entsprechenden Zug ein: „sie [Pepi] war ja, wenn sie nicht l o g , Zimmermädchen im Herrenhof gewesen". 3. Bezzel verleiht dem Verhältnis Kafkas zu Grete Bloch dadurch einen falschen Akzent, daß er meistens von „Grete" spricht, während Kafka an dem distanzierenden „Fräulein Grete" von Anfang bis Schluß seiner Korrespondenz mit Grete Bloch festhält. In seinen Tagebüchern bezeichnet er sie mit Bl. (T 346, 441) Frl. Bl. (T 407, 408) G. B. (T 535). In seinen Briefen an Felice heißt sie: „Frl. Bloch" (F 689) und „Fräulein Grete" (F 690). Entsprechend lautet seine Unterschrift immer: „Ihr Franz Kafka". In dem einzigen erhaltenen Brief Grete Blochs lautet ihre Anrede „Doktor" (F 608). 4. Bezzel versucht, die angebliche Vaterschaft Kafkas durch Anführen von Briefstellen aus der Korrespondenz Kafka — Grete Bloch zu stützen. Dabei ist festzustellen: Bezzels Auswahl ist einseitig. Es fehlen die Briefstellen, aus denen hervorgeht, daß Kafka Grete Blochs Haltung als eine „intermittierend feindselige"[11] empfand. So bringt Bezzel folgende Briefstellen nicht: „... ich ... schmeckte etwas Bitteres in dem Brief, etwas ... mir fast Feindseliges" (F 489 vgl. T 353), „mein grundfalsches Verhältnis zu Ihnen" (F 494). Weil Bezzel annimmt, daß zu der Zeit, als Kafka einen Brief an Felice schrieb (am 31. 8. 1916), Grete Bloch einen zweijährigen Sohn von Kafka hatte, bringt er folgende Randbemerkung aus dem Brief an Felice nicht: „Wie trägt es Frl. Bloch und was bedeutet es für sie"? (F 689). Ebensowenig bringt er Kafkas Mahnung an Felice aus einem folgenden Brief: „Fräulein Gretes Leid geht mir sehr zu Herzen; jetzt verläßt Du sie gewiß nicht, wie Du es früher manchmal ... scheinbar unbegreiflich getan hast. Wenn Du ihr Gutes tust, vertrittst Du auch mich" (F 690). Es fehlen auch bei Bezzel folgende Tagebucheintragungen: „Scheinbare Schuld des Fräulein Bl." (T 408) und „Antwort von Bl. ist gekommen" (T 441). In der Fortsetzung dieser Notiz heißt es „ich wegen der Beantwortung vollständig unentschieden. Gedanken so gemein, daß ich sie gar nicht aufschreiben kann" (T 441). Weil Bezzel das „intermittierend Feindselige" in Grete Bloch nicht sieht, muß er das „Gedanken so gemein", auf einen „geplanten Antwortbrief" Franz Kafkas beziehen [12], während sich aus dem hier gewonnenen Bild Grete Blochs ergibt, daß dies „Gedanken so gemein" sich auf diese beziehen. In der Darstellung der Pepi mit ihrer ordinären Sprache und ihrem ungehemmt negativen Verhalten konnten wir etwas von diesem „Gedanken so gemein" erfassen.

Unser Vergleich von Biographie und Kunstwerk läßt uns auch hier wie bei den anderen Frauengestalten des Romans nachvollziehen, wie dem in seiner Qual Verstummenden als Dichter die Zunge gelöst wird. Acht Jahre lang war Kafka verstummt, bis er im *Schloß* sagen konnte, was er litt. Wir dürfen aber auch annehmen, daß dieses Sagen alles umfaßt, was da zu sagen war.

Wir werden auf das Pepi-Erlebnis noch einmal zu sprechen kommen, wenn wir die Bedeutung der Pepi für den Weg des K. betrachten.

VIII. Die Schwestern Amalia und Olga

Die Amalia-Sortini-Episode

Amalia ist die Frau des Romans, der der Dichter „ein Übermaß an Raum" zugebilligt hat[1], der also spürbar ein starkes Interesse des Dichters gilt.

Über die Deutung der Amalia-Sortini-Episode ist ein heftiger Streit entbrannt zwischen den Vertretern einer Interpretation von Kierkegaard und der Bibel her, die Max Brod vertritt, und den Gegnern einer religiösen Interpretation, als deren Wortführer ich Heller[2] und Emrich[3] nennen möchte. Max Brod hatte im Nachwort zur ersten Ausgabe des *Schloß*-Romans geschrieben: „ ... dieses *Schloß* ist genau das, was die Theologen „Gnade" nennen, die göttliche Lenkung menschlichen Schicksals ..." (529).

„Sollte man ... die von K. erlebten und vermuteten Beziehungen zwischen den Frauen und dem *Schloß* also der göttlichen Lenkung, rätselhaft und vor allem die Sortini-Episode unerklärlich finden, in der der Beamte (der Himmel) sichtlich etwas Unmoralisches und Schmutziges von dem Mädchen verlangt, so sei auf Kierkegaards „Furcht und Zittern" hingewiesen – ein Werk überdies, das Kafka sehr geliebt, oft gelesen und in vielen Briefen tiefsinnig kommentiert hat. Die Sortini-Episode ist geradezu ein Parallelstück zu Kierkegaards Buch, das davon ausgeht, daß Gott von Abraham sogar ein Verbrechen, die Opferung seines Kindes, verlangt, und in dem dieses Paradox zur siegreichen Feststellung verhilft, daß die Kategorien der Moral und die des Religiösen durchaus nicht als einander deckend vorzustellen sind. – Die Inkommensurabilität irdischen und religiösen Tuns: das führt direkt ins Zentrum von Kafkas Roman" (534).

Dieser Interpretation Brods begegnet Erich Heller mit scharfer Kritik. Er schreibt: „ ... Dies (Brods Auslegung der Sortini-Episode) ist für den Gläubigen Blasphemie und eine Beleidigung für die kritische Intelligenz eines Lesers, der imstande ist, die Bibel, Kierkegaard und Kafka für sich selbst zu lesen. Ein Vergleich zwischen Kierkegaard und Kafka wäre gewiß lohnend. Er würde vielleicht sogar einem modernen Leser den Unterschied zwischen Purgatorium und Inferno beibringen. Denn in genau diesem Verhältnis steht Kierkegaards „Furcht und Zittern" zu Kafkas *Das Schloß*. Das Isaak-Opfer eine Parallele zu Sortinis Absichten mit Amalia? Aber das hieße doch – ohne jede polemische Übertreibung – dem Gotte Abrahams ein persönliches Interesse an dem Knaben Isaak zuschreiben, das sich eher für einen griechischen Halbgott schickte. Im übrigen nahm Gott, nachdem er Abrahams absoluten Gehorsam geprüft, das Opfer nicht an. Im Falle Sortinis aber, der für Max Brod göttliche Lenkung und den Himmel selber repräsentiert, ist, nach dem Beispiel seiner Kollegen zu urteilen, völliger Verlaß darauf, daß er Amalia nicht in sein Schlafzimmer lädt, bloß um ihr zu sagen, daß man so etwas nicht tut"[4].

Um eine begründete Stellung zu der Sortini-Amalia-Episode beziehen zu können, ist es ratsam, zwei formale Merkmale der Dichtung zu beachten:

1. Die Sortini-Amalia-Episode gliedert sich in vier Abschnitte, denen Kafka schon früh Kapitelüberschriften gab[5]. Sie lauten: „Amalias Geheimnis", „Amalias Strafe",

„Bittgänge", „Olgas Pläne". Schon diese Überschriften machen deutlich, daß es sich in den Sortini-Amalia-Kapiteln um eine Einheit handelt, die sich in verschiedenen Sichten darstellt. Die Sortini-Episode kann also nicht nur aus der Sicht Amalias verstanden werden, sondern sie muß ebenso aus der Sicht der Geschwister Olga und Barnabas und der des Vaters betrachtet werden. Zwar ist Amalia die Zentralfigur dieser Kapitel, aber sie verkörpert nur eine Seite der Begegnung mit Sortini. Amalia ist das Glied einer Familie, deren übrige Glieder auf die Begegnung mit Sortini in ganz anderer Weise reagieren als sie.

2. Es ist auffallend, daß die biblisch-theologischen Wendungen, auf die zu Anfang schon hingewiesen wurde, sich in diesen Kapiteln besonders häufen. Einige dieser Wendungen seien zunächst herausgegriffen: „Offenbarungswort" (267), „Gnadenzeichen" (333), „Segen" (311), „Segenswünsche" (316), „Fluch" (282), „verworfen" (324, 328). Wir werden in diesem theologischen Vokabular einen der „kleinen Kunstgriffe" in der Erzählung Olgas zu sehen haben, von denen K. zu Olga sagt, daß er „sie sehr wohl verstehe" (337). So wird es legitim sein, wenn auch der Leser, von diesen „Kunstgriffen" angeleitet, sich offenhält für eine biblisch-theologische Interpretation der Sortini-Episode.

Ein Gang durch die gesamte Sortini-Episode muß aufzeigen, ob wir uns für die eine oder andere Interpretationsrichtung zu entscheiden haben.

Amalia und ihr Beamter Sortini

Wir beginnen unsere Interpretation des Amalia-Kapitels mit Sortini. Sein Name läßt uns denken an das lateinische sors, sortis, das den Komplex Los, Losen, Orakel, Schicksal umschließt. Sortini als „Schicksal" zu verstehen, wird durch das Vokabular des Romans nahegelegt. Zweimal findet sich in den Sortini-Kapiteln das Wort „Schicksal" (288, 307), zweimal ist von „Verhängnis" die Rede (283). Das Leid der Barnabasschen ist über sie „hereingebrochen" (305). Die nähere Beschreibung Sortinis läßt den Leser an das d u n k l e Schicksal denken: Sortini ist „sehr unbekannt" (285), im Gegensatz zu dem bekannten Sordini ist er „sehr zurückgezogen und den meisten fremd" (273), er hält sich, „wie es seinem Charakter entspricht, ganz im Hintergrunde" (273) auf, er handelt durch „Schweigen" (277). Auch der Zusammenhang von „Schicksal" mit „Los", „Losen", „Orakel" in sors, sortis deutet auf das Unfaßbare, Rätselhafte hin.

Auf das rätselhafte Schicksal weist auch die Beschreibung von Sortinis Stirnfalten hin: „etwas, was allen, die ihn überhaupt bemerkten, auffiel, war die Art, wie sich bei ihm die Stirn in Falten legte, alle Falten ... zogen sich nämlich geradewegs fächerartig über die Stirn zur Nasenwurzel hin, ich habe etwas Derartiges nie gesehen" (273), sagt Olga.

Zur Deutung dieser physiognomischen Beschreibung möchte ich eine Stelle aus Goethes „Dichtung und Wahrheit"[6] heranziehen, in der es um ein Rätsel (Goethe schreibt auch „Räzel") geht. Für die Nähe Goethes in den Sortini-Kapiteln spricht Folgendes: In dem Kapitel „Bittgänge" aus der Amalia-Sortini-Episode taucht der Name eines „Bertuch" auf, der eine „Handelsgärtnerei" betreibt und „Gemüse ins Schloß ... liefert" (316). Nun spielte in dem Weimar der Goethezeit ein gewisser Bertuch als Gartenarchitekt und als Fabrikant künstlicher Blumen eine Rolle. In seiner Blumenfabrik arbeitete Christiane Vulpius, Goethes spätere Frau. Das erfahren wir aus dem Bändchen: „Damals in Weimar"[7], welches sich in Kafkas Handbibliothek befand[8]. Wenn Kafka im Schloß seinen Bertuch „nicht weit vom Zugang zum Schloß" (316) eine Handelsgärtnerei betreiben läßt, und wenn er diesen Bertuch dem frierenden, durchnäßten Vater „aus Mitleid und alter Freundschaft" (316) eine Decke über das Gitter werfen läßt, so haben wir hier wohl ein Zeichen der Einordnung des von ihm sehr geschätzten Goethe[9] in seine Schloß-Welt zu sehen[10].

Dieser Hinweis auf Goethe in einem der Sortini-Kapitel scheint mir die Annahme zu unterstützen, daß wir ein Vorbild der Sortinischen Stirnfalten in Goethes „Dichtung und Wahrheit" finden können. Es ist die Stelle aus der Verkleidung in Sesenheim, wo Goethe beschreibt, wie er mit Hilfe eines gebrannten Korkstöpsels seine Augenbrauenlinien verlängert und über der Nasenwurzel so zusammenstoßen läßt, daß seine Physiognomie zu einem „Räzel" wird. Kafkas Kenntnis dieser Stelle aus „Dichtung und Wahrheit" belegt ein zweites Bändchen aus seiner Handbibliothek: August Diezmann: Goethes Liebschaften und Liebesbriefe[11]. Dort fand er folgende Stelle aus „Dichtung und Wahrheit" angeführt: „Meine Haare, die nun wieder ihren völligen Wuchs hatten, konnte ich ungefähr wie die seinigen [sc. des Bauernburschen, den Goethe spielt] scheiteln, und da ich ihn wiederholt betrachtete, so fand ich's lustig, seine dichteren Augenbrauen mit einem gebrannten Korkstöpsel mäßig nachzuahmen und sie in der Mitte näher zusammenzuziehen, um mich bei meinem rätselhaften Vornehmen auch äußerlich zum Rätsel zu bilden"[12]. Diese Rätsel-Stelle aus „Dichtung und Wahrheit" nimmt Bezug auf eine frühere, die Diezmann nicht bringt: „ ... seiner ganzen Physiognomie gab es einen eigenen Ausdruck, daß er ein Räzel war, d.h. daß seine Augenbrauen über der Nase zusammenstießen"[13].

Wir können in etwa nachvollziehen, wie eine solche „Räzel"-Stelle auf einen Dichter wie Kafka wirkt, dessen Werk als Ganzes und dessen Schloß-Dichtung im besonderen um die „Unenträtselbarkeit" (T 549) kreist. Es scheint darum gut denkbar, daß die sortinischen Stirnfalten, die sich fächerartig zur Nasenwurzel hinziehen, an die „rätselhafte" Gesichtsbildung bei Goethe erinnern sollen, in der die „Augenbrauen über der Nase zusammenstießen".

Die herangezogene „Räzel"-Stelle aus Dichtung und Wahrheit, die sich unserer Sortini-Deutung gut einfügen würde, scheint in ihrer Beweiskraft dadurch abgeschwächt zu sein, daß neben der Ähnlichkeit beider Bilder eine deutliche Abweichung besteht. Während bei Goethe die Augenbrauen des Bauernburschen über der Nasenwurzel zusammenstoßen und so das „Räzel" entsteht, sind es im Schloß die Stirnfalten Sortinis, die sich „geradewegs fächerartig" über die „Stirn zur Nasenwurzel hin" – ziehen. Aber sowohl die Übernahme des Bildes als seine Abwandlung macht die Kafkasche Position deutlich. Während bei Goethe das „Räzel"-Bild ganz im menschlich Natürlichen bleibt, verwandelt es der Dichter einer Zeit, deren menschlicher Boden zerbrochen ist, in das Bild eines Rätsels außerhalb des Natürlichen. Olga sagt bezeichnenderweise von ihm: „ … ich habe etwas Derartiges nie gesehen". Im Vergleich von Kunstwerk und angenommener Quelle beobachten wir hier wie auch sonst bei Kafka eine Zeichen setzende Übernahme wie eine charakterisierende Abwandlung.

So ambivalent wie der Sinn seines Namens und so rätselhaft wie sein Aussehen zeigt sich Sortini in seinem Handeln. Zunächst erscheint Sortini in der Briefgeschichte als eindeutig böse. Zweimal fällt das Wort „böse", „ … es war kein Liebesbrief, kein Schmeichelwort war darin, Sortini war vielmehr offenbar böse, daß der Anblick Amalias ihn ergriffen, ihn von seinen Geschäften abgehalten hatte" (280), daher der „böse, drohende Ton" (280) seines Briefes. Sortinis Handeln kann nur als „Zorn" (280) verstanden werden, das „sofort" (279) seines Befehls als Zornesäußerung einer absolutistischen Majestät, die keine andere Entscheidung zuläßt.

Wäre nichts anderes aus der Dichtung über Sortini zu erfahren, so müßten wir Hellers Interpretation Recht geben: „Die Beamten des Schlosses sind, sofern sie nicht eindeutig gehässig sind, völlig gleichgültig gegen Gut und Böse"[14]. Doch zeichnet sich in der Dichtung noch eine andere Sicht ab. Olga ist nicht sicher, ob das Handeln Sortinis nur Zorn bedeutet, in ihrer Darstellung von „Amalias Strafe" spricht sie betont von „Sortinis wahrscheinlichem Zorn" (301). Im Gegensatz zu der Eindeutigkeit der Hellerschen Interpretation („es ist völliger Verlaß darauf, daß er [Sortini] Amalia nicht in sein Schlafzimmer lädt, bloß um ihr zu sagen, daß man so etwas nicht tut")[15] fordert die Dichtung ein anderes Sehen heraus. Olga und Barnabas wissen nichts von einer Eindeutigkeit, sie versuchen vielmehr in ihren Gesprächen hinter den Sinn des Sortinischen Handelns zu kommen: „Wir legten es uns später so zurecht" … (280). Auch K. beteiligt sich an diesen Erwägungen: „vielleicht wollte er [Sortini] sie [Amalia] mit dem Brief nur strafen aber nicht rufen" (300). Aber diese Betrachter der Sortinischen Handlungsweise kommen zu keinem eindeutigen Urteil: „Bei den Herren im Schloß ist alles möglich" (300), sagt Olga. „Was wissen wir von den Gedanken der Herren?" (285), fragt sie. Doch gibt gerade dieses letzte Wort dem Leser einen Fingerzeig. Es erinnert an das Wort, mit dem Paulus seine Betrachtungen über die Verwerfung oder Erwählung Israels beschließt: „ … wer hat des Herrn Sinn erkannt" (Römer 11, 34a). Ganz deutlich wird dann die Beziehung auf die Bibel durch ein Wort, welches Olga wie beiläufig am Schluß des Kapitels „Amalias Strafe" ausspricht: „ … man unterschätzte nicht die Schwere unseres Schicksals, obwohl man es nicht genau kannte, man wußte, daß man selbst d i e P r o b e wahrscheinlich nicht besser bestanden hätte als wir …" (307).

In der hier von Olga vorgetragenen Sicht, Sortinis Verhalten als „Probe" anzusehen, erkennen wir das biblische: „Gott versuchte Abraham" der Genesisgeschichte. Diese biblischen Gedanken der Prüfung durch Gott fanden die Freunde Kafka und Brod in Kierkegaards „Furcht und Zittern"[16] in bewunderter „Durchreflektiertheit" vorgetragen. Kafkas Ergriffenheit von Kierkegaards „Furcht und Zittern" bringt ein Brief an Brod zum Ausdruck:

Du erwähnst die „Durchreflektiertheit" und fühlst offenbar mit mir, daß man sich der Macht seiner Terminologie, seiner Begriffsentdeckungen nicht entziehen kann. Etwa auch der Begriff des „Dialektischen" bei ihm oder jener Einteilung in „Ritter der Unendlichkeit" und „Ritter des Glaubens" oder gar der Begriff der „Bewegung". Von diesem Begriff kann man geradewegs ins Glück des Erkennens getragen werden und noch einen Flügelschlag weiter (B 237f.)[17].

In dem schon früher gebrachten Brief an Robert Klopstock (B 332ff.) transponiert Kafka die Abraham-Meditationen Kierkegaards in seine Welt. Das in diesem Brief umkreiste „Opfer" (2 x Opfer, 1 x Opfermesser, 3 x Opfern) wäre als Forderung Sortinis das letzte sinnvolle Motiv seines Handelns. Wenn die zum Opfer bereite Olga später in Bezug auf Sortinis Brief sagt: „Was mich betrifft ..., wenn ich einen solchen Brief bekommen hätte, ich wäre gegangen" (282), so wird deutlich, daß es in der Absicht des Dichters lag, in Sortini einen Gott darzustellen, der den Menschen auf die „Probe" stellt, ob er zu dem Opfer der Selbstaufgabe bereit ist oder nicht.

In der Absurdität seiner Forderung stellt Sortini das kierkegaardsche „Inkommensurable"[18] dar. Eine Anspielung auf das „Inkommensurable" erkennen wir in Olgas Sortini-Darstellung: „Wenn ein solcher weltungewandter Mann wie Sortini plötzlich von Liebe zu einem Dorfmädchen ergriffen wird, so nimmt das natürliche andere Formen an, als wenn der Tischlergehilfe von nebenan sich verliebt" (285). Ist es bei Kierkegaard das andere Maß, so sind es hier bei Kafka die „anderen Formen".

Halten wir zu diesen sich deutlich abzeichnenden Bezügen auf Kierkegaard noch Kafkas Verarbeitung der jüdischen Mystik, welche Erscheinungen des Göttlichen unter sexuellen Bildern darstellen konnte, so empfinden wir die Herausforderung der kafkaschen Gottesvorstellung, die es wagt, unter einem scheinbar gemein handelnden Sortini einen im Grunde gütigen Gott darzustellen, der den Menschen „nur" auf die „Probe" stellt.

Dieses am Werk gewonnene Sortini-Verständnis wird bestätigt durch Betrachtungen Kafkas über die Moira, das griechische Schicksal. Kafkas Ausführungen ergaben sich aus seiner Lektüre von Max Brods „Heidentum, Christentum, Judentum". Brod hatte geschrieben: „ ... da [für den heidnischen Griechen] das irdische Leben in seiner Endlichkeit keinen Sinn ergibt, muß das in derselben Richtung liegende unirdische Leben dieselbe Sinnlosigkeit, nur in vergrößertem Maßstabe, verraten. Daher die Trostlosigkeit der homerischen Hadesvisionen, die Unfreiheit der Götter, hinter denen immer noch etwas Dunkles, Unaufgelöstes, die allbezwingende Moira steht". „Die irdische Welt ist den Griechen verworren und elend ..., in ihrer Beziehung zu den Menschen sind sie [die griechischen Götter] wie blutleer, kalt, ja höhnisch und böse ..., verraten vom Sinne der irdischen wie der überirdischen Mächte blieben dem Griechen nur zwei Gefühle: eine grauenhafte Furcht vor dem Kern der Dinge und ein möglichst intensiviertes Festhalten an der bunten vergänglichen Schale ..."[19].

Kafkas Kritik an Brods Auffassung lautet:

[Ich] kann gar nicht sagen, daß ich mit Dir einverstanden bin oder richtiger gesagt: ich trage vielleicht nur Dein geheimes Einverständnis mit dem „Heidentum" offen ...

Ich glaube nämlich an kein „Heidentum" in Deinem Sinn. Die Griechen z. B. kannten doch einen gewissen Dualismus sehr gut, was hätte sonst die Moira und vieles andere für einen Sinn gehabt? Nur waren es eben ganz besonders demütige Menschen — in religiöser Hinsicht —, eine Art lutheranischer Sekte. Sie konnten das entscheidend Göttliche gar nicht weit genug von sich entfernt denken, die ganze Götterwelt war nur ein Mittel, das Entscheidende sich vom irdischen Leib zu halten, Luft zum menschlichen Atem zu haben (B 279)[20].

Gemeinsam ist den beiden Sichten — Brods und Kafkas — das Verständnis der Moira als absoluter Transzendenz (Brod: „die Unfreiheit der Götter, hinter denen immer noch etwas Dunkles, Unaufgelöstes, die allbezwingende Moira steht", Kafka: „ sie [die Griechen] konnten das entscheidend Göttliche gar nicht weit genug von sich entfernt denken"); aber während Brod in der Moira nur das Sinn- und Trostlose sieht, betont Kafka, daß sich in der griechischen Moira eine Erscheinung des Göttlichen darstellt, der sich der griechische Mensch „demütig" beugte, darin „eine Art lutheranischer Sekte" verkörpernd.

Wenn wir zu klären versuchen, was Kafka unter diesem „einer Art lutheranischer Sekte" verstand, so kann uns ein Kafka bekannter Troeltsch-Aufsatz „Luther und der Protestantismus" weiterhelfen. Die Bedeutung dieses Aufsatzes für Kafkas Denken geht daraus hervor, daß Kafka ihn seinem blinden Freund Oskar Baum vorlas (s. B 218, B 224). Für die uns hier interessierende Sortini-Moira-Frage las Kafka bei Troeltsch unter anderem folgende Ausführungen: „Es ist bedingungsloser Determinismus und allein von Gott ausgehende Prädestination, was er [Luther] dem Ideal der Göttlichkeit und schaffenden Kraft des endlichen Willens gegenüberstellt. Luthers Gottesgedanke ... ist der Begriff der ausschließlich Gott vorbehaltenen grundlosen Freiheit, die selbst erst der Grund aller Gründe und das Maß aller Maße ist und selber keines hat, das über ihr stünde, ein Gedanke wie bei Paulus und Augustin, aber auch wie bei Descartes und Jakob Böhme" [21].

In einem anderen Lutherzitat, das Troeltsch bringt, fand Kafka die Haltung vorgezeichnet, die er den Griechen zuschrieb: „Wenn einer in diesem Leben an seiner Erwählung zweifelnd, in grenzenlose Selbstvernichtung versinkt, so möge er in dieser Demut bereits wenigstens die Wirkung des die Selbstigkeit vernichtenden Gottes und damit trotz allem die Gegenwart Gottes empfinden, sodaß sogar in der Hölle der Verzweiflung das Paradies der Gottesgegenwart seinen Balsam ausströmt" [22].

Nachdem uns diese Einsichtnahme in den Kafka bekannten Troeltsch-Aufsatz klarmachte, wie Kafka den Gottesgedanken Luthers verstand: Gott als den Prädestinierenden, dem sich der Mensch demütig bis zur Selbstvernichtung zu beugen hat, erkennen wir in seinem Sortini-Bild den mit Brod geführten Dialog über das „Heidentum" wieder. Dieses Bild ist bestimmt von der Dialektik zwischen Sinnlosigkeit (von Brod vertreten) und einem „demütig" anzunehmenden Sinn, (den Kafka vertrat). Wir können also diese Auseinandersetzung Kafka-Brod als eine Art Entwurf des Sortini-Bildes auffassen, der die von mir versuchte Sortini-Interpretation bestätigt.

Somit ergibt sich aus der Einsichtnahme in Kafkas Moira-Betrachtungen, daß Kafka in Sortini als dem rätselhaften Schicksal eine Erscheinungsform des Göttlichen darstellen wollte, dem sich der Mensch bis zur Selbstaufgabe zu beugen hat. Von hier aus ist es möglich, die Forderung Sortinis an Amalia, zu ihm in den Herrenhof zu kommen, als eine „Probe" anzusehen, ob Amalia sich dem unverständlichen Befehl Sortinis zu fügen bereit war. Diese Unterordnung des Menschen unter ein „Inkommensurables", wäre die Annahme eines Paradox, die auch die Bibel dem Menschen zumutet (vgl. hierzu Römer 9).

Amalia

In Amalia begegnet der autonome Mensch dem Inkommensurablen. Olga billigt es Amalia zu, im Recht zu sein, wenn sie nur nach ihrem eigenen Gesetz handelt.

Ich kenne niemanden, der so fest im Recht wäre wie Amalia bei allem, was sie tut (282).

so faßt Olga ihr Urteil über Amalias Handlungsweise zusammen. „Aufrecht ... in ihrem schönen Kleid" (276) steht diese Gestalt inmitten einer devoten Festmenge. Ein titanischer Trotz liegt über dieser Gestalt. Wenn wir uns vor Augen halten, daß ihre Begegnung mit Sortini am Tage eines Feuerwehrfestes stattfindet, vor einer vom Schloß gespendeten Feuerspritze, so können wir wohl annehmen, daß Kafka hier in Amalia eine prometheische Gestalt zeichnen wollte[23]. Dem prometheischen Feuer menschlicher Hybris zu „wehren", es zu löschen, das besagen diese Symbole.

Amalia begegnet diesem Ansinnen des Schlosses mit dem Stolz des autonomen Menschen. Als große „Ausnahme" (3 x 287) kümmert sie sich nicht um die vom Schloß gespendete Feuerspritze. Dieselbe stolze Abwehr bringt sie dem gespendeten Schloßwein entgegen. Amalia ist die Einzige, die nicht von dem „süßen Schloßwein" trinkt: „ ... Wir waren überhaupt närrisch an dem Tag und alle, bis auf Amalia, von dem süßen Schloßwein wie betäubt", berichtet Olga (278).

Diese stolze auf sich selbst gestellte Gestalt lenkt die Blicke des majestätischen Sortini auf sich, ist sie doch „viel größer als er" (278), der nicht wie Amalia auf sich selbst steht, sondern seinen Platz hat in einer Beamtenhierarchie und nur nach bestimmten Gesetzen zu handeln vermag. Beim Anblick Amalias „stutzte" Sortini, „sprang über die Deichsel, um Amalia näher zu sein"(278). Nach dieser Annäherung in anscheinender Liebe holt Sortini völlig unerwartet zu seinem vernichtenden Schlag aus. Er schreibt seinen Brief „an das Mädchen mit dem Granatenhalsband" (279). Und da zeigt es sich: Amalia ist nicht so gänzlich ungebunden wie sie erscheint. Sie trägt, wenn auch nur leihweise, eine Kette, die sie an eine andere Welt bindet: das Granatenhalsband, das der magisch-erotischen Welt der Wirtin und ihres Beamten Klamm entstammt. Das Granatenhalsband ist in der *Babička* der Němcová, von der – wie wir sahen – die „Wirtin" herkommt, ein Zeichen bräutlicher Liebe. In der Adresse „an das Mädchen mit dem Granatenhalsband" trifft also Sortini die stolze Amalia an ihrer verwundbaren Stelle. Hier ist sie nicht die völlig autonome Frau, sondern als Liebende dem Manne geradezu ausgeliefert. Sortini war offenbar „ergriffen" (280) von Amalia, ihre Eigenständigkeit hatte seine Blicke auf sie gezogen wie die Eiche den Blitz anzieht, und dann war das völlig Widersinnige, nicht zu Erwartende, Unverständliche, Paradoxe geschehen: der Brief „an das Mädchen mit dem Granatenhalsband" enthielt „in den gemeinsten Ausdrücken" die Aufforderung, „sofort" (279) zu Sortini in den Herrenhof zu kommen. Amalias Reaktion zeigt die Verletzung eines stolzen Herzens: nach der Lektüre des Briefs schreit sie auf, läßt Olga den Brief lesen, zerreißt ihn, wirft die Fetzen dem Boten ins Gesicht, knallt das Fenster zu und – geht nicht in den Herrenhof. Die Folgen von Amalias Handlungsweise – Olga bezeichnet sie als „Hochmut" (290) – kommentiert Olga mit den Worten:

> Damit ... daß sie (Amalia) nicht hinging, war der Fluch über unsere Familie ausgesprochen (282).

Olga spricht hier das Stichwort aus, welches den Kern des Amalia-Problems erfaßt: das Wort „Fluch". Es scheint mir die Aufgabe der Interpretation zu sein, von diesem Stichwort „Fluch" aus den Sinn der Sortini-Amalia-Episode zu erfassen. Noch zweimal wird für Amalia und ihre Familie das Wort „verflucht" gebraucht. Jeremias sagt von K., daß er sich „mit den verfluchten Barnabasschen ... getröstet" habe (345), und Pepi meint von ihrem phantastischen Engelsgewand „nicht einmal die verfluchte Barnabassche brächte ein besseres zustande" (433). So kraß wie Amalias Gegner, Jeremias und Pepi, benennt Olga Amalias Seelenlage nicht. Wir entnehmen aber ihren Worten, daß sie sie als die gänzlich Hoffnungslose, die Verzweifelte ansieht. In dem Kapitel „Bittgänge" äußert Olga: „Wir verrieten Amalia ... ganz ohne Hoffnung konnten wir nicht leben ..." (308). Und in ihren Ausführungen über Barnabas, den Zweifler, findet sich der Satz: „Er hat etwas von Amalia im Blut" (257). Diese Darstellung Olgas drückt indirekt das Gleiche aus, was Amalias Gegner direkt sagen: Amalia – und mit ihr ihre Familie – fühlt sich als „Verfluchte", eine von Gott Verstoßene.

Drei Seiten der Amalia-Gestalt werden verständlich, wenn wir annehmen, daß der Dichter in Amalia die Möglichkeit des Verfluchtseins eines Menschen darstellen wollte.

Da ist zunächst Amalias B l i c k, dem die Dichtung eine auffallende Aufmerksamkeit widmet:

> Ihr Blick war kalt, klar, unbeweglich wie immer; er war nicht geradezu auf das gerichtet, was sie beobachtete, sondern ging – das war störend – ein wenig, kaum merklich, aber zweifellos daran vorbei, es schien nicht Schwäche zu sein, nicht Verlegenheit, nicht Unehrlichkeit, die das verursachte, sondern ein fortwährendes, jedem andern Gefühl überlegenes Verlangen nach Einsamkeit, das vielleicht ihr selbst nur auf diese Weise zu Bewußtsein kam. K. glaubte sich zu erinnern, daß dieser Blick schon am ersten Abend ihn beschäftigt hatte, ja, daß wahrscheinlich der ganze häßliche Eindruck, den diese Familie gleich auf ihn gemacht hatte, auf diesen Blick zurückging, der für sich selbst nicht häßlich war, sondern stolz und in seiner Verschlossenheit aufrichtig (244 f.).

K. erkennt in diesem stolzen Blick eine tiefe Trauer. Das veranlaßt ihn zu der Frage: „Du bist immer so traurig, Amalia, ... quält dich etwas? Kannst du es nicht sagen? Ich habe ein Landmädchen wie dich noch nicht gesehen" (245). Olga bezeichnet Amalias Blick geradezu als „düster" (274). Wenn wir annehmen, daß Kafka mit diesem „düstern Blick" eine sich von Gott verstoßen Fühlende charakterisieren wollte, so findet diese Annahme eine Bestätigung durch Kierkegaards „Furcht und Zittern". In der Schilderung seines Abraham als des Menschen auf der Gratwanderung zwischen Verzweiflung und Glaube verleiht Kierkegaard dem verzweifelten Abraham das dunkle Auge des Hoffnungslosen: „Von dem Tage an wurde Abraham alt; er konnte nicht vergessen, daß Gott dies von ihm gefordert hatte. Isaak wuchs heran wie vorher. Abrahams Auge war dunkel geworden; er sah die Freude nicht mehr"[24].

Ein zweites Merkmal einer sich verflucht fühlenden Existenz ist Amalias S c h w e i - g e n. Nach dem Schlag Sortinis „schweigt" Amalia. (1 x schweigen 306, 2 x Schweigen 304, 305). Auch wo Amalia redet, ist es in Wahrheit Schweigen. Wenn Olga von Amalia sagt: „Es ist nicht leicht, sie genau zu verstehen, weil man oft nicht weiß, ob sie ironisch oder ernst spricht. Meistens ist es ja ernst, aber es klingt ironisch" (299), so gibt sie damit die Umschreibung eines Kierkegaard-Wortes: „Seine [Abrahams] Antwort an Isaak („Gott wird sich ein Schaf zum Brandopfer ausersehen, mein Sohn!") trägt die Form der Ironie. Denn es ist allemal Ironie, wenn ich etwas sage und doch nicht sage"[25]. Auch in ihrem Schweigen ist Amalia Kierkegaards verzweifeltem Abraham verwandt, den dieser durch ein dreifaches „schweigend" charakterisiert: „Sie ritten schweigend den Weg entlang ..." „Schweigend legt er das Holz zurecht und band Isaak. Schweigend zog er das Messer"[26].

Dieser Mensch — Amalia —, für den es kein Gespräch mehr gibt, verbringt sein Leben in Arbeit. So ist Amalias aufopfernde Pflege der Eltern („Amalia leistete alle Arbeit für die Eltern" (318)), als der grandiose Betäubungsversuch des verzweifelten Menschen anzusehen, auf den ihr Name — Amalia = Arbeit —[27] vielleicht hinweisen soll.

Noch ein drittes Charakteristikum weist auf die Möglichkeit des Verworfenseins Amalias hin. Es ist die Reaktion der Dorfbewohner auf Amalias Entscheidung: sie „v e r a c h - t e n" Amalia und ihre Familie. Im Vokabular, welches das Verhältnis der Dorfbewohner zu den „Barnabasschen" charakterisiert, findet sich dieses „verachten" in auffallender Häufung (9 x verachten, 284, 291f.; 4 x Verachtung 291, 292; 1 x Verächter 292). Daß hier ein bewußter Kunstgriff des Dichters vorliegt, geht aus der Tatsache hervor, daß sich dieses „verachten" schon in einem Entwurf (518) findet (3 x verachten, 1 x Verachtung).

Befragen wir das Alte Testament als möglicher Quelle dieses „Verachtens", so stellen wir fest, daß es dort ebenfalls sehr häufig zu finden ist. Es bezeichnet die Haltung des unangefochtenen Menschen gegenüber dem wirklich oder vermeintlich von Gott Geschlagenen. Es seien herausgegriffen Psalm 119, 141; Hesekiel 16,5; Zephanja 3, 19; Hiob 12,5. In dem bekannten Knecht-Gottes-Lied Jesaia 53 findet sich das „verachtet" schon in einer für Kafka möglicherweise vorbildlich gewordenen Kumulation: „Er war der Allerverachtetste und Unwerteste, voller Schmerzen und Krankheit. Er war so verachtet, daß man das Angesicht vor ihm verbarg; darum haben wir ihn nicht geachtet. ... Wir ... hielten ihn für den, der geplagt und von Gott geschlagen und gemartert wäre" (Jesaia 53,3 u. 4).

So unterstreicht diese Untersuchung des „verachtet" die Möglichkeit, in Amalia die von Gott Geschlagene zu sehen.

In der Darstellung Amalias stoßen wir auf ein weiteres Charakteristikum, welches die genannten Merkmale – der düstere Blick, das Schweigen, das Verachtetsein – zusammenfaßt und erklärt. Es ist die – nur scheinbare oder wirkliche – Prädestination Amalias. Nach der Darstellung der Dichtung ist Amalias Geschick bereits entschieden, bevor die Begegnung mit Sortini stattfand. Olga schildert ihre Schwester am Morgen v o r dem Feuerwehrfest:

> ... vielleicht überraschte uns damals, daß sie anders aussah als sonst, denn eigentlich schön war sie ja nicht, aber ihr düsterer Blick, den sie in dieser Art seitdem behalten hat, ging hoch über uns hinweg ... (274).

Demnach eignet Amalia der „düstere Blick", das Zeichen ihrer trotzigen Verzweiflung, schon vor dem Schlag Sortinis. Für diese Darstellung scheint mir nur die Erklärung möglich zu sein, daß der Dichter Amalia als die zum Fluch P r ä d e s t i n i e r t e darstellen wollte.

Wenn sich der Interpret fragt, ob es in der Absicht des Künstlers gelegen haben kann, diesem theologischen Gedanken in seinem Werk, hier in Amalia, Gestalt zu verleihen, so geben uns Kafkas Selbstdarstellungen wichtige Hinweise. Das Problem von „Gnade und Freiheit", dem Kafkas Freund Weltsch seine von Kafka sehr geschätzte Schrift widmete (B 264)[28], war für Kafka nicht nur ein Theologumenon, sondern ein grundlegendes Problem seiner Existenz. Der Hinweis seines Tagebuchs „Prädestination Esaus" (T 506)[29] steht in der Nähe seines Gebets:

Schiebe mich nicht zu den Verlorenen (T 508).

Die Kanaan-Meditation in Kafkas Tagebüchern vom 29. 1. 1922 – unmittelbar vor der *Schloß*-Niederschrift entstanden – ist durchsetzt von Gedanken, die nur von der Prädestination her zu verstehen sind:

> [Ich] bin dort [in Kanaan] nur kraft der besonderen dortigen Organisation lebensfähig, nach welcher es dort auch für die Niedrigsten blitzartige Erhöhungen, allerdings auch meerdruckartige tausendjährige Zerschmetterungen gibt (T 564f.).

Nehmen wir zu diesen Selbstzeugnissen noch hinzu, daß Kafka sich in seinen Ängsten von dem Schatten des gezeichneten Kain bedroht fühlte (s. B 181)[30], so wird einsichtig, daß der Dichter in Amalia die zum Fluch Prädestinierte darstellen wollte.

Zum Schluß der Amalia-Betrachtungen sieht sich der Leser nun aber genötigt, eine entscheidende Wendung zu vollziehen, durch die alles bisher Gesagte scheinbar in Frage gestellt wird. Den Anstoß zu dieser neu zu gewinnenden Erkenntnis gibt ihm die Überschrift eines wichtigen Amalia-Kapitels, welche lautet: „Amalias Geheimnis". Wenn alles bisher Gesagte eindeutig gültig wäre, wenn wir Amalia als die „Verfluchte", oder als „Nonne des Nichts"[31] anzusehen hätten, würden wir offenbar der Absicht des Künstlers nicht gerecht. Befassen wir uns, von Olga angeleitet, mit diesem „Geheimnis" Amalias. Olga umschreibt es mit den Worten:

Amalia ... hat Sortini nicht geliebt – ... Nun ja, sie hat ihn nicht geliebt, aber vielleicht hat sie ihn doch geliebt, wer kann das entscheiden? Nicht einmal sie selbst. Wie kann sie glauben, ihn nicht geliebt zu haben, wenn sie ihn so kräftig abgewiesen hat, wie wahrscheinlich noch niemals ein Beamter abgewiesen worden ist?
... sie hat mit Sortini abgeschlossen und weiß nichts mehr als das; ob sie ihn liebt oder nicht, weiß sie nicht. Wir aber wissen, daß Frauen nicht anders können, als Beamte lieben, wenn sich diese ihnen einmal zuwenden; ja, sie lieben die Beamten schon vorher, so sehr sie es leugnen wollen (287).

Olga revidiert hier gleichsam ihre Meinung, daß Amalia unter dem Fluch steht. Sie deckt eine tiefere Schicht in Amalia auf, wenn sie sagt: „Wir aber wissen, daß Frauen nicht anders können, als Beamte lieben ... so sehr sie es leugnen wollen". Auf das Vorhandensein dieser tieferen Schicht in Amalia ist Olga von Barnabas aufmerksam gemacht worden, der um diese Dinge weiß. „Barnabas" – der vor Furcht Zitternde – „sagt, daß sie [Amalia] noch jetzt manchmal zittert von der Bewegung, mit der sie vor drei Jahren das Fenster zugeschlagen hat" (287). Amalias „Geheimnis" ist die ihr selbst verborgene, verleugnete, aber doch irgendwie vorhandene Liebe zu Sortini. In dieser verborgenen Liebe sprengt Amalia den Ring ihres Verfluchtseins, wird auch sie – wie alle übrigen Gestalten des Romans – eine offene Gestalt, über die ein Endurteil nicht festliegt.

Verstanden wir Amalia zunächst als die zum Fluch Prädestinierte, so erkennen wir bei näherem Zusehen in ihrem „Geheimnis" eine Auflösung der Starrheit, die ein Prädestinationsbeschluß über sie verhängt zu haben schien. In dieser anscheinenden Unlogik der Darstellung folgt Kafka der biblisch-Kierkegaardschen Auffassung. Auf die streng prädestinatorische Darstellung von dem Geschick Esaus, welche Kafka (nach T 506) im Auge hatte, folgt am Schluß der paulinischen Prädestinationskapitel eine entscheidende Wendung, die in dem Satz gipfelt: „Gott hat alle beschlossen unter den Unglauben, auf daß er sich aller erbarme" (Römer 11, 32). Auch Kierkegaards scheinbar verfluchter Abraham, der Mensch mit dem verdunkelten Blick, dem nichts als Schweigen verbleibt, ist in Wirklichkeit der Mensch unter der Führung eines gnädigen Gottes, der seinen Glauben prüft. Wenn Kafka diese biblische Wendung in ihrer ganzen Glaubenskraft auch nicht nachvollzieht, so ist doch in der Darstellung von Amalias „Geheimnis" mit ihrer verborgenen Liebe zu Sortini diese Wendung im Ansatz vorhanden.

Als dritte Quelle zum Verständnis von „Amalias Geheimnis" können wir noch die Kabbala heranziehen. Wenn Olga betont von „Sortinis wahrscheinlichem Zorn" (2 x 301) spricht, so erkennen wir hierin die kabbalistische Gottesvorstellung wieder, die uns schon beschäftigte. Die „Sefira der Strenge ... ist das große Zornesfeuer, das in Gott lodert, aber immer wieder von der Gnade gemildert und gebändigt wird"[32].

137

Die Dialektik, die sich in dieser Darstellung von Amalias Geheimnis ankündigt, entfaltet sich in ihrer vollen Breite in der Gegenbildlichkeit der Schwestern Amalia – Olga, die uns später noch zu beschäftigen hat.

Das hier skizzierte Bild Amalias wird noch verdeutlicht, wenn wir Amalia in ihrem Verhältnis zu den übrigen Personen des Romans betrachten. Es finden sich Querverbindungen zu den meisten Gestalten des Romans, von Brunswick bis Pepi. Die Beziehung Amalias zu jeder einzelnen dieser Gestalten weist auf das Zentrum dieser bedeutenden Person hin. Es seien hier einige der wichtigsten herausgegriffen.

Amalia und Frieda

Amalias Stellung zu Frieda ist ausgesprochen konträr. K. empfindet sie als „Feindschaft". Amalia allerdings will Frieda diese große Haltung nicht zubilligen, vielmehr stellt sie Friedas Verhalten in Wort und Geste als „Nachbeten der allgemeinen Meinung" dar. „Es ist keine Feindschaft", sagte Amalia, stand von der Bank auf und warf die Decke hinter sich, „ ein so großes Ding ist es nicht, es ist bloß ein Nachbeten der allgemeinen Meinung" (247). Im Gegensatz zu Frieda ist Amalia die „Ausnahme", darauf wird in dreifacher Betonung (287) hingewiesen. Worauf bezieht sich dieses „Nachbeten einer allgemeinen Meinung" und dieses „Ausnahme" – sein? Olga erörtert in einem Gespräch mit K. die einander entgegengesetzte Haltung der beiden Frauen. Gehen wir diesem Gespräch nach, so ergibt sich Folgendes: Gemeinsam ist beiden Frauen die Beamtenliebe, dort wird Klamm geliebt, hier – vielleicht, vielleicht auch nicht – Sortini. Aber während dort Frieda im Schlepptau der Wirtin „gar nichts Merkwürdiges getan [hat], sondern nur … ihrem Herzen gefolgt [ist]" (289), hat es hier Amalia „in ihrem Hochmut" (290) gewagt, sich dem Beamtenbefehl Sortinis zu widersetzen. So ist sie zu der großen „Ausnahme" geworden.

Eine Darstellung des Frieda-Amalia-Verhältnisses als eines Gegensatzes zwischen „Nachbeten einer allgemeinen Meinung" und der „Ausnahme" weist deutlich auf Kierkegaard „Furcht und Zittern" hin. Nach Kierkegaard wird der mit Gott Konfrontierte zum „Einzelnen" und tritt damit in Gegensatz zum „Allgemeinen", dem anerkannt Ethischen[33]. So steht Amalia als „Ausnahme" in der Situation der echten Glaubensentscheidung, von der Frieda noch gar nicht berührt ist. Das hebt Amalia hoch über Frieda hinaus.

Amalia und die Gehilfen

Aufschlußreich für das Verständnis Amalias ist ihr Verhältnis zu dem Gehilfen Jeremias. Während eine „Sicherheit"-suchende Frieda mit den Gehilfen, den Verkörperungen der Angst, im Bunde steht, bietet Amalia diesen Dämonen Trotz: „Sie erschrickt nie, fürchtet nichts" (318), sagt Olga von ihr. Das beweist Amalia in einer einprägsamen Szene. Der Gehilfe Jeremias sucht im Auftrag Friedas K. bei den „Barnabasschen": „Es klopfte. Olga lief zur Tür und sperrte auf. In das Dunkel fiel ein Lichtstreifen aus einer

Blendlaterne. Der späte Besucher stellte flüsternde Fragen und bekam geflüsterte Antwort, wollte sich aber damit nicht begnügen und in die Stube eindringen. Olga konnte ihn wohl nicht mehr zurückhalten und rief deshalb Amalia. ... Tatsächlich eilte sie auch schon herbei, schob Olga beiseite, trat auf die Straße und schloß hinter sich die Tür. Es dauerte nur einen Augenblick, gleich kam sie wieder zurück, so schnell hatte sie erreicht, was Olga unmöglich gewesen war" (335 f.). Aber dieser Sieg Amalias über Jeremias, die Verkörperung der Angst, ist nur ein Scheinsieg. Der Gehilfe ist zwar aus dem Hause vertrieben, steht aber noch draußen beim „Ausspionieren des Hauses" (338). Ein sprechendes Bild für den begrenzten Bereich des autonomen Menschen, der in eigener Kraft den Kampf mit dem Dämon der Angst aufnimmt, dessen Sieg aber nur von kurzer Dauer ist.

Amalia und Barnabas

Die Größe und Grenze Amalias kommt auch in ihrem Verhältnis zu ihrem Bruder Barnabas zum Ausdruck. Amalia versteht viel vom Dienst des Barnabas. Sie hat die seidenglänzende Jacke genäht, die ihn als Boten auszeichnet; sie hat ihm auch den zweiten Schloßbrief für K. übermittelt. Aber trotz ihres Bemühens, den Bruder in seinem Dienst am Schönen herauszustellen, trotz ihrer Vermittlerrolle als Überbringerin eines Schloßbriefes an den Künstler-Bruder fehlt bei ihr das Entscheidende: der Glaube an die Aufgabe des Barnabas, Schloßbote für K. zu sein. Sie setzt die Bedeutung herab, die der Dienst des Barnabas für K. hat, sie „mißachtet den Botendienst" (333) des Barnabas. Das heißt in der Sprache des Tagebuchs: Amalia glaubt nicht an den „erlösenden Trost des Schreibens".

Da Amalia an einer göttlichen Lenkung ihres eigenen Lebens verzweifelt, kann sie auch nicht an einen göttlichen Auftrag ihres Künstler-Bruders glauben. So weigert sie sich geradezu, in die Angelegenheiten des Barnabas eingeweiht zu werden: „ich bin nicht eingeweiht, nichts könnte mich dazu bewegen, mich einweihen zu lassen" (249). So kann Amalia dem Barnabas nicht zu der hilfreichen Schwester werden, wie Olga es für ihn ist.

Amalia und K.

Während Amalias Beziehungen zu Frieda, zu den Gehilfen und zu Barnabas auf den prometheischen Menschen in Amalia hinweisen, kommt in Amalias Verhältnis zu K. die andere Seite ihres geheimnisvollen Wesens, ihre verborgene Beamtenliebe, zum Ausdruck. Amalia begegnet K. zunächst mit den größten Hoffnungen. Die Nachricht vom Erscheinen des Landvermessers macht Amalia krank. Während im Roman der Grund von Amalias Erschöpfung verschwiegen wird, erfahren wir in einem Entwurf Näheres: „So stark sie scheint, so schwach ist sie. Gestern zum Beispiel sagte Barnabas, daß du heute kommen wirst; da er Amalia kennt, fügte er aus Vorsicht hinzu, daß du nur vielleicht kommen werdest, bestimmt sei es noch nicht. Aber trotzdem wartete Amalia, unfähig, etwas anderes zu tun, den ganzen Tag auf dich, und nur am Abend konnte sie sich nicht mehr auf den Füßen halten und mußte sich legen" (509).

Es ist deutlich, daß das Erscheinen des Landvermessers im Dorf Amalia zutiefst beunruhigt, ihre starre Hoffnungslosigkeit löst. Es bedeutet viel, wenn sie die von K. gereichte Hand „schweigend drückt" (244); es ist ein Hineinnehmen des K. in ihre Einsamkeit, wie auch ihr Lächeln zu K. hin „die Preisgabe eines Geheimnisses" (246) ist. In ihrer spürbaren Liebe zu K., dem Landvermesser, zittert ihre Sehnsucht, in der Begegnung mit Sortini, dem scheinbar blinden Schicksal, noch einen Sinn zu entdecken. Auch ihrer scheinbaren Verschlossenheit gegenüber den „Schloßgeschichten" steht die Tatsache gegenüber, daß bei deren Erzählen Amalia melusinenhaft auftaucht: „Still", sagte Olga, „Amalia sieht herüber" (281).

Ein einziges Mal greift Amalia in das Geschick des K. ein, für den sie, wie sie sagt, „manches täte" (249). Es ist die schon angeführte Szene, in der sie K. von dem ihn verfolgenden Jeremias befreit. Diese Szene spricht nicht nur für die Kraft Amalias, sondern auch für ihre Liebe zu K. Aber trotz der geheimen Hoffnung Amalias, trotz der gegenseitigen Anziehung von Amalia und K., und trotz Amalias befreiender Kraft gehen ihre Wege auseinander. Die Fortsetzung des Gehilfenerlebnisses zeigt den Grund der Trennung auf: Amalia hat den Gehilfen aus der Hütte vertrieben, in der sie mit K. weilt; aber sobald K. diesen Raum verläßt, erblickt er den Gehilfen, der mit dem „Ausspionieren des Hauses" (338) beschäftigt ist. Das kommt für K. offenbar nicht unerwartet, denn er hat sich bereits von Olga mit einer „Weidenrute" anstelle einer „Peitsche" (336) ausrüsten lassen, mit der er den gefürchteten Gehilfen vertreiben will. So hat Amalia die „Angst" des K., seinen Gehilfen, durch ihre Gegenwart – aber auch nur in ihrer Gegenwart – zwar bannen, aber nicht von Grund aus besiegen können.

Wir können in diesem Schluß der Amalia-Kapitel die bildliche Darstellung eines Grundsatzwortes sehen, welches K. gleich nach seiner ersten Begegnung mit Amalia und ihrer Familie meditierend formuliert:

Die Leute aus dem Dorf, die ihn wegschickten oder die vor ihm Angst hatten, schienen ihm ungefährlicher, denn sie verwiesen ihn im Grund auf ihn selbst, halfen ihm, seine Kräfte gesammelt zu halten, solche scheinbaren Helfer aber, die ihn, statt ins Schloß, dank einer kleinen Maskerade, in ihre Familien führten, lenkten ihn ab, ob sie wollten oder nicht, arbeiteten an der Zerstörung seiner Kräfte (48f.).

Später faßt K. das Ergebnis dieser seiner Selbstreflexionen als „häßlichen Eindruck" (245) zusammen, den die Familie des Barnabas auf ihn gemacht hatte. Wir erfahren dort auch, daß dieser „häßliche Eindruck" von Amalias stolz-verschlossenem Blick ausging. Wir haben also das „Zerstörung seiner Kräfte" vor allem auf Amalia zu beziehen. K. nennt hier auch die Ursache der zerstörenden Wirkung: „solche scheinbaren Helfer aber, die ihn, statt ins Schloß … in ihre Familie führten, lenkten ihn ab". Das Hinführen des K. durch Barnabas zu dieser Familie, deren bestimmende Gestalt Amalia ist – Olga sagt von ihr: „Amalia … ist es die in der Familie entscheidet, im Guten und im

Bösen" (250) – ist das Hinführen zu dem sich selbst bestimmenden hybriden Menschen, der darin nur ein „scheinbarer Helfer" ist.

Amalias Hilfe mußte im Kampf gegen Jeremias versagen, weil die Hilfe des autonomen Menschen nur in seinem Bannkreis wirkt. Für den, der in diesem Bannkreis bleibt, der das Schloß, das überirdische Ziel seiner Wanderschaft aus den Augen verliert, bedeutet das „Zerstörung seiner Kräfte".

Von dieser Deutung Amalias her ist der Leser aufnahmefähig gemacht, K.s Entscheidung gegen Amalia und für Olga zu verstehen, mit der die Amalia-Kapitel schließen: „Wenn er zwischen Olga und Amalia zu wählen hätte, würde ihn das nicht viel Überlegung kosten" (337).

Olga

In Olga tritt uns eine Gestalt entgegen, in der sich eine besondere Verbundenheit mit Amalia und eine betonte Gegenbildlichkeit die Waage halten. Eine fehlende Retusche in der Form des Werkes macht uns auf die künstlerische Absicht des Dichters aufmerksam. Während das Schwesternpaar zunächst als einander ähnliche „Blondinen" (47) vorgestellt wird, erfahren wir später durch Jeremias, daß Amalia schwarz ist („die Schwarze, eine wahre Wildkatze" (341)). Offenbar will der Dichter durch diese Charakterisierung in Amalia und Olga zwei zwar verwandte, dabei aber entgegengesetzte Lebenshaltungen darstellen. Das bestätigt eine gestrichene Stelle des Romans, in der Olgas Erzählung von dem Schicksal ihrer Familie als „Gegengeschenk" (506) zu dem „häßlichen Eindruck", den ihre Familie auf K. machte, bezeichnet wird: „Und warum verachten sie euch denn?" fragte K. und erinnerte sich an den häßlichen Eindruck, den am ersten Abend diese um den Tisch unter der kleinen Öllampe zusammengedrängte, breitrückige Familie auf ihn gemacht hatte ... Die Eltern in ihrem Winkel, die kleine Öllampe, die Stube selbst, es war nicht leicht, dies alles ruhig zu ertragen, und man mußte ein Gegengeschenk, wie es die Erzählung Olgas war, bekommen, um sich ein wenig und nur scheinbar und nur vorläufig damit auszusöhnen" (505 f.).

Olgas Einheit mit Amalia geht so weit, daß ihre Liebe und ihr Einvernehmen mit ihr eher die Sprache und das Gebaren eines glühenden Liebhabers als einer Schwester kundtun. Olga ist voller Bewunderung für Amalia („scheint sie dir nicht auch besonders klug?" (251)), von rückhaltlosem Einverständnis („Ich kenne niemanden, der so fest im Recht wäre wie Amalia bei allem, was sie tut" (282)), voll tiefer, mitleidsvoller Liebe („wie liebte ich sie, immer wenn sie so müde war" (279)). Ihr leidenschaftliches Küssen bei des Barnabas guter Nachricht über seinen Eintritt in die Schloßkanzleien entspringt demselben Urboden, aus dem heraus sie Amalia die Kette aus böhmischen Granaten umhängt. Aber trotz dieser Identifizierung mit Amalia verkörpert Olga Amalias Gegenbild. Olga ist „die sanftere der Schwestern" (49) mit „blauen, nicht lockenden, nicht herrischen, sondern schüchtern ruhenden, schüchtern standhaltenden Augen" (250). Olgas Ruhe, ihr Standhalten, ihre Äußerungen – von denen noch die Rede sein wird – sind Zeichen einer inneren Haltung, die K. am Schluß seiner Begegnung mit ihr als

„Aufopferung für die Familie" (337) bezeichnet. Sie steht damit im Gegensatz zu der stolzen, hochmütigen, herrischen Amalia. Während Amalia nicht bereit war, den Opfergang zu Sortini in den Herrenhof zu machen, bringt Olga das Opfer ihres Mädchentums und geht regelmäßig zu den „Knechten" in den „Stall" des Herrenhofs. Sie versucht dort, den von Amalia beleidigten Boten Sortinis zu finden oder wenigstens durch ihre Hingabe an die Knechte eine „gewisse Verbindung mit dem Schloß" (322) zu bekommen. Trotz ihres Einverständnisses mit Amalias Entscheidung sagt Olga von sich selbst: „Was mich betrifft ..., wenn ich einen solchen Brief bekommen hätte, ich wäre gegangen" (282).

Auf den ersten Blick erscheint Olga als eine Art Prostituierte: „seit mehr als zwei Jahren, zumindest zweimal in der Woche, verbringe ich die Nacht mit den Dienern im Stall" (321), so sagt sie von sich. In Wahrheit aber haben wir ihr Handeln als ein dem Gott gebrachtes Opfer zu verstehen, als eine Art Tempelprostitution. Olga sucht unter den Knechten im Stall den Boten Sortinis, den göttlichen Boten. Dieses bestimmende Motiv von Olgas Handeln und seine Tragweite wird durch eine merkwürdige Handhabung des Vokabulars in dem Kapitel „Olgas Pläne" unterstrichen. Es geht dabei um die Bezeichnung „Diener" bzw. „Knechte" für Olgas Partner im Herrenhof. Zunächst werden diese konsequent als „Diener" bezeichnet (13 x 320–322). 3 x ist von „Dienerschaft" die Rede (320, 322), 2 x von „Dienst" (320f.). Dann schlägt das Vokabular um in die Bezeichnung „Knechte" (13 x 323–327), um zum Schluß dieselben Gestalten wieder „Diener" (2 x 330f.) zu nennen.

Um diesen Wechsel der Bezeichnung für dieselben Gestalten verstehen zu können, ist es aufschlußreich, eine *Schloß*-Stelle heranzuziehen, in der Olga von einer Begegnung des Barnabas mit den „höheren Dienern" in den Schloßkanzleien spricht: „Es soll nach Barnabas ein wunderbarer Anblick sein, diese auserlesenen großen, starken Männer langsam durch die Korridore gehen zu sehen ..." (254). Halten wir die Worte „Diener", „starke Männer" zusammen mit dem „wunderbaren Anblick", so meinen wir in dieser Beschreibung der „höheren Diener" die „Engel" des 103. Psalms wiederzuerkennen. Es heißt dort – ich füge die kafkasche Transposition ein –: „Lobet den Herrn (wunderbarer Anblick), ihr seine Engel (Bote), ihr starken Helden (starke Männer), die ihr seinen Befehl ausrichtet (Diener) ... Lobet den Herrn, ... seine D i e n e r , die ihr seinen Willen tut!" (Psalm 103, 20, 21) Olga versucht also in dem „Boten" Sortinis einen „höheren Diener", – wie wir nun wissen – einen „Engel" im Herrenhof zu entdecken. Daß sie wirklich einen „Engel" dort sucht, geht daraus hervor, daß ihre Gedanken um einen „Segensspruch der Beamten" kreisen, welcher lautet: „Es möge dir gehen wie einem Diener" (320). Wir erkennen in diesem Segensspruch eine Umsetzung von Sacharja 12,8: „Das Haus David wird sein wie Gott, wie des Herrn Engel vor ihnen", den Bürgern von Jerusalem. Und nun begegnet Olga anstatt dem ersehnten „Boten" oder einem anderen „Diener" den „Knechten ...im dunklen Stalle" (325) des Herrenhofs. Der Leser hat diese „Knechte im Stall" bereits früher kennengelernt; es sind die tierischen Bauern, die mit Olga ihren orgiastischen Tanz aufführten, welche Frieda als „Klamms Dienerschaft" (59) bezeichnete. Nach der Erfahrung der „Diener" als „Knechte ... im

Stall" sieht Olga dann aber wieder – mit den Augen des Barnabas – dieselben Gestalten als „Diener" (2 x 330f.). Es sind die Diener der Beamten in den Schloßkanzleien.

Diese Beobachtung des Vokabulars – „Diener" – „Knechte" – „Diener" – weist darauf hin, daß der Dichter Olgas Lebensfrage nach dem Sinn ihres Opfers im kabbalistischen Sinn zu beantworten sucht: das Göttliche – En'Sof – kann sich bei seiner Erscheinung in der Welt bis zur Widergöttlichkeit verhüllen und dann doch als Göttliches erkannt und geglaubt werden. Olga drückt diese Vorstellungen mit folgenden Worten aus:

> die Diener … sind im Schloß, wo sie sich unter seinen Gesetzen bewegen, still und würdig …, und man findet auch hier unter den Dienern noch Reste dessen, aber nur Reste, sonst sind sie dadurch, daß die Schloßgesetze für sie im Dorf nicht mehr vollständig gelten, wie verwandelt; ein wildes, unbotmäßiges, statt von den Gesetzen von ihren unersättlichen Trieben beherrschtes Volk. Ihre Schamlosigkeit kennt keine Grenzen … (320f.).

Ich möchte an dieser Stelle auf die von Hans-Joachim Schoeps[34] aufgeworfene Frage eingehen, ob in der Amalia-Sortini-Episode an den Descensus Angelorum von Genesis 6 gedacht werden kann. Schoeps stellt diese Frage nur in Bezug auf Sortini-Amalia. Ich möchte diesen Komplex um das Glied „Olga" erweitern. Denn Olga geht es bei ihrer Suche unter den „Dienern" um denselben „Boten", den Amalia beleidigte. In der künstlerischen Form kommt dieser Zusammenhang Sortini-Amalia-Olga darin zum Ausdruck, daß wir Olga als Gegenbild Amalias gestalten sahen. Die Bibelstelle von dem Descensus Angelorum, die unmittelbar vor der Sintflutgeschichte steht, lautet: „Da sich aber die Menschen begannen zu mehren auf Erden und ihnen Töchter geboren wurden, da sahen die Kinder Gottes nach den Töchtern der Menschen, wie sie schön waren, und nahmen zu Weibern, welche sie wollten" (1. Mose 6, 1 u. 2). „Es waren auch zu den Zeiten Tyrannen auf Erden; denn da die Kinder Gottes zu den Töchtern der Menschen eingingen und sie ihnen Kinder gebaren, wurden daraus Gewaltige in der Welt und berühmte Männer" (1. Mose 6, 4). Wenn wir die „Bene Elohim", die Luther mit „Kinder Gottes" übersetzt, als „Engel"[35] verstehen, so bietet es sich an, diesen „Descensus Angelorum" mit dem Abstieg der „Diener" zu vergleichen. Es fragt sich nun: Hat Kafka diesen Descensus Angelorum bei seiner Sortini-Amalia-Olga-Darstellung im Sinne gehabt? Hans Joachim Schoeps kommt zu dem Schluß: „Ich glaube nicht, daß Kafka solche Reflexionen angestellt oder auch nur den Descensus Angelorum von Genesis 6, 1–4 im Sinn gehabt hat. Eher ist man berechtigt, das Mysterium anzunehmen, daß „Denkformen" des altorientalischen Mythos bei einem Prager jüdischen Dichter des 20. Jahrhunderts wiederkehren"[36]. Dem möchte ich Folgendes entgegenhalten: Wie wir aus der programmatischen Tagebuchnotiz vom 16. 1. 1920 (T 553) ersahen, geht es Kafka darum, die „alten Jahrhunderte" (des Alten Testaments) neu zu erschaffen. In allen Bezügen auf die Bibel, die wir bisher feststellten, ist dieses sein Bemühen des Neuschaffens der „alten Jahrhunderte" realisiert.

Bei unserer speziellen Frage nach einer Vergleichsmöglichkeit der „Diener – Knechte" mit dem Descensus Angelorum in Genesis 6 ist folgendes zu bedenken:

1. Wir stellten bereits Bezüge der *Schloß*-Dichtung zur Genesis fest: Genesis 2 und 3 (Sündenfall) in der Frieda-Darstellung, Genesis 4 (Kainszeichen) und Genesis 25 (Prädestination Esaus) in der Amalia-Darstellung. Von dieser Beziehung wichtiger *Schloß*-Abschnitte zur Genesis wäre eine Beziehung der Amalia-Sortini-Episode zu Genesis 6 durchaus denkbar.

2. Es findet sich an einer entlegenen Stelle des Romans – unter Pepis Haßtiraden – eine Wendung, welche die „Knechte" deutlich zu der Sintflutgeschichte in Beziehung setzt: „... wie ist es möglich". sagt Pepi, „leise aufzuräumen, wenn die Herren mehrere Tage lang in den Zimmern wohnen, überdies auch die Knechte, dieses schmutzige Pack, drin herumhantieren, und das Zimmer, wenn es endlich dem Zimmermädchen freigegeben ist, in einem solchen Zustand ist, daß nicht einmal eine Sintflut es reinwaschen könnte" (422). Halten wir diese Anspielung Pepis zusammen mit der betonten Handhabung des Vokabulars „Diener" – „Knechte", so können wir kaum zweifeln, daß wir es hier mit einem jener „Kunstgriffe" zu tun haben, die K. in Olgas Darstellungen bemerkt haben will. In solch einem Kunstgriff lenkt der Dichter hier mit künstlerischer Absicht den Blick des Lesers auf die „alten Jahrhunderte" – die Sintflutgeschichte –, die er im Schloß „neu" zu „erschaffen" bestrebt ist.

Nach unserem Exkurs über den Descensus Angelorum haben wir noch die Aufgabe, die Auswirkung von Olgas Opfergang zu den Knechten im Stall zu betrachten. K. hebt bei seinem Abschied von Olga deren „Aufopferung für die Familie" hervor: „noch wichtiger fast als die Botschaften [des Barnabas] sei ihm Olga selbst, ihre Tapferkeit, ihre Umsicht, ihre Klugheit, ihre Aufopferung für die Familie" (337). Olga selbst sagt über ihr Opfer:

Und was mein Leben mit den Knechten betraf, so hatte ich natürlich keinen Einfluß darauf, wie es beurteilt wurde, konnte nur hoffen, daß man es so aufnehmen würde, wie es getan war, und daß dafür ein Geringes von der Schuld unserer Familie abgezogen würde, aber äußere Zeichen dessen bekam ich nicht (326).

Olga bringt also ihr Opfer, um die „Schuld" ihrer Familie zu sühnen.

Durch ihr Opfer wird Olga zu einem glaubenden „Abraham" im Gegensatz zu der verzweifelten Amalia. Es ist ein „Abraham" typisch kafkascher Prägung. Aus dem „ungeheuren Abraham" Kierkegaards (B 236), der mit der Sicherheit des Glaubens sein Opfer bringt, wird ein sehr bescheidener Abraham, der nur gerade einen Funken gläubiger Hoffnung in sich verspürt. Olga sagt von sich:

Nicht nur durch die Diener selbst habe ich eine Verbindung mit dem Schloß, sondern vielleicht und hoffentlich auch noch so, daß jemand, der von oben mich und was ich tue beobachtet, ... daß dann derjenige, der mich so beobachtet, vielleicht zu einem milderen Urteil über mich kommt als andere, daß er vielleicht erkennt, daß ich in einer jämmerlichen Art zwar, doch auch für unsere Familie kämpfe ... Wenn man es so ansieht, vielleicht wird man es mir dann auch verzeihen, daß ich von den Dienern Geld annehme und für unsere Familie verwende (322 f.).

Dieser Funke eines Glaubens in Olga ist aber stark genug, um sie zu einer der erhellendsten Gestalten des Romans werden zu lassen. Es ist bezeichnend für die vom Dichter Olga zugedachte Nähe zum Schloß, daß eine früh verfaßte Kapitelüberschrift lautet: „Weg mit Olga ins Schloß" (später hat Kafka „Schloß" durchgestrichen und dafür „Herrenhof" eingesetzt)[37].

Aus dem Herzstück der Olga-Gestalt, ihrer „Aufopferung", erwächst ihre von K. gerühmte „Klugheit" (337), die K. einmal ausrufen läßt: „Wie erstaunlich klar du denkst!" (264). Diese Klugheit ist keine Klarheit des Intellekts, sondern Olgas Gabe, die Dinge des Lebens aus der Sphäre zu sehen, in die sie durch ihr Opfer eingetreten ist. Während Amalia verstummt, wird Olga zu einer maßgeblichen Auskunftgeberin des Romans:

du hast ... mit allem Recht, was du ihm [Barnabas, dem Zweifelnden], sagst ... Bewunderungswürdig richtig hast du alles zusammengefaßt (264), sagt K. zu ihr.

Überprüfen wir alles, was wir bisher an biblischen Bezügen in der Darstellung der Beamten (Klamms, Sortinis, Galaters) erfuhren, so stellen wir fest: Vieles davon wird von Olga vorgetragen. Es ist Olga, die von „Fluch" (282) und „verworfen"-sein (328) spricht, aber auch von „Gnadenzeichen" (333) und von „Segen" (311). Olga ist es, die mit Barnabas die Welt des Zweifels durchschreitet, die ihn aber auch auf den Weg in die Kanzleien bringt. Endlich ist es Olga, die in den Wendungen „vor Furcht Zittern", „Probe", „Ausnahme" die Gestalten Barnabas, Sortini und Amalia vom Denken Kierkegaards her aufschließt. Und in ihren Versuchen, Sortinis Handeln zu deuten, stößt sie in die tiefsten kabbalistischen Gedankengänge vor, wenn sie das „Böse" seines Verhaltens relativiert, ja letztlich aufgehoben sein läßt.

Wie Kafka seine Tagebuchnotizen über den Sündenfall mit dem lakonischen Satz beschlossen sein läßt:

zur selbigen Zeit fing man an zu predigen von des Herrn Namen (T 502),

so mögen auch Olgas theologische Auskünfte als ein solches „Predigen von des Herrn Namen" zu verstehen sein, allerdings auch hier ein sehr leises, unaufdringliches, immer wieder eingeschränktes „Predigen" kafkascher Prägung.

Obwohl wir Olga deutlich als eine Gestalt des Heils zu sehen haben, ist sie doch keine Heilige im Sinne der Vollkommenheit. Olga erklärt offen, daß sie in einer bestimmten Situation – wenn es um die Sicherung des barnabasschen Botendienstes geht – daß sie dann imstande ist, „zu täuschen, zu lügen, zu betrügen, alles Böse zu tun, wenn es nur hilft" (335). In dieser Unvollkommenheit gleicht sie den Segensträgern der Genesis, deren Sünden die Bibel unverhüllt schildert. Daß diese Tatsache Kafka nicht entgangen ist, zeigen seine Tagebucheintragungen: „Isaak verleugnet seine Frau vor Abimelech, wie schon früher Abraham die seine ... Die Sünden Jakobs" (T 506). Doch wie die sündigen Erzväter Träger des Segens bleiben, so bleibt auch Olga bei aller Unvollkommenheit eine Gestalt des Heiles.

Indem der Leser dieses Bild Olgas erstehen sieht, versteht er nun, was K. zu Anfang seiner Begegnung mit Olga in einem Selbstgespräch über deren Augen sagt. K. reflektiert:

… gern sah er in diese blauen, nicht lockenden, nicht herrischen, sondern schüchtern ruhenden, schüchtern standhaltenden Augen (250).

War bei Amalias Blick von einem „häßlichen Eindruck" die Rede, so beginnt hier K.s Reflexion über Olgas Augen mit einem: „gern sah er (K.) in diese … Augen". Dem „herrischen", das auf Amalia hinweist, steht ein „schüchtern ruhend, schüchtern standhaltend" dieser Augen gegenüber. In diesem „schüchtern ruhend, schüchtern standhaltend" stellt der Dichter etwas von dem „Stillesein" des Menschen unter der Gnade dar im Gegensatz zu dem herrischen Gebaren des prometheischen Menschen. In einer Briefstelle, deren Zusammenhang mit Olga uns später klar werden wird, erkennen wir K.s Reflexionen über die Gnade in Olgas Augen wieder, nur daß der Briefschreiber Kafka direkter ist, als es der Künstler sein kann. Kafka schreibt an Milena:

… was hülfe mir die Wohnung, wenn ich nicht lebte, nicht eine Heimat hätte, in der ich ruhte, etwa zwei helle, blaue, aus unbegreiflicher G n a d e lebendige Augen (M 92).

Auf Olgas Leben in einer lichten Welt weist auch das Blau ihrer Augen hin. In einem Entwurf nennt der Dichter Olgas Blick „helläugig" (507), in deutlicher Gegenüberstellung zu Amalias düsterem Blick. Während das „nicht lockend" gegen eine Pepi abgrenzt, rücken die blauen Augen sie in die Nähe des „Mädchens aus dem Schloß", mit deren „blauen … Augen" (22).

In dem Gegenüber der helläugigen Olga und der düster blickenden Amalia sehen wir die Linien unserer bisherigen Darstellung der beiden Schwestern ausgezogen. Das theologische Vokabular, auf das wir anfangs stießen, hat sich mit Inhalt gefüllt: „Fluch" oder „Segen", „verworfen" oder [in der Gnade] „ruhend"-sein ist die Achse, um die sich nicht nur die Worte drehen, sondern die Gesamtdarstellung dieser Schwestern.

Die Beziehung zur Genesis, die sich ergab, ist dabei nicht zufällig. Denn dort – in der Genesis – ist die Frage: Fluch oder Segen gestellt, die der Dichter in Amalia und Olga Gestalt werden läßt. Denn dort „ist noch ein echt antiker Schauder spürbar vor den ungeheuren Möglichkeiten des Menschen"[38]. Dieser antike Schauder geht auch von Amalia aus. Ihr Leben unter der Herrschaft Sortinis [der griechischen Moira] verleiht ihr die „scheue heidnische Stimmung"[39] des vom Schicksal betroffenen Griechen. In Olga erkannten wir die Darstellung der Gnade – einer kafkaschen, verhüllten, aber doch irgendwie vorhandenen – Gnade. Von diesem Urgrund her, aus dem sie lebt, verstehen wir K.s Entscheidung für sie und gegen Amalia: „Wenn er zwischen Olga und Amalia zu wählen hätte, würde ihm das nicht viel Überlegung kosten" (337).

146

Amalia und Milena Jesenská

Die Betrachtung der Schwestern Amalia und Olga weckt in dem Leser die Frage: Wer sind diese Frauen? Hat Kafka sie gekannt, haben sie in seinem Leben eine Rolle gespielt?

Verschiedene Anzeichen scheinen uns auf Milena Jesenská zu weisen. Da ist zunächst die Ähnlichkeit der Namen Amalia und Milena; beide Namen haben die Vokale i und a und die Konsonanten m und l gemeinsam. Auch die Entstehungsgeschichte des Romans, die – wie wir sahen – eng mit dem Verhältnis Kafkas zu Milena verknüpft ist, läßt uns Milena in einer Gestalt des Romans vermuten. Die bisherige Annahme, daß wir in Frieda Milena zu suchen haben[40], bestätigte sich nicht. Wie die Frieda-Darstellung zeigte, ist Frieda auch im *Schloß*-Roman immer noch Felice, wie sie es schon im *Urteil* war.

Die erste sichere Spur der Identität von Milena und Amalia finden wir auch hier in bestimmten Schlüsselworten, die uns den Roman von der Biographie her erschließen. Es tauchen in der Dichtung an entscheidenden Stellen Worte auf, die auch in Kafkas Briefen – es sind die Briefe an Milena – Wendepunkte der menschlichen Beziehung darstellen.

Es sei hier auf drei solcher Schlüsselworte hingewiesen, die uns zunächst nur als Formelemente interessieren.

1. Die Überschrift „A m a l i a s G e h e i m n i s" erinnert an das „G e h e i m n i s" M i l e n a s, das Kafka zu ergründen versucht. Schon früh beschäftigt ihn dieses „Geheimnis" (M 198), nach der beginnenden Lösung von Milena stellt er dieses ihr „Geheimnis" seinem großen „Simson-Geheimnis" gegenüber (M 218f. vom 5. 9. 1920)[41].

2. Als zweites Schüsselwort sei genannt: „s o f o r t". Im Roman soll Amalia „s o f o r t" (279) zu Sortini in den Herrenhof kommen. Wie dieses „sofort" Sortinis, so löste auch ein „sofort" Milenas den Beginn einer Krise aus, die zur Auflösung ihres Verhältnisses zu Kafka führte. Dieser schreibt: „Es ist schwer zu beschreiben, wie dieses erste Lesen war, es kam so vieles zusammen. Das deutlichste war, daß du mich schlugst; es fing, glaube ich, mit „sofort" an, das war der Schlag" (M 221).

3. Und endlich nimmt die Dichtung ein Wort auf, das in den letzten Briefen Kafkas an Milena eine entscheidende Rolle spielt. Kafka forderte von Milena den Abbruch der Korrespondenz mit einem wiederholt aufgenommenen „z e r s t ö r t": „Der böse Zauber des Briefschreibens fängt an und z e r s t ö r t mir die Nächte, die sich ja schon aus eigenem z e r s t ö r e n, noch immer mehr. Ich muß aufhören, ich kann nicht mehr schreiben" (M 266). Dies ist aus einem der letzten Briefe an Milena. Von solch einem „zerstören" muß schon vorher die Rede gewesen sein. In einem Brief an Max Brod aus Matliary in der Tatra (Ende Januar 1921) schreibt Kafka: „Das war der Traum [von Milena], die Wirklichkeit aber ist, daß ich vor drei Wochen ... nur um eine Gnade bat: nicht mehr zu schreiben und zu verhindern, daß wir einander jemals sehen" (B 295). Der hier von Kafka erwähnte Brief an Milena ist wahrscheinlich ein Brief, von dem Milena an Max Brod berichtet hat:

... ich halte ... Franks [Franz Kafkas] Brief aus Tatra in der Hand, eine ganz tödliche Bitte und zugleich einen Befehl: „Nicht schreiben und verhindern, daß wir zusammenkommen, nur diese Bitte erfülle mir im stillen, sie allein kann mir irgendein Weiterleben ermöglichen, alles andere z e r s t ö r t weiter.

(Dazu die Anmerkung von Max Brod: „Diese Worte Kafkas werden von Milena deutsch angeführt")[42]. Das „zerstört" der Briefe markiert den entschiedenen Trennungsstrich, den Kafka in seinem Verhältnis zu Milena zog. Wir fanden es im Roman aufgenommen als „Z e r s t ö r u n g   s e i n e r [K.s] K r ä f t e", das uns den letzten Grund der Trennung K.s von Amalia aufschloß.

Noch ein letzter deutlicher Hinweis auf Milena sei hier genannt. Es ist das Datum des Feuerwehrfestes in der Dichtung:

Es war am dritten Juli (273).

In diesem Datum ist der letzte der „Vier Wiener Tage" festgehalten. Diese „Vier Wiener Tage" waren die glücklichsten der Begegnung Kafkas mit Milena. Sie werden von ihm mehrmals erwähnt (M 106, 148). Wie wir in der Entstehungsgeschichte der Dichtung feststellten, waren die „Vier Wiener Tage" der 30. Juni und der erste, zweite und dritte Juli. Kafka charakterisiert sie in einem Brief an Milena:

... der erste war der unsichere, der zweite war der allzu sichere, der dritte war der reuige, der vierte war der gute (M 106).

Diesem „guten" Tag seiner Begegnung mit Milena setzt also der Dichter im *Schloß* ein Denkmal.

Wenn wir nun, von den Schlüsselworten der Briefe und der Marginalie des dritten Juli geführt, versuchen, in die Beziehungen Kafkas zu Milena einzudringen, um den biographischen Untergrund der Amalia-Gestalt zu erfassen, so stehen uns verschiedene Quellen zur Verfügung, um diese Frau kennenzulernen. An erster Stelle ist zu nennen: „Kafkas Briefe an Milena". In Kafkas Tagebüchern fehlt zwar die entscheidende Zeit der Begegnung mit Milena (etwa April 1920 bis Dezember 1920). Kafka hat offenbar die Eintragungen aus der Zeit seiner leidenschaftlichen Bindung an Milena vernichtet. Nach der klaren Lösung des Verhältnisses bringt aber sein Tagebuch (von Oktober 1921 an) noch einige wichtige Notizen in Bezug auf Milena. Neben einigen Briefen Kafkas an Max Brod, in denen von Milena die Rede ist, überlieferte uns Max Brod acht aufschlußreiche Briefe, die Milena an ihn gerichtet hat ...[43]

Als ein bestätigendes Dokument dieser direkten Quellen ist noch zu nennen: Margarete Buber-Neumann: *Kafkas Freundin Milena*[44].

Als Kafka Milena Polak geborene Jesenská kennenlernte[45], war diese Mitarbeiterin und Modekorrespondentin der tschechischen Prager Tageszeitung „Tribuna"[46]. Kafka schätzt ihre Feuilletons sehr: „Wo ist die Mode? Also wo ist endlich die Mode?" schreibt er an Milena (M 142)[47]. Milenas Modeverständnis schildert uns ein Jugendfreund: „Milena liebte schöne Kleidung, aber haßte jegliches Herausputzen. Sie verstand es, Kleider zu erfinden, die nicht der Mode entsprachen, die nicht rein weiberhaft waren, jedoch immer weiblich, wallend, weich, faltig und in satten, ungewöhnlichen Farben. Sie bekleidete sozusagen eher den Geist als den Körper"[48]. So können wir Kafkas begeisterten Ausruf verstehen: „Weißt du eigentlich, wann Du in Wien am schönsten, aber schon ganz unsinnig schön angezogen warst? Darüber kann es nämlich keinen Streit geben: am Sonntag" (M 90). Diese Milena wird im *Schloß* zu der Amalia, die „sehr schöne Kleider zu nähen verstand, allerdings nur für die Vornehmsten" (302). Von ihren Nähkünsten weiß auch eine Pepi etwas. Sie sagt von ihrem eigenen, von ihr selbst verfertigten Kleid: „ ... nicht einmal die verfluchte Barnabassche brächte ein besseres zustande" (433). In der Schilderung Amalias am Tag des großen Festes – dem dritten Juli – erkennen wir diese schön gekleidete Milena wieder: „ ... das Kleid Amalias war schön, die weiße Bluse vorn hoch aufgebauscht, eine Spitzenreihe über der anderen, die Mutter hatte alle ihre Spitzen dazu geborgt ..." (273).

Neben dem schönen Kleid weist auch das Granatenhalsband auf Milena hin. Der Leser erfährt, daß es aus „böhmischen" Granaten (274) ist und erkennt darin die Huldigung an die Tschechin Milena Jesenská. In der Dichtung erhält Amalia das Granatenhalsband als Leihgabe durch Olga von der Brückenhofwirtin. Wie wir bei der Darstellung der Wirtin sahen, weist das „Granatenhalsband" auf die *Babička* der Božena Němcová hin, die wir als das Urbild der Wirtin erkannten. Die Kette Božena Nemcová – *Babička* – Brückenhofwirtin – Olga – Amalia wird jetzt durch die Biographie um ein Glied erweitert. Es heißt: Milena. Indem Kafka in einem Brief Milena zur Božena Němcová in Beziehung bringt, schließt sich die so erweiterte Kette zu einem Ring. Die betreffende Briefstelle lautet:

> das [die Verfasserin der Tribuna-Feuilletons] ist keine gewöhnliche Schreiberin ... Ich kenne im Tschechischen nur eine Sprachmusik, die der Božena Němcová, hier ist eine andere Musik, aber jener verwandt an Entschlossenheit, Leidenschaft, Lieblichkeit und vor allem einer hellsichtigen Klugheit (M 28 f.).

Durch diese Zusammenhänge wird unsere Deutung der Anrede Sortinis „An das Mädchen mit dem Granatenhalsband" von der Biographie her verständlich. Es ist die Anrede an eine Frau – Milena –, die, ihrem Wesen nach ungebunden, auf eine geheimnisvolle Weise gebunden ist. Diese Anrede ist eine Umschreibung dessen, was Kafka in seinen Briefen an Milena als deren „Geheimnis" umkreist. Gehen wir diesem Geheimnis Milenas nach, so erkennen wir in ihm die beiden Komponenten wieder, die auch das Geheimnis Amalias ausmachten: Autonomie bis zur Hybris und eine Art magisch-erotischer Gebundenheit.

Milena ist das Urbild Amalias, die sich selbst das Gesetz ihres Handelns gibt. Willy Haas schreibt über Milena: „Sie ... mutete manchmal wie eine Aristokratin aus dem sechzehnten oder siebzehnten Jahrhundert an. ...: leidenschaftlich, kühn, kalt und klug in ihren Entschlüssen, aber bedenkenlos in der Wahl ihrer Mittel, wenn es sich um eine Forderung ihrer Leidenschaft handelte – und um eine solche handelte es sich in ihrer Jugend wohl fast immer"[49]. Margarete Buber-Neumann zeichnet diese Haltung Milenas nach ihrer gefährlichen, aber auch nach ihrer auszeichnenden Seite in ihrer Milena-Bio-

graphie. Vom „Aufbruch der Minervistinnen", den Schülerinnen des Prager Mädchen-
gymnasiums, deren Haupt Milena war, bis zu der im Konzentrationslager[50] Inhaftier-
ten zeichnete sich Milena durch eine unerschütterliche Unabhängigkeit und innere
Freiheit aus. Frau Buber-Neumann schreibt über Milena: „Milenas bloße Erscheinung
war ein ständiger Protest gegen das Lagerregime. Sie marschierte nie richtig in Fünferrei-
hen, sie stand nicht vorschriftsmäßig beim Zählappell, sie eilte nicht, wenn man befahl,
sie hofierte nicht die Vorgesetzten. Jedes Wort, das aus Milenas Mund kam, war nicht
„lagergemäß". [Einmal] „marschierte sie beim Arbeitsappell über die Lagerstraße. Ich
stand am Rande, um ihr zuzunicken. Sie erblickte mich, riß das vorschriftsmäßige
Kopftuch herunter und winkte über die Köpfe der erstarrten Häftlinge und der verblüff-
ten SS lachend mit dem weißen Tuch"[51].

Nach den Darstellungen ihrer Biographen wagte es Milena in ihrem Freiheitsbedürf-
nis, sich über die anerkannten Gesetze der Moral hinwegzusetzen. So in dem Kampf um
Franz Kafka gegen dessen damalige Verlobte Julie Wohryzek. Hier setzte Milena skru-
pellos alle Mittel ein, um diese Verlobung zum endgültigen Scheitern zu bringen. Willy
Haas schreibt dazu: „ ... die Schläge, die sie führte, die Intrigen, die sie spann, um als
Liebende das zu erreichen, was sie wollte, und die fast immer genau ihr Ziel tra-
fen" (M 275). Wenn Kafka auch intuitiv die Gefährlichkeit Milenas erkannte – in einem frühen Brief vergleicht er ihren Kopf mit dem „großartigen ... der Medusa" (M 56)
–, so billigt er ihr doch aus voller Überzeugung zu, daß sie richtig handelt, auch wenn
ihre Entscheidungen der allgemein gültigen Moral zuwiderlaufen. Olgas Urteil über
Amalia: „Ich kenne niemanden, der so fest im Recht wäre wie Amalia bei allem, was sie
tut" (282) entspricht fast wörtlich dem Urteil Kafkas über Milena:

... ich, ich, Milena, weiß bis ins Letzte, daß Du recht tust, was Du auch tust ...
(M 110).

Aber trotz aller Bewunderung für Milena sieht Kafka eine tödliche Gefahr in ihrer Lebenshaltung. Es ist das, was er dem Bild Amalias als prometheischen Trotz, als Stolz, als
Hochmut gegenüber den Göttern [Sortini] einzeichnet. Immer wieder erklingt in seinen
Briefen der mahnende Hinweis auf die Gefahr dieses grundlegenden Wesenszuges Milenas. Als Milena von dem auf ihr lastenden „Gesetz" ihres Lebens geschrieben hatte, welches hieße: „Ich bin der, der zahlt" (M 23), schreibt er in seinem Antwortbrief: „ ... die
Aufstellung des Gesetzes ist nichts als reiner Hochmut und Überhebung ..." (M 23)[52],
wobei wir Hochmut und Überhebung als die griechische Hybris zu verstehen haben,
also als Bezeichnung einer religiösen Kategorie. In einem Brief Kafkas an Max Brod
zeichnet sich deutlich diese seine Sicht Milenas ab. Kafka nimmt in diesem Brief Stellung zu dem „Wahrheitsgehalt" von Milenas Urteilen. Er schreibt:

sie [die Urteile] sind nicht fest, ein Wort beschwichtigt sie, ein Schiff unter einem
solchen Steuermann wollte ich nicht sein, aber mutig sind sie, groß, und führen zu
den Göttern, wenigstens den olympischen (B 329).

Wir erkennen hier Kafkas Anerkennung der Größe von Milenas titanischer Haltung,
aber auch das Wissen um ihre Gefährdung: „ein Schiff unter einem solchen Steuermann

wollte ich nicht sein". Kafka suchte, wie wir sahen, unter den Griechen die anderen Menschen, die „besonders demütigen ... in religiöser Hinsicht" (B 279).

Im Roman ist Amalias düsterer Blick das sprechende Charakteristikum ihres titanischen Trotzes. Die Beschreibung dieses Blicks, die wir in der Darstellung der Amalia-Gestalt brachten, macht deutlich spürbar, hier schreibt kein neutraler Beobachter, sondern ein sehr beteiligt Fragender.

Unter dem beherrschenden Eindruck dieses Blicks stand auch Milenas Biographin Buber-Neumann. Sie schreibt: „Ihr Blick, ihre Augen blieben selbst in der Freude von einer unergründlichen Trauer verschleiert, doch nicht einer gewöhnlichen Trauer um das, was uns täglich geschah, in Milenas Augen wohnte der Schmerz der nicht Erlösten, des Menschen, der sich als Fremder in dieser Welt fühlt"[53].

Wenn wir im *Schloß* lasen, wie K. versucht, in Amalias Einsamkeit einzudringen: „Du bist immer so traurig Amalia ... quält dich etwas? Kannst Du es nicht sagen?", so haben wir hinter diesem Bemühen eine Frage Kafkas an Milena zu denken. Es ist die Frage nach ihrem „Geheimnis".

Was ist es um das Geheimnis Milenas? Schon die Übereinstimmung des Vokabulars in den Briefen Kafkas mit dem der Dichtung in der Frage nach Milenas und Amalias „Geheimnis" ließ uns aufmerken. Milena war, als Kafka sie kennenlernte, mit Ernst Polak verheiratet, einem gebildeten, intelligenten Juden, der als Anhänger der „Neuen Wege der Liebe" volle sexuelle Freiheit für sich in Anspruch nahm[54]. Milena litt unter Polaks Lebensweise, sie revoltierte gegen ihren Mann in verbissenem Trotz. In ihren ersten Briefen an Kafka hat sie von diesem als einem „fremden Menschen" geschrieben, dessen Gesicht nur „beschriebenes Briefpapier" ist (M 25). Und doch war Milena an ihren Mann gebunden. Sie stellt es in einem Brief an Max Brod so dar: „Als ich ihm [Kafka] von meinem Mann erzählte, der mir hundertmal im Jahr untreu ist, der mich und viele andere Frauen in einer Art Bann hält, erhellte sich sein Gesicht in derselben Ehrfurcht wie damals, als er von seinem Direktor sprach, der so schnell Maschine schreibt ... Das alles ist für ihn etwas Fremdes"[55]. Kafka nennt diese Gebundenheit Milenas, die sie selbst als „Bann" bezeichnete, eine „geradezu sakramentale unlösliche Ehe" (M (196). Er steht staunend vor dieser Ehe, in der Milena tief unglücklich war, aus der sie sich aber nicht zu lösen vermochte, wie Kafka es für Milena und für sich erhofft hatte. Er schreibt grimmig:

Alles Geheimnis Eueres unzerreißbaren Zusammenhaltens, dieses reiche unausschöpfbare Geheimnis gießt Du immer wieder in die Sorge um seine Stiefel (M 198).

Milenas „Geheimnis", ihre Gebundenheit an ihren Mann und ihre aus Verletzung geborene Aggression gegen ihn, erschien für Kafka in der Geschichte einer Begegnung dieser beiden Menschen so unüberbietbar sprechend dargestellt, daß er sie zu einem Höhepunkt seines Romans verarbeitete. Milena muß ihm diese Geschichte so erzählt haben,[56] wie sie sie später ihrer Freundin Frau Buber-Neumann vorgetragen hat und wie wir sie in deren Schilderung lesen: „Sie [Milena] konnte es nicht verwinden, daß ... Ernst Pollak sie Tag für Tag demütigte ... Milena glaubte, Pollak habe aufgehört sie zu begehren, weil sie immer schlecht angezogen war und so gar nicht mit seinen eleganten Anbeterinnen konkurrieren konnte. Aber wie sollte sie sich kleiden, wenn sie nicht einmal genug Geld hatte, sich richtig zu ernähren? Ein junges Mädchen, mit der sie befreundet war, Kind wohlhabender Eltern, wußte von Milenas Kummer. Um ihr zu helfen, erfand sie einen höchst gefährlichen Ausweg. Sie entwendete ihren Eltern ein wertvolles Schmuckstück, verkaufte es und überbrachte das Geld Milena. Den größeren Teil davon benutzte sie, um Pollaks Schulden zu zahlen, die er ungeniert mit andren Frauen machte und noch ungenierter von Milena zu begleichen verlangte. Den Rest des Geldes aber brauchte sie für sich selbst. Beherrscht von einer fixen Idee, hatte sie nur einen Gedanken: jetzt ist die Gelegenheit da, jetzt wird sie Pollak auf die Probe stellen. Jetzt wird es sich erweisen, ob er sie wirklich nicht liebt oder ihrer nur müde wurde, weil sie immer und immer in dem gleichen ärmlichen Kleid herumgehe. Sie mußte wissen, ob Pollak überhaupt der Liebe fähig war. Sie ging von Laden zu Laden und hüllte sich in eine bis dahin nie besessene Pracht; erwarb die schönsten Schuhe, das eleganteste Kleid, den ausgefallensten Hut. In dieser Verwandlung lief sie zum Cafe „Herrenhof", trat ein und ging mit wild klopfendem Herzen auf den Tisch zu, wo Ernst Pollak inmitten der Freunde und Freundinnen saß, so wie jeden Tag. Alles hing davon ab, ob er sie bemerken würde oder übersehen, wie er das immer tat. Als sie an den Tisch trat, wandte sich Pollak um, starrte sie an und sagte bewundernd: „Aber Milena, du bist ja heute so elegant!" Sie machte einen Schritt auf ihn zu und gab ihm eine schallende Ohrfeige. „Du wirst dich wundern, wenn du erfährst, woher diese Eleganz stammt!"[57]

Die Beziehungen zur Sortini-Episode sind deutlich greifbar: der „Herrenhof", in dem sowohl Pollak als Sortini Quartier nehmen; Milenas Bericht, daß „Ernst Pollak sie Tag für Tag demütigte" und der „in den gemeinsten Ausdrücken" gehaltene Sortinibrief; die „schallende Ohrfeige" der verletzten Milena und Amalias Reaktion auf den Sortinibrief („[sie] warf die Fetzen dem Mann draußen ins Gesicht und schloß das Fenster") (279). Wenn es im Roman heißt: „Barnabas sagt, daß sie noch jetzt manchmal zittert von der Bewegung, mit der sie vor drei Jahren das Fenster zugeschlagen hat" (287), so erkennen wir in diesem Barnabas Franz Kafka, dem Milena von diesem „noch manchmal zittern" gesagt haben wird.

In dieser Geschichte ist das „Geheimnis" des „Mädchens mit dem Granatenhalsband" enthalten. Es umfaßt Abhängigkeit und Unabhängigkeit, glühende Liebe, die in der Verletzung spürbar ist, und beleidigende, stolze Abwehr des Mannes seines Herzens, an den es wie mit einer Kette aus glutroten Steinen gebunden ist. Diese Umschreibung von Milenas „Geheimnis" als „Unabhängigkeit" und „Abhängigkeit" findet sich in einem der späten Briefe Kafkas an Milena. Kafka spricht hier von seiner Unabhängigkeit und Abhängigkeit von Milena als seinem „Simson"-Geheimnis. Dem stellt er ein ähnliches Geheimnis Milenas gegenüber:

... darum bin ich ja gewissermaßen unabhängig Dir gegenüber, eben weil die Abhängigkeit so über alle Grenzen geht ... so, jetzt hat Simson Dalila sein Geheimnis erzählt und sie kann ihm die Haare, in die sie ihm ja zur Vorbereitung schon immer gefahren ist, auch abschneiden, aber mag sie; hat sie nicht auch ein ähnliches Geheimnis, ist ja alles gleichgültig (M 218f.).

Milenas „Geheimnis" war aber nicht nur das Geheimnis einer „geradezu sakramentalen, unlöslichen Ehe" bei gleichzeitiger Sehnsucht nach Befreiung, wobei ihr Franz Kafka als „Retter" (M 109, 113) erschien, sondern die Bindung an den Mann in ihrem Mann, den Mann, der Kafka nicht sein konnte und nicht sein wollte, weil es, wie er fühlte, die „Zerstörung seiner Kräfte" bedeutet hätte. Das wird deutlich spürbar in den Selbstaussagen sowohl Franz Kafkas als Milenas. Kafka schreibt an Milena:

Ich kämpfe ja nicht mit Deinem Mann um Dich, der Kampf geschieht nur in Dir; wenn die Entscheidung von einem Kampf zwischen Deinem Mann und mir abhängen würde, wäre alles längst entschieden. ... In der Atmosphäre Deines Zusammenlebens mit ihm bin ich wirklich nur die Maus im „großen Haushalt", der man höchstens einmal im Jahr erlauben kann, offen quer über den Teppich zu laufen. So ist es und das ist nicht merkwürdig, darüber staune ich nicht. Darüber aber staune ich, ... daß Du, die Du in diesem „großen Haushalt" lebst, mit allen Sinnen ihm angehörst, ... trotzdem – das weiß ich genau – die Möglichkeiten hast, nicht nur mich lieb zu haben, sondern mein zu sein, über Deinen eigenen Teppich zu laufen. Aber das ist noch nicht der Höhepunkt des Erstaunlichen. Der besteht darin, daß Du, wenn du zu mir gehen wolltest, ... die ganze Welt aufgeben wolltest, um zu mir herunterzukommen, so tief, daß man von Dir aus gesehen nicht nur wenig, sondern überhaupt nichts mehr sieht, Du zu diesem Zweck ... nicht hinuntersteigen, sondern in übermenschlicher Art hoch über Dich, über Dich hinausgreifen müßtest, so stark, daß Du vielleicht dabei zerreißen, stürzen, verschwinden müßtest ... Und das um an einen Ort zu kommen, zu dem nichts verlockt, wo ich sitze ohne Glück und Unglück, ohne Verdienst und Schuld, nur weil man mich dorthin gesetzt hat. In der Stufenleiter der Menschheit bin ich etwa ein Vorkriegs-Greisler[58] in Deinen Vorstädten (nicht einmal ein Spielmann, nicht einmal das), selbst wenn ich mir diese Stelle erkämpft hätte – aber ich habe sie mir nicht erkämpft – wäre es kein Verdienst (M 117f.).

Das, was Kafka hier als ein zu ihm „hinuntersteigen" und gleichzeitig als ein in „übermenschlicher Art" hoch über sich „hinausgreifen" darstellt, bringt Milena selbst in einem Brief an Max Brod zum Ausdruck, in welchem sie den von ihr geforderten Weg zu Kafka als „strengste Askese" bezeichnet. Sie schreibt: „Wenn es wahr ist, daß die Menschen auf der Erde eine Aufgabe zu erfüllen haben, so habe ich diese Aufgabe neben ihm sehr schlecht erfüllt. ... Was seine Angst ist, das weiß ich bis in den letzten Nerv. Sie existierte auch schon immer vor mir, solange er mich nicht kannte. Ich habe seine Angst eher gekannt, als ich ihn gekannt habe. In den vier Tagen, in denen Frank neben mir war, hat er sie verloren. Wir haben über sie gelacht. ... Diese Angst bezieht sich nicht nur auf mich, sondern auf alles, was schamlos lebt, auch beispielsweise auf das Fleisch. Das

Fleisch ist zu enthüllt, er erträgt nicht, es zu sehen. Das also habe ich damals zu beseitigen vermocht. Wenn er diese Angst spürte, hat er mir in die Augen gesehen, wir haben eine Weile gewartet, so als ob wir keinen Atem bekommen konnten oder als ob uns die Füße weh täten, und nach einer Weile ist es vergangen. Es war nicht die geringste Anstrengung nötig, alles war einfach und klar. ... Wäre ich damals mit ihm nach Prag gefahren, so wäre ich ihm die geblieben, die ich ihm war. Aber ich war mit beiden Füßen unendlich fest mit dieser Erde hier zusammengewachsen, ich war nicht imstande meinen Mann zu verlassen und vielleicht war ich zu sehr Weib, um die Kraft zu haben, mich diesem Leben zu unterwerfen, von dem ich wußte, daß es strengste Askese bedeuten würde auf Lebenszeit. ... Das, was man auf Franks Nicht-Normalität schiebt, gerade das ist sein Vorzug. Die Frauen, die mit ihm zusammengekommen sind, waren gewöhnliche Frauen und haben nicht anders zu leben gewußt als eben Frauen. Ich glaube eher, daß wir alle die ganze Welt und alle Menschen krank sind und er der einzige Gesunde und richtig Auffassende und richtig Fühlende und der einzige reine Mensch. Ich weiß, daß er sich nicht gegen das Leben wehrt, sondern nur gegen diese Art von Leben da wehrt er sich. Hätte ich es zustande gebracht, mit ihm zu gehen, so hätte er mit mir glücklich leben können. Aber das weiß ich erst heute, all dies. Damals war ich ein gewöhnliches Weib wie alle Weiber auf der Welt, ein kleines triebhaftes Weibchen. Und daraus ist seine Angst entstanden. Sie war richtig"[59].

Eine rückschauende Tagebucheintragung aus Spindlermühle (vom 29. 1. 1922, kurz vor der *Schloß*-Niederschrift) unterstreicht dieses Selbstverständnis Milenas.

Wenn zum Beispiel M. plötzlich hierherkäme, es wäre schrecklich. Zwar äußerlich wäre meine Stellung vergleichsweise sofort glänzend. Ich wäre geehrt als ein Mensch unter Menschen, ich bekäme mehr als nur förmliche Worte, ich säße ... am Tisch der Schauspielergesellschaft, ... – aber ich wäre abgestürzt in eine Welt, in der ich nicht leben kann. Bleibt nur das Rätsel zu lösen, warum ich in Marienbad vierzehn Tage glücklich war und warum ich es infolgedessen, allerdings nach der schmerzensvollen Grenzdurchbrechung, vielleicht auch hier mit M. werden könnte. Aber wohl viel schwerer als in Marienbad, die Ideologie ist fester, die Erfahrungen größer. Was früher ein trennendes Band war, ist jetzt eine Mauer oder ein Gebirge oder richtiger: ein Grab (T 567).

In dieser Tagebucheintragung bringt sich Kafka die Gefahren seines Milena-Verhältnisses zum Bewußtsein. Das Marienbader Erlebnis mit Felice, „so glücklich" es ihm zunächst und auch später noch erschien, offenbarte sich ihm in seinem Kern als Todeserlebnis. Das ist das Gefährlichste für den, dem es darum geht, „leben" zu können. Wenn der Dichter im *Schloß* Amalias Granatenhalsband als eine Leihgabe der Brückenhofwirtin darstellt und damit symbolisch ausdrückt: die Kette, durch die Amalia geheimnisvoll gebunden ist, entstammt der Welt des Dionysos – Klamm, des Todesgottes, der auch die Wirtin angehört, so ist damit dasselbe gemeint, was Milenas und Kafkas Selbstzeugnisse aussagen. Milena: „Damals war ich ein gewöhnliches Weib wie alle Weiber auf der Welt, ein kleines, triebhaftes Weibchen. Und daraus ist seine Angst entstanden. Sie war richtig". Kafka: „Was früher ein trennendes Band war, ist jetzt eine Mauer oder ein Gebirge oder richtiger: ein Grab".

Zum Abschluß unserer Bemühungen, den biographischen Untergrund Amalias in Milena aufzudecken, ist noch zu fragen: ist auch Amalias Verhältnis zu Frieda, zu den Gehilfen, zu Barnabas und zu K. als dichterische Gestaltung bestimmter menschlicher Beziehungen zu verstehen?

Das Verhältnis Amalias zu K.s Braut Frieda spiegelt deutlich die Beziehungen zwischen Milena und Kafkas damaliger Braut Julie Wohryzek. Wenn wir bisher Frieda als künstlerische Darstellung von Felice Bauer betrachteten, so scheint es dieser These zu widersprechen, in Frieda jetzt Julie Wohryzek zu sehen. Aber es handelt sich hier um ein Ineinssehen der beiden „Verlobten" in der Frieda-Gestalt. Dieser Vorgang findet sich bereits vorgezeichnet in den Briefen an Milena, wo Kafka Felice Bauer und Julie Wohryzek in der Frage nach seiner Schuld zusammensieht. „Gemeinsam war den ... Verlobungsgeschichten, daß ich an allem schuld war. ... Beide Mädchen habe ich unglücklich gemacht" (M 50 vgl. auch M 15f.).

Zum Verständnis des Verhältnisses von Milena zu Julie Wohryzek sei hier auf das für die *Schloß*-Dichtung Bedeutsame dieser Verlobten Kafkas hingewiesen[60]. Kafka hatte kurz vor der Hochzeit mit Julie W. gestanden – „es wäre ... eine Verstandesheirat im besten Sinne geworden" (M 32) –, als sich die Heirat an der Wohnungsfrage zerschlug. Es bestand noch ein abbröckelndes Verhältnis zwischen Kafka und Julie W. („ohne jede Aussicht auf Ehe") (M 16), als Kafka im April 1920 mit Milena bekannt wurde. Seit dem Zusammentreffen von Kafka mit Milena in Wien – Ende Juni – Anfang Juli 1920 – war Kafka zu einem klaren Bruch mit Julie W. entschlossen. Kafka hatte Julie W. erlaubt, an Milena zu schreiben, und bat nun Milena, Julie W. „freundlich" und „streng" zu antworten (M 86). Die verletzte Julie äußerte – wie Kafka schreibt – „böse Worte" über Milena, „für die ich sie hätte schlagen wollen und müssen ..." (M 87)[61]. Der endgültige Bruch scheint Ende Juli erfolgt zu sein: „Ich antworte nicht mehr" (M 109), schreibt Kafka[62].

Der Ertrag dieses biographischen Exkurses für den *Schloß*-Roman liegt in Folgendem. In der Frage nach der Schuld wird Kafkas Verhältnis zu Julie W. in eins gesehen mit seiner Schuld an Felice Bauer. Dadurch wird eine Komponente der Frieda-Darstellung unterstrichen. An einem zweiten Punkt führt das Verhältnis zu Julie W. über das Felice-Erlebnis hinaus und näher zum Milena-Amalia-Erlebnis hin. Julie W. hatte direkte briefliche Verbindung mit Milena. Die „bösen Worte" Julies über Milena werden wir hinter der spöttischen Verachtung zu denken haben, mit denen Frieda über Amalia als der „unvergleichlich Zurückhaltenden" (359) spricht, wie wir in der Frage Amalias, „wann denn K. jenes Mädchen kennengelernt habe" (246), deutlich Milena sprechen hören: „Sie fragen nach meiner Verlobung" (M 15). Milenas kaltes Hinweggehen über die immerhin noch bestehende Verlobung Kafkas mit Julie W., die sichtlich unter dem Einfluß Milenas aufgehoben wurde, spiegelt sich in dem ersten Gespräch zwischen K. und Amalia. „K. ... erinnerte an seine Verlobung. Amalia schien nicht viele Gedanken an diese Verlobung zu verschwenden, der unmittelbare Eindruck K.s, der doch allein vor ihr stand, war für sie entscheidend" (246). Aus der in Frieda dargestellten Widersacherin Amalias spricht also eine Julie W. als Mahnerin in das in Amalia gestaltete Milena-Erlebnis hinein.

Auch Amalias Begegnung mit dem Gehilfen Jeremias hat sein Urbild in der Biographie. In Milenas Darstellung der Vier Wiener Tage in ihrem Brief an Max Brod erkennen wir das biographische Bauelement dieser Szene. Das Gegenstück, der von der starken Amalia vertriebene, aber immer noch beim „Ausspionieren des Hauses" vorhandene Jeremias ist in dem bedeutsamen Brief skizziert, den Kafka kurz nach dem Wiener Zusammensein[63] an Milena schrieb.

Du merkst vielleicht, daß ich seit paar Nächten nicht schlafe. Es ist einfach die „Angst". Das ist etwas, was mich willenlos macht, mich herumwirft nach Belieben, ich kenne nicht mehr oben und unten, rechts und links. … was sehr mitgewirkt hat, mich zu schwächen, die wunderbare beruhigend − beunruhigende Wirkung Deiner körperlichen Nähe verflüchtet sich mit den Tagen. Wärest Du schon hier! So habe ich niemanden, niemanden hier, als die Angst, gegenseitig in einander verkrampft wälzen wir uns durch die Nächte. Es ist doch etwas sehr Ernstes um diese Angst …, die in gewissem Sinn auch dadurch verständlich wird, daß sie mir fortwährend die Notwendigkeit des großen Zugeständnisses vormalt: auch Milena ist nur ein Mensch. Was Du darüber sagst, ist ja so schön und gut, man wollte überhaupt nichts anderes mehr hören, nachdem man das gehört hat, aber, daß es hier nicht um das Höchste geht, ist doch sehr fraglich, diese Angst ist doch nicht meine private Angst − sie ist es bloß auch und fürchterlich − aber es ist ebenso die Angst alles Glaubens seit jeher (M 104f.).

Die Schlußformulierung dieses Briefes bezieht sich auf die Schrift von Max Löhr: „Seelenkämpfe und Glaubensnöte vor 2000 Jahren"[64]. Vor dem Hintergrund der von Löhr vorgestellten Geängsteten: Hiob und dem Prediger Salomo, die ihre Glaubensnöte vor Gott bringen, ermessen wir die Bedeutung des im Brief skizzierten Gegensatzes: „auch Milena ist nur ein Mensch", ihre Kraft, mit der „Angst" fertig zu werden, reicht nicht bis in die Tiefen dieser „Angst alles Glaubens", sie kann als „Mensch" wohl lösen, aber nicht erlösen. So verstehen wir jetzt von der Biographie her, daß Amalia aus der Kraft ihres Menschentums zwar Jeremias sehr schnell vertreibt, daß sie K. aber nicht von diesem Gehilfen befreien kann.

In Amalias Verhältnis zu Barnabas erkennen wir Milenas Beziehung zu Kafka, dem Künstler. Im *Schloß* stehen sich Amalia und Barnabas sehr nahe. Es sind Geschwister. Amalia hat Barnabas die seidenglänzende Jacke genäht, die ihn als Künstler auszeichnet. Hier ist die von Kafka so sehr geschätzte Feuilletonistin und Übersetzerin seiner Frühwerke ins Tschechische[65] dargestellt. Amalia, die den zweiten Schloßbrief des Barnabas für K. übermittelt, ist die Milena, die Kafka den göttlichen Auftrag seines Schaffens erneut zum Bewußtsein bringt; aber wie Amalia im Letzten sich gegen das *Schloß* wehrt und damit den Botendienst des Barnabas herabsetzt, so ist wohl auch Milena Kafka nicht bis zu den letzten Höhen − oder in die letzten Tiefen − gefolgt. Milenas Selbstdarstellung scheint mir den Nerv ihres Verhältnisses zu Kafka dem Künstler zu treffen: „In mir ... ist eine ... rasende Sehnsucht ... nach einem Leben ..., das der Erde sehr nahe wäre. Und das hat also wohl in mir über alles andere gesiegt, über die Liebe, über die Liebe zum Flug, über die Bewunderung und nochmals die Liebe"[66]. Für Kafka war seine Kunst ein Ringen um den „erlösenden Trost des Schreibens", im Bilde der *Schloß*-Welt gesprochen: das Verneigen des Barnabas vor K., also ein Hineinnehmen des Dichterischen in seine religiöse Existenz, welche Milena als „strengste Askese ... auf Lebenszeit" erkannte[67]. Hier stieß wohl der Künstler Kafka an Milenas Grenze; das deutet ein Wort Amalias über den Botendienst des Barnabas an: „Sei ruhig ..., ich bin nicht eingeweiht, nichts könnte mich dazu bewegen, mich einweihen zu lassen" (249).

Auch die Entwicklung des Verhältnisses Amalia – K., angefangen mit dem tastenden Fragen nach dem „Geheimnis" des Partners über das verletzende „sofort", bis zur klaren Erkenntnis des „zerstört", läßt in diesem Verhältnis das dichterische Abbild der Geschichte einer gescheiterten großen Liebe erkennen, der Liebe zwischen Milena und Franz Kafka. Dabei ist die Zeichnung der Beziehung Amalia – K. deutlich vom Ende her gesehen. Darauf weist nicht nur die Tatsache hin, daß das Wort von der „Zerstörung seiner Kräfte" im Roman am Anfang steht, während das „zerstört" in den Briefen das Ende dieser Liebesgeschichte in einem Wort zusammenfaßt, auch der düstere Aspekt Amalias ist vom Ende des Verhältnisses Kafka – Milena her gesehen. Wenn Kafka in einem seiner letzten Briefe an Milena schreibt:

das Nichts ... hat mich angeweht (M 221),

so meinen wir zu spüren, wie der Schatten dieses „Nichts" sich über die ganze Amalia-Gestalt ausgebreitet hat, die – auch das ist noch spürbar – doch die Darstellung einer groß und hoffnungsvoll begonnenen Liebe ist.

Und doch, trotz der Erkenntnis der Gefahr, die Milena für ihn bedeutete, trotz der vollzogenen klaren Trennung, die er Ende 1920 vollzog, schreibt Kafka noch im Dezember 1921 nach vier Besuchen Milenas in sein Tagebuch:

Immer M. oder nicht M., aber ein Prinzip, ein Licht in der Finsternis (T 550).

Olga und Milena Jesenská

Diese Milena als „Licht in der Finsternis" stellt der Dichter in Olga dar. Um das Verhältnis der Olga-Gestalt zur Biographie zu erfassen, zitieren wir noch einmal einen Brief Kafkas an Milena:

... darum bin ich ja gewissermaßen unabhängig dir gegenüber, eben weil die Abhängigkeit so über alle Grenzen geht ... und das ist ja gewiß etwas Lästerliches, so auf einen Menschen zu bauen, und darum schleicht ja auch dort die Angst um die Fundamente, aber es ist nicht die Angst um Dich, sondern die Angst, daß überhaupt so zu bauen gewagt wird. Und darum mischt sich zur Gegenwehr (aber es war wohl auch ursprünglich) so viel Göttliches in Dein liebes irdisches Gesicht" (M 218f.).

Der Satz: „darum mischt sich zur G e g e n w e h r so viel Göttliches in Dein liebes irdisches Gesicht" scheint mir die Deutung Olgas von der Biographie her zu fassen. Olga ist, ebenso wie ihre Schwester Amalia, Milena, aber sie ist eine von Kafka überhöhte, vergöttlichte Milena, in der wir Kafkas Vorstellungen vom „Göttlichen" erkennen. In der Feststellung dieser „Gegenwehr" legt Kafka eine psychologische Wurzel seines Milena-Verständnisses bloß, die er dann im Werk als Gegenbildlichkeit von Amalia und Olga gestaltete. Im Entwurf nennt er diese Gegenbildlichkeit als solche noch bei Namen, wenn er die Erzählung Olgas als „G e g e n g e s c h e n k" zu dem „häßlichen Eindruck" (505f.) ihrer Familie bezeichnet. In dieselbe Richtung weist ein Brief Kafkas an Max Brod. Es geht in diesem Brief um eine andere „Olga", eine Gestalt aus Brods „Jüdinnen". Kafka schreibt in seinem Brief zu dieser „Olga":

> Und Olga? Sie ist nicht primär geformt, sondern bewußt als Gegenspiel Irenes, als Rettung vor ihr (B 226)[68].

Suchen wir im Bilde Milenas nach den Spuren des „Göttlichen", das der Dichter in Olga Gestalt werden ließ, so stoßen wir zuerst durch die Darstellung von Olgas Augen auf deren Urbild in Milena. Wir führten bereits aus einem Brief an Milena an:

> … was hülfe mir die Wohnung, wenn ich nicht lebte, nicht eine Heimat hätte, in der ich ruhte, etwa zwei helle, blaue, aus unbegreiflicher Gnade lebendige Augen … (M 92).

In diesen Zeilen ist etwa das ausgesagt, was K. über Olgas Augen sagt:

> g e r n s a h er in diese blauen, nicht lockenden, nicht herrischen, sondern schüchtern ruhenden, schüchtern standhaltenden Augen (250).

Das „nicht lockend", welches der Dichter Olgas Augen zuspricht, geht auf ein Empfinden zurück, das Kafka in einem Brief an Milena ausdrückt. Kafka beantwortet in diesem Schreiben eine Frage Milenas nach „strach" oder „touha", „Angst" oder „Begehren" in seiner Liebe zu ihr … Nach einer Beichte über Zeiten eines höllischen Begehrens [anderer Frauen] folgt eine Klarlegung seines Verhältnisses zu Milena:

> Dann aber gab es auch Zeiten, wo der Körper nicht still war …, wo ich aber trotzdem unter gar keinem Zwang war, es war ein gutes, ruhiges, nur durch Hoffnung beunruhigtes Leben … In diesen Zeiten, soweit sie nur irgendeine Dauer hatten, war ich immer allein. Zum ersten Mal in meinem Leben gibt es jetzt solche Zeiten, in denen ich nicht allein bin. Darum ist nicht nur Deine körperliche Nähe, sondern Du selbst beruhigend – beunruhigend –. Darum habe ich keine Sehnsucht nach Schmutz …, ich sehe förmlich auch keinen Schmutz, nichts derartiges, was von außen reizt, ist da, aber alles, das von innen Leben bringt, kurz, etwas von der Luft ist da, die man im Paradies vor dem Sündenfall geatmet hat. Nur etwas von dieser Luft, daher fehlt „touha", nicht jene ganze Luft, daher gibt es „Angst" (M 182 f.).

Hier ist deutlich das Paradiesische zu erkennen, welches Kafka dem Bilde Olgas mit ihren „blauen, nicht lockenden" Augen einzeichnete.

Noch einen wichtigen Zug in der Olga-Gestalt fand Kafka in Milena vorgebildet. Es ist das, was er „ihre Umsicht, ihre Klugheit" (337) nennt. Gleich zu Anfang des Briefwechsels rühmt Kafka Milenas „hellsichtige Klugheit" (M 29). Auch nach der Trennung steht diese Klugheit Milenas für Kafka noch fest: „(Milenas) Urteile … sind … groß und führen zu den Göttern, wenigstens den olympischen" (B 329). Diese „hellsichtige Klugheit" breitet sich wie ein strahlendes Licht über die ganze Olga-Gestalt aus, aus ihr erwächst Olgas Fähigkeit, alle Fragen des Dorfes von den „Göttern" her zu sehen.

In unserem Versuch, Biographisches in Olga zu entdecken, stellen wir als Letztes fest: in Olga haben wir nicht nur das „Göttliche" zu sehen, was in Milena „ursprünglich" vorhanden war, sondern auch das, was Franz Kafka von sich aus in dieses Bild eintrug, was sich in ihr [Milenas] „liebes irdisches Gesicht … mischt[e]" (M 219).

Kafka trägt als das „Göttliche" in Olgas Bild ein, was er in eigenen Meditationen und aus seinen Studien Kierkegaards, der Kabbala und der Bibel als „ein wenig Gleichgewicht oder richtiger ein wenig Trost" (H 318) gewann. So hören wir in K. Franz Kafka selbst zu Olga reden, wenn er zu dieser aufnahmewilligen Seele von der „Hilfe" (269) für Barnabas spricht und von dem nicht aufzulösenden „Irgendetwas", dem „Unzerstörbaren" seiner Aphorismen. Auch der Zug der Lügnerin, den Kafka in Olgas Bild einzeichnete, sah er in Milena vorgebildet. M. Buber-Neumann bezeichnet diesen Zug in Milena als ein Leben „jenseits von Gut und Böse". Sie schreibt über die Milena der früheren Jahre: „Milena … glaubte, sie habe das Recht und die Kraft, nach eigenen Gesetzen leben zu können. So gewöhnte sie sich zum Beispiel an, den Gebrauch der Wahrheit als ihr ganz persönliches Recht anzusehen, über das sie nach eigenem Gutdünken zu entscheiden habe. Damals drückte man ihr den Stempel „Lügnerin" auf. … Ihre Unsicherheit äußerte sich in einem gefährlichen Hochmut, durch den ihre Moral vorübergehend einen Bruch erlitt, den sie jedoch später in bewundernswerter Weise überwand"[69]. Der Dichter nimmt diese Bruchstelle in Milenas Charakter in dem Bilde Olgas auf. Er läßt Olga „lügen und betrügen", allerdings nur um des Dienstes des Barnabas willen. Damit hebt er einen bedenklichen Charakterzug in die Sphäre des Sinnvollen.

Wie wir sahen, stellt der Dichter Olgas Bereitschaft zum Opfer als den Quellpunkt des in ihr verkörperten „Göttlichen" dar. Auch diesen entscheidenden Zug sah Kafka in Milena vorgebildet. Schon bald nach dem ersten Kennenlernen schreibt er an Max Brod:

Sie [Milena] ist ein lebendiges Feuer, wie ich es noch nie gesehen habe, ein Feuer übrigens, das trotz allem nur für ihn brennt. Dabei äußerst zart, mutig, klug und alles wirft sie in das Opfer hinein oder hat es, wenn man will, durch das Opfer erworben (B 275).

Hier fällt zweimal das Wort „Opfer". Diese Charakteristik Milenas nimmt die Dichtung in K.s Abschiedworten an Olga mit deutlichen Anklängen auf: „… noch wichtiger als die Botschaften [des Barnabas] sei ihm Olga selbst, ihre Tapferkeit, ihre Umsicht, ihre Klugheit, ihre Aufopferung für die Familie" (337).

Von dem Opfer, in das Milena alles hineinwarf, bekommen wir eine Ahnung, wenn wir hinter einem Wort Olgas über ihre Beziehungen zu den Knechten im Herrenhof das Leben Milenas mit Ernst Polak vermuten: „den Knechten im Herrenhof war ich ein Spielzeug, das zu zerbrechen sie sich wütend anstrengten, kein einziges vertrauliches Wort habe ich während der zwei Jahre mit einem von ihnen gesprochen, nur Hinterhältiges oder Erlogenes oder Irrsinniges" (327). Wir meinen in der Leidenschaft dieser Sprache eine Milena zu vernehmen, eine Leidenschaft, die von Kafka von allem Anfang bewundert (M 29), auch heute noch zu uns spricht, in den acht Briefen, die sie an Max Brod richtete[70]. Jedenfalls stimmt Olgas genaue Zeitangabe „zwei Jahre" überein mit der Zeit von Milenas Ehe mit Polak[71].

Es gelingt dem Dichter, in dem großartigen Bild von Olgas Tanz die Not einer sich opfernden Frau darzustellen. So wie Olga „lebendig" (65), wenn auch zerzaust aus dem bachantischen Treiben hervorgeht, sehen wir auch eine Milena in Kafkas Darstellungen „lebendig" bleiben: „ … Die Du Dein Leben bis in solche Tiefen wirklich lebendig lebst" (M 108), ruft Kafka ihr zu und auch seinem Freunde Brod schildert er die sich Opfernde als „ein lebendiges Feuer".

Vergleichen wir das Bild von Olgas Tanz mit dem Leben der Milena Jesenská, so sehen wir mit Staunen, wie Franz Kafka mit seinem „göttermäßigem Blick" dieses Leben in sicherer Vorausschau zu erfassen vermochte. Nach dem Bericht von Frau Buber-Neumann ging Milena aus den Irrungen und Wirrungen ihrer Liebeserlebnisse, in denen sie manchmal dem Abgrund nahe war, als ungebrochener, lebendiger, ja Leben spendender Mensch hervor, bis sie ihr Leben unter einer Tyrannenherrschaft bewußt geopfert hat[72]. Mit dem Blick auf dieses Leben der Milena verstehen wir das Wort Kafkas in seiner ganzen Tragweite, wenn er von dem „Göttlichen", das sich „zur Gegenwehr" in ihr „liebes irdisches Gesicht" mischt, sagen kann:

aber es war wohl auch ursprünglich (M 219).

IX. Der Vater

In dem Vater begegnet uns eine letzte Möglichkeit der menschlichen Reaktion auf das Handeln eines scheinbar blind wütenden Schicksals, auf Sortinis „wahrscheinlichen Zorn".

War diese Reaktion bei Amalia das düstere Schweigen der sich verworfen Fühlenden, war es bei Barnabas das endliche Gehen nach lähmendem Zweifel und bei Olga das Bemühen, den Zorn eines Gottes durch ihr Opfer zu stillen, so sehen wir in dem Vater den Menschen, der, wie Kierkegaards Abraham die „Bewegung des Glaubens" macht, eines Glaubens an Gottes Handeln „kraft des Absurden".

Von allem Anfang an ist das Handeln des Vaters bestimmt von ehrfurchtsvoller Frömmigkeit. „An Ehrfurcht vor der Behörde fehlt es uns ... nicht" (270), sagt Olga von ihrer Familie. Diese Ehrfurcht hat den Vater bestimmt, seine Kraft in den Dienst einer Behörde zu stellen, die auf das Löschen des prometheischen Feuers aus ist, das eine göttlich geordnete Welt zu vernichten droht. So ist er Feuerwehrmann geworden, hat es sogar zum „dritten Übungsleiter der Feuerwehr" (274) gebracht. So verstehen wir seine Freude beim Betrachten der vom Schloß gespendeten Feuerspritze: „Zuerst wurden wir natürlich vom Vater zur Feuerspritze geführt, er lachte vor Freude, als er sie sah, eine neue Spritze machte ihn glücklich, er fing an, sie zu betasten und uns zu erklären, er duldete keinen Widerspruch und keine Zurückhaltung der anderen; war etwas unter der Spritze zu besichtigen, mußten wir uns alle bücken und fast unter die Spritze kriechen" (276). Seine Verehrung der Schloßspende ist ungebrochen. Er versteht seinen Sohn Barnabas – den Zweifler – nicht, „der sich damals wehrte", [unter die Spritze zu kriechen] und bedenkt ihn auf autoritäre Weise mit Prügeln. In seiner demütigen Haltung steht der Vater in deutlichem Gegensatz zu der hochmütigen Amalia, von der es heißt: „Amalia kümmerte sich um die Spritze nicht; stand aufrecht dabei in ihrem schönen Kleid" (276). Das Erscheinen Sortinis auf dem Feuerwehrfest begrüßt er mit tiefster Ehrfurcht: „„Dort ist Sortini" flüsterte ... Lasemann dem Vater zu. Der Vater verbeugte sich tief und gab auch uns aufgeregt ein Zeichen, uns zu verbeugen" (277).

Wir haben uns aber den Vater nicht nur als einen Mann von persönlicher Frömmigkeit zu denken, sondern als einen Schriftgelehrten, als Theologen. Seine Sprache verrät die Vorstellungswelt des Theologen. Die Begriffe „Schuld", „Verzeihung", „bitten", die sich durch ihre Häufung im Text herausheben, sind Zentralbegriffe einer biblischen Theologie. Die humoristische Form von Olgas Schilderung, wie der Vater „bei einem Brand im Herrenhof einen Beamten, den schweren Galater, im Laufschritt auf dem Rücken hinausgetragen" (274) hat, soll uns durch ihre Distanz nicht abhalten, in dem Vater den Theologen zu sehen, der den „schweren Galater"-Brief nach der Geltung des jüdischen Gesetzes befragt.

Als besonders aufschlußreich für die Vorstellungswelt des Vaters ist sein Warten auf den „Wagen" eines Beamten. 10 x ist in dem Kapitel „Bittgänge" (313–318) von diesem „Wagen" die Rede. Diese Häufung läßt uns aufmerken. Was hat das Bild des „Wagens" zu bedeuten? Der Leser empfindet bei der Lektüre des Vaterkapitels, daß es hier um die

Erwartung einer göttlichen Begegnung geht; aber wie kommt der Dichter gerade zu diesem so betont gebrauchten Bild?

Diese Frage wird verstärkt, wenn wir beobachten, daß auch in den Skizzen zum Roman des öfteren und an sehr gewichtigen Stellen von einem „Wagen" die Rede ist. Schon in den frühen Skizzen, die das Felice-Erlebnis verarbeiten, taucht ein „wild rollende[r] Wagen" (H 128) auf. Eine wichtige Rolle spielt dann ein „Wagen" in den ersten *Schloß*-Skizzen. Zunächst ist es ein „unbrauchbarer" Wagen (H 290), der noch an den „wild rollenden Wagen" als Gegenbild des Göttlichen erinnert. Dann trägt aber ein zur „Elektrischen" verfremdeter Wagen entschieden göttliche Züge: „Das Charakteristische der Stadt ist ihre Leere ... Die Elektrischen, die sich dort kreuzen, sind immer leer. Laut, hell, befreit von der Notwendigkeit des Augenblicks klingt ihr Läuten" (H 292). „Als er ausbrach, in den Wald kam und verloren ging, war es Abend. ... Und es war ein Winterabend und sehr kalt war es hier im freien Feld. Aber es war doch kein freies Feld, sondern städtischer Verkehr, denn um die Ecke bog ein Wagen der Elektrischen, aber es war doch nicht in der Stadt, denn der Wagen fuhr nicht, sondern stand seit jeher dort, immer in dieser Stellung, als biege er um die Ecke. Und er war seit jeher leer und gar kein Wagen der Elektrischen, ein Wagen auf vier Rädern war es und in dem durch die Nebel unbestimmt sich ausgießenden Mondlicht konnte er an alles erinnern" (H 297). Ganz deutlich ist der „Wagen" ein Symbol des Göttlichen in dem Aphorismus vom „Reisewagen", den Max Brod „eine Art Glaubensbekenntnis" Kafkas nennt[1].

Läufst du immerfort vorwärts, plätscherst weiter in der lauen Luft, die Hände seitwärts wie Flossen, siehst flüchtig im Halbschlaf der Eile alles an, woran du vorüberkommst, wirst du einmal auch den Wagen an dir vorüberrollen lassen. Bleibst du aber fest, läßt mit der Kraft des Blicks die Wurzeln wachsen tief und breit ..., dann wirst du auch die unveränderliche dunkle Ferne sehen, aus der nichts kommen kann als eben nur einmal der Wagen, er rollt heran, wird immer größer, wird in dem Augenblick, in dem er bei dir eintrifft, welterfüllend und du versinkst in ihm wie ein Kind in den Polstern eines Reisewagens, der durch Sturm und Nacht fährt (H 352).

Der sich diesem Aphorismus Kafkas unmittelbar anschließende Anfang des zweiten Gebots: „Ihr sollt euch kein Bild – ..." (H 352) läßt erkennen, was der Reisewagen für Kafka bedeutet: das „Bildnis" Gottes.

Gehen wir den möglichen Ursprüngen dieser Vorstellung von dem Erscheinen Gottes auf einem Wagen nach, so stellen wir fest, daß hier biblisch-kabbalistische Vorstellungen zugrunde liegen. Bekannt ist der Ausruf Elisas bei der Himmelfahrt des Elia: „Mein Vater, mein Vater, Wagen Israels und seine Reiter!" (2. Könige 2, 12) (vgl. 2. Könige 6, 17; Psalm 68, 18). Prägend für Kafkas Vorstellungen vom Wagen als „Bildnis" Gottes dürfte Daniel 7 und Hesekiel 1 geworden sein. Es heißt Daniel 7, 9–10: „Solches sah ich, bis daß Stühle gesetzt wurden; und der Alte setzte sich. Das Kleid war schneeweiß, und das Haar auf seinem Haupt wie reine Wolle; sein Stuhl war eitel Feuerflammen, und dessen Räder brannten mit Feuer. Und von ihm ging aus ein langer feuriger Strahl. Tausendmal tausend dienten ihm, und zehntausendmal zehntausend standen vor ihm. Das Gericht ward gehalten, und die Bücher wurden aufgetan". Hier interessiert die Darstellung eines „Stuhls" – als Sitz des „Alten" – auf „Rädern„, die „mit Feuer" brennen. Eine ähnliche Vorstellung liegt Hesekiel 1 zugrunde. Dort umgeben vier beflügelte Tiere „auf vier Rädern" die „Herrlichkeit des Herrn" auf einem saphirnen Stuhl.

Diese Daniel-Hesekiel Darstellungen schimmern in den angeführten „Wagen"-Skizzen von H 297 durch. Ein „Wagen der Elektrischen", der „seit jeher dort ... stand", der auch wieder „gar kein Wagen der Elektrischen" war, (sondern) „ein Wagen auf vier Rädern". Wir können annehmen, daß Kafka durch seine kabbalistischen Studien mit der Verarbeitung von Hesekiel 1 in der sogenannten „Merkaba" (= Thronwagen)-Mystik vertraut war. Diese Merkaba-Mystik[2] ist die älteste Form der jüdischen Mystik, die in ihren Anfängen bis in die Zeit des ersten Jahrhunderts nach Christus zurückreicht[3], und die dann mehrere Jahrhunderte lang die mystischen Vorstellungen prägte[4].

Diese alte Merkaba-Mystik wurde später (im 13. Jahrhundert)[5] in den Sohar, das bedeutendste und einflußreichste Werk der Kabbala, aufgenommen[6].

Kafka dürfte die Merkaba-Mystik als einen Teil des Sohar spätestens unter dem Einfluß von Brods „kabbalistischem Freund" Georg Mordechai Langer kennengelernt haben (s. T 478 vom 14. 9. 1915 und Max Brod: Über Franz Kafka T 137). Zu dieser Zeit des von Kafka erwähnten Verkehrs mit Langer taucht in den Aphorismen zum ersten Mal das Bild des „Wagens" auf: „Der wild rollende Wagen" (H 128).

Die Haltung des Merkaba-Mystikers ist eine „stürmende Ekstase"[7], in der er zu den Geheimnissen des „Thronstaates Gottes, der Gesänge der Engel, des Baus der Merkaba"[8] ansteigt, während die Haltung des mittelalterlichen Mystikers die „Meditation" ist, „die beschauliche und demütige Versenkung in das allgegenwärtige Unendliche"[9].

Dieser Exkurs macht deutlich, daß der Dichter die Vorstellungswelt des Vaters von der des Merkaba-Mystikers geprägt sein ließ. Nicht nur das Bild seines Lebensziels, die Begegnung mit einem Beamten im „Wagen" ist von der Thronwagen-Mystik bestimmt, sondern auch seine Haltung. Wenn Olga von den „Bittgängen" [des Vaters] sagt: „ ... wir begannen ..., das Schloß zu bitten oder zu b e s t ü r m e n ..." (308), so spiegelt sich in diesem „bestürmen" noch die stürmische Ekstase des Merkaba-Mystikers.

Daß hier bewußt gezeichnete Zusammenhänge bestehen, beweist die des öfteren zitierte Tagebuch-Eintragung vom „Ansturm gegen die Grenze", in der Kafka die Kabbala explizit erwähnt. „Diese ganze Literatur ist Ansturm gegen die Grenze, und sie hätte sich, wenn nicht der Zionismus dazwischen gekommen wäre, leicht zu einer neuen Geheimlehre, einer Kabbala entwickeln können" (T 553). Unmittelbar vorher schreibt Kafka in seinem Tagebuch über die ihn zerreißende „Jagd" seines dissonanten inneren und äußeren Lebens: „‚Jagd' ist ja nur ein Bild, ich kann auch sagen ‚Ansturm gegen die letzte irdische Grenze', und zwar Ansturm von unten, von den Menschen her, und kann, da auch dies nur ein Bild ist, es ersetzen durch das Bild des Ansturmes von oben, zu mir herab" (T 553). Aus der Formulierung „letzte irdische Grenze" ist zu ersehen, daß der Dichter in dem „Bestürmen" des Schlosses in den „Bittgängen" in seiner Sprache das wiedergibt, was der Mystiker in der „stürmenden Ekstase des Aufstiegs und der Entrückung der Seele in die Thronwelt" erlebte.

Der Vergleich des Vaters mit dem Merkaba-Mystiker zeigt aber neben der Verwandtschaft einen Wandel in der religiösen Haltung auf. Nicht das nur auf jenseitige Schau gerichtete Auge des Thronwagenmystikers charakterisiert den Vater, sondern der auf das persönliche Leben gerichtete Blick eines Grüblers, der auf Lösungen seiner Lebensfragen hofft. Es geht dem Vater in seinen Bittgängen um die „Errettung Amalias" (311), das „Zurückgewinnen [ihrer] Ehre" (310). Wir haben in dieser Zeichnung des Vaters die künstlerische Umsetzung von Kafkas „Ansturm gegen die Grenze" zu sehen. Wenn der Tagebuchschreiber sich hier gegenüber der Kabbala als einer „Geheimlehre" abgrenzt durch die Bemerkung: „wenn nicht der Zionismus dazwischen gekommen wäre", so zeigt er hier die Grundtendenz auf, die er in dem Vater gestaltet hat: nicht geistige Höhenflüge, unverbindliche Geheimlehre, sondern Gestaltung der irdischen Existenz von der Begegnung mit Gott her ist sein Anliegen, wie es auch dem Zionismus um eine konkrete Verwirklichung der „alten Jahrhunderte" (T 553) geht.

Den Vater trifft nun auch in seiner realen Existenz der Schlag Sortinis. Er erleidet Armut, Krankheit und mit seiner ganzen Familie die Verfemung des Dorfes. Er wird zu einem Hiob; und wie für Hiob ist das Handeln des Schicksals völlig uneinsichtig.

Allerdings gilt es auch hier bei dem Vergleich des Vaters mit Hiob wieder eine charakteristische Verschiebung zu beachten. Während Hiob im Bewußtsein seiner Unschuld zum Streit mit Gott antritt, kommt der Vater nicht über die Haltung von Hiobs Freunden hinaus. Wie diese ist er in dem typisch jüdischen Denken[10] befangen, für das es kein Unglück ohne Schuld gibt. So werden die „Bittgänge" des Vaters – ursprünglich von ihm als Versuche der „Errettung Amalias" (311), des „Zurückgewinnens [ihrer] Ehre" (310) bezeichnet – zu Bemühungen „Verzeihung" zu erlangen. 3 x ist in dem Vater-Kapitel von „Verzeihung" die Rede (308–310), 7 x von „Verzeihen" (308–310), (312–314). Es kann dabei nicht anders sein, da der Vater seine Schuld gar nicht kennt, als daß er annehmen muß, daß „man" ihm die Schuld „verheimliche" (310). So werden seine „Bittwege" (308) zu Versuchen der „Schuldenträtselung"[11].

ZumSchluß wird dem Betrachter der Vatergestalt noch eine entscheidende Änderung seiner Blickrichtung abgefordert: Der in seinem Glauben scheinbar unerschütterliche Vater wandert in Wirklichkeit auf einer Gratwanderung zwischen Illusion und Glaube. Dieser „Ritter des Glaubens" könnte auch ein Don Quichotte sein. Nach der Darstellung des Romans wäre es möglich, daß das Handeln des von dem Vater verehrten Sortini sinnlos wäre und damit auch der Glaube des Vaters. Olga sieht ihren Vater in dieser Richtung: der Gedanke des Vaters, „man verheimliche ihm die Schuld", zeigte, „daß er doch schon geistig geschwächt war" (310). „Mit dem Verstand war er nicht mehr fähig, das Aussichtslose seiner Interventionen einzusehen" (312). Der Plan, seine Bitten um Verzeihung einem Beamten im Wagen vorzubringen, war – nach Olga – „ein Plan ohne allen Verstand" (313). Daß der Vater auch selbst diese Bedrohung seiner gläubigen Existenz unterschwellig empfindet, zeichnet Olga mit einigen wenigen Strichen. Auf der Stufe der höchsten religiösen Erhebung wird der schwankende Grund, auf dem der Vater in Wirklichkeit steht, spürbar.

Davon [von der Hoffnung des Vaters, vom Schloß als „Instruktor" für die Neuorganisation der Schloßfeuerwehr gewählt zu werden] sprach er nun, und wie es so seine liebe Art war, sich bei Tisch recht auszubreiten, saß er da, mit den Armen den halben Tisch umfassend, und wie er aus dem offenen Fenster zum Himmel aufsah, war sein Gesicht so jung und hoffnungsfreudig; niemals mehr sollte ich ihn so sehen. Da sagte Amalia mit einer Überlegenheit, die wir an ihr nicht kannten, solchen Reden der Herren müsse man nicht sehr vertrauen, die Herren pflegen bei derartigen Gelegenheiten gern etwas Gefälliges zu sagen, aber Bedeutung habe das wenig oder gar nicht, kaum gesprochen, sei es schon für immer vergessen, freilich bei der nächsten Gelegenheit gehe man ihnen wieder auf den Leim. Die Mutter verwies ihr solche Reden, der Vater lachte nur über ihre Altklugheit und Vielerfahrenheit, dann aber stutzte er, schien etwas zu suchen, dessen Fehlen er erst jetzt merkte, aber es fehlte doch nichts, und sagte: Brunswick habe etwas von einem Boten und einem zerrissenen Brief erzählt, und er fragte, ob wir etwas davon wußten, wen es betreffe und wie es sich damit verhalte (293 f.).

Die Bemerkung Amalias, „solchen Reden der Herren müsse man nicht sehr vertrauen", hat den Vater „stutzen" lassen. Seine Frage nach dem „zerrissenen Brief" bringt seine latent vorhandenen Zweifel ans Tageslicht, so wie ein Nachtwandler durch einen kleinen Anruf geweckt wird.

Und doch wird gerade das Zeichen einer scheinbaren Sinnlosigkeit seines Verhältnisses zu der Beamtenschaft zu einem Zeichen des Glaubens. Es ist die Beobachtung, daß die Landstraße, auf der der Vater einen Beamtenwagen erwartet, „völlig leer" (314) ist, während man – nach Olga – erwarten müßte, daß „es ... dort ... von Bittgängern wimmeln" (314) müßte. Olga stellt gleichsam kopfschüttelnd fest: „Vielleicht bestärkte auch das den Vater in seiner Hoffnung" (314). Diesem von Olga wie leicht hingesagten Wort fügt sie noch die einschränkende Bemerkung an: „er [der Vater] nährte sie [die Hoffnung] von überallher" (314). Der Leser tut gut, Olgas Einschränkung zunächst beiseite zu lassen und das „leer" der Landstraße zu beachten. Denn gerade von diesem „leer" erschließt sich die Vatergestalt.

Zum Erfassen des Gewichtes dieses „leer" wirkt das Heranziehen von einigen Schloß-Entwürfen erhellend. Das „leer" findet sich in ihnen in einer betonten Häufung, die unsere Aufmerksamkeit weckt. Es heißt von d e r Stadt: „Das Charakteristische ... ist ihre Leere. Der große Ringplatz zum Beispiel ist immer leer. Die Elektrischen, die sich dort kreuzen, sind immer leer. ... Der große Basar ... ist immer leer. An den vielen im Freien stehenden Tischchen des Kaffeehauses ... sitzt kein Gast. Das große Tor der alten Kirche in der Mitte des Platzes ist weit offen, aber niemand geht ein oder aus." (H 291f.) Auch in der Skizze von der „Wagenbauanstalt" heißt es: „der kleine Platz vor dem Hause ... ist immer leer" (H 291 f.).

Eine Deutung dieses „leer" erhalten wir durch die Skizze von dem großen „Bootsführer". Diesen „alte[n] große[n] weißbärtige[n] Mann", der einen „Ich" sicher führt, fragt dieser: „Hast du denn keine Kinder?" Er erhält die Antwort: „Nur dich", ... „du bist mein einziges Kind" (H 315)[12]. Dieses Wort des Bootsführers hilft uns, in dem „leer" auf der Landstraße zum Schloß eine dichterische Gestaltung Kierkegaardscher Gedanken zu erfassen. Nach Kierkegaard ist der Glaube Sache des Einzelnen. Als der Einzelne ist er „ein Emigrant aus der Sphäre des Allgemeinen"[13], vollzieht er die „Bewegung des Glaubens", eines Glaubens, daß Gott „kraft des Absurden"[14] handelt.

Ein Niederschlag von Kafkas Beschäftigung mit diesen Gedankengängen Kierkegaards findet sich in zwei Skizzen der Oktavhefte aus dem Jahre 1918. Zur Deutung der Vatergestalt seien sie hier angeführt:

> Es ist so, wie wenn das Hin und Her zwischen Allgemeinem und Einzelnem auf der wirklichen Bühne stattfände, dagegen das Leben im Allgemeinen nur eingezeichnet wurde auf der Hintergrundkulisse (H 124). Die vergängliche Welt reicht für Abrahams Vorsorglichkeit nicht aus, deshalb beschließt er mit ihr in die Ewigkeit auszuwandern. Sei es aber, daß das Ausgangs-, sei es, daß das Eingangstor zu eng ist, er bringt den Möbelwagen nicht durch. Die Schuld schreibt er der Schwäche seiner kommandierenden Stimme zu. Es ist die Qual seines Lebens (H 125).

Vor dem Hintergrund dieser Kierkegaardmeditation Kafkas verstehen wir jetzt, warum der Vater als „Einzelner" seinen Weg auf der Straße zum Schloß geht, warum gerade das „leer" für ihn ein Zeichen der Hoffnung ist; denn gerade als Einzelner, neben dem es nicht „von Bittgängern wimmelt" (314), ist er der richtige Abraham, der in der Entscheidung des Glaubens steht.

Der Vergleich der beiden Abrahame (Kierkegaards und Kafkas) weist aber auch hier schon einen Unterschied auf, der für das Verständnis der Vatergestalt im Roman von Bedeutung sein wird. Nach Kafkas Darstellung bringt sein Abraham den „Möbelwagen" nicht durch, gelingt ihm nicht der Glaubensdurchbruch von Kierkegaards Abraham, daß Gott handelt „kraft des Absurden".

Dieselbe Thematik bei fortgeschrittener Gestaltung in der Richtung auf das Vaterbild des Romans bringt die Meditation des Briefes an Klopstock: „Aber ein anderer Abraham. Einer, der durchaus richtig opfern will und überhaupt die richtige Witterung für die ganze Sache hat, aber nicht glauben kann, daß er gemeint ist, er, der widerliche alte Mann und sein Kind, der schmutzige Junge. Ihm fehlt nicht der wahre Glaube, diesen Glauben hat er, er würde in der richtigen Verfassung opfern, wenn er nur glauben könnte, daß er gemeint ist. Er fürchtet, er werde zwar als Abraham mit dem Sohne ausreiten, aber auf dem Weg sich in Don Quixote verwandeln. Über Abraham wäre die Welt damals entsetzt gewesen, wenn sie zugesehen hätte, dieser aber fürchtet, die Welt werde sich bei dem Anblick totlachen. Es ist aber nicht die Lächerlichkeit an sich, die er fürchtet – allerdings fürchtet er auch sie, vor allem sein Mitlachen – hauptsächlich aber fürchtet er, daß diese Lächerlichkeit ihn noch älter und widerlicher, seinen Sohn noch schmutziger machen wird, noch unwürdiger, wirklich gerufen zu werden. Ein Abraham, der ungerufen kommt!" (B 333f.).

Auch in dieser Meditation über Abraham ist dieser ein Einzelner im Gegensatz zu den vorher beschriebenen „oberen Abrahamen", den vielen, die „auf ihrem Bauplatz stehen" (B 333), in denen wir die Wirtin als Vertreterin des „Allgemeinen" erkannten. Auch dieser Abraham, der den „wahren Glauben" hat, bringt anscheinend nicht „den

Möbelwagen durch", er bleibt, so scheint es wenigstens, gebannt stehen im Anblick des Absurden, das nicht nur „Probe" bedeuten könnte, sondern ein Narren durch den Dämon. Dann würde aus dem Abraham ein „Don Quixote". Deshalb „fürchtet" (5 x) er sich vor der „Lächerlichkeit", „als Abraham mit dem Sohne aus[zu]reiten, aber auf dem Weg sich in Don Quixote [zu] verwandeln".

Diese gefährliche Spitze der Glaubenssituation, „ungeheurer Abraham" (B 236) in existentialem Glaubensvollzug oder in Selbsttäuschung ein „Don Quixote" zu sein, bestimmt dann in deutlicher Ausprägung das Vaterbild des Romans. In Olgas Bericht über die „Bittgänge" des Vaters ist ihre Auffassung des Vaters als „Don Quixote" spürbar. Ihr nachsichtiges Lächeln über diesen Alten, der seinen Verstand nicht mehr richtig hat, ist bei aller Anerkennung des Opfers seines Lebens das „Sich-totlachen" der Welt über den Kämpfer mit Windmühlenflügeln.

Und doch geschieht in der Dichtung in Wirklichkeit ein Durchbruch. Das fünffache „Fürchten" in der Klopstockskizze verwandelt sich in ein Schreien des bettlägerig Kranken. „Der Vater stieß ... solche Schreie aus, daß es war, als wolle er sich von hier aus dem Beamten oben bemerkbar machen ..." (318). Mag Olga aus ihrer Sicht die Vision des Vaters als „leichte Fieberphantasie" (317), erklären, so ist daneben doch eine andere Sicht möglich. Dieses Schreien könnte das vielfache „Schreien" der Psalmdichter sein, etwa eines Korah (Psalm 88,2), in dem Kafka sich aufgenommen wußte: „Wäre ich Korach und riefe „Verloren ..." (T 520). Dieses „Schreien" wäre dann die letzte tiefste und höchste Stufe der „Bittgänge", es wäre bei aller Zwielichtigkeit ein Sichöffnen des Glaubenden im Gegensatz zu der sich verschließenden, hoffnungslosen Amalia und damit die letzte Konsequenz eines Lebens, das von der „Ehrfurcht" bestimmt war.

Nehmen wir zum Schluß der Sortini-Kapitel unsere anfangs gestellte Frage wieder auf. Ist, wie Max Brod behauptete, die Sortini-Episode ein „Parallelstück" zu Kierkegaards „Furcht und Zittern", oder liegt hier eine Fehlinterpretation vor? Wir stießen bei unseren Bemühungen um das Verständnis dieser wichtigen Kapitel auf direkte und indirekte Hinweise auf Kierkegaards „Furcht und Zittern". Diese Hinweise der Dichtung – von ihr selbst als „Kunstgriffe" bezeichnet – wurden unterstützt durch Kafkas Abraham-Meditationen. Wir können in Amalia, Olga und dem Vater die dialektische Entfaltung eines Grundthemas sehen, das Kierkegaard in seinen Abraham-Meditationen bereits darstellte: die Begegnung des Menschen mit dem Inkommensurablen. Im Vergleich der Position Kafkas mit der Kierkegaards stellen wir dabei eine Verschärfung der Glaubensproblematik fest. Der bei Kierkegaard kurz ins Blickfeld gekommene verzweifelte Abraham wird dort aufgehoben durch den „ungeheuren Abraham", den Vater aller Gläubigen. Kafka dagegen verleiht dem Verzweifelten in Amalia ein außerordentlich starkes Gewicht, das durch die sich opfernde Olga nur schwer im dialektischen Gleichgewicht gehalten wird. Auch in der Vatergestalt herrscht ein Übergewicht des „Fürchtens" vor, dem nur leise das „Schreien" eines Beters entgegengesetzt wird. Trotz dieser Verschärfung der Glaubenssituation bei Kafka – im Vergleich mit der Kierkegaards – ist aber ein gemeinsamer Boden vorhanden. Das wird deutlich werden, wenn wir uns jetzt dem Weg des K. zuwenden.

Zweiter Teil

Das Spiel: Der Weg des K.

„Immer die in Zimmern eingesperrte Weltgeschichte" (T 575 vom 5. 3. 1922), notiert Kafka in seinem Tagebuch während der Niederschrift des *Schloß*-Romans. Beziehen wir diese Notiz auf sein Werk, so ist zu fragen, was kann der Begriff „Weltgeschichte" für dieses bedeuten? Nach unserer Deutung der Gestalten des Romans, in denen wir den Dichter selbst und die Frauen seines Lebens erkannten, haben wir jetzt bei der Betrachtung des Weges des K. zu beachten, daß in den Begegnungen dieser Gestalten „Weltgeschichte" sich ereignet in den „Zimmern" eines Lebens. Wir werden dabei „Weltgeschichte" nicht im Sinne von vordergründiger Historie zu verstehen haben, sondern als Geschichte der Verwirklichung von überirdischen Welten in dem Weg eines Einzelnen.

Geschichte ist Verlauf in der Zeit. Daß der Weg des K. in diesem Sinne als Geschichte verstanden werden soll, zeigen die Zeitangaben des Romans. Es heißt am Ende des 3. Kapitels: „Als er am nächsten Morgen sehr erfrischt endlich aufstand, war es schon der vierte Tag seines Aufenthalts im Dorf" (66) und Olga sagt zu K.: „Vor einer Woche bist du gekommen" (331).

Versuchen wir, uns von diesem Zeitverlauf innerhalb des Romans ein Bild zu machen, so stellen wir fest: Im Ganzen spielt sich die Schloßgeschichte in sieben Tagen ab[1], im Einzelnen erscheinen die Angaben widersprüchlich. So steht Olgas Aussage: „Vor einer Woche bist du gekommen" im Gegensatz zu der ermittelten Zeit, nach der K.s Ankunft im Dorf erst fünf Tage zurückliegt. Zwei Tage später sagt K. zu der Herrenhofwirtin: „Sie [deine Kleider] sind mir aufgefallen, gleich als ich dich das erstemal sah, es war vor einer Woche etwa" ... (456). Die zunehmende Ungenauigkeit der Zählung[2] deutet hin auf den von Kudszus festgestellten „fortschreitenden Gegenwartsschwund" im „Zeitbewußtsein der K.s"[3]. Diesen Gegenwartsschwund bringt der Dichter in dem „etwa" („vor einer Woche etwa") zum Ausdruck. Wir werden darin einen Hinweis zu sehen haben, daß die Zeitangaben nicht exakt zu verstehende Größen sind, sondern Chiffren für die Epochen einer anderen Welt.

Zum Verständnis der zweimal genannten irrealen „Woche" trägt das Heranziehen des kabbalistischen Schrifttums Wesentliches bei. Die Sieben spielt in der jüdischen Mystik eine große Rolle. Den Merkaba-Wanderer (den Wanderer auf dem Weg zum Throne Gottes) „führte ... eine gefahrenreiche Wanderung durch die sieben himmlischen Paläste und vorher wohl durch die sieben Himmelssphären selber, vor Gottes Thron ..."[4]. Die Selbstoffenbarung Gottes geschieht nach der Auffassung der Kabbala

169

in einer Weltenwoche: „Die sieben Sefiroth (Erscheinungsformen des Göttlichen) ...
sind die sieben Urtage der Schöpfung"⁵. Eine Spiegelung dieser mystischen Vorstellungen findet sich in der Notiz der Oktavhefte: „Ich fragte einen Wanderer, den ich auf der
Landstraße traf, ob hinter den sieben Meeren die sieben Wüsten wären und hinter ihnen
die sieben Berge, auf dem siebenten Berge das Schloß und . . ." (H 242).

So werden wir die Zeit, die K. im Dorf verbringt – „eine Woche etwa" –, zu verstehen
haben als ein Wandern von Tag zu Tag dieser über sich hinaus weisenden „Woche":
einer Weltenwoche. Den Bericht über diese Wanderung nennt der Schreiber der Oktavhefte einmal: „die Weltgeschichte deiner Seele" (H 273).

I. Im Dorf

Der Weg des K. beginnt mit seiner Ankunft im Dorf. Was ist das Dorf? Das Erste, was K. über das Dorf erfährt, ist eine Auskunft Schwarzers, die besagt, daß das Dorf Besitz des Schlosses ist, des Schlosses „des Herrn Grafen Westwest" (6). Vom Verständnis des „Herrn Grafen" ist also die Deutung des Dorfes mitbestimmt. In unserem Kapitel „Landvermesser" nahmen wir die Interpretation Emrichs auf, den Grafen Westwest zu sehen als „das völlige Ende, die Todessphäre hinter dem Sonnenuntergang" oder aber „das Jenseits des Todes, seine Überwindung"[1].

Der zweiten Deutungsmöglichkeit entspricht eine Definition des Gottesbegriffs durch Maimonides, einen jüdischen Philosophen, den Kafka kannte (s. B 203). Maimonides definiert Gott als „die Negation der Negationen"[2]. Wenn wir demnach den „H e r r n Grafen Westwest" verstehen können als Gott den „H e r r n" schlechthin, so wäre das Dorf, das „im Besitz des Schlosses" ist, ein heiliger Bezirk, ein Bezirk, in dem K. die Gottesfrage gestellt ist. Der Aphorismus aus der Zeit von Kafkas erster Kierkegaard-Begegnung, als dichterische Vorstufe deutlicher als das Werk, bezeichnet diesen Bezirk als „Ewigkeit": „Die vergängliche Welt reicht für Abrahams Vorsorglichkeit nicht aus, deshalb beschließt er mit ihr in die Ewigkeit auszuwandern..." (H 125). K.'s Eintritt in das Dorf würde demnach bedeuten, mit „der vergänglichen Welt" „in die Ewigkeit" auszuwandern; das Berufensein zum Landvermesser im Dorf würde heißen, das eigene Leben unter dem Aspekt der Ewigkeit abzuschreiten, abzumessen und so die „Weltgeschichte der Seele" zu erforschen.

Wie wir bei der Betrachtung der Gestalten feststellten, ist diese Sicht, den Menschen und seine Welt („mit ihr") unter dem Aspekt der Ewigkeit zu sehen, die des Judentums. Einen gleichsam programmatischen Hinweis auf die Bedeutung des Judentums für das *Schloß*-Verständnis gibt das Bild, das K. beim Beginn seines Weges im Dorf in der Wirtsstube des Brückenhofs erblickt: „Im Fortgehen fiel K. an der Wand ein dunkles Porträt in einem dunklen Rahmen auf. Schon von seinem Lager aus hatte er es bemerkt, hatte aber in der Entfernung die Einzelheiten nicht unterschieden und geglaubt, das eigentliche Bild sei aus dem Rahmen fortgenommen und nur ein schwarzer Rückendeckel sei zu sehen. Aber es war doch ein Bild, wie sich jetzt zeigte, das Brustbild eines etwa fünfzigjährigen Mannes. Den Kopf hielt er so tief auf die Brust gesenkt, daß man kaum etwas von den Augen sah, entscheidend für die Senkung schien die hohe, lastende Stirn und die starke, hinabgekrümmte Nase. Der Vollbart, in Folge der Kopfhaltung am Kinn eingedrückt, stand weiter unten ab. Die linke Hand lag gespreizt in den vollen Haaren, konnte aber den Kopf nicht mehr heben" (12f.). Die Kennzeichen des Juden sind deutlich: „die starke, hinabgekrümmte Nase", der „Vollbart", dazu die Charakterisierung eines Menschen, der von schweren Fragen belastet ist. Mit diesem an den Anfang von K.'s Weg gestellten Bild wird der Leser des *Schloß*-Romans hineingenommen in die Problematik des Judentums, in das, was „nur das Alte Testament sieht".

In unserer Betrachtung der Gestalten des Romans konnten wir durch das Heranziehen der biographischen Quellen diese Sicht des Judentums nachvollziehen. Wir erlebten dabei, wie aus Individuen „Dorf"-Bewohner wurden. Wir werden jetzt bei der Betrachtung der einzelnen Stationen von K.'s Weg sehen, wie hinter allen Begegnungen des K. die Fragen stehen, die sich das Judentum im Laufe seiner Geschichte gestellt hat.

II. Begegnung mit Schwarzer

Es ist für den Weg des K. von Bedeutung, daß das „Dorf" in den K. begegnenden Gestalten zunächst nur den verborgenen Gott kennt. Es ist der Gott der Furcht und des Schreckens, ein stummer Gott, mit dem der Mensch nicht reden kann und ein tauber Gott, der den Menschen nicht hört. So sehen die Bauern das Schloß, so sieht die Wirtin Klamm, so der Gemeindevorsteher Sordini.

Das Dorf als das Herrschaftsgebiet des verborgenen Gottes bekommt der Leser in seinem ganzen Ausmaß in den Blick, wenn er sich mit Schwarzer beschäftigt. In Schwarzer begegnet K. der Macht des Bösen. Es ist bezeichnend, daß durch diese Begegnung K. aus seinem Schlaf geweckt und die Frage nach dem Schloß gestellt wird.

Schon der Name „Schwarzer" deutet auf die dunkle Welt des Bösen hin, wie seine weiteren Charakteristika. Schwarzer ist der Sohn eines Mächtigen („sein Vater ist mächtig" (13)); zwar gehört er zum Schloß, aber nur als der Sohn eines „Unterkastellans" (13). Er ist „oben wahrscheinlich mißliebig" (241). Seine Sprache ist eine „Mischung von Bosheit und Vorsicht" (9). Bezeichnend für Schwarzer ist sein Bündnis mit der Lehrerin Gisa, die in der „Löwengasse" (240) wohnt. (In der „Löwengasse" haben wir vielleicht eine Anspielung auf 1. Petrus 5,8 zu sehen: „euer Widersacher, der Teufel, geht umher wie ein brüllender Löwe …".) Er liebt es, für Gisa Hefte zu korrigieren, nicht etwa, um damit den Kindern zu helfen, „für die er weder Zuneigung noch Verständnis hat" (238), sondern um ihnen ihre Fehler anzustreichen. Auch Schwarzers Liebe zu Gisa verweist in eine Welt, in der es eigentlich keine Liebe gibt (…„dabei liebte ihn Gisa vielleicht gar nicht" (239)). Das Verhältnis ist nur ein schweigsames Zusammensein, unter dem allerdings das Feuer einer wilden Leidenschaft schwelt. Schwarzers Blicke folgen dem „vollen, üppigen Körper" Gisas, „deren schwerfälliges Wesen … manchmal, wild geworden, alle Grenzen durchbrach" (239). Es überrascht nicht, daß Schwarzer in seinem ersten Telephongespräch mit dem Schloß nur einen „Herrn Fritz" (8) erreicht, der das Gegenbild von „Friedrich" (373), dem Friedereichen, ist.

K. mißt der Begegnung mit Schwarzer bei seinem Eintritt ins Dorf große Bedeutung bei: „ … es war … nicht zu vergessen, daß der Empfang [durch Schwarzer] vielleicht allem Folgenden die Richtung gegeben hatte" (241). Durch ihn wurde K.s Begegnung mit der Schloßbehörde ein „Kampf" (243), in dem K. „von allem Anfang an, ohne Winkelzüge, offen, Aug in Aug, der Behörde entgegentrat, soweit dies bei ihr überhaupt möglich war" (242). In diesem Kampf geht es um K.s Bleiben oder Nichtbleiben im Dorf. Schwarzer ist eindeutig für das Letztere: „Ich habe Sie deshalb geweckt, um Ihnen mitzuteilen, daß Sie sofort das gräfliche Gebiet verlassen müssen" (7). K. führt dem gegenüber seine Berufung ins Feld: „ … lassen Sie es sich gesagt sein, daß ich der Landvermesser bin, den der Graf hat kommen lassen" (7). Schwarzer vertritt die Position des Widersachers. In dem ärmlichen, heimatlosen K. sieht er, bestärkt durch „Herrn Fritz", nur den „gemeinen, lügnerischen Landstreicher, wahrscheinlich aber Ärgeres" (9). Der entgegengesetzten Erklärung des „Bürochefs selbst" (10) muß er sich allerdings – wenn auch widerwillig knurrend – fügen. „Ein Irrtum also? das ist mir recht unangenehm. Der Bürochef selbst hat telefoniert? Sonderbar, sonderbar. Wie soll ich es dem Herrn Landvermesser erklären?" (10)

Mit dieser versuchten Deutung der „Szene mit Schwarzer"[1] rückt diese in die Nähe des Buches Hiob. Auch dort findet ein von einer dunklen Macht, dem Satan, ausgelöster Kampf statt, ein „Rechtsstreit" (Hiob 13, 18) zwischen Hiob und Gott. Und wie es K. in seinem „Kampf" darum geht, im Dorf zu bleiben und damit „gewissermaßen im Schloß" (6), so sucht auch Hiob zur Nähe Gottes durchzustoßen: „Warum verbirgst du dein Antlitz?" (Hiob 13, 24), so schreit er in seinem Leiden.

Daß es in Kafkas künstlerischer Absicht lag, in der „Szene mit Schwarzer" auf das Buch Hiob hinzuweisen, geht aus einer Anspielung auf einen Hiobtext hervor. Bei Hiob fragt der Herr den Satan zweimal: „Wo kommst du her?" Dieser antwortet beide Male: „Ich habe das Land umher durchzogen" (Hiob 1, 7; 2, 2 nach der Lutherübersetzung). Eine neuere Übersetzung lautet: „Auf der Erde bin ich umhergestreift"[2]. Die letztere Übersetzung trifft wohl die Nuance des Hebräischen, aus der heraus Kafka von Schwarzers Sich-Herumtreiben und Herumstreichen bei Tag und bei Nacht spricht: „Schwarzer ... trieb sich einen großen Teil des Tages beschäftigungslos herum" (240). „Und der lächerliche Anlaß alles dessen" (daß die Behörde auf K. aufmerksam geworden war): „Vielleicht eine ungnädige Laune Gisas an jenem Tag, wegen der Schwarzer schlaflos in der Nacht herumgestrichen war" (242).

Diese Anspielung auf das Buch Hiob bringt dem Leser nicht nur die Dimension des durch Schwarzer ausgelösten Kampfes zum Bewußtsein, sondern läßt ihn auch nach dem theologischen Hintergrund dieses Kampfes in seinem Verhältnis zum Hiobbuch fragen. Im Buch Hiob ist dem Satan nur ein begrenztes Wirkungsfeld freigegeben (s. Hiob 1, 12), ebenso ist im Roman Schwarzer dem „Bürochef selbst" unterstellt. Beide Dichtungen offenbaren hierin ihre monotheistische Grundhaltung. Die *Schloß*-Dichtung geht aber in ihrer monotheistischen Konsequenz noch einen Schritt über das Buch Hiob hinaus, wenn sie das Wirken Schwarzers als ein Spiel darstellt. Der Erzähler läßt Schwarzer als einen Mann „mit schauspielerhaftem Gesicht" (5) auftreten, dessen Spiel K. mitspielt: „Genug der Komödie", sagte K. auffallend leise" (7), anscheinend im Selbstgespräch.

Es ist denkbar, daß Kafka hier Luthergedanken verarbeitet hat, die ihm aus Felix Weltschs „Gnade und Freiheit" bekannt waren. Er las dort: „daher sind die Kreaturen, wie Luther oft sagt, nur Gottes „Larven" und alles menschliche Wirken ist eitel Spiegelfechterei. Wunderlich regiert und rumort Gott in allen und allem, so daß die ganze Geschichte vor ihm zu einem Turnier wird"[3].

Dieses Spiel hat offenbar für den *Schloß*-Dichter ein bestimmtes Ziel: so wie im *Prozeß* Joseph K. von dem hinkenden Kirchendiener dem Geistlichen zugetrieben wird, so wird auch im *Schloß* das Element des Bösen, das sowohl in Schwarzer als auch in den Gehilfen eine spielerische Gestalt annimmt, zu einer Hilfe für K. auf seinem Weg. Hierin liegt es begründet, daß der Erzähler Schwarzer zur Schloßbehörde zählt, wenn auch sein Vater nur auf den untersten Rängen sitzt, „nur ein Unterkastellan und sogar einer der letzten" (13) ist. Damit stellt Kafka in der Gestalt Schwarzers die kabbalistische Auffassung dar, daß „in einem höheren Sinn ein Urgrund des Bösen sogar in Gott selbst vorhanden sei"[4].

III. Auf dem Weg zum Schloß

Was sagt die Dichtung über das Schloß, welches K. im Ansturm nehmen will? Ist das im ersten Kapitel entstehende Bild eines Schlosses auf dem Berg identisch mit dem heiligen Bezirk, den zu vermessen der Landvermesser K. den Auftrag hat oder zu haben meint? Also identisch mit „Zion", das wir in der Landvermesserbetrachtung in den Blick bekamen?

Der *Schloß*-Text gibt uns bereits einige wichtige Anhaltspunkte für K.s Schloßverständnis. K. sieht zunächst das Schloß positiv.

An dem „schönen Wintermorgen" ... „sah er [K.] oben das Schloß deutlich umrissen in der klaren Luft und noch verdeutlicht durch den alle Formen nachbildenden, in dünner Schicht überall liegenden Schnee ..." (14). In der weiteren Beschreibung des Schlosses tauchen Vokabeln auf, welche die Bibel für „Zion" gebraucht: „ ... oben auf dem B e r g ragte alles frei und leicht empor". „Im ganzen entsprach das Schloß, wie es sich hier von der Ferne zeigte, K.'s Erwartungen. Es war weder eine alte R i t t e r b u r g noch ein neuer Prunkbau, sondern eine ausgedehnte Anlage, die aus wenigen zweistöckigen, aber aus vielen eng aneinander stehenden niedrigen Bauten bestand; hätte man nicht gewußt, daß es ein Schloß sei, hätte man es für ein S t ä d t c h e n halten können. Nur einen T u r m sah K., ob er zu einem Wohngebäude oder einer Kirche gehörte, war nicht zu erkennen" (14). „Ritterburg", „auf dem Berg", „Städtchen", dieses Vokabular entspricht genau den biblischen Bezeichnungen für Zion – Jerusalem. Dieser für die Bibel so wichtige Ort des Heils wird dort bald

Burg Zion (2. Samuel 5, 7; 1. Chron. 11, 5), bald
Berg Zion (2. Könige 19, 31; Psalm 48, 3, 12; Psalm 74, 2; Psalm 78, 68; Psalm 125, 1; Psalm 133, 3), bald
Stadt Zion (1. Könige 8, 1; Jesaia 33, 20) genannt.

Auch ein Turm (Hohes Lied 4, 4; Micha 4, 8) gehört zu Zion wie zum Schloß.

Von diesen deutlich gegebenen Hinweisen auf Zion – Jerusalem sind die für Kafkas Diktion so außerordentlich positiven Aussagen über das Schloß zu verstehen. Dieses Positive drückt der Erzähler dadurch aus, daß er das Schloß in Verbindung bringt mit der Kirche von K.s Heimat: „Flüchtig erinnerte sich K. an sein Heimatstädtchen; es stand diesem angeblichen Schlosse kaum nach ... Und er verglich in Gedanken den Kirchturm der Heimat mit dem Turm dort oben. Jener Turm, bestimmt, ohne Zögern geradewegs nach oben sich verjüngend, breitdachig, abschließend mit roten Ziegeln, ein irdisches Gebäude – was können wir anderes bauen? – aber mit höherem Ziel als die niedrige Häusermenge und mit klarerem Ausdruck, als ihn der trübe Werktag hat" (15). Die Kirche der Heimat taucht später noch einmal in K.s Erinnerung auf. Bei der Schneewanderung am Arm des Barnabas erinnert sich K. an ein Jugenderlebnis: „Auch dort [in der Heimat] stand auf dem Hauptplatz eine Kirche, zum Teil war sie von einem alten Friedhof und dieser von einer hohen Mauer umgeben. Nur sehr wenige Jungen hatten diese Mauer schon erklettert, auch K. war es noch nicht gelungen. ... An einem Vormittag – der stille leere Platz war von Licht überflutet, wann hatte K. ihn je früher oder später so gesehen? – gelang es ihm überraschend leicht; an einer Stelle, wo er schon oft abgewiesen worden war, erkletterte er, eine kleine Fahne zwischen den Zähnen, die Mauer im ersten Anlauf. Noch rieselte Gerölle unter ihm ab, schon war er oben. Er rammte die Fahne ein, der Wind spannte das Tuch, er blickte hinunter und in die Runde, auch über die Schulter hinweg, auf die in der Erde versinkenden Kreuze; niemand war jetzt und hier größer als er. … Das Gefühl dieses Sieges schien ihm damals für ein langes Leben einen Halt zu geben" (44f.). Fassen wir die positiven Merkmale dieser Szenen zusammen: Der Turm der Heimatkirche „mit höherem Ziel als die niedrige Häusermenge und mit klarerem Ausdruck, als ihn der trübe Werktag hat", „der stille leere Platz" vor der Kirche – wir erinnern uns an die Bedeutung des „leer" für die Entscheidung des Einzelnen – „von Licht überflutet", das „Gefühl des Sieges" des jungen K., das ihm „für ein langes Leben einen Halt zu geben … schien", so mag es der Leser nicht abwegig finden, wenn wir hier an ein Wort aus Jesaia erinnern, zumal noch an mehreren Stellen der Dichtung auf Jesaia angespielt wird. Es ist das Wort: „Der Herr wird dein – [Zions] – ewiges Licht sein" (Jesaia 60, 19).

Der gerade zu diesem Teil der Dichtung reichlich vorhandene Kontext versetzt uns in die Lage, unsere Interpretation des Schlosses aus der Sicht des K. als Heil aus Zion zu stützen. In einer später nicht mehr vollzogenen Direktheit bringt eine frühe Tagebuchnotiz die Verbindung Schloß – Zionsburg: „Spaziergang mit Löwy zum Statthalterschloß, das ich die Zionsburg nannte. Eingangstore und die Himmelsfarbe gingen sehr klar zusammen" (T 182 vom 8. 12. 1911). Diese Direktheit der Beziehung zwischen einem realen Schloß und der Zionsburg erlaubte sich Kafka – auch im Tagebuch – offenbar nur, solange er es nicht im Sinne hatte, *Das Schloß* zu schreiben; aber er hat dieses Erlebnis wohl irgendwie gespeichert, um es in der späteren Dichtung wirksam werden zu lassen. Die „Himmelsfarbe", das Blau, taucht im *Schloß* – sonst so arm an Farben – an einer wichtigen Stelle auf. Das Fenster der Hütte von Gerstäckers Mutter sieht „tiefblau" (24) aus; nach K.s „kleiner Verzweiflung" (23) wird es zu einem ebenso deutlichen wie zarten Symbol des „Himmels", zu dem Gerstäckers Mutter, wie wir sehen werden, in einer besonderen Beziehung steht. Für die zu der „Himmelsfarbe" in Verbindung gebrachten „Eingangstore" gibt es die Skizze von der „Karawanserei" (H 349ff.), einem Urbild des *Schloß*-Romans mit seinen Zügen von Unheil und Heil.

In den späteren Skizzen ist die Beziehung Schloß – Zionsburg nur auf indirektem Wege sichtbar zu machen. Die Skizzen des „Manöverlebens", die wir als die ersten eigentlichen *Schloß*-Entwürfe anzusehen haben, setzen ein: „Lange, schon lange wollte ich in jene Stadt. Es ist eine große belebte Stadt, v i e l e T a u s e n d e Menschen wohnen dort, jeder F r e m d e wird eingelassen" (H 289). Hier ist, wie wir in der Entstehungsgeschichte sahen, eine Beziehung auf Sacharja vorhanden: *Jerusalem* wird bewohnt werden ohne Mauern vor g r o ß e r M e n g e der Menschen und Viehes, die darin sein wird … Und sollen zu der Zeit v i e l H e i d e n zum Herrn getan werden und sollen mein Volk sein und ich will bei dir wohnen" (Sacharja 2,8 und 15). „Jene Stadt" ist in der Skizze ebenso wie „Jerusalem" im Bibeltext eine Stätte des Heils. Die im Roman durch das Vokabular („Burg", „Städtchen", „auf dem Berg") gegebenen Hinweise auf Zion – Jerusalem finden sich bereits vorgezeichnet in H 333:

> Ich sehe in der Ferne eine Stadt, ist es die, welche du meinst? Es ist möglich, doch verstehe ich nicht, wie du dort eine S t a d t erkennen kannst, ich sehe dort etwas erst, seitdem du mich darauf aufmerksam gemacht hast, und auch nicht mehr als einige undeutliche Umrisse im Nebel. O ja, ich sehe es, es ist ein B e r g mit einer B u r g oben und dorfartiger Besiedlung auf den Abhängen. Dann ist es jene S t a d t, du hast recht, sie ist eigentlich ein großes Dorf.

Von dem Heil, das mit dieser Stadt verbunden ist, spricht H 330:

> In welcher Gegend ist es? Ich kenne sie nicht. Alles entspricht dort einander, sanft geht alles in einander über.

In späteren Entwürfen gibt es weitere Züge, die im Roman verarbeitet sind. So finden sich aufschlußreiche Skizzen zu dem Komplex „Kirche":

> Laufen, laufen. Blick aus einer Nebengasse. Hohe Häuser, eine noch viel höhere Kirche (H 291).

In der Fortsetzung dieser bereits früher gebrachten Skizze heißt es:

> Das große Tor der alten Kirche in der Mitte des Platzes ist weit offen, aber niemand geht ein oder aus … Es ist meine alte Heimatstadt und ich irre langsam stockend durch ihre Gassen (H 292).

Vergleichen wir den Komplex „Kirche" in den Entwürfen und in der Dichtung, so stellen wir fest: Ein einschneidendes Erlebnis des Erzählers heftet sich an eine Kirche: „er [K.] … verglich in Gedanken den Kirchturm der Heimat mit dem Turm dort oben" (15).
Von einer Kirche heißt es in den gebrachten Entwürfen:
1. Die Kirche überragt die Häuser des Alltags.
2. Sie ist die Heimatkirche.
3. Der Platz vor der Kirche ist leer.
Da K. das Schloß und seine Heimatkirche zueinander in Beziehung bringt, müßte für das Schloß gelten:
1. Es ist unalltäglich („außerhalb der sinnlichen Welt").
2. Es ist der Ort von K.s wahrer Heimat.
3. Seine Leere lädt K. ein, als der Einzelne einzutreten.
Auch für das Bild des Lichtes an dem Ort des Heils, das uns auf Jesaia 60, 19 zu verweisen schien, gibt es in den Entwürfen eindrucksvolle Vorbilder:

> Die Marmorstufen, die zum Tor emporführen, strahlen mit einer geradezu unbändigen Kraft das Sonnenlicht zurück, das auf sie fällt (H 292). Die Stadt gleicht der Sonne (H 324).

So bestätigen die herangezogenen Skizzen die vorgetragene Interpretation des Schlosses als Heil aus Zion.
Noch eine zweite Linie führt uns daraufhin, das Schloß mit dem Heil aus Zion in Verbindung zu bringen. Es ist die Entwicklung, die der Name des Schloßherren in den Skiz-

zen durchläuft. In einer frühen Skizze ist die Herrschergestalt der „König" (H 263f. 8 x). In H 326 wird daraus „der kaiserliche Oberst". In H 340 ist es ein „großer General". Im Roman ist dann diese Herrschergestalt zu dem „Herrn Grafen" geworden.

An dieser Entwicklung ist die Herkunft des „Graf Westwest", von dem „Großen König" aus Zion zu erkennen: Zion ist nach Psalm 48, 3 und Matthäus 5, 35 „des großen Königs Stadt".

Bestärkt durch das Heranziehen der Entwürfe stellen wir abschließend noch einmal fest, daß es vom Dichter offenbar beabsichtigt ist, das „Schloß" aus der Sicht des K. als Sitz des Heils darzustellen.

Doch nun wird der Leser genötigt, mit K. eine entscheidende Kehrtwendung zu machen. Auch die entgegengesetzte Sicht des Schlosses ist möglich. Nach der Schilderung des schönen Wintermorgens mit K.'s Blick auf den Schloßberg, wo alles „frei und leicht" emporragt, folgt ein einschränkendes „wenigstens schien es so von hier aus" (14), das einen dialektischen Gegenschlag ankündigt. Beim näheren Zusehen, wo sich für K. das Schloß als ein „Städtchen" mit einem „Turm" zeigt, fügt der Erzähler in sachlicher Kürze hinzu: „Schwärme von Krähen umkreisten ihn" (14). In diesem Satz formiert sich für das Gefühl des Lesers eine dunkle Macht, die in das Gebiet des Schlosses eindringt. Bald folgt eine zweite Vorbereitung auf den drohenden Gegenschlag, die durch ihre Deutlichkeit die erste steigert: „Aber im Näherkommen enttäuschte ihn das Schloß, es war doch nur ein recht elendes Städtchen, aus Dorfhäusern zusammengetragen, ausgezeichnet nur dadurch, daß vielleicht alles aus Stein gebaut war; aber der Anstrich war längst abgefallen und der Stein schien abzubröckeln" (14). Nur die geweckte Erinnerung an den Turm der Heimatkirche läßt das Schloß noch als Sitz des Heils ahnen. Im dritten Anlauf zeigt dann das Schloß deutlich sein dämonisches Gesicht. Noch ist zwar Positives vorhanden: der „gnädig" von Efeu verdeckte Schloßturm, „kleine Fenster, die … in der Sonne aufstrahlten", ein „blauer Himmel", aber dieses Positive ist offenbar nur dazu da, um das Negative in seinen ganzen Ausmaßen zur Geltung zu bringen. Die Schilderung alles Verfallenden des aus der Nähe betrachteten Schloßbaus, gesteigert in der Feststellung der sich widerspiegelnden Sonne: „etwas Irrsinniges hatte das" – gipfelt in dem Satz: „Es war, wie wenn ein trübseliger Hausbewohner, der gerechterweise im entlegensten Zimmer des Hauses sich hätte eingesperrt halten sollen, das Dach durchbrochen und sich erhoben hätte, um sich der Welt zu zeigen" (15).

In der Schilderung dieses trübseligen Hausbewohners erkennen wir eine Gestalt wieder, die uns früher bereits begegnete als die dämonische Möglichkeit des Schriftstellers. Kafka schrieb zur Zeit der *Schloß*-Niederschrift:

Das Schreiben ist ein süßer wunderbarer Lohn, aber wofür? In der Nacht war es mir … klar, daß es der Lohn für Teufelsdienst ist. Dieses Hinabgehen zu den dunklen Mächten, diese Entfesselung von Natur aus gebundener Geister, fragwürdige Umarmungen und was alles noch unten vor sich gehen mag, von dem man oben nichts mehr weiß, wenn man im Sonnenlicht Geschichten schreibt. Vielleicht gibt es auch anderes Schreiben, ich kenne nur dieses; in der Nacht, wenn mich die Angst nicht schlafen läßt, kenne ich nur dieses. Und das Teuflische daran scheint mir sehr klar. Es ist die Eitelkeit und Genußsucht, die immerfort um die eigene oder auch um eine fremde Gestalt … schwirrt und sie genießt. … Nötig zum Leben ist nur, auf Selbstgenuß zu verzichten; einziehen in das Haus, statt es zu bewundern und zu bekränzen (B 384f. vom 5. VII. 1922).

Ein Vergleich von Brief und Romantext macht deutlich, daß hier eine dichterische Umsetzung vorliegt.

In beiden Texten ist die Szene das „Haus".

Brief	Roman
einziehen in das H a u s	der trübselige H a u s bewohner im entlegensten Zimmer des H a u s e s

Vom Bewohner (bzw. den Bewohnern) des Hauses heißt es:

1. von Natur aus g e b u n d e n e Geister	er hätte sich gerechterweise im entlegensten Zimmer des Hauses e i n g e s p e r r t halten sollen
2. die E n t f e s s e l u n g… der Geister	der Hausbewohner hat das Dach d u r c h b r o c h e n

Ziehen wir unter diesen Vergleich den Schlußstrich, so ergibt sich: sowohl im Brief als in der Dichtung stellt sich das Schloß für das erlebende Subjekt als „das Haus" dar, das nicht nur Sitz des Heils sein könnte, sondern auch so etwas wie eine „Garnison einer Abteilung von… Dämonen". Das Schloß ist also in seinem Erscheinen für K. weder eindeutig gut, noch eindeutig böse, sein Aspekt ist ebenso zwielichtig wie die Aussagen über das Schloß dialektisch sind.

Der Leser fragt sich: kann diese Zwielichtigkeit die letzte Auskunft sein über das Schloß, dem der Landvermesser so hartnäckig zustrebt? Zur vorläufigen Beantwortung dieser Frage, die uns bis zur letzten Station auf dem Weg des K. begleiten wird, ist die Schilderung eines Glockenerlebnisses bedeutsam. K. bekommt nach einer Enttäuschung in der Badestube, die uns noch beschäftigen wird, das Schloß noch einmal in den Blick: „Das Schloß dort oben, merkwürdig dunkel schon, das K. heute noch zu erreichen gehofft hatte, entfernte sich wieder. Als sollte ihm aber noch zum vorläufigen Abschied ein Zeichen gegeben werden, erklang dort ein Glockenton, fröhlich beschwingt, eine Glocke, die wenigstens einen Augenblick lang das Herz erbeben ließ, so, als drohe ihm – denn auch schmerzlich war der Klang – die Erfüllung dessen, wonach es sich unsicher sehnte" (26).

Auch hier fällt dem Leser, wie bei der Schilderung der Kirche, der außerordentliche Vollklang der Aussage auf: „ein Glockenton, fröhlich beschwingt, eine Glocke, die wenigstens einen Augenblick lang das Herz erbeben ließ". Hier erfolgt aber auch der Gegenschlag: „Aber bald verstummte diese große Glocke und wurde von einem schwachen, eintönigen Glöckchen abgelöst, vielleicht noch oben, vielleicht aber schon im Dorfe. Dieses Geklingel paßte freilich besser zu der langsamen Fahrt und dem jämmerlichen, aber unerbittlichen Fuhrmann" (26).

Befragen wir diese Glockenschilderung nach ihrer Dialektik. Hebt das „Geklingel" des eintönigen Glöckchens das Tönen der großen Glocke auf? Wir möchten sagen, diese Aufhebung ist nur scheinbar. Inmitten der Glockenschilderung steht das für die Interpretation höchst bedeutsame Wort „Zeichen": „als sollte ihm … ein Zeichen gegeben werden". Es ist das Wort, das für die Gleichnisdichtung entscheidend ist. Der offenen Gestalt des Gleichnisses, für die es keine eindeutige Lösung gibt, entspricht das Zeichen als Hinweis auf den Sinn. Und solch ein Zeichen empfängt hier der Landvermesser K. durch die große Glocke und nur durch sie. Damit senkt sich die Heilsschale der dialektischen Waage deutlich gegenüber der des Unheils, selbst wenn wir die Einschränkung des „als sollte ihm" beachten.

Läßt der Leser dieses „Zeichen" der großen Glocke auf sich wirken: „eine Glocke, die wenigstens einen Augenblick lang das Herz erbeben ließ, so, als drohe ihm — denn auch schmerzlich war der Klang — die Erfüllung dessen, wonach es sich unsicher sehnte", hält er dazu K.s Gedanken an die Heimatkirche mit dem Unterton des Wortes: „Es ist meine alte Heimatstadt und ich irre langsam, stockend durch ihre Gassen" (H 292), so wird er in diesem Text die Nähe der Kafka bekannten Bekenntnisse Augustins[1] spüren mit ihrem bezeichnenden Einsatz: „geschaffen hast Du uns |Herr| zu Dir und ruhelos ist unser Herz, bis daß es seine Ruhe hat in Dir"[2].

Auch hier, in der Frage nach Kafkas dialektischem Schloß-Verständnis, wird die vorgebrachte Auffassung durch den Kontext der Entwürfe gestützt. In den hierher gehörenden Skizzen geht es um die Dialektik Sonne – Nebel, Sonne – Trübes. In H 292 (wie in H 333) ist von Nebel die Rede: „Durch die Nebel der Stadt. In einer engen Gasse, die auf einer Seite von einer efeuüberrankten Mauer gebildet wird"- Setzen wir voraus, daß in „der Stadt", das Positive, die Sonne (vgl. H 324: „Die Stadt gleicht der Sonne") nur noch ahnungsweise vorhanden ist, so ist der eigentliche Einsatz des Aphorismus im Negativen der Dialektik Sonne – Nebel: „Durch die Nebel der Stadt". Die „enge Gasse" verstärkt noch den Eindruck der Ausweglosigkeit (vgl. Klagelieder Jeremia 3, 7; 3, 44). In dieser Situation des Versperrtseins scheint das Positive aufgehoben zu sein. Aber in dieser sich scheinbar aufhebenden Dialektik gibt es ein Zeichen des Durchbruchs: die efeuüberrankte Mauer. Sie ist ein Bild des Lebens, das in der Dichtung zu dem „gnädig von Efeu verdeckten" Schloßturm geworden ist.

H 314 redet von dem „Trüben", H 324 von „kaum sich lichtende[m] Grau". Aber hinter diesem Trüben, diesem Grau, ist noch die Sonne da. Zu unserer Frage nach Kafkas Dialektik würde das auch hier bedeuten: sie ist keine gleichgewichtige Dialektik, in der die zweite Aussage die erste aufheben würde, sondern ihre zweite Aussage ist zu verstehen als ein zwar einschränkendes Moment, das aber die erste Aussage, wenn auch modifiziert, bestehen läßt. Diesen Gang können wir in H 324 verfolgen:

Die Stadt gleicht der Sonne, in einem mittlern Kreis ist alles Licht dicht, gesammelt, es blendet, man verliert sich, man findet die Straßen, die Häuser nicht, man kommt, wenn man einmal eingetreten ist, förmlich nicht mehr hervor; in einem weitern viel größeren Kreisring ist noch immer eng, aber nicht mehr ununterbrochen ausgestrahltes Licht, es gibt dunkle Gäßchen, versteckte Durchhäuser, sogar ganz kleine Plätze, die in Dämmerung und Kühle liegen; dann noch ein größerer Kreisring, hier ist das Licht schon so zerstreut, daß man es suchen muß, große Stadtflächen stehen hier nur in kaltem grauem Schein, und dann endlich schließt sich das offene Land an, mattfarbig, spätherbstlich, kahl, kaum einmal durchzuckt von einer Art Wetterleuchten.

In dieser Stadt ist fortwährend früher, noch kaum beginnender Morgen, der Himmel ein ebenmäßiges, kaum sich lichtendes Grau, die Straßen leer, rein und still, irgendwo bewegt sich langsam ein Fensterflügel, der nicht befestigt worden ist, irgendwo wehen die Enden eines Tuches, das über ein Balkongeländer in einem letzten Stockwerk gebreitet ist, irgendwo flattert leicht ein Vorhang in einem offenen Fenster, sonst gibt es keine Bewegung.

In dieser Skizze ist es deutlich, daß die Sonne auch dort noch vorhanden ist, wo sie nur noch als eine „Art Wetterleuchten" in Erscheinung tritt. Auch im Schluß dieser Skizze gibt es unter einem andern Bild einen Hinweis auf das Leben. Der sich bewegende Fensterflügel, die wehenden Enden eines Tuches, der leicht flatternde Vorhang in einem offenen Fenster führen hinaus aus der „fenster- und türlosen Zelle" (T 546). Sie weisen auf den in Bewegung setzenden mystischen „Urpunkt"[3], von dem geliebte schwebende Geister ausgehen, nach denen ein Seufzender Ausschau hält: „Ihr geliebten, ihr Engel, wo schwebt ihr, unwissend, unfaßbar meiner irdischen Hand …" (T 507).

Der Weg, den der Erzähler in dieser Skizze geht, ist der Weg vom Licht der Sonne über ein kaltes Grau zu einem geahnten Morgen, einem sich öffnenden Himmel, der erhofft wird. Dieser Weg ist ein Abbild von Kafkas dialektischer Schloß-Darstellung, die sich vom Heil zum Unheil hin bewegt, einem Unheil, das aber noch leise Zeichen des Lebens in sich birgt.

Ein zusammenfassender Vergleich zwischen Entwürfen und Kunstwerk zu dem Thema „Schloß" ist für das Verständnis der Entstehung des Romans aufschlußreich. Dieser Blick in die Genese des Kunstwerks gibt gleichzeitig wichtige Hinweise für die Interpretation.

In dem folgenden Vergleich schalte ich eine angenommene biblische Grundlage vor und komme in der Frage nach dem Schloß zu folgenden Ergebnissen.

I. In der Bibel ist Zion – Jerusalem transzendent. Es ist eindeutig Sitz des Heils. („Der Herr wird dein ewiges Licht sein" (Jesaia 59, 60)).

II. In den Skizzen findet ein Prozeß des Hineinnehmens des Heils in die Diesseitigkeit statt.

a. Das Heil ist ein Widerschein des transzendenten Heils. („Die Marmorstufen ... strahlen ... das Sonnenlicht zurück, das auf sie fällt" (H 292)).

b. Das Heil erscheint in verfremdeter Gestalt. Aus dem göttlichen Thronwagen wird ein „Wagen der Elektrischen" (s. H 297).

c. Auch in der verfremdeten Gestalt ist das Heil als solches noch spürbar („Laut, hell, befreit von der Notwendigkeit des Augenblicks klingt ihr [der Elektrischen] Läuten" (H 292). („Die Marmorstufen strahlen mit einer geradezu unbändigen Kraft das Sonnenlicht zurück" (H 292).)

d. Ein erlebendes Subjekt taucht am Rande auf: „Es ist meine alte Heimatstadt und ich irre langsam, stockend durch ihre Gassen" (H 292).

III. In der Dichtung findet eine Subjektivierung statt. Heil und Unheil sind gänzlich hineingenommen in ein erlebendes Subjekt.

a. Die biblischen Bezeichnungen für Zion verwandeln sich in Sichten des Erzählers.

b. Die Subjektivierung bedeutet Verunsicherung.

c. Reste des Heils sind noch erkennbar
    1. in der betonten Stärke des Heilserlebnisses,
    2. in dem vom Bibeltext verbliebenen Vokabular.

Die hier aufgezeigte Entwicklung des Schloß-Bildes des K. bestätigt unsere zu Anfang vertretene Schloß-Deutung. Es ist verständlich, daß der Dichter, der *Das Schloß* zu schreiben im Sinne hatte, sich in vielen Skizzen gerade an dem „Schloß"-Bild übte. Die aufgezeigte Entwicklung vom Bibelwort über den Entwurf zum Kunstwerk bestätigt unsere Interpretationsthese: daß nämlich biblische Worte und Wendungen als andeutende Zeichen auf das „außerhalb der sinnlichen Welt" zu verstehen sind. Wie wir jetzt wissen, sind es Relikte eines Heilserlebnisses, das ein Bibelwort oder verwandtes Schrifttum auslöste.

IV. In der Badestube

Nachdem der Lehrer K. das ganze Ausmaß der Schloß-Problematik vor Augen gestellt hat, wird K. in Lasemanns Badestube geführt. In der Schilderung dieser Wegstrecke ist ein deutliches Hinweisen auf ein Geführtwerden zu beachten, das im weiteren Verlauf dem Leser immer wieder begegnet: „So ging er wieder vorwärts, aber es war ein langer Weg. Die Straße nämlich … führte nicht zum Schloßberg, sie führte nur nahe heran, dann aber, wie absichtlich, bog sie ab, und wenn sie sich auch vom Schloß nicht entfernte, so kam sie ihm doch auch nicht näher" (18).

Bei K.s vergeblichem Bemühen, in dem tiefen Schnee voranzukommen, versucht er durch einen Schneeball, den er an das Fenster eines Bauernhauses wirft, auf sich aufmerksam zu machen. Es öffnet sich die Tür, und ein alter Bauer wird sichtbar. Es wird K., wohl auf Veranlassung des Alten, „ein Brett entgegengeschoben …, das ihn gleich aus dem Schnee rettete" (19). Die Aufnahme in die Badestube durch ein entgegengeschobenes Brett bedeutet Rettung aus der bodenlosen Situation der Schneewanderung. Dasselbe Bild, ein „unter [ge]schobenes … Brett", das in einer bodenlosen Lage trägt, gebraucht Kafka in einem Brief (s. F 634). „Die erste sich öffnende Tür" (18), die K. hier auf seinem Dorfweg erlebt, ist für ihn von großer Bedeutung. Sie verschafft ihm Eingang in eines der Dorfhäuser, in dem er einer Heilswelt begegnet. Das Sichöffnen dieser Welt schildert der Dichter in dem Bild des sich verflüchtigenden Rauchs („Endlich verflüchtigte sich ein wenig der Rauch" (19)), eines Rauchs, der „aus … Halblicht Finsternis" (19) gemacht hatte. In dieser Darstellung haben wir den umgekehrten Vorgang von K.'s vorhergehender Schloß-Vision zu sehen: dort zunehmende Dunkelheit, hier sich aufhellende Finsternis, ein Vorgang, der als Höhepunkt die Erscheinung des „Mädchens aus dem Schloß" freigibt.

Das Mädchen aus dem Schloß

Was bedeutet die Erscheinung dieser Frau? Die Interpreten bieten einander entgegengesetzte Deutungsmöglichkeiten an. Nach Gray trägt diese Frau Züge der Jungfrau Maria[1], nach Emrich ist sie nur „eine unglückliche Frau, die sich der Macht des „Lebens" und seines „Geistes" zu entziehen versucht und doch ihr zwangsläufig verfallen bleiben muß"[2].

Die einander widersprechenden Interpretationen machen auf eine Spannung im Bild der „Frau" aufmerksam. Beachten wir zunächst ihre positive Seite. Der Dichter stellt eine Mutter mit einem Säugling vor uns hin, auf deren Kleid das Schneelicht einen „Schein wie von Seide" (20) legt. Wir denken bei diesem Kleid an die seidenglänzende Jacke des Barnabas, die uns auf eine lichte Welt verwies. Dem Bild einer Mutter mit einem Säugling gibt eine Skizze den bezeichnenden Titel: „Abendgebet" (H 251). Diese Mutter, die außer dem Säugling noch den Sohn Hans hat, bezeichnet sich selbst als „Mädchen". Auf K.s Frage: „Wer bist du?" antwortet sie: „Ein Mädchen aus dem Schloß". Es ist demnach nicht abwegig, an Maria zu denken, die nach kirchlicher Lehre

Mutter und Jungfrau in einem ist. Die nähere Beschreibung dieser Frau weist in dieselbe Richtung: „ein seidenes, durchsichtiges Kopftuch reichte ihr bis in die Mitte der Stirn hinab" (22). Man fühlt sich hier erinnert an das Bild der mädchenhaften Mutter Maria Albrecht Dürers, das Kafka in Wien gesehen haben mag. Auch diese Frau trägt ein seidenes durchsichtiges Kopftuch, welches ihr bis in die Mitte der Stirn hinabreicht. Die künstlerische Meisterschaft Dürers, welche den Beschauer entzückt, mag Kafka bewogen haben, dem „schönen ... Bild" (20) seiner „Frau" diesen Zug einzuzeichnen. Aber mehr als einen andeutenden Hinweis auf eine Heilswelt will die Dichtung kaum geben. Alle Direktheit ist vermieden, schon allein dadurch, daß das Kind an der Brust der Mutter ein Mädchen ist.

Von dieser Frau geht Heilung aus, oder, wie es das Tagebuch ausdrückt: „erlösendes Glück". Wie wir bei der Betrachtung des Gemeindevorstehers sahen, finden sich im Tagebuch aus der Zeit der *Schloß*-Konzeption Eintragungen, die auf den spannungsvollen Gegensatz von „Gesetz" und „Erlösung" hinweisen. Kafka, der an sich selbst den Zwang des Gesetzes erlebt, sucht eine Erlösung in der mütterlichen Frau: „Das unendliche, tiefe, warme, erlösende Glück, neben dem Korb seines Kindes zu sitzen, der Mutter gegenüber. Es ist auch etwas darin von dem Gefühl: es kommt nicht mehr auf dich an, es sei denn, daß du es willst. Dagegen das Gefühl des Kinderlosen: immerfort kommt es auf dich an, ob du willst oder nicht, jeden Augenblick bis zum Ende ... Sisyphus war ein Junggeselle. – Nichts Böses; hast du die Schwelle überschritten, ist alles gut. Eine andere Welt, und du mußt nicht reden" (T 555 vom 19. 1. 1922).

In den Wendungen: „es kommt nicht mehr auf dich an" – „eine andere Welt" – „nichts Böses" – ist mit ein paar Strichen die Welt gezeichnet, in der der Mensch aus dem Einssein mit dem göttlichen Willen handelt. Es ist die Welt des „Mädchens aus dem Schloß". Hans, der Sohn dieser Frau, kann das rechte Handeln ganz einfach so formulieren: „ ... das habe die Mutter am liebsten, wenn man, ohne ausdrücklichen Befehl, ihre Wünsche erfüllt" (212).

In dieser Darstellung stoßen wir bei Kafka auf eine zunächst überraschende paulinisch-lutherische Begründung der Ethik. Wie wir schon sahen, war Kafka vertraut mit dem Werk seines Freundes Weltsch „Gnade und Freiheit". Kafka fand bei Weltsch in Fortführung seiner Lehre vom Gesetz eine Darstellung der Ethik im Sinne der von Luther aufgenommenen Gedanken des Galaterbriefes. Nach dem Galaterbrief ist das rechte Handeln („Liebe, Freude, Friede, Geduld, Freundlichkeit, Gütigkeit, Glaube, Sanftmut, Keuschheit" (Galaterbrief 5,22)) begründet im Leben im Geist: „So wir im Geist leben, so lasset uns auch im Geist wandeln" (Galaterbrief 5, 25). Über diese von Luther aufgenommene Ethik des Galaterbriefs schreibt Weltsch: „Das ist ein Urerlebnis Luthers und der Grund seines Kampfes gegen die Gute-Werke-Moral ... Der Gerechte tut gute Werke nicht infolge eines Sollens, sondern ohne Sollen" ... Es folgt dann bei Weltsch ein Lutherzitat: „Und ist deshalb ebenso ungereimt und ungeschickt geredt, wenn sie sagen: der Gerechte soll gut Werk tun, als wenn sie sagten: Gott soll Gutes tun, die Sonne soll scheinen, der Birnbaum soll Birn tragen, drei und sieben soll zehen sein; so doch dieses alles folget ohne Noth wegen der Sache und der Folge, so beschlossen ist

... dies alles folget ohne Gebot oder Geheiß einiges Gesetzes von Natur und willig, ungenötigt und ungezwungen ... Also darf man dem Gerechten nicht gebieten, daß er gute Werk tun soll, denn er tuts ohn das, ohn all Gebot und Zwang, weil er eine neue Kreatur und guter Baum ist"[3].

Halten wir hierzu das schon genannte Tagebuchwort Kafkas: „Nichts Böses, hast du die Schwelle überschritten, ist alles gut", so ist die geistige Verwandtschaft deutlich zu erkennen. Das unmittelbar vorher gezeichnete Bild des Tagebuchs: „Das ... erlösende Glück, neben dem Korb seines Kindes zu sitzen, der Mutter gegenüber", schlägt dann die Verbindung zu dem „Mädchen aus dem Schloß" der Dichtung und insbesondere zu Hansens Auskunft: „das habe die Mutter am liebsten, wenn man, ohne ausdrücklichen Befehl, ihre Wünsche erfüllt".

Nach unserer bisherigen Interpretation der „Frau", die sie als die Erlösende darstellt, gilt es nun, ihre andere Seite zu verstehen, in der sie als eine Leidende gezeichnet ist. Der Erzähler läßt K. „das schöne, t r a u r i g e Bild" (20) dieser Frau betrachten. Die Frau kränkelt. Aus einem Gespräch des Landvermessers K. mit Hans, dem Sohn dieser Frau, erfährt K. später Näheres über ihre Krankheit: „Es sei wahrscheinlich die Luft hier, die sie nicht vertrage" (214), meint Hans. Denn das Schloß ist ihre Heimat, nennt sie sich ja selbst: „Ein Mädchen aus dem Schloß". So verstehen wir, daß sie dem Leben des Dorfes abgewandt ist; K. bemerkt: „sie schien nicht zu den um sie herum spielenden Kindern zu gehören". Der Aufenthalt im Dorf hat offenbar den Lebensnerv dieser Frau durchschnitten. K. stellt fest, daß sie „wie leblos" daliegt: „Die Frau im Lehnstuhl lag wie leblos, nicht einmal auf das Kind an ihrer Brust blickte sie hinab, sondern unbestimmt in die Höhe" (20).

Wie ist die Verbindung einer Gestalt des Heils, des wahren Lebens, mit einer scheinbaren Leblosigkeit („wie leblos") zu deuten? Ich möchte sagen: Das in der Frau verkörperte Göttliche erscheint nicht in strahlender Unmittelbarkeit, sondern verhüllt durch das Gewand des Leidens. Das „wie leblos" deutet auf das Gesetz des Leidens und Sterbens hin, das der Dichter als ein Grundgesetz der Erscheinung des Heils in der Welt erkannte. Kafka sah dieses Gesetz verwirklicht in der Geschichte seines Volkes, an dem jeder einzelne Jude teilhat. Hierin sieht er seine persönliche Angst begründet (s. B 430, M 46, 47). Und Kafka sah dieses Gesetz in dem großen Leidenden der Bibel verkörpert, der alle Leidenden umschließt:

Alle Leiden um uns müssen auch wir leiden. Christus hat für die Menschheit gelitten, aber die Menschheit muß für Christus leiden (H 117).

So sind gerade die hilfreichen Gestalten Kafkas Leidende: Der gute, „besonders leidend"[4] aussehende Direktor im *Prozeß*, hier „die Frau", das „schöne traurige Bild".

Zu diesem in seiner Leidensgestalt verhüllten Göttlichen gibt es keinen unmittelbaren Zugang. Deshalb kann es auch verkannt werden. Es kann sogar als Vorspann für sehr reale Zwecke benutzt werden. So ist es in der Ehe der „Frau" mit dem politisch-praktisch ausgerichteten Brunswick. Diese „Luft" kann die „Frau nicht vertragen". Sie kränkelt. Im Gegensatz zu Brunswick, Hansens Vater, ist der Landvermesser K. auf dem wahren Weg zu dieser Frau. Hans, ihr „kluger, weitblickender" Sohn (209), scheint zu spüren, daß die Beziehung zwischen seiner Mutter und dem Landvermesser die ihr angemessene ist. Er kann in dem Gespräch mit K. diesem berichten: „Die Mutter habe schon einmal nach K. gefragt" (212). Deshalb greift er auch nach dem Knotenstock dieses „ewigen Landvermessers", und deshalb will Hans ein Mann werden wie K. Denn er weiß, daß K. später einmal, „in einer allerdings fast unvorstellbaren fernen Zukunft ... alle übertreffen wird" (220). Verstehen wir diesen Hans recht, so will er sagen: den Zugang zu dieser „unvorstellbaren fernen Zukunft" findet man nur auf der Straße der elenden „Wanderschaft, Bettlerschaft" (B 430), in der Kommunikation des Leidens („die Menschheit muß für Christus leiden"). Dieses zu erkennen ist die Lebensaufgabe des K.

So wird es K. verwehrt, sich dieser Frau zu Anfang „förmlich in einem Sprunge" (22) zu nähern. Das meint die „Distanz"[5] der Frau, die sie bei aller Anteilnahme an dem Landvermesser wahrt, einer Anteilnahme, von der Hans später sagt: „sie [die Mutter] wolle nur von K. hören, aber mit ihm sprechen wolle sie nicht" (213). Das meint wohl auch „die Verächtlichkeit" ihrer Antwort auf K.s Frage: „Wer bist du?": „Ein Mädchen aus dem Schloß", eine Verächtlichkeit, bei der es „undeutlich" war, ob sie „K. oder ihrer eigenen Antwort galt" (22). Wir werden in dieser „Verächtlichkeit" eine Zurücknahme ihrer eigenen Direktheit zu sehen haben. Es ist die Verächtlichkeit sich selbst gegenüber im Ton des jungen Mädchens, das seine Liebe einen Moment offenbarte und dann – erschreckt über sich selbst – sich wieder verschließt. So erfährt K. in der Begegnung mit dem „Mädchen aus dem Schloß" den Wahrheitsgehalt der dörflichen Redensart: „Amtliche Entscheidungen sind scheu wie junge Mädchen" (253). Es ist aber gleichzeitig in dieser „Verächtlichkeit" ein „rühre mich nicht an!" einem allzu stürmischen Liebhaber gegenüber, der durch sie das Schloß in einem „Ansturm" erobern will, es ist ein „rühre mich nicht an", das dem Landvermesser dann handgreiflich beigebracht wird, als er „schweigend, aber mit aller Kraft" (22) durch den Bruder und den Mann der Frau aus der Badestube hinausbefördert wird.

Die Darstellung des Göttlichen in einer Leidensgestalt bedeutet demnach nicht die Aufhebung der Göttlichkeit, sondern sie ist die künstlerische Fassung einer geglaubten Wahrheit, daß der Leidenscharakter des in der Welt erscheinenden Göttlichen geradezu sein Kriterium ist.

Diese Sicht des Künstlers Kafka können wir von zwei Seiten her stützen. Als erstes seien zwei Skizzen herangezogen. In der ersten haben wir einen der frühesten *Schloß*-Entwürfe zu sehen:

> Die Freunde standen am Ufer. Der Mann, der mich zum Schiff rudern sollte, hob meinen Koffer, um ihn ins Boot zu tragen. Ich kannte den Mann seit vielen Jahren, immer ging er tief gebückt, i r g e n d e i n L e i d e n verkrümmte so den sonst riesenhaft starken Mann (H 290).

Ist dieser „riesenhaft starke Mann" die Gestalt des leidenden Gottesknechtes, in dem Gott selbst leidet, welchen Jesaias (Jesaia 53) darstellt? Eine zweite H-Skizze nimmt jedenfalls deutlich Bezug auf ein Jesaia-Wort: „Du aber, Herr, bist unser Vater und unser

Erlöser; von alters her ist das dein Name!" (Jesaia 63, 16)) Dieselbe Skizze bringt außerdem noch eine Verbindung zur Frau. Sie lautet:

Es glitten die Boote vorüber. Ich rief eines. Ein alter großer weißbärtiger Mann war der Bootsführer. Ich zögerte ein wenig auf der Landungsstufe. Er lächelte, ihn anschauend stieg ich ein. Er zeigte auf das äußerste Ende des Bootes, dort setzte ich mich. Gleich aber sprang ich auf und sagte: „Große Fledermäuse habt ihr hier", denn große Flügel waren mir um den Kopf gerauscht. „Sei ruhig", sagte er, schon mit der Bootsstange beschäftigt und wir stießen vom Lande, daß ich auf mein Bänkchen fast hinschlug. Statt dem Führer zu sagen, wohin ich fahren wolle, fragte ich nur, ob er es wisse, nach seinem Kopfnicken zu schließen, wußte er es. Das war mir eine ungemeine Erleichterung, ich streckte die Beine aus und lehnte den Kopf zurück, aber immer behielt ich den Führer im Auge und sagte mir: „Er weiß, wohin du fährst, hinter dieser Stirn weiß er es. Und seine Ruderstange stößt er nur deshalb ins Meer, um dich dorthin zu bringen. Und zufällig riefst du gerade ihn aus der Menge und zögertest noch einzusteigen". Ich schloß ein wenig die Augen vor lauter Zufriedenheit, wollte den Mann aber wenigstens hören, wenn ich ihn nicht sah und fragte: „In deinem Alter wolltest du wohl nicht mehr arbeiten. Hast du denn keine Kinder?" „Nur dich", sagte er „du bist mein einziges Kind. Nur für dich mach ich noch diese Fahrt, dann verkaufe ich das Boot, dann höre ich zu arbeiten auf". „Ihr nennt hier die Passagiere Kinder?" fragte ich. „Ja", sagte er, „das ist hier Sitte. Und die Passagiere sagen uns Vater". „Das ist merkwürdig", sagte ich, „und wo ist die Mutter?" „Dort", sagte er, „im Verschlag". Ich richtete mich auf und sah, wie aus dem rundbogigen kleinen Fenster des Verschlags, der in der Mitte des Bootes aufgebaut war, eine Hand grüßend sich ausstreckte und das starke Gesicht einer Frau, von einem schwarzen Spitzentuch eingerahmt, dort erschien. „Mutter", fragte ich lächelnd. „Wenn du willst" –, sagte sie. „Du bist aber viel jünger als der Vater?" sagte ich. „Ja", sagte sie, „viel jünger, er könnte mein Großvater sein und du mein Mann". „Weißt du", sagte ich, „es ist so erstaunlich, wenn man allein in der Nacht im Boot fährt und plötzlich ist eine Frau da" (H 315f. vergl. H 251, 275).

Erinnern wir uns jetzt noch an die Kanaanmeditation:

… Freilich, es ist wie die umgekehrte Wüstenwanderung mit den fortwährenden Annäherungen an die Wüste und den kindlichen Hoffnungen (besonders hinsichtlich der Frauen): „ich bleibe doch vielleicht in Kanaan …" (T 565).

Halten wir diese Skizzen zu der Gestalt des Mädchens aus dem Schloß, so sehen wir deutlich, wie der Dichter die Leidenszüge, die das Göttliche bei seinem Erscheinen in der Welt trägt („irgend ein Leiden verkrümmte so den sonst riesenhaft starken Mann") der „Frau" eingezeichnet hat, die in den Skizzen bald als Begleiterin auf der Lebensfahrt, bald als Beschützerin in „Kanaan" … dem „einzigen Hoffnungsland" erscheint.

Die hier vorgebrachte Auffassung des „Mädchens aus dem Schloß" wird noch von einer anderen Seite her beleuchtet. Es bietet sich an, in der Zeichnung von K.'s Begegnung mit dieser „Frau" eine künstlerische Darstellung Kierkegaardscher Gedanken zu sehen.

Zur Zeit von Kafkas erster grundlegender Begegnung mit Kierkegaard reflektiert er über die Frage des Leidens im Zwiegespräch mit Kierkegaard. Das schon angeführte Wort: „Alle Leiden um uns müssen auch wir leiden. Christus hat für die Menschheit gelitten, aber die Menschheit muß für Christus leiden" (H 117, Februar 1918) dieses Wort korrespondiert mit Kafkas Bekenntnis an Brod:

> Die Voraussetzungen, die das Christentum macht (Leiden in mehr als allgemeinem Maß und Schuld in ganz besonderer Art), die habe ich, und ich finde meine Zuflucht beim Christentum (B 239).

Kafka schrieb dieses Wort auf im Anschluß an ein Kierkegaard-Zitat (B 239), welches er in der Kierkegaard-Anthologie „Buch des Richters"[6] gefunden hatte. Die Tatsache, daß Kafka dieses Zitat seinem Freunde Brod wörtlich aufschrieb, läßt uns die Eindrücklichkeit seines Kierkegaard-Erlebnisses nachvollziehen.

In einer anderen Schrift Kierkegaards, der „Einübung im Christentum"[7] fand Kafka Gedanken, die ihn offenbar beeindruckt haben. Ihre Umsetzung in die Gestalt des „Mädchens aus dem Schloß", die ich meine sehen zu können, macht das deutlich.

Kafka fand bei Kierkegaard Ausführungen über das „Inkognito" Gottes in der Gestalt des leidenden Christus, ein Inkognito, welches – nach Kierkegaard – jede Direktheit ausschließt. In dem Kapitel: „Die Denkbestimmungen des Ärgernisses" der Kierkegaard-Schrift finden sich die Abschnitte: „Die Knechtsgesalt [Christi] ist die Unkenntlichkeit [das Inkognito]". „Die Unmöglichkeit der direkten Mitteilung". „Die Unmöglichkeit der direkten Mitteilung ist bei Christus das Geheimnis des Leidens"[8].

In diesen Kierkegaardschen Darstellungen können wir die Urgestalt des „Mädchens aus dem Schloß" erkennen. Das Kierkegaardsche „Inkognito" in der Knechtsgestalt des leidenden Christus wurde bei Kafka zum Bild der leidenden Frau, in der sich „das Göttliche … jeder fremden Beurteilung … entzieht" (so Kafka über Kierkegaard in B 239), ja, noch gesteigerter, wo das Göttliche jede direkte Annäherung abwehrt.

Der Alte

Neben der Begegnung mit dem „Mädchen aus dem Schloß" wird K. noch eine zweite Heilserfahrung in der Badestube zuteil. Sie wird ihm vermittelt durch den „Alten". Wer ist dieser Alte?

Wir beachten zunächst: der Alte ist der, welcher K. die Tür öffnet. Es ist bekannt, welch wichtige Rolle die Tür oder das Tor in Kafkas Dichtung spielt. Hier sei auf zwei Entwürfe hingewiesen, die zu den ersten *Schloß*-Skizzen gehören.

> Was stört dich? Was reißt an deines Herzens Halt? Was tastet um die Klinke deiner Türe? Was ruft dich von der Straße her und kommt doch nicht durch das offene Tor? Ach, es ist eben jener, den du störst, an dessen Herzens Halt du reißt, an dessen Tür du um die Klinke tastest, den du von der Straße her rufst und durch dessen offenes Tor du nicht kommen willst (H 290).

In der Fortsetzung dieser Skizze wechselt der Inhalt ihres Bildes:

Sie kamen durch das offene Tor und wir kamen ihnen entgegen. Wir tauschten neue Nachrichten aus. Wir sahen einander in die Augen (H290).

In diesen Skizzen ist von „jenem" die Rede, „an dessen Herzens Halt du reißt", der durch das „offene Tor" kommt und von Anderen – und doch demselben – mit denen „Nachrichten" ausgetauscht werden, die sehen und gesehen werden („Wir sahen einander in die Augen"). Besteht eine Beziehung zwischen dem die Tür öffnenden Alten und denen, die durch das offene Tor kommen? Darauf können wir Antwort geben, wenn wir einen zweiten Zug im Bilde des Alten betrachten.

K. schläft an der Schulter des auf einer Truhe sitzenden Alten ein. Nach dem Gespräch mit dem Lehrer, der K. eine so trostlose Sicht des Schlosses und seines Besitzers eröffnet hatte, war K. von „wirkliche[r] Müdigkeit" (17) befallen. Da bedeutet es Stärkung, daß er bei dem Alten einschlafen kann. Es geschieht, nachdem er das Mädchen aus dem Schloß in seiner Mischung von Schönheit und Trauer gesehen hat: „K. hatte sie wohl lange angesehen, dieses sich nicht verändernde schöne, traurige Bild, dann aber mußte er eingeschlafen sein, denn als er, von einer lauten Stimme gerufen, aufschreckte, lag sein Kopf an der Schulter des Alten neben ihm" (20). Das entspannte Einschlafen des müden K. an der Schulter des Alten erinnert an eine Stelle bei Jeremia: „So spricht der Herr ...: ich will die müden Seelen erquicken und die bekümmerten Seelen sättigen. Darüber bin ich aufgewacht und sah auf und hatte so sanft geschlafen" (Jeremia 31; 23, 25–26). Der hier offenbar vollzogene Hinweis der Schloß-Darstellung auf Jeremias verleiht auch dem „freundlich und schwach" (18), das den Alten des Romans charakterisiert, einen unerwarteten Vollklang. Kafka fand bei Jeremia in der Nähe der angeführten Stelle eine bewegende Darstellung des göttlichen Erbarmens: „Ist nicht Ephraim mein teurer Sohn und mein trautes Kind? Denn ich denke noch wohl daran, was ich ihm geredet habe; darum bricht mir mein Herz gegen ihn, daß ich mich sein erbarmen muß, spricht der Herr" (Jeremia 31; 20). Dieses Jeremiawort von dem vor Erbarmen brechenden Herzen Gottes ist noch spürbar in dem schon angeführten Wort: „Was reißt an deines Herzens Halt? ... Ach, es ist eben jener, ... an dessen Herzens Halt du reißt". Im Werk ist es offenbar auf das „schwach" des Alten reduziert worden. Auch die Geste des Alten „den Kopf seitlich geneigt" (18) drückt die liebevolle Anteilnahme des Alten an K. aus. Das andere Attribut des Alten: „freundlich" ist wie eine geraffte Darstellung von Jeremias 33, 11: „An diesem Ort ... wird man ... hören Geschrei von Freude und Wonne, ... die Stimme derer, so da sagen: „Danket dem Herrn Zebaoth; denn er ist freundlich und seine Güte währet ewiglich" ".

Doch nun stellt sich die Frage: Reicht das Gesagte aus, um in dem Alten der Badestube den erbarmenden Gott Israels zu erkennen? Um diese Frage beantworten zu können, ist es gut, einen Exkurs in die Vorstellungswelt der jüdischen Mystik zu unternehmen.

Die Bezeichnung für Gott als den „Alten" findet sich bereits bei dem Propheten Daniel. Dort heißt es: „Solches sah ich, bis daß Stühle gesetzt wurden; und der Alte setzte sich. ... Das Gericht ward gehalten, und die Bücher wurden aufgetan" (Daniel 7; 9, 10). Die jüdische Mystik hat diese Daniel-Vorstellung von Gott als dem Alten aufgenommen. Kafka fand in der Schrift „Die Erotik der Kabbala" seines Freundes Langer folgende Ausführungen über den mystischen „Heiligen Alten": „Der mystische „Attiqa Quaddischa", der „Heilige Alte", wie man gewöhnlich zu übersetzen pflegt, ist die innerste Seele der Thora, d.h. die geheiligte Persönlichkeit des Greises ist der eigentliche Inhalt der ganzen Lehre des Judentums"[9].

Was wir uns unter der „innerste[n] Seele der Thora" vorzustellen haben, geht aus einer anderen Stelle der „Erotik der Kabbala" hervor. Langer bringt folgendes Sohar-Zitat: „Komm und sieh! Es gibt ein Gewand, das allen sichtbar ist. Die Törichten dieser Welt, wenn sie den Menschen in dem Gewande erblicken, das ihnen als schön erscheint, da achten sie auf nichts mehr. Die Bedeutung des Gewandes aber liegt im Körper, die Bedeutung des Körpers in der Seele. Dem ähnlich hat die Lehre einen Körper, das sind die Gesetze der Lehre, die (im Talmud) „Körper der Thora" genannt werden. Dieser Körper kleidet sich in ein Gewand, das sind die Erzählungen weltlicher Art. Die Törichten dieser Welt schauen nicht, was unter dem Gewande, diejenigen, die schon mehr wissen, betrachten bloß den Körper unter dem Gewande, die Weisen, die Knechte des erhabenen Königs, jene, die am Berg Sinai standen, betrachten nur die Seele, welche wahrlich die Hauptsache der Thora ist, und in der kommenden Zeit da werden sie die „Seele der Seele" der Lehre schauen ... die „Seele der Seele", dies ist der „Heilige Alte" (Sohar II, 152a gekürzt)[10].

Nach dieser Sohar-Darstellung wäre die „Seele" der Thora das, was wir den Geist des Gesetzes nennen würden. Dieses geistliche Verständnis des Gesetzes steht höher als das wörtliche, das nur den „Körper" der Thora erfaßt. Nur „die Weisen ..., die Knechte des erhabenen Königs, jene, die am Berg Sinai standen" erfassen diese Seele, sie sind es auch, die in eschatologischer Ferne („in der kommenden Zeit") „die Seele der Seele", den „Heiligen Alten" schauen werden.

Von diesen Ausführungen des Sohar über den Heiligen Alten wird es verständlich, warum der Dichter den Alten in der Badestube auf einer Truhe sitzen läßt. Eine „Lade" – die Bundeslade – barg im Allerheiligsten des Tempels die beiden Gesetzestafeln, den Kern der Thora (2. Mose 25; 16, 21 1. Könige 8; 9).

Gershom Scholem entwirft auf Grund von Sohar-Quellen ein Bild von dem „Heiligen Alten", das mit bestimmten inhaltlichen Zügen nahe an den angeführten Jeremiastext und damit auch an den *Schloß*-Text heranführt. Er schreibt: „Wo die flutenden Potenzen der reinen Gnade und Liebe in einer persönlichen Gestalt zusammengefaßt werden, entsteht nach dem Sohar das Bild des Arich Anpin ... übersetzt ... „der Langmütige"; also Gott als der Langmütige und Gnadenvolle. Im Sohar heißt Arich auch Attika Kaddischa, „der Heilige Alte" "[11].

Zu diesem Bild Gottes, des Heiligen Alten als Gott des Erbarmens, das Kafka sowohl bei Jeremias als auch in der Kabbala vorgezeichnet fand, will nun ein drittes Charakteristikum scheinbar nicht passen, das der Dichter seinem Alten-Bild einzeichnet. Als K. nach seinem Gespräch mit dem Mädchen aus dem Schloß von Brunswick und Lasemann mit Gewalt aus der Badestube hinausbefördert wird, heißt es: „Der Alte freute sich über irgend etwas dabei und klatschte in die Hände" (22). Aus dem erbarmenden

Alten scheint ein kindischer Alter geworden zu sein, der sich wie die Kinder und mit ihnen über etwas Rumor freut.

Diese Wandlung des Alten können wir erst verstehen, wenn wir in den Sinn der Badestubeszene eingedrungen sind. Wir schalten darum unseren Ausführungen über den Alten eine Betrachtung der Badestube ein.

Nach der ersten Feststellung K.s, daß man ihn in der Badestube kennt (er hört es von einer „weibliche[n] Stimme" (19), wohl „der Frau"), stellt er fest, daß dort „ein allgemeiner „Waschtag" zu sein schien. Schon „in der Nähe der Türe wurde Wäsche gewaschen" (19). Auch die Menschen nehmen ein Reinigungsbad. K. wird mit einbezogen, einer der badenden Männer „bespritzte ... K. mit warmem Wasser das ganze Gesicht" (20).

Befragen wir das Alte Testament nach dem möglichen Sinn dieser Reinigungsszene, so stellen wir zunächst allgemein fest: das Waschen ist im Alten Testament ein Sinnbild der Reinigung von Sünden (Psalm 51; 4, 9 Jesaia 1, 18). Auf diese alttestamentliche Vorstellung geht wohl das rituelle Reinigungsbad im Ostjudentum zurück, das man vor dem Sabbat vollzog. Kafka schreibt darüber in seinem Tagebuch: „Das jüdische Reinigungswasser, das in Rußland jede jüdische Gemeinde hat, das ich mir als eine Kabine denke, mit einem Wasserbecken von genau bestimmten Umrissen, mit vom Rabbiner angeordneten und überwachten Einrichtungen, das nur den irdischen Schmutz der Seele abzuwaschen hat, dessen äußerliche Beschaffenheit daher gleichgültig ist, das ein Symbol, daher schmutzig und stinkend sein kann und auch ist, aber seinen Zweck doch erfüllt. Die Frau kommt her, um sich von der Periode zu reinigen, der Thoraschreiber, um sich vor dem Aufschreiben des letzten Satzes eines Thoraabschnittes von allen sündigen Gedanken zu reinigen" (T 121). Zu einem von Kafka erwähnten Theaterstück „Meschumed" (T 80), das die ostjüdische Schauspielertruppe aufführte, bemerkt Max Brod: „Meschumed", „Der Getaufte" (wörtlich) „Der Vernichtete". (T A. 698). Die Bekanntschaft mit diesem ostjüdischen Ritus mag für Kafka die Verbindung zu den alttestamentlichen Texten hergestellt haben.

Bild und Vokabular unseres *Schloß*-Textes scheinen auf einen ganz bestimmten Bibeltext hinzuweisen. Es ist Hesekiel 36, 25–29. Dort heißt es: „Ich [der Herr] will reines Wasser über euch sprengen, daß ihr rein werdet; von all eurer Unreinigkeit und von all euren Götzen will ich euch reinigen. Und ich will euch ein neues Herz und einen neuen Geist in euch geben und will das steinerne Herz aus eurem Fleisch wegnehmen und euch ein fleischernes Herz geben; ich will meinen Geist in euch geben und will solche Leute aus euch machen, die in meinen Geboten wandeln ... Und ihr sollt wohnen im Lande, das ich euren Vätern gegeben habe ... Ich will euch von aller eurer Unreinigkeit losmachen".

Die Umsetzung des „über euch sprengen" bei Hesekiel in das „besspritzen" der Dichtung ist als solche deutlich erkennbar, aus dem „reine[n] Wasser" im Bibeltext ist „warmes Wasser" geworden, das den in Eis und Schnee fast Erfrorenen aufzutauen vermag. Bei Hesekiel bedeutet das Besprengen mit reinem Wasser ebenso wie sonst im Alten Testament die Reinigung von Sünden, ist also eine Art Taufe.

Man vergleiche hiermit H 305 – „Du bist müde", sagte einer von ihnen, „du willst die Stadt nicht bauen". „Müde bin ich", sagte ich und setzte mich auf einen Stein neben die Quelle. Sie tauchten[12] ein Tuch in das Wasser und erfrischten damit mein Gesicht, ich dankte ihnen."

Daß an diese Reinigung von Sünden auch im *Schloß* gedacht ist, zeigt die so sonderbar anmutende Anspielung auf „zwei Betten". Das Baden der Männer, in das auch K. durch die „mächtigen Wasserspritzer" einbezogen wird, geschieht in einem „Holzschaff, so groß, wie K. noch nie eines gesehen hatte – es hatte etwa den Umfang von zwei Betten" (19). Ähnlich lautet die schon zitierte Skizze aus der Felice-Welt, die auf das Marienbader Erlebnis anspielt: „Ich war bei den Toten zu Gast. Es war eine große reinliche Gruft, einige Särge standen schon dort, es war aber noch viel Platz, zwei Särge waren offen, es sah in ihnen aus wie in zerwühlten Betten, die eben verlassen worden sind" (H 259). Wie wir in der Frieda-Darstellung sahen, hat Kafka die „schmerzensvolle Grenzdurchbrechung" in Marienbad (T 567) als Sündenfall verstanden. So soll also K. durch das Badegefäß „etwa im Umfang von zwei Betten" an seine „Grenzdurchbrechung" gemahnt werden wie auch bei Hesekiel durch die Besprengung mit Wasser auf die „Unreinigkeit" Israels hingewiesen wird. Gleichzeitig bedeutet aber dieses Bad, daß das „Reinigungswasser … den irdischen Schmutz der Seele" abwäscht. Würde K. dieses so verstandene Reinigungswasser, welches die Anerkennung seiner Sünden einschließt, in seiner Existenz nachvollziehen, so würde sein Weg zum Schloß ein Weg der Umkehr, der „Sinnesänderung" (155) sein[13], wie sie der Herr Momus mit dem Kutscher am Ende der Frieda-Szene erwartet hatte.

K. geht einen andern Weg, den Weg aus eigener Kraft: „Unerwartet für jedermann kehrte sich K. förmlich in einem Sprunge um und stand vor der Frau" (22). In dieser Haltung schlägt er die Mahnung des Reinigungsbades in den Wind. Darum wird er ausgewiesen. Die geöffnete Tür verschließt sich wieder durch seine Schuld. Jetzt erst verstehen wir das dritte Charakteristikum des „Alten": „Der Alte freute sich über irgendetwas dabei und klatschte in die Hände" (22). Nicht aus kindischer Lust am Rumor freut sich der Alte über den Hinauswurf des K., sondern darüber, daß dem K. durch seinen Gegenspieler Brunswick der hybride Weg versperrt ist. Der Alte weiß offenbar, daß K. auf einen anderen mühsameren Weg verwiesen ist, der ihn dazu reif werden läßt, nach dem angebotenen Erbarmen des „Alten" mit letzter Kraft zu greifen. Das wird am Ende der Bürgelbegegnung geschehen.

V. Am Scheideweg: Klamms Briefe

Aus der Badestube hinausgeworfen, ist K. auf den Weg zwischen den Gehilfen verwiesen. Er ist in einer verzweifelten Lage: ihm wird als dem „alten Gehilfen" mitgeteilt, daß er „niemals" ins Schloß kommen darf. Da erscheint Barnabas, der lichte Bote, und überreicht K. einen Brief aus dem Schloß. Wie K. später erfährt, ist es ein Brief Klamms. Dieser Brief ist gleichsam K.s Bestallungsurkunde als Landvermesser, die ihn versichert, in die „herrschaftlichen Dienste" aufgenommen zu sein. Er lautet:

> Sehr geehrter Herr! Sie sind, wie Sie wissen, in die herrschaftlichen Dienste aufgenommen. Ihr nächster Vorgesetzter ist der Gemeindevorsteher des Dorfes, der Ihnen auch alles Nähere über Ihre Arbeit und die Lohnbedingungen mitteilen wird und dem Sie auch Rechenschaft schuldig sein werden. Trotzdem werde aber auch ich Sie nicht aus den Augen verlieren. Barnabas, der Überbringer dieses Briefes, wird von Zeit zu Zeit bei Ihnen nachfragen, um Ihre Wünsche zu erfahren und mir mitzuteilen. Sie werden mich immer bereit finden, Ihnen, soweit es möglich ist, gefällig zu sein. Es liegt mir daran, zufriedene Arbeiter zu haben (36).

Der Erzähler fügt diesem Brief eine Bemerkung zu dessen Unterschrift an, die auf die Doppeldeutigkeit des Absenders hinweist: „Die Unterschrift war nicht leserlich, beigedruckt aber war ihr: Der Vorstand der X. Kanzlei" (36). Es bleibt dem Leser ebenso wie K. überlassen, dieses Zeichen X als die römische Zehn oder als die mathematische Unbekannte zu deuten. Später erfährt K. durch Barnabas, daß der „Vorstand" Klamm heißt (41). Die Reflexionen, die K. über diesen Brief Klamms anstellt, unterstreichen noch einmal dessen Rätselhaftigkeit, indem sie auf „Widersprüche" dieses Briefes hinweisen. Fassen wir diese „Widersprüche" näher ins Auge, so stellen wir fest, daß es um den Widerspruch zwischen Willensfreiheit und Gnade geht. Dieses Grundproblem alles menschlichen Handelns: Freisein oder von anderen Mächten bestimmt werden, ist auch die Problematik von K.s Berufung. Darauf weist K.s Exegese dieser ersten Botschaft vom Schloß explizit hin:

> Er [der Brief] war nicht einheitlich, es gab Stellen, wo mit ihm wie mit einem F r e i e n gesprochen wurde, dessen e i g e n e n W i l l e n man anerkennt, so war die Überschrift, so war die Stelle, die seine Wünsche betraf. Es gab aber wieder Stellen, wo er offen oder versteckt als ein kleiner, vom Sitz jenes Vorstandes kaum bemerkbarer Arbeiter behandelt wurde, der Vorstand mußte sich anstrengen, „ihn nicht aus den Augen zu verlieren", sein Vorgesetzter war nur der Dorfvorsteher, dem er sogar Rechenschaft schuldig war, sein einziger Kollege war vielleicht der Dorfpolizist. Das waren zweifellos Widersprüche, sie waren so sichtbar, daß sie beabsichtigt sein mußten. Den einer solchen Behörde gegenüber wahnwitzigen Gedanken, daß hier Unentschlossenheit mitgewirkt habe, streifte K. kaum. Vielmehr sah er darin eine ihm offen dargebotene Wahl, es war ihm überlassen, was er aus den Anordnungen des Briefes machen wollte, ob er Dorfarbeiter mit einer immerhin auszeichnenden, aber nur scheinbaren Verbindung mit dem Schloß sein wolle oder aber scheinbarer

Dorfarbeiter, der in Wirklichkeit sein ganzes Arbeitsverhältnis von den Nachrichten des Barnabas bestimmen ließ. K. zögerte nicht zu wählen, hätte auch ohne die Erfahrungen, die er schon gemacht hatte, nicht gezögert. Nur als Dorfarbeiter, möglichst weit den Herren vom Schloß entrückt, war er imstande, etwas im Schloß zu erreichen, diese Leute im Dorfe, die noch so mißtrauisch gegen ihn waren, würden zu sprechen anfangen, wenn er, wo nicht ihr Freund, so doch ihr Mitbürger geworden war, und war er einmal ununterscheidbar von Gerstäcker oder Lasemann ..., dann erschlossen sich ihm gewiß mit einem Schlag alle Wege, die ihm, wenn es nur auf die Herren oben und ihre Gnade angekommen wäre, für immer nicht nur versperrt, sondern unsichtbar geblieben wären (37f.).

Nach diesem Brief Klamms steht K. an einem Scheideweg. Er hat – nach seiner Meinung – die Wahl, „ob er Dorfarbeiter mit einer immerhin auszeichnenden, aber nur scheinbaren Verbindung mit dem Schloß sein wolle oder aber scheinbarer Dorfarbeiter, der in Wirklichkeit sein ganzes Arbeitsverhältnis von den Nachrichten des Barnabas bestimmen ließ". Als dieser „scheinbare Dorfarbeiter" würde K.s Tätigkeit von den „Herren oben und ihrer Gnade" abhängig sein, in deren Dienst Barnabas steht, dessen Dienst wie Olga weiß „Schloßdienst" (252) ist. Daß die Nachrichten des Barnabas in Verbindung zu bringen sind mit den „Herren oben und ihrer Gnade" deutet Olga später an, wenn sie von den durch Barnabas überbrachten Briefen als von „Gnadenzeichen" (333) spricht. In seiner Wahl zwischen Dorfarbeitersein und scheinbarem Dorfarbeitersein entscheidet sich K. für das Dorfarbeitersein.

Bei K.s Meditation über Klamms Brief fallen die Worte „Arbeit", „Arbeiter" (2 x), „Dorfarbeiter" (3 x), „Arbeitsverhältnis" durch ihre Häufung auf. Wir werden dabei an das eigene Tun des Menschen zu denken haben, im Gegensatz zur Haltung des aus der Gnade Lebenden. Der Brief Klamms läßt diesen Weg des eigenen Tuns als Knechtschaft (des anscheinend Freien!) erahnen: „sein Vorgesetzter war nur der Dorfvorsteher, dem er sogar Rechenschaft schuldig war, sein einziger Kollege war vielleicht der Dorfpolizist", so überlegt K.. Mit seiner Entscheidung für das Dorfarbeitersein, das eigene Tun, wählt K. den Rechtsweg an Stelle des Gnadenwegs: „... ich will keine Gnadengeschenke vom Schloß, sondern mein Recht" (110), so trotzt er später gegenüber dem Gemeindevorsteher. K. will, fern der Gnade, in eigener Kraft den „Kampf mit dem Schloß wagen", so glaubt er imstande zu sein, „etwas im Schloß zu erreichen". Dieser Rechtsweg ist der Weg der „Vorschrift" (62), wie es der Herrenhofwirt, diese Türhütergestalt, ausdrückt. Wir werden ihn als den Weg des Gesetzes, der Gebote verstehen müssen, wie das Gesetz nach jüdischer Vorstellung den Verkehr des Menschen mit Gott ordnet. Es ist der Weg, den der Mensch nur durch sein rechtes Tun begehen kann. Diesen Weg wählt K., im Wissen um seinen „furchtbaren Ernst" (38).

In dieser Auswertung von K.s „Überlegung"[1] zu Klamms Brief mag deutlich werden, daß wir hier den künstlerischen Niederschlag von Kafkas jahrelanger Beschäftigung mit dem Problem von Willensfreiheit und Gnade zu sehen haben. Diese Auseinandersetzung können wir in Kafkas Selbstzeugnissen verfolgen. Zur Zeit der Felice-Krise, in der die Sündenfall-Meditationen entstehen, schreibt Kafka Notizen über den freien und unfreien Willen auf (H 117, 118). Etwa zur gleichen Zeit (Ende März 1918) taucht in einem Brief an Brod eine Gegenüberstellung von „Willensfreiheit" und „Gnade" auf (auf eine Lebenssituation Brods angewandt) (B 237). 1920 beschäftigt sich Kafka intensiv mit dem Werk seines Freundes Weltsch: „Gnade und Freiheit"[2], das er zur Korrektur durchsieht. Eine letzte, der *Schloß*-Konzeption nahestehende Notiz entsteht Spätherbst 1920. Sie lautet:

du bist frei und dadurch bist du verloren (H 253).

In seiner „Überlegung" zu Klamms Brief eröffnet der Dichter eine Art Diskussion mit seinem Freunde Weltsch unter dem Thema: Gnade und Willensfreiheit, ein Gespräch, das sich über die ganze Dichtung fortsetzt.

Während Weltsch noch eine Lanze für die religiöse Freiheit bricht[3], wenn er auch prinzipiell die Gefahren des Freiheitsglaubens sieht, zur „Attitude Luzifers" zu werden[4], so steht der Dichter des *Schloß*-Romans, wie wir sehen werden, entschieden auf Seiten der großen Gnadenlehrer Paulus, Luther, Calvin, Augustin. Weltsch läßt besonders die beiden ersteren – Paulus und Luther – ausführlich zu Wort kommen[5].

Die luziferische Konsequenz des Freiheitsglaubens, auf die Weltsch hinwies, zeichnet der Dichter in der Frieda-Episode, die wir uns jetzt unter dem Gesichtspunkt von Gnade und Freiheit noch einmal vor Augen stellen. Bei unserer Frieda-Betrachtung kamen wir zu dem Ergebnis, das Frieda-Erlebnis des K. als Sündenfall anzusehen. K. benutzt seine Freiheit, um gegen die ausdrückliche „Vorschrift" im Herrenhof zu übernachten, offenbar um einem der „Herren" zu begegnen. Dabei spürt er schon vor der entscheidenden Stunde, daß er seine Freiheit mißbraucht: „Ehe der Wirt aber ging, wandte er sich noch an K., als habe nicht mehr er selbst, sondern K. wegen des Übernachtens zu entscheiden. K. konnte aber nichts sagen, besonders der Umstand, daß gerade sein Vorgesetzter hier war, verblüffte ihn. Ohne daß er es sich selbst ganz erklären konnte, fühlte er sich Klamm gegenüber n i c h t s o f r e i wie sonst gegenüber dem Schloß; von ihm hier ertappt zu werden, wäre für K. zwar kein Schrecken im Sinne des Wirtes, aber doch eine peinliche Unzukömmlichkeit gewesen, so etwa als würde er jemandem, dem er zu Dankbarkeit verpflichtet war, leichtsinnig einen Schmerz bereiten ... (52).

In dem betont dargestellten „verstecken" der nachfolgenden Pultszene zeigt sich dann deutlich K.s Unfreiheit. „Du bist frei und dadurch bist du verloren" (H 253), dieses Wort aus einer der ersten *Schloß*-Skizzen ist wie ein bloßgelegter Nerv des Frieda-Erlebnisses. Im Liegen unter dem Fuß Friedas, auf das betont (3 x) hingewiesen wird, erlebt K. ein Zerrbild des biblischen „zu Gottes Füßen Fallen", das uns in der Bürgelszene noch beschäftigen wird. Zunächst allerdings sieht K. in Frieda „etwas Fröhliches, Freies" (62), diese Zeichen des Göttlichen. K. erlebt in seiner Vereinigung mit Frieda wenigstens für Augenblicke eine „glückliche Liebe", deren „unendlich" („die Zeit war wohl unendlich vor ihrer glücklichen Liebe" (63)) auf ein über das menschliche Maß Erhobensein hinweist. Es ist das Erlebnis der „Gottgleichheit", wie es Kafka in einer Skizze (H 102) nennt, das K. in dieser Liebe widerfährt. K. erkennt aber bald beim Erwachen aus seinem Rausch, daß hinter seinem Glauben, in Willensfreiheit Gott gleich werden zu können, ein „Betrug" steht (H 312) (H 318), der „Urbetrug", wie es eine Skizze (H 318) mit Anspielung auf das eritis-sicut-Deus der Genesis nennt. „Wir beide sind verloren" (64), das weiß er nun.

Ganz deutlich ausgesprochen findet sich dann das Verlorensein als Frucht der Freiheit am Schluß der Schlittenszene, die, wie wir sahen, eine Wiederaufnahme des Frieda-Erlebnisses unter den Augen des „Herrn" Momus ist. Auch dort hat K. die Wandlung aus einer rauschhaften Wonne in ein ernüchterndes Erwachen erlebt.

Und dort, am Schluß der Schlittenszene, spricht K. ausdrücklich aus, daß sein Streben nach Freiheit ihn in die Sinnlosigkeit, in die Verzweiflung geführt hat:

Als ... nun ... alles elektrische Licht verlöschte – wem hätte es leuchten sollen? – und nur noch oben der Spalt in der Holzgalerie hell blieb und den irrenden Blick ein wenig festhielt, da schien es K., als habe man nun alle Verbindung mit ihm abgebrochen und als sei er nun freilich f r e i e r als jemals und könne hier auf dem ihm sonst verbotenen Ort warten, solange er wolle, und habe sich diese F r e i h e i t erkämpft, wie kaum ein anderer es könnte, und niemand dürfte ihn anrühren oder vertreiben, ja kaum ansprechen; aber – diese Überzeugung war zumindest ebenso stark – als gäbe es gleichzeitig nichts Sinnloseres, nichts Verzweifelteres als diese F r e i h e i t, dieses Warten, diese Unverletzlichkeit (157).

Die Dichtung stellt hier in Pult- und Schlittenszene dar, was Kafka in Weltschs *Gnade und Freiheit* in philosophischer Analyse las. Es seien hier einige Sätze aus Weltschs Werk angeführt: In dem Kapitel „Vitalität und Geist" stellt Weltsch den „Eros" dem „Logos" gegenüber: „ ... betrachten wir das Erlebnis [im Eros] ... Was ist der Gegenstand seines Strebens?" ... „Erfülltheit, Ekstase, Rausch, vollständige Hingabe"[6]. „Es gibt in diesem Erlebnis ... in aller Wirklichkeit diesen seligen Augenblick vollkommener Erfülltheit, göttlicher Entrücktheit ... für einen Moment haben wir das Absolute besessen". Doch die „Einheit des Erlebnisses ist ungeistig. Sie besiegt die Zweiheit (Subjekt – Objekt) nicht durch deren Überwindung, sondern durch Flucht, indem ihr der Sinn des Gefühles gleichgültig wird, um des ungestörten Rausches willen. Sie ist n i c h t f r e i ... sie ist ihrem Gegenstand verfallen"[7].

Die Lektüre von Weltschs *Gnade und Freiheit* hat Kafka – als „Erbauungsbuch" – offenbar dazu verholfen, sein Marienbader Erlebnis zu bewältigen, um es dann im Roman – in Pult- und Schlittenszene – in dem hier aufgezeigten Sinn darzustellen.

Mit K.s Feststellung am Schluß der Schlittenszene, daß es „nichts Sinnloseres, nichts Verzweifelteres als diese Freiheit" gäbe, hat er noch nicht die letzte Stufe seines abwärts führenden Weges erreicht. Es droht ihm noch ein Verhör. Momus macht ihm die Eröffnung: „Es handelt sich darum, für die Klammsche Dorfregistratur eine genaue Beschreibung des heutigen Nachmittags zu erhalten. Die Beschreibung ist schon fertig, nur zwei, drei Lücken sollen Sie noch ausfüllen, der Ordnung halber; ein anderer Zweck besteht nicht und kann auch nicht erreicht werden" (167). Vor dem geplanten Verhör wirkt Momus völlig unbeteiligt: mit scheinbarer Gleichgültigkeit kann er über dem Protokoll von K.s Vorgehen im Herrenhof eine Salzbrezel auseinanderbrechen, „die er sich zum Bier schmecken ließ und mit der er alle Papiere mit Salz und Kümmel überstreute" (171)[8].

Es ist die letzte Konsequenz von K.s Freiseinwollen, daß er sich dem Verhör durch Momus, den „Herrn" der Schlittenszene, entzieht. In seinem „Kampf gegen das Verhör" verpaßt K. so nicht nur Klamm, den Gott der Linken, sondern auch Vallabene, den Gott zur Rechten, für die beide Momus „arbeitet". Wenn der Herrenhof-Wirt, der offenbar von den Hintergründen des geplanten Verhörs weiß, in Anspielung auf das Gericht über Sodom und Gomorra sagt: „Nun, nun, es muß aber deshalb nicht gleich Schwefel vom Himmel regnen", und K. erwidert: „Nein" … „danach sieht das Wetter nicht aus" (172), so spürt der Leser, daß sowohl der Wirt als auch K. das Gegenteil, nämlich die Nähe des Gerichtes ahnen.

Dieses Gericht erlebt K. in der Folge „auf der Straße"[9]. K. ist durch den Mißbrauch seiner Freiheit doppelt heimatlos geworden. Seine beiden Bleiben, den Herrenhof sowie den Brückenhof mußte er verlassen, den Herrenhof wegen seiner Übertretung der Vorschrift, den Brückenhof wegen seines Kampfes gegen das Verhör. Er liegt „auf der Straße". Nur die zweifelhaften Gehilfen, diese „schwankenden Lichter" – (173), sind seine Begleiter. In dieser trostlosen Situation, weit weg von dem Heil, dem er in der Badestube nahegekommen war, erscheint Barnabas und überbringt K. einen zweiten Brief Klamms. Er lautet:

Dem Herrn Landvermesser im Brückenhof! Die Landvermesserarbeiten, die Sie bisher ausgeführt haben, finden meine Anerkennung. Auch die Arbeiten der Gehilfen sind lobenswert. Sie wissen sie gut zur Arbeit anzuhalten. Lassen Sie nicht nach in Ihrem Eifer! Führen Sie die Arbeiten zu einem guten Ende. Eine Unterbrechung würde mich erbittern. Im übrigen seien Sie getrost, die Entlohnungsfrage wird nächstens entschieden werden. Ich behalte Sie im Auge (174),

Der Leser ist zunächst geneigt, K. zuzustimmen, wenn er von diesem Brief sagt:

„Es ist ein Mißverständnis" (174). „Der Herr ist falsch unterrichtet. Ich mache doch keine Vermesserarbeit, und was die Gehilfen wert sind, siehst du selbst. Und die Arbeit, die ich nicht mache, kann ich freilich auch nicht unterbrechen, nicht einmal die Erbitterung des Herrn kann ich erregen, wie sollte ich seine Anerkennung verdienen! Und getrost kann ich niemals sein" (175f.).

K. ist durch die „Wind"-spielenden Gehilfen und die Wehrlosigkeit des guten Barnabas zu dem Pessimismus des „Predigers" gekommen: „und siehe, es war alles eitel und Haschen nach Wind"; er sieht all sein Bemühen, zu einer persönlichen Begegnung mit Klamm zu gelangen, vereitelt, nicht zuletzt durch das Versagen der Mittelspersonen. Und doch ist in dieser Situation des Gerichtes, der Gottesferne, die Gnade als andere Möglichkeit spürbar. Der Leser ahnt, daß Klamms Brief, der den K. nur zu narren scheint, auch ernst gemeint sein könnte, daß in K.s Bemühen zu Klamm zu kommen, er schon „Vermesserarbeit" macht, daß K. in seinem Verhalten, welches die Gehilfen – seine Angst – auf den Plan ruft, in Wirklichkeit Klamms Anerkennung findet, so wie Franz Kafka im Grunde weiß, daß seine Angst sein „Bestes" ist, daß er deshalb im Blick auf das Ende – „nächstens" – „getrost" sein könnte. Dieser Brief Klamms könnte so nicht als „Mißverständnis" verstanden werden, sondern als eine tröstende Zusage („seien Sie getrost"). Es könnte in dem „ich behalte Sie im Auge" etwas von dem liegen, was Bürgel später dem K. von Friedrich sagt: „ ... er kennt Sie" (373). Klamms Brief könnte also, wie Olga sagt, ein „Gnadenzeichen" (333) sein. K. scheint diese Möglichkeit nicht zu sehen, und dennoch beschreitet er, durch seine Notlage gezwungen, einen Weg, auf dem er zu dem erstrebten Ziele einer „persönlichen Vorsprache" (179) gelangen könnte. Er verlegt sich aufs Bitten. Dreimal ist in dem Auftrag, den Barnabas Klamm als Antwort auf dessen Brief überbringen soll, von diesem Bitten die Rede:

> Der Landvermesser K. b i t t e t den Herrn Vorstand, ihm zu erlauben, persönlich bei ihm vorzusprechen ...   Zu seiner B i t t e ist er deshalb gezwungen, weil bisher alle Mittelspersonen vollständig versagt haben ... Der Landvermesser weiß, wieviel er damit e r b i t t e t (179).

Wenn wir hier daran denken, daß Kafka in Barnabas seine Kunst, sein „Schreiben" darstellt, so erkennen wir in K.s Haltung das gestaltete Wort:

> Schreiben als Form des Gebets (H 348).

Mit diesem durch Barnabas zu vermittelnden Bitten vollzieht sich in K. ein Umschwung; er verläßt den Weg des trotzigen Rechthabenwollens und begibt sich auf den Weg eines um Gnade Bittenden. Auf dieses Bitten bekommt K. eine Antwort, die wir mit einer Formulierung des Tagebuchs – aus der Zeit der *Schloß*-Entstehung – als „schweigende Führung" bezeichnen können, wobei wir beachten, daß diese „schweigende Führung" einem Verlorensein gegenübergestellt ist: „Die Merkwürdigkeit, die Unenträtselbarkeit des Nicht-Untergehens, der schweigenden Führung. Es drängt zu der Absurdität:

> ich für meinen Teil wäre längst schon verloren. Ich für meinen Teil (T 549).

Diese „schweigende Führung" läßt der Dichter seinen K. in einer Geste des Barnabas erleben, die von besonderer Bedeutung ist:

> nach dem verabschiedenden Händedruck [des Barnabas] berührte er überdies noch K. flüchtig an der Schulter. So als sei jetzt alles wieder wie damals, als Barnabas zuerst in seinem Glanz unter die Bauern in der Wirtsstube getreten war, empfand K. diese Berührung, lächelnd allerdings, als eine Auszeichnung. Sanftmütiger geworden, ließ er auf dem Rückweg die Gehilfen tun, was sie wollten (180 f.).

Versuchen wir den Sinn dieser Geste zu erfassen, die einen trostlosen, aggressiven K. in einen lächelnden, sanftmütigen verwandelt. Die Geste der flüchtigen Berührung versetzt uns in die griechische Welt, wo, wie wir sahen, Barnabas ursprünglich zu Hause ist. Wir kennen diese leisen Berührungen von den Gestalten der griechischen Reliefs, etwa von Orpheus und Eurydike, und wir hören von ihnen bei Homer in seinen Schilderungen der Begegnungen von Athene mit ihren Schützlingen. So hält in der Ilias die Schicksalsgöttin den zürnenden Achill vom Mord an Agamemnon durch eine Berührung seines Haares zurück. In der Odyssee gibt sich Athene dem fabulierenden Odysseus mit einer leisen Geste als die ihn Durchschauende zu erkennen. Nach seiner „schlau-abweichenden Rede"[10] enttarnt sie ihn: sie „streichelt ihn mit der Hand"[11]. Um ihn vor den Freiern unkenntlich zu machen, „rührt [sie] ihn sanft mit der Rute"[12], ihn so in einen Greis verwandelnd, wie sie ihm auch seine jugendliche Gestalt durch eine Berührung „mit goldener Rute"[13] zurückgibt.

Einen Hinweis auf die Nähe Homers in der Geste des Barnabas erhalten wir, wenn wir die Skizze „Das Schweigen der Sirenen" (H 78ff.) in unsere Betrachtungen mit einbeziehen. Wie wir bei der Frieda-Darstellung sahen, gehört das „Schweigen der Sirenen" in den Sündenfall-Komplex der Frieda-Szenen, zu dem wir jetzt noch den Problemkreis von Gnade und Freiheit hinzurechnen können. Es heißt dort am Schluß der Sirenen-Skizze: „Odysseus, sagt man, war so listenreich, war ein solcher Fuchs, daß selbst die Schicksalsgöttin nicht in sein Innerstes dringen konnte" (H 79). Hinter diesen Zeilen steht offenbar das Athene-Wort der Odyssee: „Geist erforderte das und Verschlagenheit, dich an Erfindung jeglicher Art zu besiegen, und käm auch einer der Götter! Überlistiger Schalk voll unergründlicher Ränke"[14]. Unmittelbar vor dieser Odysseestelle steht das schon angeführte Wort: „(Athene) streichelt ihn mit der Hand". So bestätigt uns das Heranziehen der Skizze „Das Schweigen der Sirenen", daß in der flüchtigen Berührung des K. durch Barnabas die „schweigende Führung" durch eine gnädige göttliche Hand dargestellt werden soll.

Als deckungsgleich mit einer griechischen bildlichen Darstellung erkennen wir endlich die Barnabas-Geste, wenn wir eine Metope des Zeustempels in Olympia betrachten: Herakles, das Himmelsgewölbe stützend zwischen Athene und Atlas[15]. Dort ist Herakles seiner ihm von Atlas[16] übertragenen Aufgabe, das Himmelsgewölbe zu stützen, nur gewachsen, weil hinter ihm, von ihm ungesehen, Athene mit der flachen Hand ihres gewinkelten Armes das Himmelsgewölbe trägt, dabei berührt ihr Ellbogen den Heros flüchtig an der Schulter.

Nach der Darstellung der griechisch empfundenen Geste des Barnabas fährt der Dichter fort: „So, als sei jetzt alles wieder wie damals, als Barnabas zuerst in seinem Glanz unter die Bauern in die Wirtsstube getreten war, empfand K. diese Berührung, lächelnd allerdings, als eine Auszeichnung" (181).

Das Wort „Glanz", das hier als Charakteristik der Erscheinung des Barnabas gebraucht wird, erfordert unsere Aufmerksamkeit. Beim ersten Auftreten des Barnabas wurde von seinem Kleid nur gesagt: „Er [Barnabas] war fast weiß gekleidet, das Kleid war wohl nicht aus Seide, es war ein Winterkleid wie alle anderen, aber die Zartheit und Feierlichkeit eines Seidenkleides hatte es" (34), später hören wir von seiner Jacke, daß sie „schön glänzte" (175), jetzt nach der Geste der flüchtigen Berührung fällt das bedeutsame Wort „Glanz".

Mit der Betrachtung dieses Wortes „Glanz" treten wir aus der griechischen Welt in die des Judentums. „Glanz" ist die Übersetzung von „Kabod". Und „Kabod" ist im Alten

Testament sowie im späteren Judentum die Bezeichnung der göttlichen Herrlichkeit[17]. So heißt es Jesaia 60,3 von Zion, nachdem von der aufgehenden „Herrlichkeit des Herrn" über Zion die Rede war: „die Heiden werden in deinem Lichte wandeln und die Könige im Glanz (Kabod), der über dir aufgeht". Daß Kafka „Glanz" in dieser gefüllten Bedeutung kennt, wird deutlich, wenn wir an den Schluß der Türhüterlegende im *Prozeß* denken. Es heißt dort von dem sterbenden, fast erblindeten Mann vom Lande: „Wohl aber erkennt er jetzt im Dunkel einen Glanz, der unverlöschlich aus der Türe des Gesetzes bricht". Auch in einem *Schloß*-Entwurf ist von diesem „Glanz" die Rede: „Friedrichs Glanz ist in den letzten Jahren sehr zurückgegangen" (465), bemerkt dort der Erzähler. Wir deuteten bereits daraufhin, daß wir in Friedrich das göttliche Gegenbild des dämonischen „Herrn Fritz" zu sehen haben. Wir werden uns bei der Betrachtung der Bürgelszene noch mit dem Beamten Friedrich zu beschäftigen haben. Hier genügt es, an diese Göttlichkeit des Beamten Friedrich zu denken, um den Vollsinn des Wortes „Glanz" zu erfassen.

So weist also Beides, sowohl die Geste der flüchtigen Berührung als auch der „Glanz" seines Kleides auf die Göttlichkeit der Erscheinung des Barnabas hin. K. ist also nicht, wie er nach der Lektüre von Klamms zweitem Brief meinte annehmen zu müssen, dem Gericht eines ihn narrenden Dämons ausgeliefert, sondern er kann an diesen Zeichen merken, daß die Gnade als „schweigende Führung" ihn vor dem „Untergehen" bewahrt. Daß K. diese Zeichen so versteht, zeigt der Schluß des hier betrachteten Kapitels: „So, als sei jetzt alles wie damals, als Barnabas zuerst in seinem Glanz unter die Bauern in die Wirtsstube getreten war, empfand K. diese Berührung, lächelnd allerdings, als eine Auszeichnung" (181).

VI. Wegweisung durch Hans

In der Schule erfährt K. nicht nur das Gericht, sondern auch die Nähe der Gnade, wenn es auch zunächst den Anschein hat, als sei er ganz dem Verderben anheimgegeben. K. hat nicht nur erlebt, daß alle Mittelspersonen vollständig versagt haben, sondern er erfährt in der Schule auf dem selbstgewählten Weg des Dorfarbeiterseins, wie das Heil verheißende Gesetz in Bosheit umschlägt. Die Lehrerin Gisa bringt durch ihre Katze seiner Hand eine blutige Verletzung bei. Auf diesem Tiefpunkt des Schullebens erscheint der Knabe Hans. Wir hören zunächst von ihm nur, daß der „etwa zwölfjährige" Junge K.'s Hand berührt und „etwas im großen Lärm gänzlich Unverständliches" (193) sagt. Dieses „etwas Unverständliche" wird wohl in der Richtung seines späteren Wortes gelegen haben: „Kann ich dir helfen?" (208). In Hans bietet sich dem verletzten K. Heilung an.

Wir wurden früher bei der Betrachtung der Gehilfen und des Schulmeisters dazu geführt, die Heilung eines durch das Gesetz Verletzten vom Neuen Testament her zu verstehen, denn die mit so starker Betonung vorgebrachte Erklärung K.s an Frieda, daß die Gehilfen „von Galater", nicht von Klamm geschickt seien, ist nur verständlich, wenn wir diesen „Galater" als den Galaterbrief des Paulus verstehen, nach welchem das Gesetz der „Zuchtmeister (Paidagogos) auf Christus" ist. Es läge im Sinne dieser Gedankenführung, in Hans mit seinem „kann ich dir helfen?" eine Messiasgestalt zu sehen.

Befragen wir den Knaben Hans, ob wir ihn so verstehen können, so fallen uns einige Wendungen auf, die auf die Geschichte des zwölfjährigen Jesus im Tempel (Lukas 2, 41–52) hinzudeuten scheinen. Richtungsweisend für diese Deutung ist das „etwa zwölfjährig", mit dem Hans eingeführt wird: „Als K. … das Schulzimmer auszukehren begann, trat ein etwa zwölfjähriger Junge aus einer Bank, berührte K.s Hand …" (193). Das leicht eingefügte „etwa" verbietet dabei alle Direktheit. Kafka kannte den zwölfjährigen Jesus aus dem Lukasevangelium sehr gut, er hatte in der Kirche von Zürau eine Predigt über seine Geschichte gehört, von welcher er an Felix Weltsch berichtet: „Letzthin war ich bei der Predigt, sie war geschäftsmäßig – einfältig, aus der besprochenen Bibelstelle Lukas 2, 41–52, wurden drei Lehren gezogen: 1. die Eltern sollen ihre Kinder nicht draußen im Schnee spielen lassen sondern in die Kirche mitnehmen (seht, die leeren Bänke!); 2. die Eltern sollen um ihre Kinder so besorgt sein, wie das heilige Paar um seines (und dabei war es doch das Jesuskind, um das man eigentlich keine Sorge haben mußte); 3. die Kinder sollen so fromm mit ihren Eltern sprechen, wie Jesus mit seinen. Das war alles, denn es war sehr kalt, aber irgendeine letzte Kraft war doch noch im Ganzen." (B 231)

Die nähere Beschreibung des Hans trifft den Nerv der Lukas-Darstellung. Es heißt bei Lukas: „… nach drei Tagen fanden sie ihn im Tempel sitzend mitten unter den Lehrern, wie er ihnen zuhörte und sie f r a g t e. Und alle, die ihm zuhörten, verwunderten sich seines Verstandes und seiner Antworten". Das „er fragte" der Lukasgeschichte kehrt im *Schloß* in ausführlichen Variationen wieder, 15 x hören wir von „Frage", 4 x von „fra-

gen" und „gefragt" (208–213); dabei ist es Hans, dem eigentlich nur das „F r a g e n" zu-
steht wie in der Lukasgeschichte dem Jesuskind:

> Es war überhaupt, wie wenn seiner Meinung nach nur ihm das Fragen erlaubt sei,
> durch das Fragen der anderen aber irgendeine Vorschrift durchbrochen und Zeit
> verschwendet würde (209 f.).

Das Autoritätsbewußte des Jesuskindes eignet auch dem Knaben Hans. So wie Jesus im
Bewußtsein seiner göttlichen Sendung sagen kann: „Wisset ihr nicht, daß ich sein muß
in dem, das meines Vaters ist?", so besitzt auch Hans die Autorität eines Lehrers:

> Es war auch etwas Befehlshaberisches in seinem Wesen; aber es war mit kindlicher
> Unschuld so gemischt, daß man sich ihm, halb aufrichtig, halb scherzend, gern un-
> terwarf ... Obwohl er in der Schulbank saß, K. oben auf dem Kathedertisch, Frieda
> auf einem Sessel nebenan, sah es aus, als sei Hans der Lehrer, als prüfe er und beurteile
> die Antworten ... (208 f.).

Durch die so glaubhaft gemachte Autorität dieses Kindes gewinnen seine Aussagen
maßgebenden Charakter. Das Gespräch zwischen Hans und K. dreht sich um das Heil
in der Gestalt von Hansens Mutter, dem „Mädchen aus dem Schloß". Diese „Frau"
bleibt hier, im Gegensatz zur Badestubenszene, unsichtbar, ja ihre Unnahbarkeit bildet
das eigentliche Thema des Gesprächs: „Sie [die Mutter] wolle nur von K. hören, aber mit
ihm sprechen wolle sie nicht" (213 f.), das erfährt K. durch Hans. Alle Bemühungen des
K., offen oder auf Schleichwegen Gelegenheit zu einer Begegnung mit der Mutter zu
finden, erweisen sich als undurchführbar.

Und doch nimmt Hansens Mutter, die Verkörperung des Göttlichen, Anteil an K.s
Weg: „... die Mutter habe auch schon einmal nach K. gefragt" (212), das hat Hans dem
K. verraten. Diese Anteilnahme der „Frau" erfährt K. als wirkende Kraft in einer kritischen Situation. Es ist die „entscheidungsreiche Stunde", in der es um die Klärung seines Verhältnisses zu Frieda geht. Im Schulzimmer hat Frieda dem Gespräch zwischen
Hans und K. zugehört, „lange wie in sorgenvollen Gedanken verloren" (224). K.s Bemühen, durch Hans einen Zugang zu der „Frau" zu bekommen, hat ihr die Kluft gezeigt, die zwischen K. und ihr besteht, die Kluft zwischen einem „Leben in Ehren und
Frieden" (223), wie sie – Frieda – es unter dem Einfluß der Wirtin erstrebt und einem
„Leben" der „Wanderschaft, Bettlerschaft", wie es der Weg des Landvermessers unter
den Augen der leidenden „Frau" sein müßte. Frieda erfaßt, daß Hans, der scheinbar
„zerstreut" mit dem „schönen Knotenstock" (221) des Landvermessers gespielt hatte,
diesen in seiner Entscheidung für den Weg der Niedrigkeit bestärkt, und gerade diesen
Weg kann und will sie nicht mitgehen. Das wird ihr klar beim Zuhören des Gesprächs
zwischen Hans und K.. An den wenigen Stellen, wo sie in dieses Gespräch eingreift,
kommt diese ihre Lebenshaltung bereits zum Ausdruck, noch bevor sie ihren großen
„Vorwurf" ausspricht. So darin, „daß sie ihm [Hans] öfters Fragen stellte, von denen sie
hoffte, daß sie ihn auf diese Weise verstummen lassen würden" (210); oder dort, wo sie
Hans fragt, „ob er etwa Schuldiener werden wolle" (220), was Hans „mit Bestimmtheit"
verneint. In das „lange Bewahrte, Feindselige" in Friedas Herzen fällt es dann durch ihr

Zuhören des Gespräches zwischen K. und Hans wie ein zündender Funke. Ihre Feindseligkeit entlädt sich in ihrem „Vorwurf": „ … in Wirklichkeit … hat sich alles geändert, seit ich dich mit dem Jungen habe sprechen hören" (230), so leitet sie ihren „Vorwurf" ein. Frieda spürt aus dem scheinbar naiv-kinderfreundlich geführten Gespräch des K. mit Hans, daß es K. letztlich nur um den Zugang zu „der Frau" geht. Das ist in ihren Augen Betrug. („Du betrogst die Frau, noch ehe du sie gewonnen hast" (230 f.)), so wie K. sie, ihrer Meinung nach, betrog, wenn er in seiner Liebe nicht sie suchte sondern Klamm („als ich mich … aufraffte und Hans fragte, was er werden wolle, und er sagte, er wolle werden wie du, dir also schon so vollkommen gehörte, was war denn jetzt für ein großer Unterschied zwischen ihm, dem guten Jungen, der hier mißbraucht wurde, und mir, damals im Ausschank?" (231)). Das alles wurde Frieda klar durch ihr Zuhören von K.s Gespräch mit Hans: „plötzlich kommt ein kleiner Junge herein, und du beginnst mit ihm um seine Mutter zu kämpfen, so, wie wenn du um deine Lebensluft kämpftest" (234), so faßt sie ihre Einsicht zusammen. K. kann diese Erkenntnis Friedas nur bestätigen: „Du hast mein Gespräch mit Hans richtig aufgefaßt. So war es wirklich. Ist aber denn dein ganzes früheres Leben für dich so versunken …, daß du nicht mehr weißt, … wie alles benützt werden muß, was irgendwie Hoffnung gibt? Und diese Frau kommt vom Schloß, sie selbst hat es mir gesagt … Was lag näher, als sie um Rat oder sogar um Hilfe zu bitten; kennt die Wirtin ganz genau nur alle Hindernisse, die von Klamm abhalten, dann kennt diese Frau wahrscheinlich den Weg, sie ist ihn ja selbst herabgekommen" (234). Friedas Antwort auf K.s begründende Erklärung seines Verhaltens gegenüber Hans ist nur eine kurze Frage: „Den Weg zu Klamm?" (234). Es ist nicht auszumachen, ob diese Frage bedeutet: „gibt es überhaupt einen Weg zum Göttlichen", oder ob Frieda sagen will: „glaubst du durch deine Praktiken einen Weg zum Göttlichen zu finden?" Jedenfalls drückt diese Frage Friedas den Zweifel daran aus, daß K. einen Weg zum Schloß finden wird, während K. nicht abläßt, um das „Vorwärtskommen" (235) zu kämpfen. So scheiden sich ihre Wege. K. macht sich an die „Arbeit" (235, 237, 243) des Schneeschaufelns, um Barnabas – den Boten Klamms – „nicht vor Frieda empfangen zu müssen" (243). Frieda bleibt zurück, „mit großen Augen und einem starren Lächeln" (236). Ein letztes Wort des Kapitels „Friedas Vorwurf" macht die Scheidung deutlich: „K. sah … nicht mehr zurück" (236).

Diese klare Trennung K.s von Frieda ist durch K.s Begegnung mit Hans bewirkt. Die Hilfe Hansens besteht darin, daß K. jetzt weiß, wofür er sich zu entscheiden hat: es sind nicht die „Sicherungen" der Wirtin, zu denen Frieda Zuflucht nimmt, sondern es ist der Weg der Wanderschaft, den sein „schöner Knotenstock" verkörpert, nach welchem Hans greift. Auf diesem Weg der Wanderschaft mag ihn das Wort Hansens begleiten: „… jetzt sei zwar K. noch niedrig und abschreckend, aber in einer allerdings fast unvorstellbar fernen Zukunft werde er doch alle übertreffen" (220). In diesem vorausschauenden Wort, das er Hans in den Mund legt, reiht der Dichter Hans ein in die Reihe der biblischen „Propheten … die schwache Kinder waren" (M 40). So verleiht er dem Auftreten des Hans ein Gewicht, welches den Fortgang von K.'s Weg bestimmt.

VII. Mit der Barnabasfamilie

Das Erscheinen des Knaben Hans und seine Auswirkung in „Friedas Vorwurf" steht auf dem Kulminationspunkt des Romans. Durch Hans wurde K. ein Maßstab in die Hand gegeben, dessen Gültigkeit sich in der folgenschwersten Begegnung des Romans zu bewähren hat. Es ist die Begegnung K.s mit der Barnabasfamilie. Diese Begegnung stellt K. vor die Entscheidung: Fluch oder Segen.

Indem K. dieser Entscheidungsfrage nachgeht, realisiert sich der zweite Brief Klamms, der K. vor die Frage stellte: „bin ich verloren oder gibt es für mich eine „schweigende Führung"? Der Erzähler des Romans gibt uns einen Hinweis auf die Beziehung zwischen dem zweiten Klamm-Brief und Amalia, wenn er Barnabas dem K. sagen läßt: „sie [Amalia] hat mir heute diesen Brief für dich aus dem Schloß gebracht" (180).

Für den Fortgang unserer Betrachtungen ist es interessant, daß das zunächst auf Amalia bezogene „verachtet" auf deren ganze „Familie" ausgedehnt wird. So fragt K. nach Olgas Schilderung des merkwürdigen Verhaltens der Dorfbewohner: „ ... wenn man ... wirklich Amalia verachtet, warum dehnt man die Verachtung auf euch aus, auf die unschuldige Familie?" (292) Auch im Entwurf (s. 507, 518) richtet sich das „verachtet" gegen die ganze Familie.

Wie wir bei der Betrachtung der Amaliagestalt sahen, gilt dieses „verachtet-sein" dem vermeintlich oder wirklich von Gott Geschlagenen. Von dieser Sinndeutung her verstehen wir, daß K. von dem „häßlichen Eindruck" spricht, „den diese Familie gleich auf ihn gemacht hatte" (245). Ganz ähnlich äußert sich K. in einem gestrichenen Entwurf dieser Szene (s. 505).

Wenn wir versuchen, die Bedeutung dieser offenbar hinweisend gemeinten Worte „verachtet", „Familie", zu erfassen, so wird ein Bild aus Olgas Reden zu einem Schlüssel, der diese Worte aufschließt. Der Dichter läßt die Barnabasfamilie am „Familientisch" (49) unter einer „winzige[n] Öllampe" (46) sitzen. Olga läßt sich so über diese Öllampe aus:

> ... wenn du dich prüfst, wirst du gestehen, daß auch du beim ersten Eintritt die Berechtigung dieser Verachtung zu merken glaubtest; später, als wieder manchmal Leute zu uns kamen, rümpften sie die Nase über ganz belanglose Dinge, etwa darüber, daß die kleine Öllampe dort über dem Tisch hing. Wo sollte sie denn anders hängen als über dem Tisch, ihnen aber erschien es unerträglich. Hängten wir aber die Lampe anderswohin, änderte sich doch nichts an ihrem Widerwillen. Alles, was wir waren und hatten, traf die gleiche Verachtung (307).

Die relativierende Distanz, die durch die Ironie dieser Rede geschaffen wird, verdeckt nicht deren offenbar ernst gemeinten Kern: die Öllampe als Symbol zu verstehen. Das wird deutlich, wenn wir feststellen, daß im Entwurf dieser Szene (s. 505, 508) von der Öllampe einfach, ohne Ironie, gesprochen wird.

Wir fragen: Wie kommt Kafka zu diesem Bild, und was soll es aussagen? Jedem Freund des Judentums dürfte die „winzige Öllampe" als Mittelpunkt einer jüdischen

Wohnstube bekannt sein, etwa von den Bildern Marc Chagalls oder aus einem jüdischen Museum. Das kleine Licht, das eine ganze Stube erhellt, mag für Kafka zum Sinnbild geworden sein für die Aufgabe seines Volkes in der Welt.

Von dem so verstandenen Symbol der Öllampe geführt, können wir es wagen, die Kunstgriffe: „verachtet", „Familie" von einem inneren Sinnzusammenhang her zu verstehen. Die Barnabasfamilie, so können wir jetzt bei der Betrachtung von K.s Weg sagen, verkörpert das Volk der Juden. Dabei geht es in dieser „Familie" um Fluch oder Segen als der Grundfrage ihrer Existenz, eine Frage, die, wie wir wissen, auch Kafkas Lebensfrage war[1].

In der Darstellung der einzelnen Gestalten der Barnabasfamilie erkannten wir, daß die Frage nach Fluch oder Segen die Achse ist, um die sich diese Gestalten bewegen. Amalia, die scheinbar Verfluchte, Olga, die durch ihre Aufopferung für die Familie diesen Fluch abzuwenden sucht, der Vater, der durch seine Bittgänge den Fluch in Segen verwandeln will, Barnabas, der Sohn und Bruder, durch seine Zweifel Amalia verwandt, und doch als Sohn des Trostes ein immer wieder auf die Hoffnung Zugehender. Es ist nicht schwer, in den Gestalten Olga, dem Vater und Barnabas die religiösen Äußerungen des Judentums zu erkennen, seine Opfer, seine Gebetsgottesdienste, sein von messianischer Hoffnung getragenes Schrifttum. Andeutungsweise zeichnen sich die Umrisse der so verstandenen Glieder der Barnabasfamilie in einigen Skizzen und Meditationen ab.

Wir sahen bereits, daß in der Kanaanmeditation (T 564f.) die Frage nach Fluch und Segen, Hoffnung oder Verwerfung gestaltet ist. Die Frage der Verwerfung steht auch hinter der Skizze H 394 bis 397: Zwei miteinander Schach spielende Jungen lehnen die Korrektur eines „nebenan auf dem Gang" wohnenden „Paramentenhändler[s]" ab, dessen Reaktion aufschlußreich ist: „Er sah uns kurz an, nahm wieder das Brett, legte es mit ironisch übertriebener Bereitwilligkeit wieder auf den alten Platz, ging fort und kannte uns von da an nicht mehr. Nur immer, wenn er am Fenster vorüberkam, machte er, ohne zu uns hereinzusehen, eine wegwerfende Bewegung mit der Hand." (H 395).

Nachdem uns klargeworden ist, daß K. in der Barnabasfamilie dem jüdischen Volk in seinen verschiedenen religiösen Ausprägungen begegnet, fragen wir jetzt, was bedeutet für ihn diese Begegnung?

Wir hatten in der Amaliagestalt das „verachtet" des Knecht-Gottes-Liedes von Jesaia 53 herangezogen. Jetzt beim Betrachten vom Weg des K. greifen wir noch einmal auf diesen Prophetengesang zurück, um von ihm aus einige rätselhafte Worte Olgas erfassen zu können.

Olga leitet die Erzählung ihrer Familiengeschichte ein mit den an K. gerichteten Worten:

Du wirst hineingezogen sein in unsere Dinge, unschuldig, nicht viel schuldiger als Barnabas (272).

Nach dem, was wir bisher über die Familie des Barnabas sagten, würde das „hineingezogen sein in unsere Dinge" bedeuten: das Hineinnehmen des Schicksals dieser „häßlichen" Familie in die eigene Existenz durch K., ihre Existenz als seine Existenz ansehen, ihre Frage: erwählt – oder verworfensein zu einer eigenen Frage zu machen. Wenn Kafka in einem Brief an Milena von sich sagt:

... plötzlich ist es dir so, als seiest du einberufen zu dem großen welterlösenden Kampf (M 68),

so sehen wir dieses Wort aus der Biographie hier in der Dichtung aufgenommen in dem „hineingezogen[sein] in unsere Dinge". Das wäre dann der Sinn von K.s Begegnung mit der Barnabasfamilie, daß der heimatlose Wanderer K. das Schicksal dieser Ausgestoßenen – den Repräsentanten des Judentums – mittragen würde. So würde sich der „welterlösende Kampf" realisieren.

Bei der Fortsetzung von Olgas Wort: „unschuldig, nicht viel schuldiger als Barnabas" (272) denken wir daran, daß der Dichter in Barnabas, als dem „Lämmchen" (294), den Schriftsteller als den „Sündenbock der Menschheit" (B 386) darstellen wollte. K., der hier dem Barnabas gleichgesetzt wird, würde dann ein „Knecht Gottes" sein, von dem es in der Fortsetzung des angeführten Verses bei Jesaias heißt: „ ... er trug unsere Krankheit ..., da er gestraft und gemartert wurde, tat er seinen Mund nicht auf, wie ein Lamm, das zur Schlachtbank geführt wird" (Jesaia 53, 4 u. 7).

Am Ende von K.s Begegnung mit der Barnabasfamilie drückt der Erzähler, der K.s Gedanken verrät, diese Zusammenhänge so aus: „... es schien ihm, daß er [K.] jetzt, ob er wolle oder nicht, mit dieser Familie derart verbunden sei, daß ein Nachtlager hier aus anderen Gründen vielleicht peinlich, mit Rücksicht auf diese Verbundenheit aber das für ihn Natürlichste im ganzen Dorf sei ..." (336).

Diese dem K. dämmernde Erkenntnis, daß die Verbundenheit mit dieser ausgestoßenen „Familie" für ihn das „Natürlichste" sei, findet sich vorgezeichnet in einem der ergreifendsten Briefe Kafkas an Milena. Die Gedanken Kafkas kreisen hier um ein „zu hause", das zunächst den Sinn eines „zu hause" bei Milena trägt, dann aber von dem Briefschreiber sichtlich als die „wirkliche Heimat" in dem Land seines Ursprungs, dem Judentum, gemeint ist. Er schreibt:

Es ist etwa so: ich, Waldtier, war ja damals kaum im Wald, lag irgendwo in einer schmutzigen Grube ..., da sah ich Dich draußen im Freien, das wunderbarste, was ich je gesehen hatte, ich vergaß alles, vergaß mich ganz und gar, stand auf, kam näher, ängstlich zwar in dieser neuen und doch heimatlichen Freiheit, kam aber doch näher, kam bis zu Dir, Du warst so gut, ich duckte mich bei Dir nieder, als ob ich es dürfte, ich legte das Gesicht in Deine Hand, ich war so glücklich, so stolz, so frei, so mächtig, so zuhause, immer wieder dieses: so zuhause – aber im Grunde war ich doch nur das Tier, gehörte doch nur in den Wald, lebte hier im Freien doch nur durch Deine Gnade, las, ohne es zu wissen ... mein Schicksal von Deinen Augen ab. Das konnte nicht dauern. Du mußtest, und wenn Du auch mit der gütigsten Hand über mich hinstrichst, Sonderbarkeiten erkennen, die auf den Wald deuteten, auf diesen Ursprung und diese wirkliche Heimat, es kamen die notwendigen, notwendig sich wiederholenden Aussprachen über die „Angst", die mich (und Dich ...) quälten

bis auf den bloßen Nerv, es wuchs immer mehr vor mir auf, welche unsaubere Plage…
ich für Dich war … Ich erinnerte mich daran, wer ich bin, in Deinen Augen las ich
keine Täuschung mehr, ich hatte den Traum-Schrecken (irgendwo, wo man nicht
hingehört, sich aufzuführen, als ob man z u h a u s e sei), diesen Schrecken hatte ich
in Wirklichkeit, ich mußte zurück ins Dunkel … (M 223 f.).

Von dem „zuhause" dieses Briefes erfassen wir das Gewicht des kurzen Gesprächs zwischen K. und Barnabas vor dem Eintritt in das Haus der Barnabasfamilie:

Da blieb Barnabas stehen. Wo waren sie? Ging es nicht mehr weiter? Würde Barnabas
K. verabschieden? Es würde ihm nicht gelingen. K. hielt Barnabas' Arm fest, daß es
fast ihn selbst schmerzte. Oder sollte das Unglaubliche geschehen sein und sie waren
schon im Schloß oder vor seinen Toren? Aber sie waren ja, soweit K. wußte, gar nicht
gestiegen. Oder hatte ihn Barnabas einen so unmerklich ansteigenden Werg geführt?
„Wo sind wir?" fragte K. leise, mehr sich als ihn. „Zu Hause", sagte Barnabas
ebenso. „Zu Hause?" (45 f.) [wiederholt K. fragend].

Darin liegt also die Bedeutung der Begegnung K.s mit der Barnabasfamilie, daß er ahnt,
daß er hier „zu Hause" ist, daß ihre „Dinge" seine Dinge sind, daß es wie bei ihnen auch
bei ihm um Segen oder Fluch, Erwählt- oder Verworfensein geht. K. wäre damit vor die
Frage gestellt, welche das Tagebuch zu Beginn der *Schloß*-Niederschrift so formuliert:

… bin [ich] der Kleinste und Ängstlichste [auch in Kanaan] und bin dort nur kraft
der besondern dortigen Organisation lebensfähig, nach welcher es dort auch für die
Niedrigsten blitzartige Erhöhungen, allerdings auch meerdruckartige tausendjährige
Zerschmetterungen gibt (T 564 f.).

So deutlich wie das Tagebuch äußert sich der *Schloß*-Erzähler nicht über die Bedeutung
von K.s Begegnung mit der Barnabasfamilie, aber wenn wir genau hinhören, erspüren
wir diese Gedankengänge unter K.s letzten Worten an Olga. K. läßt sie wissen:

Zwar seien die Botschaften des Barnabas nicht seine einzige Hoffnung, sonst stünde
es schlimm um ihn, aber verzichten wolle er keineswegs auf sie, er wolle sich an sie
halten und dabei Olga nicht vergessen, denn noch wichtiger fast als die Botschaften
sei ihm Olga selbst, ihre Tapferkeit, ihre Umsicht, ihre Klugheit, ihre Aufopferung
für die Familie. Wenn er zwischen Olga und Amalia zu wählen hätte, würde ihn das
nicht viel Überlegung kosten (337).

Amalia, die Hauptperson der vorangegangenen Kapitel, wird hier nur gerade erwähnt.
Die Nennung ihres Namens bringt aber dem Leser alles das zum Bewußtsein, was Olga
über sie in ihrer Familiengeschichte berichtete. Das Negative, das Nichts, das über ihr
liegt, kommt zum Ausdruck in ihrer Gegenüberstellung mit Olga, in deren „Tapferkeit
… Umsicht … Klugheit … Aufopferung für die Familie".

Das Hineingezogensein in die „Dinge" dieser Familie bedeutet nach unseren gewonnenen Erkenntnissen: K. erlebt im liebenden Mitleiden mit Amalia das Grauen vor einem möglichen Fluch; in seiner Liebe zu Olga erfaßt er aber die heilenden Kräfte des
Opfers wie er auch in den Bittgängen des Vaters und dem immer wieder ansetzenden

Gehen des Barnabas die Impulse erfaßt haben wird, welche von der verachteten Familie, dem Judentum, ausgehen.

Der Dichter läßt es hier wie auch sonst in der Schwebe, ob K. die Lehre verstanden hat, welche die Begegnung mit der Barnabasfamilie bedeuten könnte. Zunächst scheinen wir diese Frage negativ beantworten zu müssen. K. hat es gerne gesehen, daß die finster-trotzige Amalia aus der Kraft ihres Menschentums den Jeremias, seinen Angst-Gehilfen, vertrieben hat. „K. billigte das" (336) heißt es, ja, er setzt Amalias Verhalten fort, indem er sich von Olga eine gute Weidenrute geben läßt, mit der er den Gehilfen vertreiben will. Dieser Selbsthilfe gegenüber steht als Positivum das Wort von K.s Wertschätzung Olgas und „ihre[r] Aufopferung für die Familie". Dieses Wort bringt zum Ausdruck, daß sich in K. die Erkenntnis anbahnt, daß Berufung, Erwählung und aufoperndes Leiden zusammengehören, eine Erkenntnis, auf die K. immer wieder hingewiesen wurde.

Für den Aufbau des Romans ist es von Bedeutung, daß Olga K. so weit begleitet, bis er durch Barnabas den Ruf erhält, auf dem Gang des Herrenhofes zu erscheinen. Dort wird er in der Begegnung mit Bürgel und beim Zusehen der Aktenverteilung Antwort erhalten auf die Frage nach seiner Berufung, die ihm in der Begegnung mit der Barnabasfamilie neu gestellt war.

VIII. Im Herrenhof

Die Vorgänge der letzten Kapitel des *Schloß*-Romans spielen im Herrenhof. Die Schilderung dieses Ortes läßt den Leser die Nähe des Göttlichen ahnen. Nach dem Erzähler zeichnen „kleine Unterschiede" den Herrenhof vor dem Wirtshaus „Zur Brücke" aus: „...die Vortreppe hatte ein Geländer, eine schöne Laterne war über der Tür befestigt. Als sie [K. und Olga] eintraten, flatterte ein Tuch über ihren Köpfen, es war eine Fahne mit den gräflichen Farben" (50). Es ist bezeichnend, daß K. durch die Geschwister Olga und Barnabas Verbindung mit dem Herrenhof bekommen hat. Es ist Olga, die ihn als erste in den Herrenhof geführt hat. Als zweiter überbringt Barnabas die Aufforderung an K., in den Herrenhof zu kommen. Hier im Herrenhof finden die Begegnungen K.s mit Bürgel und Erlanger statt, hier hat er ein bedeutsames „Gang"-Erlebnis.

Wie Kafka für sich über die Begegnung mit Gott aufschrieb:

Der Dornbusch ist der alte Wegversperrer. Er muß Feuer fangen, wenn du weiter willst (H 84 vgl. 2. Mose 3),

so läßt auch der *Schloß*-Dichter in den Herrenhof-Szenen solche Wegversperrer auftreten, aber er macht auch etwas spürbar von dem Feuerfangen.

Bevor K. in den Herrenhof eintritt, hat er noch eine letzte Begegnung mit seinem alten Gehilfen Jeremias. Dieses Zusammentreffen ist bedeutsam für K.s Weg und damit für den Aufbau des Romans. Es ist an dieser Stelle, daß im Zwiegespräch dieser sich als K.s „Angst" enthüllt, es ist auch hier, daß K. erfährt, daß diese „Angst" sein „Bestes" ist, daß nämlich Jeremias nicht von Klamm, dem Eros-Thanatos geschickt ist, sondern von Galater, der das „ewige Leben" verspricht. Wenn der Dichter am Ende der Jeremias-Begegnung seinen K. einen Wettlauf mit Jeremias machen läßt, der ihm bei Erlanger, dem Verkläger — wie wir sehen werden — zuvorkommen will, und wenn er es dem Jeremias gelingen läßt, als ein „besonders unruhiger Gast" (401) in Erlangers Zimmer einzudringen, so spüren wir in diesen Szenen etwas von dem „alten Wegversperrer"; wir können aber auch in zwei bedeutsamen Szenen von K.s Aufenthalt im Herrenhof, in K.s Bürgel-Begegnung und in seinem „Gang"-Erlebnis etwas von dem „Feuerfangen" nachvollziehen.

Bei Bürgel

In Bürgel greift die Gnade nach K.. Wenn hier auch nicht explizit das Wort „Gnade" fällt, wie in K.s Reflexionen über Klamms ersten Brief, so ist doch Bürgel nur zu verstehen, wenn wir in ihm einen Verkünder der göttlichen Gnade sehen. Kafka umschreibt einmal das Erscheinen der Gnade in einem Aphorismus:

Wer sucht, findet nicht, aber wer nicht sucht, wird gefunden (H 94).

Diesen paradoxen Vorgang stellt gleich der Anfang der Bürgelszene dar. Durch eine Verwechslung der Türen gelangt K. anstatt zu Erlanger, zu dem er durch Barnabas bestellt war, und durch den er sein gesuchtes Ziel zu „erlangen" gehofft hatte, zu Bürgel.

Dort wird er – jedenfalls scheint es so – gefunden. Dieses Paradoxon wird gleich zu Beginn des Gesprächs zwischen Bürgel und K. aufgenommen. Bürgels erste Frage an K. lautet: „Kennen Sie Friedrich?" Als K. verneint, bekommt er zu hören: „Aber er kennt Sie" (373). Wir kamen bereits auf den Beamten „Friedrich" zu sprechen, als von dem „Glanz" der Barnabasschen Erscheinung die Rede war. Der Name „Friedrich" gleich „Friedefürst" [2] läßt an den messianischen Friedefürst des Propheten Jesaia (Jesaia 9; 6, 7) denken, unter dessen Herrschaft „des Friedens kein Ende" sein wird. K. war dem dämonischen Zerrbild dieses Friedrich bei seinem Eintritt ins Dorf begegnet, als der „Herr Fritz" Schwarzer am Telefon bestätigte, daß in K. „keine Spur von Landvermesser" zu sehen sei, sondern daß dieser nur – so Schwarzer – ein „gemeiner, lügnerischer Landstreicher" (9) sei. Dem Schloßwanderer K., der scheinbar vergeblich sucht, wird also hier gleich zu Anfang mitgeteilt, daß Friedrich ihn kennt. Das „er kennt Sie" ist dasselbe wie das „Ich halte Sie im Auge" des Klammschen Briefes. Aber es bekommt hier einen anderen Klang. Während das Klammsche Wort K. nur zu narren schien, ist es hier als fröhliche Botschaft nicht zu verkennen, wird es doch dem K. „lächelnd" mitgeteilt, wie alle anderen Mitteilungen Bürgels diesen „fröhlichen" Charakter tragen (das Vokabular: 2 x fröhlich 373, 1 x Fröhlichkeit 375, je 1 x lächelnd 373, lachend 375 lachte 375).

In dieselbe Richtung weist der Name „Bürgel". Wir können diesen Namen als Anspielung auf ein Gebetswort Hiobs verstehen. In seinem verzweifelten Kampf mit Gott um sein Recht entfährt Hiob das Wort: „Sei du selbst mein B ü r g e bei dir; wer will mich sonst vertreten?" (Hiob 17,3). Hiob bittet hier Gott, Gnade für Recht ergehen zu lassen; damit würde aus Gott, der ihn – wie er meint – als „Feind" (s. Hiob 13,24; 19,11) ansieht, sein Beistand. Dieses Gnadenangebot, das aus dem Hiobwort von Gott als „Bürgen" spricht, scheint zwar in einem Wortspiel Bürgels in sein Gegenteil verkehrt zu werden und bleibt doch bestehen. Bürgel spricht zu K. von der Möglichkeit, daß „ein ganz bestimmt geformtes, kleines und geschicktes Körnchen" … durch ein „unübertreffliches Sieb" durchgleiten könnte, für dessen Unübertrefflichkeit man nicht „bürgen" könnte.

Sie glauben, es [das Durchgleiten] kann gar nicht vorkommen? Sie haben recht, es kann gar nicht vorkommen. Aber eines Nachts – wer kann für alles b ü r g e n ? – kommt es doch vor (388).

Indem das „bürgen" für die Undurchlässigkeit des Siebes aufgehoben wird, das Körnchen durchgleitet, ist der Bürge geschlagen, der einem Feind des Körnchens gleicht, kommt der andere Bürge zum Zuge, um den Hiob bittet: „Sei du selbst mein B ü r g e bei dir".

Ein weiterer Hinweis auf das Reich der Gnade, in das K. ohne sein Zutun geraten ist, ist die offene Tür, die K. bei Bürgel vorfindet. Neben den vielen verschlossenen Türen, vor denen Kafkas Wahrheitssucher stehen, bedeutet diese offene Tür für K. eine Überraschung. Bürgel gibt den Grund an, weswegen die Türen der Sekretäre unversperrbar sind:

Weil nach einem alten Spruch die Türen der Sekretäre immer offen sein sollen (373).

Hier fällt, von Bürgel gesprochen, ein Wort, das uns zum Schlüsselwort werden kann: „nach einem alten Spruch". Es ist eins der deutlichsten Worte des Romans. Wir haben dieses Wort wohl in eine Reihe zu stellen mit ähnlich lautenden Wendungen: „eine unserer alten Schriften" (H 325), „alte Überlieferungen" (H 306), „alte Zeiten" (H 338), „die alten Jahrhunderte" (T 553), die „alten großen Zeiten" (B 291), welche Kafka in seinen Selbstzeugnissen für das Alte Testament gebraucht, wie es aus dem Kontext der jeweiligen Stellen hervorgeht. (Vgl. H 325 mit Hiob 3; H 306 mit Hesekiel 47,1, Joel 4,18, Sacharja 14,8; B 291 mit 1. Mose 11, 30; 15, 1–6; 16, 1, 18; 29, 31–35; 30, 1–24; 1. Samuel 1, 31–35).

Die Wendung „alte Zeiten" fand Kafka im Alten Testament selbst schon vorgegeben (s. Psalm 77, 6 vgl. Psalm 78, 2; Psalm 143, 5; Jesaia 46, 9; 63, 11).

Suchen wir nun nach dem „alten Spruch", nach welchem „die Türen der Sekretäre immer offen sein sollen", so stoßen wir auf Jesaia 60, 11: „deine [Zions] Tore sollen stets offen stehen". Diese Jesaiastelle wird in der Offenbarung aufgenommen. Sie lautet dort: „ihre [Jerusalems, der großen Stadt] Tore werden nicht verschlossen des Tages, denn da wird keine Nacht sein" (Offenbarung 21; 10, 25).

Diese Interpretation wird von einigen Skizzen bestätigt. 1. In zwei Entwurfsskizzen ist dreimal von einem „offenen T o r" (H 290) die Rede wie in den angeführten Bibelstellen, noch nicht von der „offenen T ü r" der Dichtung.

2. Der Beweis für Kafkas Kenntnis von Offenbarung 21 läßt sich durch das Heranziehen einer weiteren Skizze erbringen. Es ist die Skizze von der Karawanserei einer Oase. Die Beschreibung eines Tores in dieser Skizze erinnert an die Tore des „heiligen Jerusalem" der Offenbarung. In dieser Skizze geht es um den rechten Weg, den jemand in der labyrinthisch angelegten Karawanserei einer Oase sucht. Am Schluß steht der irrende Wüstenwanderer wieder vor dem Eingangstor:

Man stand also draußen und hatte Zeit, die Umrahmung des alten Tores zu betrachten. Es waren rings um das Tor in zwei, drei Reihen Engel in Hochrelief, die Fanfaren bliesen; eines dieser Instrumente, gerade auf der Höhe der Torwölbung, ragte tief genug in die Toreinfahrt hinab ... es war merkwürdig, daß diese allerdings schöne Arbeit gar nicht beschädigt war ... (H 350f.).

Den Hinweis auf die „schöne Arbeit" über dem Tor können wir verstehen als Anspielung auf Offenbarung 21, wo es von dem „heiligen Jerusalem" heißt: „ ... sie hatte zwölf Tore und auf den Toren zwölf Engel, und Namen darauf geschrieben, nämlich der zwölf Geschlechter der Kinder Israel" (Offenbarung 21,12).

Es mag zunächst irritieren, daß in der hier versuchten Interpretation der „offenen Türen" Zion – Jerusalem mit den „Sekretären" gleichgesetzt wird, während aus den sonstigen Zusammenhängen, wie wir noch sehen werden, die Sekretäre sich als Schreiber biblischer Schriften erweisen. Dieses irritierende Moment, vom Dichter sicherlich mit Absicht gebraucht, um hier, wie auch sonst, jede Eindeutigkeit abzuschneiden, soll uns nicht abhalten, auf die Sekretäre das Grundgesetz der offenen Türen anzuwenden, wel-

212

ches in der Bibel nur von Zion gesagt ist. Es ist als ein pars pro toto zu verstehen, welches uns noch einsichtiger werden wird, wenn wir Näheres über das Wesen der Sekretäre erfahren.

Nach diesen einleitenden Hinweisen auf die in Bürgel nach K. greifende Gnade vermittelt ein Beachten der Form der Bürgelszene ein weiter reichendes Verständnis für die Begegnung des K. mit Bürgel und deren Bedeutung für K.s Weg. Bürgels Wesen enthüllt sich in einer sich steigernden Rede, einer Klimax, die nach Inhalt und Form die Szene bestimmt. Diese Klimax ruft eine Anti-Klimax hervor, welche K.s Verhalten darstellt. Diese Anti-Klimax bestimmt nun, auf Bürgel reflektierend, den zweiten Teil der Bürgelrede, die auch hier, wie in ihrem ersten Teil, in Form einer Klimax gehalten wird. Diesem zweiten Teil der Bürgelrede folgt in einem kurzen Satz der Schluß der Anti-Klimax, in der es um K.s Reaktion geht. Diese Anti-Klimax, welche K.s Verhalten zum Inhalt hat, wird nun wieder von einer Anti-Klimax der Anti-Klimax unterlaufen. Diese dritte Linie ist nur sehr zart gezeichnet; aber wir werden sie als entscheidend für die Deutung der Bürgelszene anzusehen haben, wenn sie auch scheinbar von einer vierten Linie wieder durchkreuzt wird.

Bürgels Rede beginnt mit ein paar knappen Sätzen, die in nuce schon alles enthalten, was er K. zu sagen hat: „Kennen Sie Friedrich?" fragte er. K. verneinte. „Aber er kennt Sie" (373). Das ist seine Botschaft: Friedrich, der in Frieden Herrschende, den K. nicht kennt, dessen Angesicht durch einen dämonisch erscheinenden „Herrn Fritz" verborgen ist, kennt den suchenden Landvermesser. Ja, so steigert sich schon das Angebot Bürgels: die Türen zu diesem Friedensreich stehen „immer offen" (373), sie sind geöffnet im Bereich der Sekretäre, welche offenbar dafür angestellt sind, die Türen offen zu halten, wie sich Bürgel auch als „Verbindungssekretär … zwischen Friedrich und dem Dorf" bezeichnet (375). Als solch ein „Verbindungssekretär" fragt Bürgel K.: „Wie verhält es sich denn mit der Landvermesserei?" (376). Als K. ihm sagen muß: „Ich mache keine solche Arbeit, ich werde nicht als Landvermesser beschäftigt", ja, wie er Bürgel zugestehen muß: „Ich leide darunter" (376f.), verspricht Bürgel „diese Sache weiter zu verfolgen" (376), die Sache, wie K. feststellen muß, „aus dem Handgelenk mit Hilfe seines kleinen Notizblockes … da oben in Ordnung zu bringen" (377).

Immer stärker dringt Bürgel auf K. ein, immer mehr sein Gnadenangebot verdeutlichend. Im Hinblick auf das stürmische Bemühen K.s, Verbindung mit dem Schloß zu bekommen, sagt er ihm ein Wort, welches K. den Zugang zur Gnade eröffnen könnte: „es ergeben sich … manchmal Gelegenheiten …, bei welchen durch ein Wort, durch einen Blick, durch ein Zeichen des Vertrauens mehr erreicht werden kann als durch lebenslange, auszehrende Bemühungen. Gewiß, so ist es" (378).

Das „Vertrauen", welches Bürgel hier so hoch veranschlagt und durch ein: „Gewiß, so ist es" bekräftigend abschließt, dieses Vertrauen, dessen Zeichen mehr bewirken als „lebenslange, auszehrende Bemühungen", ist nach Martin Buber[3] das Grundelement dessen, was das Judentum unter „Glaube" versteht.

Die Gelegenheit, dieses „Vertrauen" zu praktizieren, wären nach Bürgel „Nachtverhöre", die er in sich steigernder Beredsamkeit empfiehlt (s. das Vokabular: „Nachtverhöre" (7 x 379–382), „Dorfverhör in der Nacht" (378)). Was ist mit diesen „Nachtverhören" gemeint? Kafka kannte in seinem Leben solche „Nachtverhöre", die mit dem Auftauchen von „Gespenstern" zu beginnen pflegten. So schrieb er *Das Urteil*, um das „Gespenst einer Nacht"[4] abzuwehren. So schreibt er an Milena:

> Du merkst vielleicht, daß ich seit paar Nächten nicht schlafe. Es ist einfach die „Angst". Das ist wirklich etwas, was mich willenlos macht, mich herumwirft nach Belieben, ich kenne nicht mehr oben und unten, rechts und links … So habe ich niemanden hier, als die Angst, gegenseitig in einander verkrampft wälzen wir uns durch die Nächte (M 104f.).

Kafka kannte sicherlich auch die „Nachtverhöre" der Psalmen, in denen die Beter „des Nachts" ihre Ängste vor Gott aufdeckten (so Psalm 6;7,8; Psalm 16,7; Psalm 17,3; Psalm 77;3,4). Wußte der Mensch Kafka auch etwas von dem Trost, der in den „Nachtverhören" der Psalmen dort die „Angst" überwindet? (so Psalm 6,10; Psalm 16,11; Psalm 17,15; Psalm 77,14–21). Wir müssen sagen: ja, er wußte darum, seine Selbstzeugnisse weisen darauf hin, wenn auch in der Kafka eigenen verhaltenen Weise. So, wenn er die Angst als sein „vielleicht … Bestes"(M 148) bezeichnet, und wenn er sie die „Angst alles Glaubens seit jeher" (M 105) nennt. In der *Schloß*-Dichtung läßt Kafka den Sekretär Bürgel diesen Trost anbieten in der Darstellung eines geheimnisvollen „Austauschs der Personen". Bürgel gibt zu dem „Austausch der Personen" einen Kommentar, der auch dem Leser des *Schloß*-Romans diesen ganzen Komplex aufschließen kann. Er sagt:

> Man [der Sekretär] ist unwillkürlich geneigt, in der Nacht die Dinge von einem mehr privaten Gesichtspunkt zu beurteilen, die Vorbringungen der Parteien [hier ist K. gemeint] bekommen mehr Gewicht, als ihnen zukommt, es mischen sich in die Beurteilung gar nicht hingehörige Erwägungen der sonstigen Lage der Parteien, ihrer Leiden und Sorgen, ein; die notwendige Schranke zwischen Parteien und Beamten … lockert sich, und wo sonst, wie es sein soll, nur Fragen und Antworten hin- und widergingen, scheint sich manchmal ein sonderbarer, ganz und gar unpassender Austausch der Personen zu vollziehen. So sagen es wenigstens die Sekretäre, also Leute allerdings, die von Berufs wegen mit einem ganz außerordentlichen Feingefühl für solche Dinge begabt sind (380).

Fragen wir nach dem Verständnis dieses „Austausch[s] der Personen", der in den „Nachtverhören" stattfindet, so gibt uns der Titel „Sekretär" schon einen Hinweis. Kafka schreibt an Milena: „Was Du über den Brief des Mädchens sagst, verzeihe ich ausnahmsweise, weil Du mich (endlich!) Sekretär nennst (ich heiße tajemník (= Sekretär), weil es sehr Tajemné (= geheimnisvoll) ist, was ich hier seit drei Wochen arbeite)" (M 126). Der Dichter gebraucht demnach den Titel „Sekretär" bewußt im Sinne eines Schreibers von Geheimnissen. Nehmen wir dazu, daß er „Sekretäre" Auskunft über den „Austausch der Personen" geben läßt, so stehen wir vor biblischen Schreibern, deren einer sich selbst als „Haushalter über Gottes Geheimnisse" (1. Korinther 4,1) bezeichnet, und der von diesem „Austausch der Personen" weiß. Es ist der Kafka wohlbekannte Paulus, welcher schreibt: „Gott war in Christo und versöhnte die Welt mit ihm selber und rechnete ihnen ihre Sünde nicht zu" (2. Korinther 5,19). Und im Galaterbrief schreibt dieser „Sekretär": „Christus hat uns erlöst von dem Fluch des Gesetzes, da er ward ein Fluch für uns" (Galater 3,13). Als zweiter Sekretär, der um den „sonderbaren … Austausch" weiß, wäre noch Jesaia zu nennen, auf den wir in der Deutung der Bürgelszene bereits gestoßen sind. Jesaia sagt von dem messianischen Knecht Gottes: „Fürwahr, er trug unsere Krankheit und lud auf sich unsere Schmerzen" (Jesaia 53,4). Und wir erinnern noch einmal an Hiob, wo der Kläger zum Bürgen werden soll.

Dieser Gedankenkomplex vom „Austausch der Personen" schwebte dem Dichter des *Schloß*-Romans offenbar schon vor, als er die ersten *Schloß*-Skizzen schrieb (Herbst 1920). An die angeführte Jesaiastelle vom leidenden Gottesknecht, verknüpft mit Jesaia 63,16 („Du aber, Herr, bist unser Vater und unser Erlöser; von alters her ist das dein Name") erinnert die schon gebrachte Skizze von dem Bootsmann, der einem „Ich" den Koffer trägt. Das Wort „austauschen" welches dieses Koffertragen beinhaltet, fällt dann explizit in einer der nächsten Skizzen: „Sie kamen durch das offene Tor und wir kamen ihnen entgegen. Wir tauschten neue Nachrichten aus. Wir sahen einander in die Augen" (H 290).

Bürgels Wort vom „Austausch der Personen", von dem er „Sekretäre" „sagen" läßt, schließt, wie wir aus den angeführten Beispielen erkennen, als Nebenprodukt eine Deutung der „Sekretäre" ein.

Es sind Verfasser biblischer Schriften, welche die „Geheimnisse Gottes" aufgeschrieben haben.

Die Klimax des ersten Teils der Bürgelrede, die von dem „kennen Sie Friedrich … er kennt Sie" bis hin zu dem aufschlußreichen „Austausch der Personen" reicht, wird von einer Anti-Klimax begleitet, in der es um die Darstellung eines Schlafzustandes des K. geht. Während Bürgel sein Herz immer mehr öffnet, begleitet K. diesen Vorgang durch eine sich ebenfalls steigernde Schläfrigkeit. Stellen wir uns diese Schläfrigkeit des K. in großen Zügen vor Augen.

Auf Bürgels Frage: „Kennen Sie Friedrich?" und seine Eröffnung: „er kennt Sie" reagiert K. mit einer scheinbaren Unberührtheit: „an Leuten, die ihn kannten, fehlte es nicht, das war sogar eines der Haupthindernisse auf seinem Wege" (373). Als Bürgel die Frage nach der „Landvermesserei" stellt, überfällt K. eine große Müdigkeit: „er hatte oben auf dem Bettpfosten den linken Arm ausgestreckt und den Kopf auf ihn gelegt, schon verschiedentlich hatte er es sich bequem zu machen versucht, diese Stellung war aber die bequemste von allen, er konnte nun auch ein wenig besser darauf achten, was Bürgel sagte" (376). Und als Bürgel sich erbietet, „mit Hilfe seines kleinen Notizblockes die Sache da oben in Ordnung zu bringen" und Bürgel K.s heimliche Einwendungen mit einem: „Sie scheinen schon einige Enttäuschungen gehabt zu haben" ans Licht bringt, fährt der Erzähler fort: „Bürgel … bewies damit … einige Menschenkenntnis, wie sich K. überhaupt, seit er das Zimmer betreten hatte, von Zeit zu Zeit aufforderte, Bürgel nicht zu unterschätzen, aber in seinem Zustand war es schwer, etwas anderes als die eigene Müdigkeit gerecht zu beurteilen" (377). Dem Hinweis Bürgels auf die Möglichkeit der „Partei", ... ein „Zeichen des Vertrauens" zu geben, weicht K. aus: „... er hatte jetzt eine große Abneigung gegen alle Dinge, die ihn betrafen, er rückte mit dem Kopf ein wenig beiseite, als mache er dadurch den Fragen Bürgels den Weg frei und könne von ihnen nicht mehr berührt werden" (378). Den Höhepunkt der Bürgelschen Aufforderungen an K., in „Nachtverhören" sich in den Prozeß des „Austauschs" hineinzubegeben, sich seine „Leiden und Sorgen" abnehmen zu lassen, läßt K. in einem „halben Schlummer" (381) über sich ergehen. „Warum dies alles? Warum dies alles?" (381) fragt er sich.

Bürgels immer dringlicher werdende Empfehlung der „Nachtverhöre" als einer „unumgänglichen Notwendigkeit" (381) weicht K. durch einen eigentümlichen Schlafzustand aus. Von diesem Schlaf des K. wird dann der Schluß und Höhepunkt der Bürgelrede bestimmt.

Um diese Reaktion Bürgels verstehen zu können, müssen wir uns mit dem Schlaf des K. näher befassen. K.s Schlaf gleicht dem Zustand der Inspiration: „K. schlief, es war zwar kein eigentlicher Schlaf, er hörte Bürgels Worte vielleicht besser als während des früheren todmüden Wachens, Wort für Wort schlug an sein Ohr, aber das lästige Bewußtsein war geschwunden ..." (382). Dieser Schlafzustand ist wie die Inspiration doppeldeutig. Zunächst stellt er sich als Rauschzustand dar und nimmt auf höherer Ebene das Erlebnis der Frieda-Begegnung in sich auf. Drei Merkmale, die uns aus den Frieda-Szenen vertraut sind, charakterisieren den Schlaf des K. im Angesichte Bürgels.

1. In seinem Schlaf begegnet K. einer Macht, die erotische Züge trägt: „Ein Sekretär, nackt" ... der unter K.s „Vorstößen" ... „den hoch gestreckten Arm und die geballte Faust schnell dazu verwenden mußte, um seine Blöße zu bedecken, ..." (383). „Dieser griechische Gott piepste wie ein Mädchen, das gekitzelt wird" (383).

2. K. begegnet in seinem Rauschschlaf einer zeitlosen Macht: „ ... damit alle wissen sollten, worum es sich handle, wurde der Kampf und der Sieg noch einmal wiederholt oder vielleicht gar nicht wiederholt, sondern fand erst jetzt statt und war schon früher gefeiert worden, und es wurde nicht abgelassen, ihn zu feiern, weil der Ausgang glücklicherweise gewiß war" (383).

3. K. widerfährt in seinem Rauschschlaf das Erlebnis der Freiheit: „er fühlte sich frei, nicht Bürgel hielt ihn mehr" (382).

Die genannten Züge sind die Charakteristika der Selbststeigerung im Liebesrausch. In ihm erliegt der Mensch, hier K., einem „Urbetrug" (vgl. H 318), der ihm die „göttliche Gleichwerdung" (vgl. H 102) verspricht. In dem Gefühl der Freiheit, das K. so gewinnt, nimmt er einen „Kampf" auf: 4 x ist von „Kampf" die Rede, 3 x von „Sieg", 1 x fällt das Wort „kampfbereit".

Der Dichter gibt diesem „Kampf" die Gestalt eines Kampfes mit einem „Sekretär ... sehr ähnlich der Statue eines griechischen Gottes" (383). Es geht in diesem Kampf darum, an das griechische Götterbild die alte Frage des Gotteskämpfers zu stellen: „Wie heißest du"? (1. Mose 32, 30 vgl. 2. Mose 3, 13). „Bist auch du, der griechische Gott, eine Erscheinungsform des wahren Gottes"? so fragt K.

216

Durch die Aufnahme der Merkmale des Frieda-Erlebnisses, den Zeichen einer rausch-haften Selbststeigerung in K.s Begegnung mit Bürgel und durch seine explizite Bezeich-nung als „griechischen Gott" bestätigt sich rückblickend unsere Frieda-Interpretation. Dabei haben wir den „griechischen Gott" sowohl als Dionysos wie auch als Apollo zu verstehen. Die Beziehung auf Dionysos, den Gott des Rausches, ist deutlich greifbar: wie in den Frieda-Szenen gibt es ein alkoholisches Getränk. War es dort Bier und Ko-gnak, so ist es hier, auf höherer Stufe, der geistigere Champagner („ ... er oder auch je-mand anders hob das Champagnerglas zu Ehren dieses Sieges" (383). Aber auch Apollo ist in dem „griechischen Gott" zu erkennen. Die Welt Apollos ist die des Traumes⁵, des Lebens im schönen Schein. So ist der Kampf des K. ein Kampf „vom Traum her": „[es] streifte ihn [K.] ... vom Traum her der Gedanke „Hier hast du ja deinen griechischen Gott" (384). K.s Kampf ist im apollinischen Sinn der Versuch, sich durch den künstlerischen Flug des Gottes zu bemächtigen, wie es Barnabas, der Künstler, erstrebte. Auch die „stolze Haltung" (383) von K.s Traumgegner läßt an das Bild Apollos denken, wie wir es etwa in Olympia vor uns haben. So gegensätzlich Dionysos und Apollo erscheinen, in dem Einen, Grundsätzlichen sieht der *Schloß*-Dichter sie offenbar auf einer Linie: sie verkörpern in letzter Konsequenz die menschlichen Mög-lichkeiten, wie ja der Grieche seinen Göttern in ihren „Statuen" eine menschliche Ge-stalt geben konnte, im Gegensatz zum Judentum, dessen Religiosität vom zweiten Ge-bot bestimmt ist. Diese Kritik an dem Götterbild übt Kafka sich selbst gegenüber, wenn er dem Gottesbild des „Reisewagens" den Aphorismus folgen läßt: „Ihr sollt euch kein Bild ..." (H 352). Nun erhebt sich für K. „beim Anblick der entblößten Brust Bür-gels" (384), angesichts des Gottes, der sich einem K. gnädig öffnet, die Frage: ist der Gott, der sich in Bürgel als der ganz andere darstellt, doch nur eine Projektion des sich selbst erlösenden Menschen, des „griechischen Gottes". Dieser Gedanke streift K. „vom Traum her", also unter der Inspiration Apollos in seiner „stolzen Haltung". Aus dieser Haltung erwächst K.s Spott gegenüber dem Gott der Gnade in Bürgel. Sein Spottlied: „Hier hast du ja deinen griechischen Gott! Reiß ihn doch aus den Federn" gleicht allem Gottesspott, der sich anschickt, Gott zu entthronen.

Aber K.s Titanismus steht wie alles Titanentum auf tönernen Füßen. In seinem Untergrund lauert das Gefühl der Schuld. Wie in der Frieda-Episode bringt der Dichter dieses Schuldbewußtsein durch Anspielung auf die Sündenfallgeschichte zum Aus-druck. K.s Kampf geht aus wie der Urkampf der Genesis. Wie dort ein messianischer Nachkomme des Weibes den Kopf der Schlange zertreten soll (1. Mose 3, 15), so hat auch hier ein Anderer den Gott des Rausches besiegt („das Champagnerglas lag zerbrochen auf der Erde" (383)). Und wie jeder Gottesstreiter bekommt auch K. den Stich der Schlange zu spüren: „Die Scherben aber stachen" (383). (Vgl. dazu 1. Mose 3, 15). K.s Erwachen aus seinem Rauschschlaf ist das Erwachen des Schuldigen: („Zusammenzuk-kend e r w a c h t e er doch wieder, ihm war übel wie einem kleinen Kind, wenn es ge-weckt wird" (383 f.)).

Mit K.s hybridem Angriff auf Bürgel: „hier hast du ja deinen griechischen Gott, reiß ihn doch aus den Federn" ..., mit diesem Angriff, den e r nach seinem Erwachen noch

„vom Traum her" führt, endet die Antiklimax von K.s Reaktion auf den ersten Teil der Bürgelrede.

Dieses Ende löst nun die Fortführung der Bürgelrede zu ihrem zweiten Höhepunkt aus. Bürgels Gegenrede beginnt mit einem stark einsetzenden „Aber".

„Es gibt aber ... eine Möglichkeit" (384), so lautet Bürgels Angebot an den sich verloren wissenden K.. In immer neuen Variationen spricht Bürgel von dieser Möglichkeit (5 x Möglichkeit 384–387, 1 x Verhandlungsmöglichkeit 387). Der Leser weiß zunächst nicht, was diese Möglichkeit anbietet, bis Bürgel auf der letzten Höhe seiner Ausführungen deutlich wird: „Es ist eine Lage, in der es schon bald unmöglich wird, eine Bitte abzuschlagen" (389).

Das ist also das Wesen dieser „Möglichkeit", daß es unmöglich wird, eine Bitte abzuschlagen, oder wie es Bürgel dann positiv wendet, daß „Bitten" „erfüllt" werden müssen (2 x 389f.), ja, daß man nur eine „Bitte ... vorzubringen" braucht, „für welche die Erfüllung schon bereit ist" (391). Mit dieser seiner letzten Eröffnung charakterisiert Bürgel in aller Deutlichkeit das Wesen der Gnade, als deren Repräsentant wir ihn bereits zu Anfang sahen. Es ist eine Charakteristik, aus der ein Wort des Propheten Jesaias spricht. Es heißt bei diesem Propheten von den Bewohnern des messianischen Friedensreiches – wir denken hier daran, daß Bürgel „die stärkste Verbindung zwischen Friedrich und dem Dorf" (375f.) bildet – „ehe sie rufen, will ich antworten" (Jesaia 65, 24).

In Bürgels Bezeichnung der Gnade als der großen „Möglichkeit" erkennen wir eine Kierkegaardsche Begriffsbestimmung wieder. In Kierkegaards „Krankheit zum Tode", welche Kafka besaß[6], führt Kierkegaard aus: „So ist ... menschlich gesprochen Rettung das Unmöglichste von allem; aber **für Gott ist alles möglich!** Dies ist der **Kampf des Glaubens, der, wenn man so will, unsinnig für Möglichkeit kämpft. Denn Möglichkeit ist das allein Rettende.** Wenn einer ohnmächtig wird, so ruft man nach Wasser, Eau de Cologne oder Hoffmanstropfen: wenn aber einer verzweifeln will, so heißt es: schaff Möglichkeit, schaff Möglichkeit, Möglichkeit ist das einzig Rettende. Eine Möglichkeit! Dann atmet der Verzweifelnde wieder, er lebt wieder auf; denn ohne Möglichkeit kann ein Mensch gleichsam keine Luft bekommen. Zuweilen kann da wohl die Erfindsamkeit menschlicher Phantasie ausreichen Möglichkeit zu schaffen, aber zuletzt, d. h. wenn es sich um Glauben handelt, hilft nur dies, daß für Gott alles möglich ist. So wird da gekämpft. Ob der so Kämpfende untergehen wird, beruht einzig und allein darauf, ob er Möglichkeit schaffen, d. h. ob er glauben wird. Und doch versteht er, daß menschlich gesprochen sein Untergang das Allergewisseste ist. Dies ist beim Glauben das Dialektische"[7].

Mit dem Angebot an K., in den „Kampf um Möglichkeit", den Kampf des Glaubens, einzutreten, schließt der zweite Teil der groß angelegten Bürgelrede:

man muß zeigen, wie die Partei [K.] ... jetzt, wenn sie will ..., alles beherrschen kann und dafür nichts anderes zu tun hat, als ihre Bitte irgendwie vorzubringen, für welche die Erfüllung schon bereit ist (391).

Auf diesen Schluß der Bürgelrede folgt kontrapunktisch als zweiter Teil der K.schen Antiklimax der kurze Satz: „K. schlief, abgeschlossen gegen alles, was geschah" (391). Wäre dies das letzte Wort des Dichters im Bezug auf K.s Begegnung mit Bürgel, so hätte K. die Gnade versäumt, so würde der Weg des Landvermessers im Nichts enden.

Aber, so fragt sich der Leser, ist es denkbar, daß an dieser ausgezeichneten Stelle des Romans die Kafkasche Ambivalenz nicht irgendwie vorhanden ist, daß der Schlaf des K. nicht auch anders gedeutet werden könnte.

Schon das Beachten der Form macht uns stutzig. Sollte es dem Dichter passiert sein, daß die gerühmte Einsinnigkeit[8] der Erzählung hier nicht beibehalten ist, daß der Erzähler neben dem Helden K. steht und dem Leser von seinem Schlaf berichtet? Die sich hier stellende Frage wird durch zwei Entwürfe unterstrichen: in einem Fragment heißt es: „der Schlaf spielt in der Geschichte mit Bürgel die Hauptrolle" (467). Der Leser fragt sich: kann etwas eine Rolle spielen, was eindeutig feststeht? Eine Skizze aus der Zeit der ersten *Schloß*-Entwürfe wird hier noch deutlicher. In dieser Skizze will ein „Ich" einen Hügel erklettern, von dessen „Boden" „Trost" und „Wärme" ausgeht. Nach der Schilderung der vergeblichen Mühe, den Hügel zu bezwingen, heißt es:

Ich überblickte nochmals die Lage im Einzelnen, die an sich gar nicht lange, aber eben unmöglich zu überwindende Strecke, und schloß dann die Augen, fest ent-schlossen, sie nicht mehr zu öffnen, es wäre denn, daß das Unglaubliche geschähe und ich dort drüben ankäme. Und nun ließ ich mich langsam seitlich sinken, fast wie im Schlaf, hielt dann an und begann, vorzurücken. Die Arme hatte ich rechts und links weit ausgestreckt, dieses Bedecken und gleichsam Umfassen mög-lichst viel Bodens ringsum mich schien mir ein wenig Gleichgewicht oder richtiger ein wenig Trost zu geben. Aber tatsächlich merkte ich zu meinem Erstaunen, daß dieser Boden mir irgendwie förmlich behilflich war, er war glatt und ohne jeden Halt, aber es war kein kalter Boden, irgendeine Wärme strömte aus ihm zu mir, aus mir zu ihm hinüber, es gab eine Verbindung, die nicht durch Hände und Füße herzu-stellen war, aber bestand und festhielt (H 317f.).

Daß das „fast wie im Schlaf" dieses Entwurfes auch für K.s Haltung in der Begegnung mit Bürgel gilt, wird dem Leser klar, wenn er die Antiklimax der Antiklimax verfolgt, in welcher K.s Reaktion auf die Bürgelrede – sein Schlafen – noch einmal unterlaufen wird. Stellen wir uns diese dritte Linie der Bürgelszene vor Augen. Bürgel hatte von den „Zeichen des Vertrauens" gesprochen. K., der eine „große Abneigung ... hatte ... gegen Dinge, die ihn betrafen, ... rückte mit dem Kopf ein wenig beiseite, als mache er dadurch den Fragen Bürgels den Weg frei und könne von ihnen nicht mehr berührt wer-den" (378). Dieser Schilderung des Ausweichens ist der kleine Satz vorangestellt: „zwar merkte er, daß ihn das, wovon Bürgel sprach, wahrscheinlich sehr betraf" (378). Nach Bürgels Darstellung vom Austausch der Personen, auf die K. durch ein abwehrendes „Warum dies alles? Warum dies alles"? reagiert, heißt es: „K. hatte schon ein kleines Weilchen in einem halben Schlummer verbracht, nun war er wieder aufgestört" (381). Auch die Traumszene vom „griechischen Gott" wird begleitet von einem kritischen, wa-chen Unterbewußtsein: „zusammenzuckend erwachte er wieder" (385).

Die hier aufgezeigten Einschränkungen von K.s Schlaf kulminieren in dem dichterischen Abschluß der Bürgelbegegnung. Der Satz: „K. schlief, abgeschlossen gegen alles, was geschah", ist nicht das Letzte. Er wird aufgehoben durch eine Gebärde des K., die, so schlafgemäß sie erscheint, doch das Zeichen eines inneren Wachseins ist.

Sein Kopf, der zuerst auf dem linken Arm oben auf dem Bettpfosten gelegen war, war im Schlaf abgeglitten und hing nun frei, langsam tiefer sinkend; die Stütze des Armes oben genügte nicht mehr, unwillkürlich verschaffte K. sich eine neue dadurch, daß er die rechte Hand gegen die Bettdecke stemmte, wobei er zufällig gerade den unter der Decke aufragenden Fuß Bürgels ergriff. Bürgel sah hin und überließ ihm den Fuß, so lästig das sein mochte (391).

Um den Gehalt dieser Gebärde voll erfassen zu können, ist es aufschlußreich, zwei Tagebuchstellen heranzuziehen. Die erste Notiz stammt aus der *Prozeß*-Welt (Domszene):

A. Ich bin mit dir nicht zufrieden. B. Ich frage nicht warum. Ich weiß es. A. und? B. Ich bin machtlos, ich kann nichts ändern. Achselzucken und Mundverziehn, mehr kann ich nicht. A. Ich werde dich zu meinem Herrn führen. Willst du? B. Ich schäme mich. Wie wird er mich aufnehmen? Gleich zum Herrn gehen! Es ist frivol. A. Laß die Verantwortung mir. Ich führe dich. Komm! S i e g e h e n ü b e r e i n e n G a n g. A. k l o p f t a n e i n e T ü r. M a n h ö r t „H e r e i n" r u f e n. B. w i l l w e g l a u - f e n, a b e r A. f a ß t i h n u n d s o t r e t e n s i e e i n. C. Wer ist der Herr? A. I c h d a c h t e –. Ihm zu Füßen, stürz ihm zu Füßen (T 524).

Die zweite, bereits zitierte Stelle gehört zu den ersten Skizzen des *Schloß*-Romans: „Es war ihm unmöglich gewesen, in das Haus einzutreten, denn er hatte eine Stimme gehört, welche ihm sagte:

Warte, bis ich dich führen werde! Und so lag er noch immer im Staub vor dem Haus, obgleich wohl schon alles aussichtslos war … (T 546).

Das „im Staube liegen" – eine Anspielung auf den Abraham der Genesis (1. Mose 18,2) – und das „zu Füßen fallen" der Tagebuchnotiz zeigt die Aufnahme der biblischen Haltung der Proskynese in Kafkas Vorstellungswelt. Die Proskynese ist in der Bibel das Zeichen ehrfürchtiger Gottesverehrung. (s. 1. Mose 18,2; 5. Mose 9,18; 1. Chronik 29,20; 2. Chronik 6,13; 20, 8; Jesaia 60,14; Matthäus 17,14; Lukas 8,44; Johannes 11,32). Bei Hesekiel heißt es vom Tempel, dem Ort der Anbetung Gottes; „das ist die Stätte meiner Fußsohlen" (Hesekiel 43, 7). Nach dieser Umschau können wir nun sagen: in dem Fuß-Ergreifen wird die Tendenz von K.s Verhalten deutlich, die in der verfolgten dritten Linie der Bürgel-Episode angesteuert wurde. Das wahre Sein des K. wird aufgedeckt. Es ist das Sein, von dem Kafka notiert:

Das Wort „sein" bedeutet im Deutschen beides: Dasein und Ihmgehören (H 44).

In dem vor Gott aufgedeckten Sein – dem wahren Sein –, tritt an die Stelle des selbststeigernden heidnischen Rauschschlafes als der einen Möglichkeit der Inspiration ein anderer Schlaf. In ihm realisiert sich die zweite Möglichkeit der Inspiration. Es ist der Schlaf, in dem Gott mit seinen Erwählten redet (s. Jeremia 31, 26; 1. Mose 28, 11–19;

1. Samuel 3, 1–10). Kafka kannte diesen anderen Schlaf und seine Möglichkeit als Ort der Prophetie. Das ersehen wir aus einem Brief, welcher anspielt auf die Berufung Samuels zum Propheten. Nach 1. Samuel 3 ergeht diese Berufung an den im Tempel s c h l a f e n d e n Knaben Samuel. Kafka schreibt an Milena: „Sehen Sie, Milena, ich liege auf dem Liegestuhl, … nach einer fast schlaflosen Nacht; wie hätte ich schlafen können, da ich, zu leicht für Schlaf, Sie immerfort umflogen habe und da ich wirklich, genau so wie Sie es heute schreiben, entsetzt war über das, „was mir in den Schoß gefallen war", so entsetzt im gleichen Sinn, wie man von den Propheten erzählt, die schwache Kinder waren … und hörten wie die Stimme sie rief und sie waren entsetzt und wollten nicht und stemmten die Füße in den Boden und hatten eine gehirnzerreißende Angst und hatten ja auch früher schon Stimmen gehört und wußten nicht, woher der fürchterliche Klang gerade in diese Stimme kam – war es die Schwäche ihres Ohrs oder die Kraft dieser Stimme – und wußten auch nicht, denn es waren Kinder, daß die Stimme schon gesiegt hatte und einquartiert war durch diese vorausgeschickte ahnungsvolle Angst, die sie vor ihr hatten . . ." (M 40 f.).

Die in dieser Briefstelle vorausgesetzte Parallele von Prophetie und künstlerischer Inspiration („was mir in den Schoß gefallen war") wird durch einen Satz aus Kafkas Gesprächen mit Janouch unterstrichen:

Der D i c h t e r hat die Aufgabe, das isolierte Sterbliche in das unendliche Leben, das Zufällige in das Gesetzmäßige hinüberzuführen. Er hat eine p r o p h e t i s c h e Aufgabe" (Ja 117 f.).

So könnte also K.s Schlaf mit seinem „Fuß-Ergreifen" verstanden werden als Zustand der Inspiration. In diesem anderen Schlaf wird K.'s Schlaf an der Schulter des Alten aufgenommen, der die Badestube zu einer Stätte der Heilserscheinung werden ließ. In dem Ergreifen des Heils im Schlaf – dem Greifen nach Bürgels Fuß – gibt K. hier Antwort auf Bürgels Angebot:

… es ergeben sich … manchmal Gelegenheiten …, bei welchen durch ein Wort, durch einen Blick, durch ein Z e i c h e n d e s V e r t r a u e n s mehr erreicht werden kann als durch lebenslange, auszehrende Bemühungen (378).[10]

Mit diesem Fuß-Ergreifen verwandelt sich K.s Kampf. An die Stelle eines heidnischen Trotzes tritt die Demut. Dem Geiste des griechischen Gottes steht der Geist der Gnade des Gottes Israels gegenüber. In der leise gezeichneten Gebärde des Fuß-Ergreifens läßt der Dichter seinen K. die Lebenshaltung verwirklichen, die dem Menschen Kafka als die einzig richtige erschien: „Wachsen an Toleranz und Bescheidenheit" (F 707), eine Haltung, die er in Christus verwirklicht sah. So schreibt er an Felice als Richtschnur für den Geschichtsunterricht: „Der sittliche Grundfehler des weithin verführerischen gewalttätigen Freiheitsstrebens wird an dem Beispiel Christi klar gemacht" (F 707). In letzter Konsequenz führt dieser Weg einer sanftmütigen Demut „in die Katakomben". Das wußte – nach H 347 – der Dichter; das mag K. geahnt haben, wenn er sich durch den Schlaf Bürgels Anforderung zu entziehen suchte.

Das bedeutsame Fuß-Ergreifen ist nun noch nicht das letzte Wort der Bürgel-Szene. Der Dichter zeichnet noch eine vierte Linie, die alles bisher gesagte durchzustreichen scheint: Der Sekretär Erlanger befindet sich im „Nebenzimmer" (391) und dringt durch „einige starke Schläge an die Seitenwand" (391) in die Situation der Bürgel-Begegnung ein. In diesem Erlanger erlebt K., wie wir sehen werden, die bedrohliche Nähe des Dämonischen Wand an Wand mit dem Göttlichen. Ist es die Nähe dieses trüben Gastes, die in K. das Gefühl der „völligen Nutzlosigkeit jedes weiteren Aufenthaltes in dem Zimmer" [dem Zimmer Bürgels] erweckt, oder war die unbeschreibliche Öde dieses Zimmers von jeher so gewesen? K. „wußte es nicht" (393), sagt der Erzähler.

Mit diesem grundlegenden Zweifel endet K.s Bürgel-Begegnung. Der Leser ist geneigt, diese „völlige Nutzlosigkeit" des Aufenthaltes in Bürgels Zimmer als endgültiges Zeichen der Sinnlosigkeit von K.'s Weg zu verstehen. Aber ein Erlebnis, das K. im Gang des Herrenhofes bevorsteht, wird eine andere Deutungsmöglichkeit aufzeigen.

Vor Erlanger

Bevor K. dieses Erlebnis haben wird, schaltet sich noch einmal Erlanger ein. Der Leser fragt sich befremdet, was die Erlanger-Szene nach der großen Bürgelbegegnung des K. zu bedeuten hat.

Verfolgen wir alle Zeichen der Erlanger-Begegnung, so können wir sagen: in Erlanger kommt das Element der Störung zum Zuge, das Wand an Wand mit der göttlichen Harmonie wohnt. So ist in Erlangers Reden 3 x von „Störung" (395) die Rede, 5 x von „stören" (395). Diese Störung der Harmonie drückt sich in Erlangers Hinken aus. Schon Barnabas war sie aufgefallen: „Er hinkt ein wenig" (346), bemerkt er gegenüber K.. Und der Erzähler beschließt K.'s Erlanger-Begegnung mit dem Satz: „Er [Erlanger] ging, vom Diener gefolgt, schnell, aber ein wenig hinkend, den Gang hinab" (395).

In diesem Sekretär Erlanger begegnet K. noch einmal dem deus absconditus, dem verborgenen Gott, während Bürgel für den deus revelatus arbeitet. Schon Erlangers Kleidung markiert die Verschlossenheit: er „trug einen schwarzen Pelzmantel mit hochgeknöpftem Kragen" (394). Dieser Sekretär eines verborgenen Gottes lehnt eine Aussprache mit K. ab, sie ist seiner Meinung nach sinnlos, denn für ihn gilt das Gesetz seines Beamten Klamm: „niemals wird Klamm mit dir reden" (72). So gibt es für ihn nur „Befehle" …, die über den Menschen „hinweg" gehen (396). Bot Bürgel K. an, im „Austausch der Personen" seine „Leiden und Sorgen" auf sich zu nehmen, so deckt Erlanger schonungslos das Trauma des K. auf, wenn er ihm eröffnet: „Im Ausschank war früher eine gewisse Frieda bedienstet … Sie leben mit ihr, wie man mir gesagt hat, veranlassen Sie daher sofort ihre Rückkehr" (394 f.). K. spürt in diesem Aufdecken ein dämonisches „Verlachen" (396), wohl nicht nur deshalb, weil Frieda bereits zurückgekehrt ist, weil also Erlangers Befehl sinnlos ist, sondern weil ihm dieser Dämon die „Nutzlosigkeit aller seiner Bestrebungen" (396) aufzeigt.

So ist es nicht verwunderlich, daß Bürgel Erlangers Werk fürchtet. Deshalb sagt er zu K.: „wenn Sie noch länger zögern, kommt Erlanger über mich, das möchte ich sehr gerne vermeiden" (392).

Wir ahnen, was die Darstellung von K.s Erlanger-Begegnung nach seinem Bürgel-Erlebnis bedeutet. Hatte sich (nach T 564f.) K. in Bürgel dem „einzigen Hoffnungsland ... Kanaan" genähert, so greift in Erlanger wieder die „Wüste" nach ihm. Aber gerade die Gefahren und Täuschungen dieser „Wüste" mögen K. bereitet haben, den „Berg zu sehen, der in der Ferne steht" (nach B 333). Dieses „Berg"-Erlebnis steht K. im Gang bevor.

Auf dem Gang

Im Gang des Herrenhofes hat K. ein Erlebnis, das seinen weiteren Weg entscheidend bestimmt. Um dieses Erlebnis in seiner Bedeutung erfassen zu können, rollen wir die Gang-Szene von rückwärts her auf.

K.s Verhalten im Gang versetzt die Wirtsleute des Herrenhofs in heftige Empörung. Wer sind diese Wirtsleute und was erregt sie so? Der Wirt ist als ein „fest zugeknöpfter Herr" (51) geschildert, dessen Aufgabe es ist, über die „Vorschrift" (5 x 51, 2 x 62) zu wachen, daß kein Unbefugter den Herrenhof betritt. Das Maßgebende ist für ihn vor allem in Erlanger verkörpert: „Die Erwähnung der beiden Verhöre – gar jenes mit Erlanger – ... stimmten ihm [K.] den Wirt günstig" (415). Die Vorschrift, die der Wirt handhabt, hat das Ziel, K. von einem weiteren Eindringen in den Herrenhof abzuhalten: „Der Herr Landvermesser darf nur bis in den Ausschank gehen" (50), so lautet seine Auskunft.

Der Wirt als Türhüter wird in seiner Arbeit unterstützt durch seine Frau, die Herrenhofwirtin. Ihr geht es vor allem um die „Reinlichkeit des Hauses" (415). Aus diesem Anliegen heraus „wäre es ihr ... am liebsten gewesen, wenn auch die Parteienbesprechungen und Verhöre außerhalb des Herrenhofes stattgefunden hätten" (349), also auch K. nicht in den Herrenhof gekommen wäre. Mit ihren vielen Kleidern, „meist dunkle, graue, braune, schwarze Kleider ... aus gutem Material, recht kostbar, aber ... veraltet, überladen, oft überarbeitet"(456), mit diesen Kleidern verkörpert diese Reinlichkeitsfanatikerin die traditionsgebundenen Institutionen, die in den verschiedensten Riten: Taufen, Waschungen, den einzig möglichen Weg eines Umgangs mit dem Göttlichen sehen. An der Aufregung dieser Türhüter ist wahrzunehmen, daß K. auf dem Gang ein Erlebnis gehabt haben muß, welches ihrer Auffassung vom Wesen der Religion konträr ist.

Für die Deutung des Gang-Erlebnisses gibt uns das Vokabular wichtige Hinweise. Wir schenken hier zunächst der Bezeichnung „Gang" als dem Ort der Handlung unsere Aufmerksamkeit. Nach dem Empfang durch Momus wird K. von einem Diener in den Gang geführt. Dort findet K.s letzte Begegnung mit Frieda statt. Bürgels Zimmer, in dem für K. so wichtige Auskünfte erteilt werden, liegt an dem Gang. Auch Erlanger hält sich dort auf. Es ist bezeichnend, daß Pepi im Gegensatz zu der sonst üblichen Bezeichnung „Gang" nur von einem „Korridor" (3 x 437f.) spricht, auf dem sie Klamm zu treffen hofft. Liegt dieser Wechsel in der Bezeichnung darin begründet, daß Pepi, wie auch sonst „kaum etwas von dem Ganzen verstand?" (161).

Die so geweckte Aufmerksamkeit des Lesers wird verstärkt, wenn er sieht, daß auch in zwei Skizzen von einem „Gang" die Rede ist. Die erste ist die Skizze H 269 bis 271, in der sich bereits wichtige *Schloß*-Umrisse abzeichnen. In dieser Skizze geht es um zwei Gebäude, eines wird „Hotel", das andere „Kaserne" genannt. Dieses, die Kaserne, ist ein romanisches „Schlößchen" (!), von Offizieren bewohnt. Diese Skizze schließt mit dem Satz: „War ich einmal o b e n i m G a n g, war ich geborgen. Ich fühlte mich dort sehr heimisch und war glücklich, in der großen fremden Stadt einen solchen behaglichen Ort gefunden zu haben". Der „Gang", von dem hier der Dichter so ungewöhnlich Positives aussagt, ist vorher schon zweimal so genannt worden. Auch in der schon angeführten Schachspiel-Skizze (H 394–397) ist von einem „Gang" die Rede. Der Paramentenhändler, der die „wegwerfende Bewegung mit der Hand" macht, wohnt „nebenan auf dem Gang" (H 395).

Halten wir Umschau nach einem möglichen Urbild dieses „Ganges", so stoßen wir auch hier wie bei dem Urbild des Schlosses, des Wagens, des Landvermessers auf den Propheten Hesekiel. Hesekiel zeichnet in seiner Tempelvision dem Heiligtum „Gänge" ein (5 x Hesekiel 41, 5–11), die sich dem „Allerheiligsten" (Hesekiel 41, 4) anschließen.

Im *Schloß* werden die „Gänge" des Hesekiel zu einem einzigen „Gang", der sich vor den Zimmern der Sekretäre und Beamten hinzieht. Hier liegt in der Darstellung der Dichtung eine Unstimmigkeit vor. Zu Anfang heißt es: „In den oberen Stockwerken wohnten offenbar nur die höheren Beamten, die Sekretäre dagegen wohnten an diesem Gang, auch Erlanger, obwohl er einer ihrer obersten war" (352). Später läßt der Dichter die „Herren" (397f.) an demselben Gang wohnen, an dem die Sekretäre Bürgel und Erlanger ihre Zimmer haben. Den Bezug auf Hesekiel unterstreicht noch ein skurriler Zug der Dichtung. Es heißt dort: „An den Seiten [des Ganges] war eine Tür fast neben der anderen. Die Seitenwände reichten nicht bis zur Decke, dies wahrscheinlich aus Ventilationsrücksichten" (352). Bei Hesekiel las Kafka: „Und es waren enge Fensterlein an den Gemächern" (40, 16).

Auf diesem Gang steht K. vor Erlanger, als dieser ihm seine Schuld an Frieda vor Augen hält und „um Klamms Ruhe wegen" die Trennung von ihr verlangt. Aber auch das Zimmer Bürgels, des Sekretärs Friedrichs, liegt an diesem Gang. Vor dessen Tür überdenkt K. noch einmal sein Bürgel-Erlebnis. Er sieht es in seiner Doppeldeutigkeit. Es könnte ein Verpassen der Gnade gewesen sein: „K. ... blieb sich dessen bewußt, daß seine Müdigkeit ihm heute mehr geschadet hatte als alle Ungunst der Verhältnisse" (396). Aber K. scheint auch eine andere Deutungsmöglichkeit seiner Bürgelbegegnung in den Blick zu bekommen. Die Müdigkeit des in seinem Bette ruhenden Bürgel erkennt er als eine ganz andere als seine schädigende Müdigkeit:

[Es] war zu schließen, daß es [die Müdigkeit der Herren] in ihrer Art eine ganz andere Müdigkeit war als jene K.s. Hier war es wohl die Müdigkeit inmitten glücklicher Arbeit; etwas, was nach außen hin wie Müdigkeit aussah und eigentlich unzerstörbare Ruhe, unzerstörbarer Frieden war (396).

Vor Bürgels Tür auf dem Gang stehend wird K.s Blick damit von den Skrupeln, seine Müdigkeit vor Bürgel betreffend, hingelenkt auf die „Herren hier" in ihrer unzerstörbaren Ruhe, ihrem unzerstörbaren Frieden.

Zweimal fällt hier das Wort „unzerstörbar", einmal in Verbindung mit „Ruhe", einmal mit „Frieden". Es ist, als habe K. hier auf dem Gang Friedrich, den Herrscher des Friedensreiches, in den Blick bekommen, dessen Sekretär Bürgel ist. Das Wort „unzerstörbar" führt uns an die Meditation Kafkas über das „Unzerstörbare" heran:

> Der Mensch kann nicht leben ohne ein dauerndes Vertrauen zu etwas Unzerstörbarem in sich, wobei sowohl das Unzerstörbare als auch das Vertrauen ihm dauernd verborgen bleiben können. Eine der Ausdrucksmöglichkeiten dieses Verborgenbleibens ist der Glaube an einen persönlichen Gott (H 44).

Nach diesem Aphorismus ist das Unzerstörbare da, auch wenn es, ebenso wie das Vertrauen zu ihm, dem Menschen dauernd verborgen bleibt, wie es dem K. in seinem Schlaf verborgen blieb. Wir sind wohl berechtigt, K.s Erkenntnis von der „unzerstörbaren Ruhe", dem „unzerstörbaren Frieden" der „Herren" gleichzusetzen mit dem „Glauben an einen persönlichen Gott" seines Aphorismus.

Daß der Dichter seinem Landvermesser K. diese Einsicht kommen läßt, die der Mensch Kafka in seinem Aphorismus fixierte, weist der Fortgang der Erzählung auf. Dieser Fortgang knüpft an die positive Seite des Bürgelerlebnisses, an die Offenbarung des Unzerstörbaren, an. Er beginnt mit dem Satz: „Und es stimmte sehr damit [mit der Erkenntnis der unzerstörbaren Ruhe der Herren] überein, daß es jetzt um fünf Uhr schon überall zu Seiten des Ganges lebendig wurde. Dieses Stimmengewirr in den Zimmern hatte etwas äußerst Fröhliches. Einmal klang es wie der Jubel von Kindern, die sich zu einem Ausflug bereitmachen, ein andermal wie der Aufbruch im Hühnerstall, wie die Freude, in völliger Übereinstimmung mit dem erwachenden Tag zu sein" (397). Der Gedanke an das Gericht tritt zurück. K. wird durch den skurril fröhlichen Aspekt dieses Aufbruchs auf die andere Seite der Begegnung mit den „Herren" vorbereitet: „Irgendwo ahmte sogar ein Herr den Ruf eines Hahnes nach" (397). Hineingenommen in die Freude dieses Morgens erlebt K. dann auf dem Gang als stiller Zuschauer den Kampf eines Dieners mit einem Herrn um die Akten.

Um diese mit Distanz-schaffendem Humor geschilderte Kampfdarstellung erfassen zu können, ist es hilfreich, wenn wir uns zunächst mit drei Elementen dieser Szene befassen. Als erstes schenken wir einem „W ä g e l c h e n" unsere Aufmerksamkeit: „A u s d e r F e r n e kam langsam ein kleines, von einem Diener geführtes W ä g e l c h e n, welches Akten enthielt" (397). Diese Einführung in das „W ä g e l c h e n"-Erlebnis des K. erinnert in ihrer Formulierung an die Skizze vom Reisewagen, in der es zum Schluß heißt:

Bleibst du aber fest, ... dann wirst du auch die unveränderliche d u n k l e F e r n e sehen, aus der nichts kommen kann als eben nur einmal der Wagen ... (H 352).

Aus dem von dem Dichter so oft umwanderten „Wagen" der Skizzen (H 126, 128, 290, 291 f., 293, 297), hinter dem, wie wir sahen, der göttliche Thronwagen Hesekiels und die Merkaba der jüdischen Mystik steht, aus diesem Wagen der Herrlichkeit ist hier ein „Wägelchen" geworden. Das Diminutivum, welches der Dichter hier für die Erscheinung des Göttlichen gebraucht, entspricht Kafkas Auffassung seines Gott suchenden Selbst als des „Kleinste[n] und Ängstlichste[n] in Kanaan" (T 564 f.).

Als ein weiteres Bauelement der Gangszene haben wir die A k t e n zu beachten. Das von dem Diener geführte Wägelchen enthält Akten, die der Diener unter dramatischen Umständen einem der „Herren" zuteilt. Zum Schluß dieses Vorgangs bemerkt K., daß „nur ein einziger Akt, eigentlich nur ein Papierchen, ein Zettel von einem Notizblock" im Wägelchen zurückbleibt.

Das könnte recht gut mein Akt sein, ging es K. durch den Kopf. Der Gemeindevorsteher hatte ja immer von diesem allerkleinsten Fall gesprochen (404).

Es wird nicht zufällig sein, daß dem K. beim Anblick des „Papierchens", in dem er seinen Akt vermutet, der Gemeindevorsteher, dieser Mann des Gesetzes, einfällt. Auch Momus, der unerbittliche Verfertiger des Protokolls über K.s Vergehen, hatte sich K. in Erinnerung gebracht, als er den Gang des Herrenhofs betrat: „Ah, der Herr Landvermesser, ... der, welcher sich so ungern verhören läßt, drängt sich zum Verhör" (351 f.). So wird K. wissen, ohne daß es direkt gesagt wird, daß es in diesem Akt, dem „Papierchen" auf dem „Wägelchen", um die Urkunde seiner Schuld geht. Das Bild der in einem winzigen Akt festgelegten Schuld mag Kafka bei Hiob gefunden haben: „Du hast meine Übertretung in einem Bündlein versiegelt und meine Missetat zusammengefaßt" (Hiob 14, 17).

Ein drittes Bauelement der Gang-Szene ist der „s c h r e i e n d e H e r r". Aus der Schar der „Herren", die die Zimmer am Gang bewohnen, hebt sich ein „Herr" heraus, der sehr oft nur „der Herr" (8 x 403–407) genannt, zum Schluß als der „schreiende Herr" (406) bezeichnet wird[9]. Was ist es mit diesem „schreienden Herrn"? Das Schreien eines der Herren wird einmal verglichen mit einem „Kinderweinen" (404). Der Wirt spricht von dem „Leid der Herren" (409). Wir erinnern uns hier auch, daß Bürgel K. mit einem „leichten Schrei" (372) empfing. In diesem leidenden, weinenden, schreienden Herrn tritt hier in der Gang-Szene eine Seite des Göttlichen – denn das ist der so oft genannte „Herr" – vor den Leser hin, auf die bereits an mehreren Stellen hingewiesen wurde. Wir verstanden das „freundlich und schwach", das den Alten der Badestube charakterisierte, als einen Hinweis auf den für sein Volk leidenden Gott Israels. Auch das „Mädchen aus dem Schloß" in seiner Kränklichkeit wies uns darauf hin, daß das Göttliche bei seinem Eintritt in die Welt das Zeichen des Leidens trägt. Ganz deutlich wurde dann von Bürgel auf das Leiden als zum Göttlichen gehörend hingewiesen: die Beamten sind geneigt, in der Nacht an den „L e i d e n und Sorgen" (380) der Parteien teilzunehmen, ja sogar in einem „Austausch der Personen ... in ihr armes Leben [der Partei] einzudringen ... und dort unter ihren vergeblichen Forderungen m i t z u l e i d e n" (389).

Nach dieser Klärung einiger Einzelpositionen können wir jetzt den Vorgang auf dem Gang des Herrenhofs erfassen. Es geht hier darum, in dem „Kampf um Möglichkeit" – in dem Kampf des Glaubens – vor den Gott der Gnade treten zu können an Stelle eines Abgewiesenseins durch den Gott des Gerichtes. K. erlebt hier auf dem Gang, daß dieser Kampf im Bereich der „Herren" selbst stattfindet, während ihm bisher der deus absconditus, der verborgene Gott, als Gott des Gerichtes nur in seinen Sekretären Momus und Erlanger entgegengetreten war. Es wimmelt in der Beschreibung der „Herren" in den Zimmern am Gang von Zeichen des Verborgenseins: „ ... oben an der Wandbrüstung verfolgten merkwürdigerweise mit Tüchern fast gänzlich vermummte Gesichter ... alle Vorgänge" (401). Die „morgendlich zerrauften Köpfe" (397) deuten auf das dem Schlaf Nahesein der „Herren", das, wie wir sahen, eher dem Götzen als dem nicht schlummernden Gott Israels eignet. Auch die Türen, auf die wir schon bei der offenen Tür von Bürgels Gemach zu sprechen kamen, sind hier immer wieder bis zur Unerbittlichkeit verschlossen: „K. betrachtete ... mit Teilnahme ..., daß ... gerade Türen, die früher in der lebhaftesten Bewegung gewesen waren, jetzt unerbittlich [keiner Bitte zugänglich] geschlossen blieben, wie wenn sie von der Sache gar nichts mehr wissen wollten" (398 f.). Die Waffe der Türen ist ihr „verteufelte[s] (!) Schweigen" (402).

Gegen diesen verborgenen Gott, der sich wie ein Dämon [verteufelt] gebärden kann, nimmt nun ein „Diener" den Kampf auf. Wir sahen bereits im Olga-Kapitel, wo von den Dienern die Rede war, daß wir bei ihnen an die Engel Gottes zu denken haben, welche die Bibel oft als Gottes „Diener" bezeichnet (so Psalm 103, 20–21; vgl. Daniel 7, 10; Hebräer 1, 13–14). In der Darstellung der Gangszene gibt der Dichter selbst ein andeutendes Zeichen, welches uns berechtigt, den Diener als Engel zu verstehen. Inmitten der humoristisch-sachlichen Sprache, in der der Kampf mit den „Türen" geschildert wird, wo der Leser die Wendung vom „verteufelten Schweigen" der Tür vielleicht noch als einen alltäglichen Fluch des Ermattenden verstehen könnte, inmitten dieser Schilderung findet sich die Wendung:

> der Diener ... zwang ... den Herrn, wenigstens von Angesicht zu Angesicht mit ihm zu verhandeln ... (403).

Diese Wendung in ihrer Ungebräuchlichkeit hebt diese Szene über jede Alltäglichkeit hinaus, ja, sie transponiert sie in die Sphäre der biblischen Welt, der sie entnommen ist.

Es sei hier auf folgende „Angesicht" – (bzw. „Antlitz") Stellen der Bibel hingewiesen, die sich dort auf einen Engel beziehen: Jesus sagt von den „Kleinen": „Ihre Engel im Himmel sehen allezeit d a s A n g e s i c h t meines Vaters im Himmel" (Matthäus 18, 10). Der in der Gangszene geschilderte Kampf des Dieners mit einem Herrn, der sich nicht sehen läßt, erinnert an die Vorstellungswelt des Propheten Jesaia, auf die wir schon des öfteren stießen: „Ich habe m e i n A n g e s i c h t im Augenblick des Zorns ein wenig vor dir verborgen" (Jesaia 54, 8). Aber derselbe Prophet weiß auch aus der Geschichte: „d e r E n g e l s e i n e s A n g e s i c h t s half ihnen" (Jesaia 63, 9). Die hier vorliegende Vorstellung eines Engels als Mittler zwischen den Menschen und dem verborgenen Antlitz Gottes liegt auch einer Hiobstelle zugrunde. Es heißt dort: „So dann [wenn der Mensch dem Tode nahe ist] für ihn ein Engel als Mittler eintritt ... Er wird Gott bitten; der wird ihm Gnade erzeigen und wird ihn sein Antlitz sehen lassen mit Freuden" (Hiob 33; 23, 26). Dieselbe Vorstellung liegt im *Prozeß* vor, wenn dort Titorelli von den „großen Advokaten" spricht, von denen „die Angeklagten ... träumen" (P 125). Diese „großen Advokaten", die als Anwälte des Angeklagten vor Gott treten, als Engel zu verstehen, legt ein Tagebuch-Entwurf des *Prozeß*-Endes nahe: „Ihr Geliebten, ihr Engel, wo schwebt ihr, unwissend, unfaßbar meiner irdischen Hand ..." (T 507).

Die wörtliche Wendung aus der Gangszene: „von Angesicht zu Angesicht" findet sich in einer Briefstelle des Paulus, deren Faszination auf Kafka wir nachempfinden können. Es heißt dort: „Wir sehen jetzt durch einen Spiegel in einem dunklen Wort; dann aber von Angesicht zu Angesicht" (1. Korinther 13, 12). Das „von Angesicht zu Angesicht" ist hier allerdings nicht für die Stellung eines Engels vor Gott gebraucht, sondern für die der Erlösten.

Rückblickend auf die Wendung „von Angesicht zu Angesicht" und den dazu angeführten Bibelstellen ist festzuhalten: sowohl die Wendung „von Angesicht zu Angesicht" als auch die Vorstellung eines Engels als Mittler ist biblisch. Aber der Dichter hat es sorgfältig vermieden, in der Darstellung des Verhandelns „von Angesicht zu Angesicht" sich auf eins der angeführten Bibelworte festlegen zu lassen. Doch wenn wir die angeführten „Angesicht"- bzw. „Antlitz"-Stellen zusammen nehmen und die Vorstellung eines Engels als Mittler dazuhalten, dürfte der Hinweis auf die Bibel in dem Diener-Kampf von „Angesicht zu Angesicht" einsichtig geworden sein. Hier wie auch sonst arbeitet der Dichter nur „andeutungsweise". nicht mit der massiven Direktheit, welche einer allegorischen Deutungsweise entsprechen würde.

Von dem so durch das Vokabular aufgedeckten Untergrund kann der Leser nun das Gewicht des Kampfes zwischen dem Diener und dem Herrn erfassen. In dem Kampf zwischen verschlossenen und offenen Türen – zwischen dem deus absconditus und dem deus revelatus – hat der Diener Erfolg: „er [der Diener] zwang so den Herrn, wenigstens von Angesicht zu Angesicht mit ihm zu verhandeln, was dann gewöhnlich doch zu einem halbwegs befriedigenden Ergebnis führte" (403).

Das Augenmerk des Lesers richtet sich im Fortschreiten der Erzählung auf ein Geschehen, das sich unter den Augen des schreienden Herrn abspielt: „Nur ein Herr blieb schließlich, der sich nicht beruhigen wollte, lange schwieg er, aber nur, um sich zu erholen, dann fuhr er wieder los, nicht schwächer als früher. Es war nicht ganz klar, warum er so schrie und klagte, vielleicht war es gar nicht wegen der Aktenverteilung" (404). Unter den Augen dieses Herrn, der möglicherweise der Gott des Erbarmens, nicht der des Gerichtes („vielleicht war es gar nicht wegen der Aktenverteilung") sein könnte, spielt sich nun der Höhepunkt der Gang-Szene ab, in dem das „halbwegs befriedigende Ergebnis" der Diener-Herr-Verhandlung dem K. vor Augen geführt wird.

Der Leser erlebt in einem langen Doppelsatz die Spannung, welche diese Situation bestimmt: „Und K. suchte, so willkürlich und lächerlich er selbst im Grunde seine Annahme fand [„das könnte recht gut mein Akt sein"], sich dem Diener, der den Zettel nachdenklich durchsah, zu nähern; das war nicht ganz leicht, denn der Diener vergalt K.s Zuneigung schlecht, auch inmitten der härtesten Arbeit hatte er immer noch Zeit gefunden, um böse oder ungeduldig mit nervösem Kopfrücken nach K. hinzusehen. Erst jetzt nach beendigter Verteilung, schien er K. ein wenig vergessen zu haben, wie er auch sonst gleichgültiger geworden war, seine große Erschöpfung machte das begreiflich, auch mit dem Zettel gab er sich nicht viel Mühe, er las ihn vielleicht gar nicht durch, er tat nur so, und obwohl er hier auf dem Gang wahrscheinlich jedem Zimmerherrn mit der Zuteilung des Zettels eine Freude gemacht hätte, entschloß er sich anders" (404f.). Es geht hier um die Spannung des ganzen Romans: Was wird aus dem Landvermesser K., in dessen Akt wahrscheinlich zu lesen steht, daß er in angemaßter Freiheit die Verbindung mit den Herren vom Schloß verlor und sie dann auf eigenen Wegen zu finden trachtete. Diese Spannung löst sich überraschend einfach. Wir lesen:

[der Diener] war des Verteilens schon satt, mit dem Zeigefinger an den Lippen gab er seinem Begleiter ein Zeichen zu schweigen, zerriß – K. war noch lange nicht bei ihm – den Zettel in kleine Stücke und steckte sie in die Tasche (405).

Hier sind Bild und Sprache wie aus der Welt der Kinder. Der Diener wirkt wie ein kleiner Junge, der mit einem Kameraden im Komplott steht. Mit der Vernichtung des „Papierchens", in welchem K. seinen Akt vermutet, wäre, wenn K. diese Situation richtig deutet, seine Schuld annulliert. Es geschähe in dieser „ersten Unregelmäßigkeit" des „Bürobetriebes" Gnade vor Recht, genau umgekehrt wie K. es am Anfang verlangt hatte, wenn er zu dem Gemeindevorsteher sagte: „ich will keine Gnadengeschenke vom Schloß, sondern mein Recht" (110). Es würde sich hier die „wirkliche Freisprechung" ereignen, die Titorelli im *Prozeß* anvisiert:

Bei einer wirklichen Freisprechung sollen die Prozeßakten vollständig abgelegt werden, sie verschwinden gänzlich aus dem Verfahren, nicht nur die Anklage, auch der Prozeß und sogar der Freispruch sind vernichtet, alles ist vernichtet (P 190f.).

Der Künstler mag das Urbild dieser Szene in einem Paulusbrief gefunden haben: „Er [Christus] hat uns geschenkt alle Sünden und ausgetilgt die H a n d s c h r i f t, so wider uns war, welche durch S a t z u n g e n entstand und uns entgegen war" (Kolosser 2; 13, 14). K.s Gedanken bewegen sich jedenfalls in den Bahnen dieses Textes. Beim Anblick des „Papierchens" fällt ihm der Gemeindevorsteher ein, der Mann des Gesetzes [der „Satzungen"]: „Das könnte recht gut mein Akt sein, ging es K. durch den Kopf. Der Gemeindevorsteher hatte ja immer von diesem allerkleinsten Fall gesprochen" (404).

Nun ist zum Schluß noch eine Seite des Gang-Erlebnisses zu beachten, die für das ganze *Schloß*-Verständnis von entscheidender Bedeutung ist. Das Verständnis der Gang-Szene ist gebunden an das erlebende Subjekt, an K.s Auffassung dieses Geschehens: „Das könnte recht gut mein Akt sein ..., ging es K. durch den Kopf". Beim Anblick des zerrissenen „Papierchens" [K.s „Akt"] bemerkt der Erzähler mit K.: „Es war wohl die erste Unregelmäßigkeit, die K. hier im Bürobetriebe gesehen hatte, allerdings war es möglich, daß er auch sie unrichtig verstand" (405). Durch diese Bindung der Deutung an das erlebende Subjekt sind zwei Möglichkeiten des Verständnisses gegeben. Die erste wäre: die Deutung ist unsicher. Der Mensch [hier K.] lebt in Ungewißheit. Eine zweite Deutung ist aber ebenfalls möglich. Der Mensch [hier K.] ist auf seinen Glauben verwiesen. Es wird ihm keine objektive Gewißheit gewährt, kein „es ist gewiß", wohl aber die existentielle Gewißheit des „ich bin gewiß". Der Gemeindevorsteher hatte auf diese zweite Möglichkeit schon bei der Interpretation von Klamms Brief hingewiesen, wenn er ihn als „Privatbrief" von „sehr groß[er] ... Bedeutung" (108) bezeichnete im Gegensatz zu einer „amtlichen Zuschrift" (105, 108). Auch Titorelli im *Prozeß* kennt diese zweite Möglichkeit:

[Die] Legenden ... enthalten ... in der Mehrzahl wirkliche Freisprechungen, man kann sie g l a u b e n, nachweisbar sind sie aber nicht (P 186).

Die Dialektik der Deutungsmöglichkeiten, K.s Freisprechung betreffend, die durch die Koppelung an das erlebende Subjekt gegeben ist, wird zum Positiven hin aufgelöst durch den Fortgang der Erzählung:

... der Diener ... war mit seiner Arbeit fertig, zeigte auf den Handgriff des Wägelchens, daß ihn der andere Diener fasse, und so zogen sie wieder weg, wie sie gekommen waren, nur zufriedener und so schnell, daß das Wägelchen vor ihnen hüpfte (406).

Diese positive Lösung kommt auch in der Haltung des „schreienden Herrn" zum Ausdruck, der „statt des Schreiens jetzt ununterbrochen zu läuten anfing" (406). Durch die Vorwürfe der aufgetauchten Wirtsleute hindurch hört K. „d i e G l o c k e d e s H e r r n" (407). Auch „andere Glocken [beginnen] zu arbeiten ..., jetzt nicht mehr aus Not, sondern nur zum Spiel und im Überfluß der Freude" (407). Unter diesem Geläut der Glocken öffnen sich die Türen am Gang im Rücken des abtretenden K.:

... hinter ihnen [K. und den Wirtsleuten] öffneten sich nun die Türen ganz, der Gang belebte sich, ein Verkehr schien sich dort zu entwickeln wie in einem lebhaften, engen Gäßchen, die Türen vor ihnen warteten offenbar ungeduldig darauf, daß K. endlich vorüberkomme, damit sie die Herren entlassen könnten, und in das alles hinein läuteten, immer wieder angeschlagen, die Glocken, wie um einen Sieg zu feiern (407).

Hier in dem gleichsam einen Sieg feiernden Glockengeläut greift der Erzähler zurück auf den „Glockenton", der K. zu Anfang seines Weges als „ein Zeichen" mitgegeben wurde und der damals „wenigstens einen Augenblick lang das Herz erbeben ließ" (26). Die „große Glocke" des Anfangs wird jetzt am Ende von K.s Weg die „Glocke des Herrn" genannt, der sich noch „andere Glocken" zugesellen. Unter dem „Lärm" dieser Glocken verläßt K. den Gang des Herrenhofs. Jetzt öffnen sich die Türen am Gang, „damit sie die Herren entlassen könnten", die Türen, welche geschlossen blieben, solange K. im Gang war, außer der einen, die der „Diener" wenigstens einen Fuß breit zu öffnen vermochte.

230

Um die Bildersprache dieser Szene erfassen zu können, möchte ich eine alttestamentliche Geschichte heranziehen. Es ist 2. Mose 33, 12–23. In einer Tagebucheintragung vom 19. Oktober 1921, zur Zeit der ersten *Schloß*-Entwürfe erwähnt Kafka am Schluß einer Wüstenwegmeditation die „fünf Bücher Moses" (T 545). Wir können annehmen, daß die Geschichte 2. Mose 33, welche die Vorstellungswelt des Judentums entscheidend geprägt hat, Kafka gegenwärtig war.

Diese Mosegeschichte, die wie ein Palimpsest unter der Ganggeschichte zu entdecken ist, lautet: „Und Mose sprach zu dem Herrn: Siehe, du sprichst zu mir: Führe das Volk hinauf! und läßt mich nicht wissen, wen du mit mir senden willst, so du doch gesagt hast: ich kenne dich mit Namen, und du hast Gnade vor meinen Augen gefunden. Habe ich denn Gnade vor deinen Augen gefunden, so laß mich deinen Weg wissen, damit ich dich kenne und Gnade vor deinen Augen finde. Und siehe doch, daß dies Volk dein Volk ist. Er sprach: Mein Angesicht soll vorangehen; damit will ich dich leiten. Er aber sprach zu ihm: Wo nicht dein Angesicht vorangeht, so führe uns nicht von dannen hinauf. Denn wobei soll doch erkannt werden, daß ich und dein Volk vor deinen Augen Gnade gefunden haben, außer wenn du mit uns gehst ... Der Herr sprach zu Mose: ... du hast Gnade vor meinen Augen gefunden, und ich kenne dich mit Namen. Er aber sprach: So laß mich deine Herrlichkeit sehen. Und er sprach: Ich will vor deinem Angesicht alle meine Güte vorübergehen lassen und will ausrufen des Herrn Namen vor dir. Wem ich aber gnädig bin, dem bin ich gnädig; und wes ich mich erbarme, des erbarme ich mich. Und sprach weiter: Mein Angesicht kannst du nicht sehen; denn kein Mensch wird leben, der mich sieht. Und der Herr sprach weiter: Siehe es ist ein Raum bei mir; da sollst du auf dem Fels stehen. Wenn denn nun meine Herrlichkeit vorübergeht, will ich dich in der Felskluft lassen stehen und meine Hand ob dir halten, bis ich vorübergehe. Und wenn ich meine Hand von dir tue, wirst du mir hintennach sehen; aber mein Angesicht kann man nicht sehen."

Der tragende Begriff dieser Geschichte ist „Gnade". Auf ihn weist die Kumulation der Worte hin (Gnade 5 x, gnädig 2 x, erbarmen 2 x). Er findet seine zeitlose Form in dem Wort: „Wem ich aber gnädig bin, dem bin ich gnädig; und wes ich mich erbarme, des erbarme ich mich". Dieses bedeutsame Wort wird im *Schloß* in echt kafkascher Verfremdung zur „ersten Unregelmäßigkeit des Bürobetriebes", welche K. beim Anblick des zerrissenen Zettelchens wahrzunehmen meint. Hören wir hier die Mosestelle noch mit, so bekommt von dort her das einsetzende, gleichsam „einen Sieg" feiernde Glockengeläut einen Sinn.

Ein zweiter Zug der Gangszene scheint ebenfalls dieser Mose-Geschichte nachgezeichnet zu sein. Es geht um die Stelle, die bei Mose heißt: „Mein Angesicht kannst du nicht sehen; denn kein Mensch wird leben, der mich sieht". Auf das Gewicht dieser „Angesicht"-Stelle wird der Leser der Mose-Geschichte ebenfalls durch eine auffallende Worthäufung aufmerksam gemacht. 4 x ist hier vom „Angesicht" (des Herrn) die Rede, 1 x von dem „Angesicht" (des Moses), 2 x wird das „Angesicht" des Herrn als seine „Herrlichkeit" bezeichnet.

Von diesem Mose-Text her verstehen wir den Abschluß der Gang-Szene und den Kern der Rede der Wirtin. Nur im Rücken des K. öffnen sich die Türen am Gang:

... hinter ihnen [K.s und der Wirtsleute] – K. drehte sich gar nicht um ... – öffneten sich nun die Türen ganz ...

Diese *Schloß*-Stelle ist wie ein Spiegelbild des letzten Mose-Verses: „Wenn ich meine Hand von dir tue, wirst du mir hinten nach sehen; aber mein Angesicht kann man nicht sehen".

Die Herrenhof-Wirtin, die Vertreterin der religiösen Institution, kennt offenbar diese Mose-Stelle auch, aber nur als Gesetz. Deren eigentlichen Sinn, Gott als den ganz Anderen, den Inkommensurablen, allem menschlichen Maß Entzogenen zu verstehen, diesen Sinn, den eine Olga erahnte, kann die Wirtin nicht erfassen. Ihr bleibt nichts anderes als die äußere Schale des Bibelwortes; das „du kannst nicht ... sehen" wird bei ihr zu einem „du darfst nicht sehen"! „Hat er nicht die Verteilung der Akten mit angesehen? Etwas, was niemand mit ansehen dürfe, außer den nächsten Beteiligten. Etwas, was weder Wirt noch Wirtin in ihrem eigenen Hause haben sehen dürfen" (410). In dieser ihrer Sicht befangen, rätselt sie an dem Bibelwort der Mose-Geschichte herum, ohne seinem Sinn näher zu kommen: „die Herren ... sind ... zu verletzlich, um sich fremden Blicken aussetzen zu können ..., was sie glücklich mit Hilfe der Nachtverhöre überwunden haben, den Anblick der ihnen so schwer erträglichen Parteien, wollen sie nicht jetzt am Morgen ... in aller Naturwahrheit von neuem auf sich eindringen lassen" (411). Diese Wirtsleute messen K. an dem für sie gültigen „Gesetz", welches ihnen den Aufenthalt im Gang verwehrt, so gerne sie dort einmal sein möchten: „könnten sie doch nur einen Blick hineintun in das fröhliche Treiben der endlich von K. befreiten Herren" (412)! Für die Wirtin als Vertreterin der Institution ist ein Erlebnis, wie es K. im Gang hatte, ein durch Rausch erzeugter Wahn: „Er ist ja betrunken, der Lümmel" (416), so stempelt sie ihn. Der Erzähler läßt ihr diese Waffe von K. selbst gereicht werden, wenn er, sein Verweilen im Gang entschuldigend, vorbringt: „Aus dem zweiten Verhör sei er eigentlich nur schon fortgetaumelt. Es sei fast eine Art Trunkenheit gewesen" (414).

In diesen Äußerungen von K. und der Wirtin: „fast eine Art Trunkenheit", „er ist ja betrunken, der Lümmel" wird die Dialektik der Frieda- und der Bürgel-Szenen noch einmal aufgenommen. Die Grundfrage des Frieda-Erlebnisses war diese: Ist es möglich, in dem Gott des Rausches – in Klamm – eine Erscheinungsform des wahren Gottes, des Gottes des Paradieses – Vallabene – zu sehen? Diese Frage wurde im Bürgel-Erlebnis noch einmal gestellt. Sie hieß dort: Ist der griechische Gott – Dionysos – Apollo – derselbe wie der gnädige Gott Bürgels? In K.s Argument spürt der Leser noch die Vibration der dialektischen Wage der Frieda-Bürgelerlebnisse: „fast" ... „eine Art Trunkenheit", seine Erlebnisse können in seinen Augen beides sein; heilige Inspiration und trunkene Selbststeigerung.

Bei der Wirtin dagegen ist alles undialektisch. Sie weiß nichts von der großen Unsicherheit des vor Gott Stehenden, die seine Angst ausmacht. Sie ist ihrer Sache sicher:

„Er ist ... betrunken". Für sie ist K.s Trunkenheit eine Realität, die ihre Gegnerschaft auf den Plan ruft. Deshalb ihre Empörung über K.s Aufenthalt im Gang, und ihr Eifer, K. von dort fortzubringen. Aus dem so verstandenen Wesen der Wirtsleute verstehen wir, daß in ihren Ohren das Geläut der „Glocke des Herrn" und der „anderen Glocken" zu einem „Lärm" wird, der nach ihrer Hilfe schreit: „Sie, die Herren, rufen um Hilfe!" (412) Die Institution im Bund mit dem Gesetz sieht ihren Auftrag darin, den Menschen [hier K.] von einer persönlichen Begegnung mit dem Göttlichen fernzuhalten. Der Leser erinnert sich hier daran, daß auch die Brückenhofwirtin die Ansicht vertrat, „daß Klamm niemals mit ihm [K.] sprechen, niemals ihn vor sein Angesicht (!) kommen lassen wird" (161).

Hier erhebt sich für den Leser die Frage: Reicht die Macht der Wirtsleute aus, K.s Gang-Erlebnis null und nichtig zu machen, im Bilde einiger Skizzen gesprochen, löschen die auftauchenden Nebel die Sonne aus? Die wenigen Skizzen, die wir von dem geplanten Schluß des Schloß-Romans besitzen, deuten in eine positive Richtung. Doch bevor der Leser dieses Ende in den Blick bekommt, wird seine Spannkraft mit der des K. noch auf eine harte Probe gestellt. Auf den Ruf der Herrenhofwirtin taucht Pepi „aus dem Dunkel" auf, „zerrauft, müde, einen Besen lässig in der Hand" (416). Was bedeutet diese so ausführlich geschilderte letzte Begegnung des K. mit Pepi für K.s Weg?

IX. Gefährdung durch Pepi

Wie wir bei der Analyse der Pepigestalt sahen, ist Pepi die Frau des Romans, welche das „Unten" verkörpert. Ihre Liebe zu K. als dem „Held und Mädchenbefreier" gleicht nicht dem göttlichen Eros, der einer Frieda in Klamm erscheint, sie ist nur Gier erweckender Sexus. Von dieser Welt her, die sie verkörpert, ist sie für K. eine Gefahr.

So ist es für den Weg des K. und damit für den Aufbau des Romans von Bedeutung, daß Pepi immer dort erscheint, wo sich das Göttliche dem K. genaht hat. Der Dichter läßt Pepi an drei Stellen des Romans auftreten, und jedesmal erscheint sie als das Element der Zerstörung.

So ist es das erste Mal, wo sie als Ersatz für Frieda Ausschankmädchen geworden ist; während das Liebeserlebnis mit Frieda, das K. in Klamms Schlitten noch einmal durchlebt, schmeichelnde Süße ist, gleicht das, was Pepi zu bieten hat, einem ungenießbaren Kognak. Und trotzdem hat auch ihr Erscheinen für K. einen positiven Sinn, hat doch auch eine Pepi „wahrscheinlich Beziehungen zum Schloß" (148); auch die Niederungen, aus denen Pepi herkommt, gehören zum Schloß. Die Skizze: „Ich war bei den Toten zu Gast" faßt diese Gedanken in ein einprägsames Bild: „Ich ging also hin und verbeugte mich. Da er [„der Herr"] den Kopf nicht hob …, sagte ich guten Abend, aber er rührte sich noch immer nicht, eine kleine Katze umlief den Rand des Tisches, sie war förmlich aus dem Schoß des Herrn emporgesprungen und verschwand dort wieder" (H 260). Es liegt nahe, in der „kleinen Katze" Pepi zu vermuten, die wir mit der auskehrenden „Bedienerin", die zu Anfang dieser Skizze auftritt, gleichsetzen können. Wie die kleine Katze „förmlich aus dem Schoß des Herrn emporgesprungen" ist und dort wieder verschwindet, so gehört auch, nach dieser Darstellung, das einschmeichelnd Versucherische einer Pepi zum Bereich des „Herrn".

Was das im Einzelnen für K. bedeutet, wird uns klar, wenn wir K.s Reflexionen nachgehen, die er bei Pepis zweitem Erscheinen anstellt. Pepi erscheint zum zweitenmal, nachdem K. auf dem Gang des Herrenhofs — wie er annimmt — die Vernichtung seines Schuldakts miterlebt hat. Wenn wir uns vor Augen halten, auf welchen Höhen sich hier K. bewegte, so ermessen wir den Abgrund, der sich vor K. in der Pepi-Begegnung auftut. Alles, was aus Pepi an Vorwürfen gegen K. und an Mißgunst und Verleumdung Friedas hervorbricht, gipfelt in ihrem Haßausbruch gegen den ganzen Herrenhof:

Was will er [K.], was sind das für wichtige Dinge, die ihn beschäftigen und die ihn das Allernächste, das Allerbeste, das Allerschönste vergessen lassen? Pepi ist das Opfer, und alles ist dumm, und alles ist verloren; und wer die Kraft hätte, den ganzen Herrenhof anzuzünden und zu verbrennen, aber vollständig, daß keine Spur zurückbleibt, verbrennen wie ein Papier im Ofen, der wäre heute Pepis Auserwählter (421). [Pepis Ergüsse schließen mit dem Satz:] Dann [wenn Frieda zurückkommt] wird sie [Pepi] den großen Eimer und den Besen nehmen, die Zähne zusammenbeißen und an die Arbeit gehen. Vorläufig aber mußte sie noch alles K. erzählen, damit er, der ohne Hilfe auch jetzt dies noch nicht erkannt hätte, einmal deutlich sieht, wie häßlich er an Pepi gehandelt und wie unglücklich er sie gemacht habe. Freilich, auch er ist dabei nur mißbraucht worden (442 f.).

In dem Bild von Pepis „großem Eimer und Besen" können wir die Bedeutung Pepis für K.s Weg gefaßt sehen. Wir werden in dieser Annahme bestärkt, wenn wir auch sonst Pepi oder eine „Bedienerin" mit einem Besen in der Hand dargestellt sehen, so in 416 und in H 259 und H 260. Pepis Besen, so können wir vielleicht sagen, symbolisiert die Katharsis, das „Erkenne dich selbst". In der *Schloß*-Dichtung folgt auf Pepis haßerfüllte Rede die Gegenrede K.s, in der er in auffallend sachlicher Analyse sein Frieda-Pepi-Verhältnis durchleuchtet. Er kommt dabei zu Ergebnissen, die für Frieda unbedingt positiv sind: Frieda ist zweifellos Klamms Geliebte, während er Pepi ebenso sicher ihren Platz im Keller des Herrenhofs zuweist. Auch über seine eigene Schuld reflektiert K., er kommt zu dem Schluß, daß seine Schuld gegenüber Frieda wahrscheinlich nur seine Ungeduld war.

Pepi gegenüber fühlt sich K. dagegen nicht schuldig. Er sagt ihr geradezu: „Du willst immerfort betrogen worden sein, weil dir das schmeichelt und weil es dich rührt. Die Wahrheit aber ist, daß du für diese Stelle nicht geeignet bist" (445). (Vgl. dazu: „Eine Bedienerin kehrte aus, doch war nichts auszukehren" (H 259).

Aber trotz der klaren Erkenntnis, die K. über Friedas und Pepis Platz im Herrenhof gewonnen hat, trotz dieser Erkenntnis ist diese Gefahr, die Pepi für K. bedeutet, nicht endgültig gebannt. Das erkennt der Leser beim Betrachten von Pepis drittem Auftreten.

Mitten in dem Dialog zwischen K. und der Herrenhofwirtin erscheint plötzlich Pepi („Pepi sprang zu K." 454); „unter dem Vorwand, von K. die Zahlung zu bekommen, verständigten sie sich schnell, es war sehr leicht, da K. den Hof kannte, dessen Tor in die Seitenstraße führte, neben dem Tor war ein kleines Pförtchen, hinter dem wollte Pepi in einer Stunde etwa stehen und es auf dreimaliges Klopfen öffnen" (454). Der Leser, der den mühseligen Weg des K. bisher mitgegangen ist, hält seinen Atem an, wenn er das „verständigten sie sich schnell" liest. Ist alles Kämpfen des K. vergebens gewesen, erliegt er der Verlockung einer Pepi, des „kleinen Fratzen" (543)?

Wir können uns über den Ernst dieser Verabredung mit Pepi und damit der Gefahr des „Verkommens" (543) von K. erst ein Urteil bilden, wenn wir eine andere Möglichkeit für das Ende seines Weges in den Blick bekommen. Die andere, gute Möglichkeit, welche dem Dichter neben der Gefahr einer Zerstörung vorschwebte, erkennen wir in den verschiedenen Fassungen eines *Schloß*-Endes. Diesem Ende wenden wir uns jetzt noch zu.

X. Des Weges Ende

Kafka hat seine *Schloß*-Dichtung nicht zu Ende geführt. Er schreibt Oktober 1922 an Brod: „ ... ich habe die Schloßgeschichte offenbar für immer liegen lassen müssen" (B 413). Das Abbrechen des Romans hat innere Gründe. Das wird deutlich, wenn wir uns die Entwürfe vor Augen halten.

Ich gebe zunächst einen Überblick über den vorliegenden Bestand.

1. Das von Kafka aufgeschriebene – unvollendete – Ende des Romans findet sich im „Nachwort zur dritten Ausgabe" (s. 540f.).
2. Ebenfalls im Nachwort „zur dritten Ausgabe" steht eine gestrichene Variante dieser Stelle (s. 542f.).
3. In den Oktavheften findet sich eine Skizze, die deutliche Bezüge auf ein *Schloß*-Ende aufzeigt: H 385.
4. Max Brod überliefert im „Nachwort zur ersten Ausgabe" des *Schloß*-Romans einen geplanten Schluß, den Kafka ihm mündlich mitgeteilt hat (s. 526f.).

Wir wenden uns zunächst dem von Kafka selbst aufgeschriebenen Ende zu. Es lautet:

Gerstäcker, ärgerlich mit der Hand fuchtelnd, so als wolle er von weitem die ihn störende Wirtin zum Schweigen bringen, forderte K. auf, mit ihm zu gehen. Auf eine nähere Erklärung wollte er sich zuerst nicht einlassen. Den Einwand K.s, daß er jetzt in die Schule gehn müsse, beachtete er kaum. Erst als sich K. dagegen wehrte, von ihm fortgezogen zu werden, sagte ihm Gerstäcker, er solle sich nicht sorgen, er werde bei ihm alles haben, was er brauche, den Schuldienerposten könne er aufgeben, er möge nur endlich kommen, den ganzen Tag warte er nun schon auf ihn, seine Mutter wisse gar nicht, wo er sei. K. fragte, langsam ihm nachgebend, wofür er ihm denn Kost und Wohnung geben wolle. Gerstäcker antwortete nur flüchtig, er brauche K. zur Aushilfe bei den Pferden, er selbst habe jetzt andere Geschäfte, aber nun möge K. sich doch nicht so von ihm ziehen lassen und ihm nicht unnötige Schwierigkeiten machen. Wolle er Bezahlung, werde er ihm auch Bezahlung geben. Aber nun blieb K. stehen trotz allen Zerrens. Er verstehe ja gar nichts von Pferden. Das sei doch auch nicht nötig, sagte Gerstäcker ungeduldig und faltete vor Ärger die Hände, um K. zum Mitgehn zu bewegen. „Ich weiß, warum du mich mitnehmen willst", sagte nun endlich K.. Gerstäcker war es gleichgültig, was K. wußte. „Weil du glaubst, daß ich bei Erlanger etwas für dich durchsetzen kann." „Gewiß", sagte Gerstäcker, „was läge mir sonst an dir": K. lachte, hing sich in Gerstäckers Arm und ließ sich von ihm durch die Finsternis führen. Die Stube in Gerstäckers Hütte war nur vom Herdfeuer matt beleuchtet und von einem Kerzenstumpf, bei dessen Licht jemand in einer Nische gebeugt unter den dort vortretenden schiefen Dachbalken in einem Buche las. Es war Gerstäckers Mutter. Sie reichte K. die zitternde Hand und ließ ihn neben sich niedersetzen, mühselig sprach sie, man hatte Mühe, sie zu verstehen, aber was sie sagte ... (Ende des Manuskripts) (540f.).

Um das Gewicht dieses Roman-Endes erfassen zu können, stellen wir uns die Gestalten Gerstäckers und seiner Mutter vor Augen. Wir blicken dabei zurück auf die wichtigsten Stellen ihres Auftretens im Roman.

K. trifft auf Gerstäcker an entscheidenden Stellen seines Weges. Zum erstenmal begegnet er ihm, als er, aus der Badestube hinausgeworfen, im Schnee steckenzubleiben droht. Gerstäcker weigert sich, K. dessen Wunsch gemäß ins Schloß zu fahren; dagegen ist er bereit, ihn ins Wirtshaus „Zur Brücke" zu bringen. Der krank und jämmerlich erscheinende Fuhrmann, den K. mit rücksichtsloser Härte behandelt, zeigt eine Unerbittlichkeit, die auf ein bestimmtes Gesetz schließen läßt, nach dem er handeln muß. Aus unserer Rückschau auf K.s Weg wissen wir, welches Gesetz sich hier in Gerstäckers Verhalten auswirkt: nicht auf dem geraden, direkten Weg kann K. ins Schloß kommen, sondern auf einer mühsamen Wanderung, die mit der Station „Zur Brücke" beginnt. Gerstäcker folgt also den Weisungen jener „Hierarchie der Instanzen", die K.s Weg bestimmt.

Gerstäcker taucht dann wieder vor der Erlanger-Bürgelszene auf, als K.s Weg eine neue Wende nimmt. Wir hören dort, wie ein großer Diener unter bedeutsamen Gesten leise mit Gerstäcker verhandelt: „„Sie kommen wegen der Vergebung der Fuhren für den Bau?", fragte der Diener. Gerstäcker nickte, zog den Diener beiseite und redete leise zu ihm; aber der Diener hörte kaum zu, blickte über Gerstäcker, den er um mehr als Haupteslänge überragte, hinweg und strich sich ernst und langsam das Haar" (354). Der Fuhrmann Gerstäcker, welcher zu Anfang dieser Szene seine Gleichgültigkeit gegenüber K.s Aufenthalt im Dorf bekundet hatte, ist nach dem Gespräch mit dem Diener bereit – „Gerstäcker nickte" –, K. in seiner Schloßwanderung zu unterstützen, die einige Skizzen als „eine Stadt bauen" (H 304) oder als „Haus" (H 388) – bauen bezeichnen.

Am Ende des Romans tritt dann Gerstäcker wieder auf. Er unterbricht das Gespräch von K. mit der diesem feindlich gesinnten Herrenhofwirtin: „Gerstäcker, ärgerlich mit der Hand fuchtelnd, so als wolle er von weitem die ihn störende Wirtin zum Schweigen bringen, forderte K. auf, mit ihm zu gehen" (540). Gerstäcker erscheint hier offenbar, um Schlimmes zu verhindern. K. ist nämlich in der Gefahr, der ihn bedrohenden Herrenhofwirtin nach Pepis Vorschlag auf eine „Seitenstraße" (454) auszuweichen, bevor Gerstäcker erscheint.

Es liegt in dieser – oben gebrachten – Gerstäcker-K.-Szene ein starker Ton auf einem Gezogenwerden des K. durch Gerstäcker: „Erst als K. sich dagegen wehrte, von ihm fortgezogen zu werden ..." „[K.] blieb stehen trotz allen Zerrens ..."" [Gerstäcker] faltete vor Ärger die Hände, um K. zum Mitgehen zu bewegen ..."[K.] hing sich in Gerstäckers Arm und ließ sich von ihm durch die Finsternis führen".

In diesem Verhalten Gerstäckers bekommt der Leser etwas davon zu spüren, wie Gerstäcker die „Fuhren zum Bau" macht. Es geschieht unter einem fortwährenden Zerren und Ziehen des K. durch diesen Fuhrmann, begleitet von dessen Händefalten. Es ist wohl bei diesem Bild des Gezogenwerdens an ein Wort des Propheten Jeremias zu denken: „ ... ich habe dich zu mir gezogen aus lauter Güte" (Jeremia 31, 3).

In die Richtung eines sich anbietenden Heils weist auch die Darstellung von Gerstäk-kers Mutter. Diese hatte in der gefährlichen Situation, als K. im Schnee stecken zu blei-ben drohte, den ersten Anstoß zur Hilfe gegeben. Schon in der Schilderung ihrer „Hüt-te" spürt der Leser etwas von dem K. zugedachten Guten. „Da – [bei Gelegenheit zu ei-ner kleinen Verzweiflung] – öffnete sich in der Hütte linker Hand ein winziges Fenster; geschlossen hatte es tiefblau ausgesehen, vielleicht im Widerschein des Schnees, und war so winzig, daß, als es jetzt geöffnet war, nicht das ganze Gesicht des Hinausschauen-den zu sehen war, sondern nur die Augen, alte braune Augen" (23 f.). Man mag hier be-denken, was bei Kafka ein geöffnetes Fenster bedeutet[1]. Wir ahnen, was das „blau"[2] aus-sagen soll, und wir spüren die Bedeutung, die dem Auftreten einer Frau und Mutter bei-zumessen ist. Zu beachten ist auch, daß der Dichter diese Frau in einer „Hütte" wohnen läßt. Wir werden bei dieser Bezeichnung „Hütte" an die mannigfaltigen Worte der Bibel erinnert, in denen das letzte Asyl des Menschen eine Hütte genannt wird (so in Psalm 27,5; Psalm 61,5; Jesaia 4,6). Den stärksten Ausdruck für die Anwesenheit des Heils in einer Hütte findet sich in der Offenbarung Johannes 21,3. Kafkas beteiligtes Lesen dieses Kapitels der Offenbarung ist noch spürbar in dem Schluß der Karawanse-reiskizze (H 350 f.).

In all ihrer Ärmlichkeit spendet die Stube in Gerstäckers Hütte Wärme und Licht: ein „Herdfeuer" brennt, ein „Kerzenstumpf" leuchtet. Beides, Wärme und Licht, stehen offenbar in Verbindung zu dem Buch, in welchem Gerstäckers Mutter liest. Wir werden bei diesem „Buch" an „d a s Buch" zu denken haben, von dem Kafka in seinem Tage-buch zu sich selbst sagt: „Halte dich an das Buch. Nur das Alte Testament sieht" (T 504). Im *Schloß* reicht die Leserin dieses Buches K. die zitternde Hand und läßt ihn neben sich niedersitzen; damit stellt sie den Kontakt her zwischen K. und dem Dorf, gewährt diese Alte diesem ruhelosen Wanderer, dem ewigen Landvermesser, einen Ru-heplatz. Die Schilderung der Begegnung zwischen K. und Gerstäckers Mutter bricht mit dem Satz ab: „mühselig sprach sie, man hatte Mühe, sie zu verstehen, aber was sie sagte …" (541).

Es bleibt dem Leser überlassen, dieses „was sie sagte" zu ergänzen. Das „aber" könnte im Gegensatz zu dem Entgegenkommen der Mutter stehen, also ein Negatives andeu-ten, es könnte aber auch im Gegensatz zu dem „mühselig" ihres Sprechens stehn, etwa in dem Sinn: aber was sie sagte, war hilfreich und gut. Es würde dann in der Linie dessen liegen, was die (unter 2 genannte) gestrichene Variante explizit sagt.

Auch in dieser Variante bemüht sich Gerstäcker um K.. Am Schluß seiner Bemühun-gen legt er deutlich das Motiv seines Handelns bloß, wenn er sagt:

Erst jetzt, da ich dich in deiner Notlage sehe, dich, einen Landvermesser, einen ge-bildeten Mann, in schmutzigem, zerrissenem Kleid, ohne Pelz, heruntergekommen, daß es einem ans Herz geht, im Einvernehmen mit dem kleinen Fratzen, der Pepi, die dich wahrscheinlich unterstützt, erst jetzt ist mir eingefallen, was einmal meine Mutter sagte: Diesen Mann sollte man nicht verkommen lassen (543).

Nach dieser Variante würde Gerstäckers Mutter K., wie er sagt, das „gute Wort" zusprechen, bei dem wir etwa an Jesaia 38, 17 denken können, an welches das „nicht verkommen lassen" erinnert: „Du … hast dich meiner Seele herzlich angenommen, daß sie nicht verdürbe".

Dieser aufgezeichneten Tendenz des Roman-Endes von 1 und 2 verwandt ist die unter 3 genannte Skizze aus den Oktavheften:

> Dann lag die Ebene vor K. und in der Ferne, weit im Blauen auf einem kleinen Hügel, kaum zu erkennen, das Haus, zu dem er strebte. Aber es dauerte noch bis zum Abend und viele Male war ihm während des Tages das Ziel aus dem Blick entschwunden, bis er auf schon dunkelndem Feldweg plötzlich am Fuße jenes Hügels stand. „Da ist also mein Haus", sagte er sich, „ein kleines altes klägliches Haus, aber es ist meines, und in ein paar Monaten soll es anders aussehn". Und er stieg zwischen Wiesen den Hügel hinauf. Die Tür war offen, ja sie konnte gar nicht geschlossen werden, denn der eine Türflügel fehlte. Eine Katze, die auf der Schwelle gesessen hatte, verschwand mit großem Geschrei, so schreien Katzen sonst nicht. Die Türen der zwei Räume rechts und links von der Treppe waren offen, mit ein paar halb zerbrochenen alten Möbelstücken ausgestattet, sonst leer. A b e r von oben, von der Treppe herab, die sich im Finstern verlor, fragte eine zitternde, fast röchelnde Stimme, wer gekommen sei. K. machte einen großen Schritt über die ersten drei Stufen, die in der Mitte zerbrochen waren – sonderbarerweise sahen die Bruchstellen frisch aus, als sei es heute oder gestern geschehen –, und stieg hinauf. Auch oben war die Zimmertür offen … (H 385f.).

Die Nähe dieser Skizze zur *Schloß*-Dichtung ist deutlich. Auch hier ist es ein K., der den Eingang in sein Haus, seine „Hütte", sucht. Die offene Tür erinnert an die Bürgelszene, die halb zerbrochenen Möbelstücke an die Vorliebe der Wirtinnen für Althergebrachtes, das „leer" an die leeren Straßen der Vaterszene. Die „mit großem Geschrei" verschwindende Katze läßt an Gisas Katze denken, vielleicht auch an Pepi, die versucherische Schmeichelkatze.

Ein möglicher Sieg über die Gefahren, die K. drohen, wird hier von einem „Aber" andeutend eingeleitet: „A b e r von oben fragte eine zitternde, fast röchelnde Stimme, wer gekommen sei". War es in Fassung 1 offen, ob das „aber" („aber was sie sagte") positiv oder negativ zu verstehen sei, so ist es hier in seiner Gegenüberstellung zu den „halbzerbrochenen alten Möbelstücken" deutlich im positiven Sinne zu verstehen als Hinweis auf eine heile Welt. Es ist hier nicht gesagt, ob die „zitternde, fast röchelnde Stimme" einer alten Frau angehört, wir dürfen es aber wohl bestärkt durch den Vergleich mit Fassung 1 und 2 annehmen.

Halten wir das vorliegende *Schloß*-Ende mit seinen beiden Varianten zusammen, so stellt sich die Frage: Was bedeutet am Ende von K.s Weg die Erscheinung einer Heil anbietenden alten Frau?

Daß es eine Frau ist, die K. Heil verkündet, überrascht den *Schloß*-Leser nicht. Kafka, der einst „Hilfe und Segen" von der Begegnung mit einer Frau erhoffte, der als Dichter schildert, wie sein K. in der Begegnung mit dem Mädchen aus dem Schloß dieses Heil im Sprunge an sich zu reißen versucht, dieser Dichter läßt hier seinem K. am Ende seines Weges durch eine Frau sagen, daß Rettung für ihn möglich ist.

Aber warum ist die Frau ein alter dem Tode naher Mensch (ihre „zitternde, fast röchelnde Stimme")? Wir können wohl annehmen, daß Kafka hier mit künstlerischer Absicht dem Ewig-Weiblichen das Allzumenschliche genommen hat, um die Gefahr eines Glaubens an die Erlösung im Eros zu bannen.

Das von Max Brod – unter 4 genannte – überlieferte Abschlußkapitel lautet:

Der angebliche Landvermesser erhält wenigstens teilweise Genugtuung. Er läßt in seinem Kampfe nicht nach, stirbt aber vor Entkräftung. Um sein Sterbebett versammelt sich die Gemeinde, und vom Schloß langt eben die Entscheidung herab, daß zwar ein Rechtsanspruch K.s, im Dorfe zu wohnen, nicht bestand – daß man ihm aber doch mit Rücksicht auf gewisse Nebenumstände gestatte, hier zu leben und zu arbeiten (526f.).

In diesem geplanten *Schloß*-Ende ist das K. zugedachte Heil unter der juristischen Vorstellung von Gnade statt Recht dargestellt. K. hatte zu Anfang seines Weges gesagt: „ich will kein Gnadengeschenk vom Schloß, ich will nur mein Recht". Wenn es bei Brod heißt: „ ... daß zwar ein Rechtsanspruch K.s, im Dorfe zu wohnen, nicht bestand – daß man ihm aber doch mit Rücksicht auf gewisse Nebenumstände gestatte, hier zu leben und zu arbeiten", so wird der Leser bei diesen „Nebenumständen" etwa an Bürgels Angebot denken, den „Austausch der Personen" und damit Gnade statt Recht für sich anzunehmen.

Bei der Betrachtung eines Kafka vorschwebenden Endes des Romans haben wir bis jetzt nur eine positive Lösungsmöglichkeit gesehen. Würden wir nur diese Linie verfolgen, so würden wir den Tendenzen der vorliegenden Entwürfe nicht gerecht werden, es würde auch der fragmentarische Charakter der Dichtung nicht zu verstehen sein. Es liegt uns noch ob, eine sich abzeichnende Gegenlinie zu verfolgen. Diese Gegenbewegung ist an zwei Stellen der vorliegenden Entwürfe greifbar.

Ein negativ konzipiertes *Schloß*-Ende zeichnet sich in der schon betrachteten letzten Begegnung des K. mit der Pepi ab.

In dem „verständigten sie sich schnell" sehen wir K. in der Gefahr, sich von dem geraden Weg zum Schloß abbringen zu lassen, durch ein „Tor in die Seitenstraße" abzubiegen; das dreimalige Klopfen an das kleine Pförtchen würde wie in der Erzählung „Der Schlag ans Hoftor" (E 299) das Zeichen für das Wecken der Dämonen sein. Damit würde für K. alles, was er an „schweigender Führung" besonders bei Bürgel und im Gang des Herrenhofs erlebte, vergeblich sein.

Eine negative Tendenz findet sich auch am Ende der (unter 2 genannten) Variante. Das erbarmende Wort von Gerstäckers Mutter: „Diesen Mann sollte man nicht verkommen lassen", ist gesprochen in Bezug auf K.s „Einvernehmen mit dem kleinen Fratzen, der Pepi". In der Folge läßt der Dichter K. das „gute Wort" der Mutter ablehnen:

„Ein gutes Wort. Eben deshalb gehe ich nicht zu dir" (543). Es hat hier den Anschein, als wäre K. gebunden an Pepi, die Versucherin.

Die hier aufgezeichnete Linie eines negativen *Schloß*-Endes ist nun aber wieder relativiert. Erstens: das hier angeführte deutlich Negative – „ein gutes Wort, eben deshalb gehe ich nicht zu dir" – dieses Wort steht in einer g e s t r i c h e n e n Variante. Zweitens: das „Einvernehmen mit Pepi" wird in dem nicht gestrichenen Schluß des Romans abgewehrt durch die von Gerstäcker bewirkte „Störung" (540) durch sein Fortziehen und Zerren, um K. in die Hütte seiner Mutter zu führen.

Aber diese positive, das Negative aufhebende Linie zieht der Dichter nicht aus. Bei dem „aber, was sie sagte" bricht sie ab.

Ziehen wir das Fazit unserer Betrachtungen über das *Schloß*-Ende, so stellen wir fest: Kafkas künstlerische Absichten in Bezug auf den Schluß seines Romans stellen sich uns in einer dialektischen Bewegung dar, welche vom Positiven über ein Negatives wieder zum Positiven ausschlägt, das aber als solches offen bleibt, nicht den Charakter des Endgültigen trägt. Dabei hat das Positive ein Übergewicht. Schon quantitativ nimmt es in den vorliegenden Entwürfen den größeren Raum ein. Aber auch inhaltlich spürt der Leser das Interesse des Dichters an der Darstellung des Heils in den Erscheinungen Gerstäckers und seiner Mutter.

C. Die Schloß-Dichtung als aufbauende Zerstörung

In der hier deutlich werdenden Dialektik erkennen wir ein Grundgesetz von Kafkas künstlerischem Schaffen. Der Dichter bezeichnet es in verschiedenen Variationen als „aufbauende Zerstörung". Dieses als künstlerisches Selbstverständnis zu wertende Prinzip kann uns zu einem Maßstab werden, den wir rückschauend an unsere Interpretation der *Schloß*-Dichtung anlegen; darüber hinaus wird die Kenntnis dieses Gesetzes unseren Blick öffnen für den Aufbau des Romans. Ich gebe eine Zusammenstellung der wichtigsten Stellen zu dem Komplex der „aufbauenden Zerstörung".

1. Erkenne dich selbst, bedeutet nicht: beobachte dich. Beobachte dich ist das Wort der Schlange. Es bedeutet: Mache dich zum Herrn deiner Handlungen. Nun bist du es aber schon, bist Herr deiner Handlungen. Das Wort bedeutet also: Verkenne dich! Zerstöre dich! also etwas Böses – und nur wenn man sich sehr tief hinabbeugt, hört man auch sein Gutes, welches lautet: „Um dich zu dem zu machen, der du bist" (H 80).
2. Neben seiner Beweisführung geht eine Bezauberung mit. Einer Beweisführung kann man in die Zauberwelt ausweichen, einer Bezauberung in die Logik, aber beide gleichzeitig erdrücken, zumal sie etwas Drittes sind, lebender Zauber oder nicht zerstörende, sondern aufbauende Zerstörung der Welt (H 125).
3. „Wenn –––, mußt du sterben", bedeutet: Die Erkenntnis ist beides, Stufe zum ewigen Leben und Hindernis vor ihm. Wirst du nach gewonnener Erkenntnis zum ewigen Leben gelangen wollen – und du wirst nicht anders können als es wollen, denn Erkenntnis ist dieser Wille –, so wirst du dich, das Hindernis, zerstören müssen, um die Stufe, das ist die Zerstörung, zu bauen (H 105 f.).
4. Es gibt Überraschungen des Bösen. Plötzlich wendet es sich um und sagt: „Du hast mich mißverstanden", und es ist vielleicht wirklich so. Das Böse verwandelt sich in deine Lippen, läßt sich von deinen Zähnen benagen und mit den neuen Lippen – keine frühern schmiegten sich dir noch folgsamer ans Gebiß – sprichst du zu deinem eigenen Staunen das gute Wort aus (H 76).

Was Kafka bei der „aufbauenden Zerstörung" im Letzten vorgeschwebt haben mag, mögen wir einer Briefstelle an Brod entnehmen, die sich zwar auf ein Werk Brods bezieht[2], die aber ganz dem entspricht, was Kafkas Reflexionen und deren künstlerischen Gestaltung als ihren letzten Grund freilegen. Kafka schreibt an Brod:

Mir … ist letzthin bei Vorlesung des Tröltschaufsatzes eingefallen, daß der positive Schluß des Romans eigentlich etwas Einfacheres und Näheres will, als ich zuerst dachte, nämlich die Aufrichtung einer Kirche, einer Heilanstalt[4], also etwas, was fast zweifellos kommen wird und sich schon im Tempo unseres Zerfallens um uns aufbaut (B 218).

Für die Möglichkeit, dieses äußerst positive Wort auch auf das *Schloß* anzuwenden, spricht Folgendes. Wenn Kafka hier von einer „Kirche" spricht, die sich „um uns aufbaut", so erinnern wir uns daran, daß K. beim ersten Anblick des Schloßturms an den Turm seiner Heimatkirche denkt. Auch der Glockenton, den K. zu Anfang seines Weges hört, der sein „Herz erbeben ließ", erklingt in der Nähe der Kirche. Halten wir uns auch noch vor Augen, daß Kafka in dem Troeltschaufsatz, auf den sich sein Wort an Brod bezieht, das Lutherwort las, daß „sogar in der Hölle der Verzweiflung das Paradies der Gottesgegenwart seinen Balsam ausströmt"[5], ein Theologumenon, welches der Dichter Kafka in der Amalia-Sortini-Episode gestaltete, so erscheint es nicht unberechtigt, in dem Wort von der „Kirche", der „Heilanstalt", die sich „schon im Tempo unseres Verfallens um uns aufbaut", Kafkas innerste Vision der *Schloß*-Dichtung zu sehen. Kafka konnte in Bezug auf sein eigenes Werk eine derartige Vision nicht in der massiven Deutlichkeit zum Ausdruck bringen, wie es ihm in Bezug auf das Werk seines Freundes möglich war; aber wenn wir dieses Wort zusammenhalten mit seinen Äußerungen über die „aufbauende Zerstörung" als Ziel seiner Lebensaufgabe, so können wir annehmen, hier vor einer letzten Deutung der *Schloß*-Dichtung zu stehen.

Ich will jetzt rückschauend an einigen Beispielen aufzeigen, wie das Gesetz der „aufbauenden Zerstörung" die einzelnen Gestalten bestimmt und wie es im Aufbau des Romans zur Geltung kommt. Die angeführten Meditationen der Oktavhefte über die „aufbauende Zerstörung" stammen aus der Zeit von Kafkas Felice-Erlebnis, das er in der Frieda-Gestalt verarbeitete. In der Zeichnung der Frieda-Gestalt springt das Zerstörende besonders ins Auge. Erich Heller[6] hat das „Zerstöre dich" in seiner Darstellung der Frieda-Episode deutlich herausgearbeitet. Er weist auf, wie K. in seinem Streben nach geistlichem Heil in Klamm, dem Liebhaber Friedas, nur dem Eros-Thanatos begegnet und damit selbst zu einem Todgeweihten wird. Wir stellten aber in der Frieda-Darstellung über Hellers Ermittlungen hinaus eine Dialektik fest, die in der Frieda-K.-Begegnung eine Möglichkeit des Lebens sieht: die Gehilfen, Friedas Liebhaber, sind nur scheinbar von Klamm, dem Todesgott, geschickt, in Wirklichkeit kommen sie von Galater, dem Verkünder des Lebens. Auch der unerbittliche Momus läßt K., Friedas Bräutigam, wissen, daß er nicht nur für Klamm, den Eros-Thanatos arbeitet, sondern auch für Vallabene, den gnädigen Herrn des Garten Eden.

Das hier sichtbar werdende Prinzip der „aufbauenden Zerstörung" bestimmt auch K.s weiteren Weg. K.s Scheitern in dem Versuch einer Selbsterlösung im Eros, in der erstrebten Begegnung mit Klamm, gerade dieses Scheitern macht ihn reif zum Erlebnis des „guten Wortes", das er von Bürgel hört. Im künstlerischen Aufbau der Dichtung ist es darum von Bedeutung, daß vor K.s Bürgelbegegnung ihm Frieda noch einmal auf dem Gang des Herrenhofs erscheint.

Ein weiteres, für die ganze Dichtung bedeutsames Beispiel der aufbauenden Zerstörung ist das Gegenüber von K.s Begleitern, den Gehilfen auf der einen Seite, Barnabas auf der anderen. Wir erkannten in den Gehilfen die Mänade, diese Zerstörerin, die das von ihr gesäugte Tier zerreißt; ihnen gegenüber steht Barnabas, als Verkörperung des „erlösenden Trostes des Schreibens", der das „Herausspringen aus der Totschlägerreihe" ermöglicht, die Zerstörung in eine aufbauende Zerstörung verwandelt. Von diesem Sinn her fällt auch hier ein Licht auf den Aufbau des Romans: Barnabas schneidet das

Furcht-Angst-Gespräch zwischen K. und Jeremias ab und überbringt K. mit seinem Ausruf: „Herr Landvermesser! Herr Landvermesser!" die Einladung, auf den Gang zu kommen, auf dem dann die Bürgelbegegnung stattfindet und wo K. das Zerreißen seiner Prozeßakte miterlebt.

Auch über der Amalia-Episode steht das Gesetz der aufbauenden Zerstörung. Sahen wir schon Amalia selbst als offene Gestalt, die unter ihrem trotzigen Schweigen wahrscheinlich eine heimliche Beamtenliebe verbirgt, so bringt vollends das Schwesternpaar Amalia-Olga die Verkörperung von Fluch oder Segen zu einer lebendigen künstlerischen Anschauung, öffnet Olgas Wort: „was wissen wir von den Gedanken der Herren" den eisernen Ring des Verfluchtseins und weist, wenn auch leise, auf die Möglichkeit eines Heils hin. Auch hier zeigt der Aufbau der Amalia-Kapitel: „Amalias Geheimnis", „Amalias Strafe", „Bittgänge", „Olgas Pläne", daß nicht das Negative, sondern das Positive das letzte Wort hat.

Entscheidend für die Interpretationsrichtung des ganzen Romans kommt das Gesetz der aufbauenden Zerstörung in der Frage nach K.s Berufung zum Tragen. Ist K. zum Landvermesser berufen oder nicht? Diese Frage mußten wir zunächst noch offen lassen; jetzt sind wir in der Lage, sie zu beantworten. Gleich bei seinem Eintritt ins Dorf stellt K. die Behauptung auf: „lassen Sie es sich gesagt sein, daß ich der Landvermesser bin, den der Graf hat kommen lassen" (7). Dieser Behauptung wird im Laufe der Entwicklung des Romans widersprochen, oder sie wird als Selbsttäuschung dargestellt; sie wird aber auch bestätigt. Es ist aufschlußreich zu beobachten, von welcher Seite der Widerspruch, der Zweifel, aber auch die Bestätigung kommt. Der eindeutigste Widerspruch kommt von Schwarzer. Diesem Zerstörer, dem „Geist, der stets verneint", ist ein Landvermesser im Weg, er möchte ihn gleich zu Anfang abschieben, für ihn gibt es keinen legitimen Landvermesser, sondern, wie er mit ironischer Anspielung sagt, nur einen „gemeine[n], lügnerische[n] Landstreicher" (9). Sein Weckruf für den noch schlafenden K. lautet: „Ich habe Sie deshalb geweckt, um Ihnen mitzuteilen, daß Sie sofort das gräfliche Gebiet verlassen müssen" (7). Im Sinne Schwarzers arbeiten die Gehilfen und Pepi. Auf K.s Frage an die Gehilfen: „versteht ihr etwas von Landvermessung?" (29) antworten diese mit einem klaren: „Nein". Und für Pepi reduziert sich K.s angeblicher oder wirklicher Beruf als Landvermesser auf ein „Nichts": „Er ist Landvermesser, das ist vielleicht etwas, er hat also etwas gelernt, aber wenn man nichts damit anzufangen weiß, ist es doch auch wieder nichts" (430).

Diesen zerstörenden, negativen Kräften stehen die aufbauenden, positiven gegenüber. Diese melden sich gleich deutlich zu Wort in dem Telefongespräch des Schlosses mit Schwarzer. Das Schloß heißt Schwarzer widerrufen und den „Herrn Landvermesser" als solchen anerkennen, so daß er zugeben muß: „Ein Irrtum also? Das ist mir sehr unangenehm. Der Bürochef selbst hat telefoniert? Sonderbar, sonderbar. Wie soll ich es dem Herrn Landvermesser erklären?" (10) In der Badestube, dem Ort hoher Offenbarung, wird sein Zutritt gerechtfertigt durch seine Erklärung: „Ich bin der gräfliche Landvermesser" (19). Aus der Hütte Gerstäckers, von der K. am Ende seines Weges entscheidende Hilfe kommen soll, hört K. gleich bei seinem Eintritt ins Dorf: „Dort steht er" …

„Es ist der Landvermesser"; ja Gerstäcker, der nach einem maßgeblichen Befehl handelnde Fuhrmann, kann K. versichern: „Ihr seid doch der Landvermesser ... und gehört zum Schloß" (24). In der Wirtsstube redet selbst „Fritz", ein scheinbarer Gegner K.s, diesen in seinem Telefonat mit „der ewige Landvermesser" (33) an. Barnabas, der gute Bote, bringt durch sein Sichverneigen, das seine Begegnungen mit K. vom ersten bis zum letzten Auftritt begleitet, seine Anerkennung von K.s Landvermesserei zum Ausdruck, und mit seinem Ausruf: „Herr Landvermesser, Herr Landvermesser" (345), verschafft er K. die wichtige Audienz bei Bürgel.

Die Beziehungen K.s zu den Frauen auf seinem Weg zum Schloß beruhen auf seiner Stellung als Landvermesser. So fragt Hansens Mutter, „ob dort [in der Badestube] vielleicht wieder einmal der Landvermesser gewesen sei" (212). Die Barnabasschen setzen große Hoffnung auf eine Errettung durch K., für den Barnabas Botendienste zu leisten hat. Olga erklärt: „Vor einer Woche bist du gekommen. Ich hörte im Herrenhof jemanden es erwähnen, kümmerte mich aber nicht darum; ein Landvermesser war gekommen; ich wußte nicht einmal, was das ist. Aber am nächsten Abend kommt Barnabas ... früher als sonst nach Hause ... Es ist ihm etwas geschehen, dem er nicht gewachsen ist. ... Und dabei ist ihm nichts anderes geschehen, als daß er einen Brief an dich zur Bestellung bekommen hat" (331f.). Es war der Brief an K., in dem ihm mitgeteilt wurde, daß er „in die herrschaftlichen Dienste aufgenommen" war (36).

Entschieden positiv zur Frage nach K.s Berufung steht Bürgel. Als K. auf seine Frage nach seiner Landvermesserei nur seine Zweifel äußert, erbietet sich Bürgel „mit Hilfe eines kleinen Notizblocks die Sache da oben in Ordnung zu bringen" (377). Zum letztenmal hört K. die Anerkennung seiner Berufung aus dem Munde Gerstäckers: „Erst jetzt, da ich dich in deiner Notlage sehe, dich, einen Landvermesser ..." (543).

K.s Selbstbeurteilung in Bezug auf seine Berufung als Landvermesser bewegt sich ab und auf zwischen Zweifel und Gewißheit. Scheint er am Anfang seiner Berufung gewiß zu sein, wenn er Schwarzer gegenüber sagt: „ ... lassen Sie es sich gesagt sein, daß ich der Landvermesser bin, den der Graf hat kommen lassen" (7), so gerät er im Verlauf seines Weges in immer stärker werdende Zweifel. Dem Passus in Klamms Brief: „Die Landvermesserarbeiten, die Sie bisher ausgeführt haben, finden meine Anerkennung" (174), kann er nur entgegenhalten: „Es ist ein Mißverständnis" (174). Bürgels Frage nach seiner Landvermesserei beantwortet er resignierend: „Ich mache keine solche Arbeit, ich werde nicht als Landvermesser beschäftigt" (376). Und entgegen Bürgels Anerbieten, „die Sache da oben in Ordnung zu bringen" (377), gibt er zu bedenken, daß Bürgel helfen will, „ohne etwas von den Umständen zu wissen, unter welchen [seine] ... Berufung erfolgt war" (377). Und doch antwortet K. am Ende seines Weges uneingeschränkt auf die Frage der Herrenhofwirtin: „Was bist du denn eigentlich?": „Landvermesser" (455).

Fassen wir das Ergebnis von K.s Selbstbeurteilung zusammen: das, was von außen gesehen wie ein Schwanken wirkt, ist in Wirklichkeit eine immer wieder vollzogene „Bewegung", eine Bewegung, welche (nach T 563) ein „Hinausspringen aus der Totschlägerreihe" ist. Nach den Gesetzen dieser Bewegung wird eine „höhere Art der Beobachtung" geschaffen, die „je unerreichbarer von der „Reihe" aus sie ist, desto „unabhängiger wird sie ... desto unberechenbarer, freudiger, steigender ihr Weg". Es ist die Bewegung von der Angst – der „Totschlägerreihe" – zum „Vertrauen zu etwas Unzerstörbarem in sich". Kafka hatte diesen „Begriff der Bewegung" im „Glück des Erkennens" bei Kierkegaard entdeckt[7]. Es ist die Kierkegaardsche „Bewegung des Glaubens"[8].

K.s Aussage gegenüber Schwarzer: „lassen Sie es sich gesagt sein, daß ich der Landvermesser bin, den der Graf hat kommen lassen", diese Aussage ist keine Lüge, wie einige Interpreten sie verstehen[9], sondern der Ausdruck eines Glaubens, welcher allerdings immer wieder von Zweifeln bedroht wird.

Das Prinzip der aufbauenden Zerstörung, das uns hier beschäftigt hat, steckt noch in zwei von Kafka gebrachten Bildern. Kurz vor der *Schloß*-Niederschrift (am 17. 1. 1922) bringt das Tagebuch eine Meditation über ein „Jagen", das nach Meinung des Schreibers sein Leben sowohl bedroht als trägt. Kafka schreibt:

> Zusammenbruch, Unmöglichkeit zu schlafen, Unmöglichkeit zu wachen, Unmöglichkeit, das Leben, genauer die Aufeinanderfolge des Lebens, zu ertragen. Die Uhren stimmen nicht überein, die innere jagt in einer teuflischen oder dämonischen oder jedenfalls unmenschlichen Art, die äußere geht stockend ihren gewöhnlichen Gang. Was kann anderes geschehen, als daß sich die zwei verschiedenen Welten trennen, und sie trennen sich oder reißen zumindest aneinander in einer fürchterlichen Art. Die Wildheit des inneren Ganges mag verschiedene Gründe haben, der sichtbarste ist die Selbstbeobachtung, die keine Vorstellung zur Ruhe kommen läßt, jede emporjagt, um dann selbst wieder als Vorstellung von neuer Selbstbeobachtung weitergejagt zu werden. – Dieses Jagen nimmt die Richtung aus der Menschheit. Die Einsamkeit, die mir zum größten Teil seit jeher aufgezwungen war, zum Teil von mir gesucht wurde – doch was war auch dies anderes als Zwang –, wird jetzt ganz unzweideutig und geht auf das Äußerste. Wohin führt sie? Sie kann, dies scheint am zwingendsten, zum Irrsinn führen, darüber kann nichts weiter ausgesagt werden, die Jagd geht durch mich und zerreißt mich. Oder aber ich kann – ich kann? –, sei es auch nur zum winzigsten Teil, mich aufrechterhalten, lasse mich also von der Jagd tragen.

Der Schreiber meditiert weiter:

> Wohin komme ich dann? „Jagd" ist ja nur ein Bild, ich kann auch sagen „Ansturm gegen die letzte irdische Grenze", und zwar Ansturm von unten, von den Menschen her, und kann, da auch dies nur ein Bild ist, es ersetzen durch das Bild des Ansturmes von oben, zu mir herab (T 552f.).

Durch den Blickwechsel von der „Jagd" in ihrer Doppeldeutigkeit zum „Ansturm gegen die letzte irdische Grenze" „von unten, von den Menschen her", der gleichzeitig ein „Ansturm von oben ... herab" ist, gewinnen wir einen Schlüssel, der den ganzen Weg des K. von rückwärts her aufschließt.

Alles, was K. an „schweigender Führung", an „Möglichkeit", an „Fortgezogenwerden" auf seinem Weg erlebte, kann als „Ansturm von oben her", als aufbauendes Prinzip verstanden werden. Es wäre also möglich, auch in den anscheinend feindlichen Ge-

genschlägen gegen K.s „Ansturm von unten her" ein Positives zu sehen, ein Positives, welches im „Austausch" in allem Zerstörenden geheimnisvoll mitwirkte.

Von dieser Dialektik des „Ansturms gegen die Grenze" ist es möglich, das offene Ende des Schloß-Romans einsichtig zu machen und damit eine Antwort zu geben auf die Frage nach dem Ende von K.s Weg. Sahen wir in der Ambivalenz von Gewißheit und Angst zwar das positive Element überwiegen, so müssen wir uns doch davor hüten, dieses Glaubens bei Kafka allzu sicher zu sein. Der Schloß-Dichter hat es nicht gewagt, die kleinste Positivität — wie etwa in dem von Brod überlieferten Schluß — unwidersprochen stehen zu lassen.

Dieses Offenlassen, das uns in der Zeichnung jeder einzelnen Gestalt entgegentrat, ist der Ausdruck einer Grundhaltung von Kafkas Glauben. Er formuliert diese Haltung einmal bei Gelegenheit einer Besprechung von Kierkegaards „Buch des Richters" folgendermaßen:

> ... das Verhältnis zum Göttlichen entzieht sich zunächst für Kierkegaard jeder fremden Beurteilung, vielleicht so sehr, daß selbst Jesus nicht urteilen dürfte, wie weit derjenige gekommen ist, der ihm nachfolgt. Es scheint das für Kierkegaard gewissermaßen eine Frage des jüngsten Gerichts zu sein, also beantwortbar — so fern eine Antwort noch nötig ist — nach Beendigung dieser Welt (B 239).

Dieses Absehen von jeder eigenen Beurteilung im Blick auf ein jenseitiges Gericht spricht auch aus einem Brief Kafkas an Milena. Er schreibt:

> ... wirklich beurteilt und entschieden werden die Dinge [des Lebenskampfes] nur in der unabsehbaren Hierarchie der Instanzen (M 255).

Nach diesen beiden Briefstellen ist das Offenlassen, das sich jeder menschlichen Beurteilung Entziehen, ein Hinweis auf eine überirdische Instanz, welche Kafka „das Göttliche" nennt. Im Verhältnis zu dieser Instanz ist alles in der „sinnlichen Welt" (nach H 45) nur Hinweis, Zeichen, „niemals [ein] auch nur annähernd vergleichsweise" zu Gebrauchendes. Das ist der grundsätzliche Unterschied zwischen Kafka und Goethe, dessen „Faust" mit den Worten schließt: „Alles Vergängliche ist nur ein Gleichnis, das Unzulängliche, hier wird's Ereignis" ...[10].

Wenn wir zu Anfang dieser Arbeit in der Form der Dichtung mannigfaltige Beziehungen zur jüdischen Geisteswelt feststellten, so erkennen wir in diesem Offenlassen aller menschlichen Entscheidungen gegenüber einer göttlichen Instanz eine typisch jüdische Wurzel, welche die Ausdrucksformen des Judentums geprägt hat. Zu der vom Geist des Judentums geprägten Literatur gehört auch Kafkas Schloß. Insofern als Das Schloß eine Gleichnisdichtung ist, gilt für sie Kafkas Wort, welches dieses jüdische Axiom faßt:

> Alle diese Gleichnisse wollen eigentlich nur sagen, daß das Unfaßbare unfaßbar ist, und das haben wir gewußt (E 359).

Im Schloß spricht Olga diesen Gedanken in Anspielung auf ein Pauluswort (Römer 11, 34) aus: „Was wissen wir von den Gedanken der Herren" (285)! Von diesem

Wissen um die letzte Verborgenheit des göttlichen Willens ist die ganze *Schloß*-Dichtung nach Form und Inhalt geprägt. Das ganze künstlerische Spiel in seiner Dialektik, die Rätselhaftigkeit der Beamten, das Offenlassen aller Gestalten und das Offenbleiben von K.s Weg, alles dies sind Darstellungen des „Unfaßbaren".

Wir haben uns im Fortgang dieser Arbeit davon überzeugen können, daß dieses Offenlassen aber nicht gleichgesetzt werden darf mit Sinnlosigkeit. Dafür gibt es, wie wir sahen, zu viele Andeutungen und Zeichen, die auf einen Sinn hinweisen. Kafka hat die Gefahr gesehen, dieses Offenlassen gleichzusetzen mit Sinnlosigkeit. Wir entnehmen das einer Skizze aus den Oktavheften, in der es um ein „Schloß" und einen „Schlüssel" geht. Wir lesen dort:

> Man brachte uns ein kleines altes Wandschränkchen. Der Nachbar hatte es von einem entfernten Verwandten geerbt, als einziges Erbstück, hatte es auf verschiedene Weise zu öffnen versucht, und hatte es schließlich, da es ihm nicht gelingen wollte, zu meinem Meister gebracht. Die Aufgabe war nicht leicht. Nicht nur, daß kein Schlüssel vorhanden war, es war auch kein Schloß zu entdecken. Entweder war irgendwo ein geheimer Mechanismus, dessen Auslösung nur von einem in solchen Dingen sehr erfahrenen Mann gefunden werden konnte, oder der Schrank war überhaupt nicht zu öffnen, sondern nur aufzubrechen, was allerdings höchst einfach zu bewerkstelligen gewesen wäre (H 290f.).

Will der Interpret — von diesem Gleichnis belehrt — sich nicht an dem „höchst einfach zu bewerkstelligen [den]" Aufbrechen beteiligen, so muß er sich bemühen im Geiste des „erfahrenen Mannes" zu arbeiten, um den „geheimen Mechanismus" dieser Dichtung auszulösen.

Ich möchte diese *Schloß*-Interpretation beschließen mit der Moses-Meditation, welche Kafka niederschrieb, bevor er endgültig das *Schloß* in Angriff nahm. Diese Meditation birgt alle Elemente in sich, die für die *Schloß*-Gestalt bestimmend wurden. In ihr ist auch das offene *Schloß*-Ende und damit das Endurteil über K.s Weg vollendet gefaßt.

> Das Wesen des Wüstenwegs. Ein Mensch, der als Volksführer seines Organismus diesen Weg macht, mit einem Rest (mehr ist nicht denkbar) des Bewußtseins dessen, was geschieht. Die Witterung für Kanaan hat er sein Leben lang; daß er das Land erst vor seinem Tode sehen sollte, ist unglaubwürdig. Diese letzte Aussicht kann nur den Sinn haben darzustellen, ein wie unvollkommener Augenblick das menschliche Leben ist, unvollkommen, weil diese Art des Lebens endlos dauern könnte und doch wieder nichts anderes sich ergeben würde als ein Augenblick. Nicht weil sein Leben zu kurz war, kommt Moses nicht nach Kanaan, sondern weil es ein menschliches Leben war (T 545).

Anmerkungen

A. I. Zur Deutung von Kafkas *Schloß*

1 So Gershom Scholem: *Die Jüdische Mystik in ihren Hauptströmungen*. Frankfurt 1967, S. 68 u. 106. (Im folgenden zitiert als: Gershom Scholem: Die Jüdische Mystik).

2 Ingeborg Henel gibt in: „Die Deutbarkeit von Kafkas Werken" einen Überblick über die verschiedenen Auffassungen der Kafka-Interpreten zur Frage der Deutbarkeit. Die Skala reicht von der Auffassung, daß „jeder Vorgang eine klar und fest umrissene Bedeutung" (so Emrich) hat, über die Auffassung einer „Vielschichtigkeit" von Kafkas Werken bis zu der These, daß der Sinn von Kafkas Werk „eigentlich Sinnlosigkeit" (so Walser) sei. Ingeborg Henel: *Die Deutbarkeit von Kafkas Werken*. in: Wege der Forschung Bd. 322 Wis. Buchges. Darmstadt 1973, S. 407, 413.

3 Heinz Politzer: *Franz Kafka, der Künstler*. S. Fischer 1965, S. 131. (Im folgenden zitiert als: Heinz Politzer: Franz Kafka der Künstler).

4 so Martin Walser:*Beschreibung einer Form. Versuch über Franz Kafka*. Ullstein 1961 Nr. 2878, S. 88. (Im folgenden zitiert als: Martin Walser: Beschreibung einer Form).

5 Vgl. Martin Buber: „Motivworte im Alten Testament" in: *Zwei Glaubensweisen*. Zürich 1950, S. 15, 89.

6 Sacharja 2 (Kapitelüberschrift) in der Lutherbibel vgl. Hesekiel 40, 3.

7 W. v. Goethe: *Zueignung* nach Goethes Sämtl. Werke Cotta 1885, Bd. 1, S. 3.

8 M 104 f.

A. II. Die Entstehung des *Schloß*-Romans

1 Felix Weltsch: *Gnade und Freiheit*. Wolff München 1920. (Im folgenden zitiert als: Felix Weltsch: Gnade und Freiheit).

2 Max Brod: *Heidentum, Christentum, Judentum*. Wolff München 1922. (Im folgenden zitiert als: Max Brod. Heidentum, Christentum, Judentum).

3 s. T 132.

4 Max Brod: *Über Franz Kafka*. Fischer Bücherei Frankfurt a. M. 1966. (Im folgenden zitiert als: Max Brod: Ü F K).

5 vgl. Max Brod: *Ü F K.* S. 137.

6 Der Golem ist der Homunkulus der jüdischen Mystik. s. dazu Gershom Scholem: *Die jüdische Mystik.* S. 108.

7 Kafkas Beschäftigung mit der Kabbala bis zur Zeit der *Schloß*-Entstehung belegt die Notiz aus einem Brief an Max Brod: „Solltest Du kommen, könntest Du nicht eines der kabbalistischen Werke, ich nehme an, daß es hebräisch ist, mitbringen?" (B 303 von Anfang Febr. 1921).

8 Kafka fand dieses Zitat in: Sören Kierkegaard: *Buch des Richters*. hg. von Hermann Gottsched. Diederichs Jena u. Leipzig 1905, S. 160. Er erwähnt dieses Werk am 21. 8. 1913 in seinem Tagebuch (T 318). (Im folgenden zitiert als: Sören Kierkegaard: Buch des Richters).

9 s. B 177, 252, 271, 272f., 332.

10 s. B 264 dazu A 511, 281, 312.

11 s. B 277 dazu A 512.

12 s. Max Brod: *Ü F K,* S. 100.

13 vgl. hierzu Erich Heller in: F 32.

14 s. Einleitung der Zeittafel.

15 Max Brod: *Ü F K.* S. 202 (vgl. B 295).
16 Näheres über Kafkas letzte Begegnungen mit Milena s. Hartmut Binder: *Kafka-Kommentar,* Winkler München 1967.
17 s. Max Brod: *Ü F K.* S. 201 ff.
18 s. dazu Hulda Göhler: *Franz Kafkas Prozeß in der Sicht seiner Selbstaussagen.* in Theol. Zeitschrift hg. von der Theol. Fakultät der Universität Basel Jahrgang 22 Heft 6, 1966.

B. 1. Erster Teil
Die Spieler und ihre Gegenspieler

1 Bezüge auf das Buch Hiob finden sich in den Kapiteln Gehilfen, Schwarzer, Bürgel.
2 Martin Walser: *Beschreibung einer Form.* S. 36.
3 s. B 190, 235, 237.
4 so Kafka in B 239.
5 Kafka fand dieses Wort bei Felix Weltsch: Gnade und Freiheit S. 116.

1. I. Die Beamten

6 s. Max Brod: Nachwort zur ersten Ausgabe des *Schloß*-Romans S. 529, 534.
7 Erich Heller: *Enterbter Geist.* Suhrkamp 1954, S. 318. (Im folgenden zitiert als: Erich Heller: Enterbter Geist).
8 Gershom Scholem: *Die Jüdische Mystik,* S. 227.
9 Gershom Scholem: *Die Jüdische Mystik,* S. 227 f.
10 Gershom Scholem: *Die Jüdische Mystik,* S. 232.
11 Gershom Scholem: *Die Jüdische Mystik,* S. 233.
12 s. Gershom Scholem: *Die Jüdische Mystik,* S. 59.
13 s. Gershom Scholem: *Die Jüdische Mystik,* S. 82, 245.
14 s. Gershom Scholem: *Die Jüdische Mystik,* S. 232.
15 s. Erich Heller: *Enterbter Geist,* S. 322.
16 Walter Köhler: *Die Gnosis.* Religionsgeschichtliche Volksbücher IV. R. Heft 16 Tübingen 1911 nach Klaus Wagenbach: *Franz Kafka. Eine Biographie seiner Jugend.* Bern 1958 (Im folgenden zitiert als: Klaus Wagenbach: Franz Kafka. Eine Biographie), S. 263.
17 Max Brod: *Heidentum, Christentum, Judentum.* Bd. I, S. 327.
18 s. Gershom Scholem: *Die Jüdische Mystik,* S. 81, 192.
19 s. Erich Heller: *Enterbter Geist.* S. 318 ff.
20 Gershom Scholem: *Die Jüdische Mystik,* S. 257.
21 Gershom Scholem: *Die Jüdische Mystik.* S. 232, 258.
22 Gershom Scholem: *Die Jüdische Mystik.* S. 258 f..
23 Erich Heller: *Enterbter Geist.* S. 329.
24 Gershom Scholem: *Die Jüdische Mystik.* S. 247 f..
25 Gershom Scholem: *Die Jüdische Mystik.* S. 249.
26 Gershom Scholem: *Die Jüdische Mystik.* S. 434 Anm. 77.
27 B 505.
28 Max Brod: *Ü F K.* S. 137.
29 ebd.
30 vgl. Gershom Scholem: *Die Jüdische Mystik.* S. 248.
31 Gershom Scholem: *Die Jüdische Mystik.* S. 243.

1. II. Der Landvermesser K.

1 W. Emrich: *Franz Kafka*. Athenäum Verl. 1964 (Im folgenden zitiert als: W. Emrich: Franz Kafka), S. 310.
2 s. Heinz Politzer: *Franz Kafka, der Künstler*. S. 36, 353, 397 f..
3 s. 1. Mose 13, 15; 15, 7; 15, 18; 17, 8; 24, 7; 26, 3; 28, 13; 48, 4. 2. Mose 32, 13; 33, 1; 33, 3. 5. Mose 1, 8; 34, 4.
4 vgl. hierzu Jörgen Kobs: Kafka: *Untersuchungen zu Bewußtsein und Sprache seiner Gestalten*. Athenäum Bad Homburg v. d. H. 1970, S. 307.
5 s. Karel Plicka, Emanuel Poche: *Sieben Tage Prag*. Orbis Praha 1968, S. 102.
6 „Die Rolandfigur war ein Rechtswahrzeichen, Sinnbild des Königsbanns, Königsfriedens, Marktrechtes oder der Gerichtsbarkeit." (Der große Brockhaus 1956. Bd. 10, 42).
7 Das „offene Tor" findet sich noch 3 x in den Skizzen H 290.

1. III. Die Gehilfen

1 Max Brod: *Ü F K*. S. 54.
2 s. Klaus Wagenbach: *Franz Kafka Eine Biographie*. S. 58.
3 Friedrich Nietzsche: *Die Geburt der Tragödie aus dem Geiste der Musik*. Reclam Stuttgart 1966. (Im folgenden zitiert als: Friedrich Nietzsche: Die Geburt der Tragödie).
4 Zu Kafkas Kenntnis der „Geburt der Tragödie" schreibt W. H. Sokel: „Übrigens war es gerade die Geburt der Tragödie, die Kafka bis in seine reifste Zeit schätzte. Kafka schenkte dem jungen Gustav Janouch dieses Werk, wie mir Janouch gesprächsweise mitteilte." (W. H. Sokel: *Franz Kafka: Tragik und Ironie*. München und Wien 1964, S. 545).
5 Friedrich Nietzsche: *Die Geburt der Tragödie*. S. 23 f..
6 s. Walter F. Otto: *Dionysos Mythos u. Kultus*. Frankfurt 1960, S. 100 (Im folgenden zitiert als: Walter F. Otto: Dionysos).
7 Max Brod schreibt zur Namengebung Kafkas: „(Kafka nahm) die Eigennamen ... die er verwendet, ... einfach aus der Lektüre, die ihn gerade beschäftigte. So weisen Namen wie Barnabas oder Galater daraufhin, daß Kafka in den Tagen der Niederschrift eifrig das Neue Testament las" (Max Brod: *Streitbares Leben*. Herbig München 1969, S. 190).
8 Felix Weltsch: *Gnade und Freiheit*. S. 48.
9 Max Brod: *Heidentum, Christentum, Judentum*. Bd. II, S. 184.
10 s. dazu: Johannes Leipoldt: *Dionysos*. Pfeiffer Leipzig 1931. (Im folgenden zitiert als: Johannes Leipoldt: Dionysos) S. 6 ff..
11 Walter F. Otto: *Dionysos*. S. 100.
12 s. Klaus Wagenbach: *Franz Kafka. Eine Biographie*. S. 262. Die Formulierung „die Angst alles Glaubens seit jeher" weist auf ein Werk hin, welches Kafka in seiner Handbibliothek besaß: Max Löhr: *Seelenkämpfe und Glaubensnöte vor 2000 Jahren*. Löhr führt in seiner Darstellung als Kronzeugen der Glaubensnöte Hiob und den Prediger Salomo an, die im *Schloß* zu Gehilfen des K. wurden.

1. IV. Barnabas

1 Max Brod berichtet in „Heidentum, Christentum, Judentum" von seiner Entdeckung der Apostelgeschichte. Die Darstellung des Paulus (II, 171–207) müßte Kafka zur Lektüre der Apostelgeschichte gereizt haben, wenn er sie nicht schon von sich aus gelesen haben sollte.

2 In Kafkas Tagebüchern und in den Oktavheften finden sich einige Pferdeskizzen, die wir als bildliche Darstellung seiner künstlerischen Existenz zu verstehen haben. So T 375 ff., T 377, H 293, H 389, H 412 ff..

3 Friedrich Nietzsche: *Die Geburt der Tragödie*. S. 33 f..

4 Friedrich Nietzsche: *Die Geburt der Tragödie*. S. 30 f..

5 Vgl. hierzu Max Brod: *Der Prager Kreis*. Kohlhammer 1966, S. 89.

6 B 190, 201, 224 f., 230, 234 ff., 240, 333 f..

7 Sören Kierkegaard: *Furcht und Zittern*. Eugen Diederichs Jena 1909 (Im folgenden zitiert als: Sören Kierkegaard: Furcht und Zittern), S. 10.

8 Sören Kierkegaard: *Furcht und Zittern*. S. 8.

9 Gustav Janouch: *Gespräche mit Kafka. Aufzeichnungen und Erinnerungen*. Fischerbücherei 1961 (Im folgenden zitiert als: Gustav Janouch: Gespräche mit Kafka.), S. 18. (Ja)

10 Max Brod: *Ü F K*. S. 72 ff..

11 so Kafka über Kierkegaards „Furcht und Zittern" (B 238).

12 Sören Kierkegaard: *Buch des Richters*. S. 160.

1. V. Die Mittelspersonen

1 Herderlexikon: *Mutterrecht*: „In Abstufungen bei zahlreichen Natur- und Kulturvölkern verbreitetes System von Sitten und Gebräuchen, wodurch die Mutter für die Berechnung der Abstammung (Mutterfolge) und für die Nachfolge im Besitz maßgeblich ist. Während der Vater zur Familie seiner Mutter zählt, übernimmt der Bruder seiner Frau (Mutterbruder) die Erziehung der Kinder".

2 Boẑena Němcová: *Babička*. Erschien als „Die Großmutter" in einer Übersetzung von Hanna und Peter Demetz im Manesse Verlag Zürich 1959. (Im folgenden zitiert als: B. Němcová: *Babička*).

3 vgl. auch: Max Brod: *Ü F K*. S. 193, 371–373.

4 s. Theologisches Wörterbuch zum Neuen Testament. Kohlhammer Stuttgart. (Im folgenden zitiert als: Th. W. z. N. T.) Artikel KYON = Hund Bd. III S. 1100 ff..

5 B. Němcová: *Babička*. S. 433 f..

6 B. Němcová: *Babička*. S. 441 f..

7 In seinen Tagebüchern schildert Kafka ein Gespräch mit einem Juristen: „Gerichtliche Ausdrücke geben der Rede Halt, Paragraphen werden genannt, deren hohe Zahl sie in die Ferne zu verweisen scheint" (T 96 f.). Es ist denkbar, daß Kafka hier die Urform der Reden seines Gemeindevorstehers fand.

8 Malcolm Pasley: *Zur Entstehungsgeschichte von Franz Kafkas „Schloß"-Bild*. Academia, Verlag der Tschechoslowakischen Akademie der Wissenschaften Prag 1967. (Im folgenden zitiert als: Malcolm Pasley: Zur Entstehungsgeschichte von Franz Kafkas *Schloß*-Bild).

9 Erich Heller: *Enterbter Geist*. S. 322.

10 s. Th. z. NT. Bd. VII, S. 818–823, Art. *Synagoge* vgl. 2. Mose 25, 31–39.

11 s. ebd.

12 Felix Weltsch: *Gnade und Freiheit*. S. 47.

13 Felix Weltsch: *Gnade und Freiheit*. S. 48.

14 Max Brod: *Heidentum, Christentum, Judentum*. Bd. I S. 158.

15 Auf weitere Ausführungen Brods über die Theologie des Römerbriefs und Galaterbriefs in Bezug auf das „Gesetz" sei hier nur verwiesen in: *Heidentum, Christentum, Judentum*. Bd. I S. 129; Bd. II S. 74, 178, 181 ff..

1. VI. Frieda

1 Johann Jakob Bachofen: *Mutterrecht und Urreligion*. Auswahl hg. von Rudolf Marx, Alfred Kröner Stuttgart 1941. (Im folgenden zitiert als: Bachofen: Mutterrecht und Urreligion).
2 Bachofen: *Mutterrecht und Urreligion*. S. 131.
3 Bachofen: *Mutterrecht und Urreligion*. S. 259.
4 Bachofen: *Mutterrecht und Urreligion*. S. 130f..
5 Friedrich Nietzsche: *Die Geburt der Tragödie*. S. 23.
6 Friedrich Nietzsche: *Die Geburt der Tragödie*. S. 29.
7 Zitiert nach Walter F. Otto: *Dionysos*. S. 102.
8 so Wilhelm Emrich: *Franz Kafka*. S. 309.
9 Vgl. hierzu H 262. In dem Mittelpunkt dieser Skizze steht das Bild eines „italienischen Städtchens", das von einem „wilde[n] Bergstrom mit einem mächtigen Wasserfall" durchflossen wird.
10 Vgl. H 101.
11 s. dazu Hermann Gunkel: *Genesis*. In Göttinger Handkommentar zum Alten Testament. Göttingen 1917. Dort S. 7 zu Genesis 2, 8–15. Der Garten in Eden: „Der Hebräer hörte aus dem Worte sein hebr. EDEN Wonne heraus".
12 Bei der Anführung der alttestamentlichen Geschichte gehe ich von der Voraussetzung aus, daß für den Juden Baal und Dionysos als Fruchtbarkeitsgötter in einsgesehen wurden. Johannes Leipoldt: Dionysos, S. 11 schreibt von Baal: „Man dient ihm, wie dem Dionysos die Griechen dienen: mit schwärmenden Tänzen, die sich von denen der Mänaden und Satyrn kaum unterscheiden" (vgl. dazu auch S. 18).
13 Zu dieser Psalmstelle bemerkt Hans-Joachim Kraus: „Wenn in 3 und 4 so nachdrücklich betont wird, daß er [Jahwe] als „Hüter Israels" nicht schläft noch schlummert, so wird hier bezeugt, daß Jahwe lebendiger, stets wacher Gott ist. Die Vegetationsgötter des Kulturlandes hingegen sterben mit dem jahreszeitlichen Umbruch, sie schlafen". (Hans-Joachim Kraus: *Psalmen*. In: Biblischer Kommentar Altes Testament Psalmen II Neukirchen 1960, S. 836) Vgl. 1. Könige 18, 27.
14 Vgl. Patrick Bridgwater: *Kafka und Nietzsche*. Bonn 1974, S. 103: „[Klamm] whose very name is Illusion (Czech:klam ‚illusion')."
15 Walter F. Otto: *Dionysos*. S. 80ff.
16 vgl. hierzu H 253f., wo eine Marie, die sichtlich Züge Friedas trägt, aus „engen, kleinbürgerlichen Verhältnissen" kommt.
17 Ich bin hier zu einem anderen Ergebnis gekommen als Max Brod (Max Brod: Ü F K, S. 191) und Klaus Wagenbach (Klaus Wagenbach: *Franz Kafka in Selbstzeugnissen u. Bilddokumenten*. Rowohlt 1964 (Im folgenden zitiert als Klaus Wagenbach: Franz Kafka in Selbstzeugnissen), S. 130f.). Beide sehen in Frieda Züge von Milena Jesenská.
18 Max Brod: Ü F K. S. 130.
19 Zur Begründung der These, daß Kafkas zweite Verlobung mit Felice Bauer Juli 1916 stattfand, verweise ich auf: Hulda Göhler: *Franz Kafkas zweite Verlobung mit Felice Bauer*. In Zf d Ph 1981 Heft 2, S. 198–204.
20 Zusatz zu T 505 nach dem Manuskript. Nach Klaus Wagenbach: *Franz Kafka in Selbstzeugnissen*. S. 101.
21 Malcolm Pasley: *Zur äußeren Gestalt des „Schloß"-Romans*. In Kafka-Symposion DTV München 1969 (Im folgenden zitiert als: Malcolm Pasley: Zur äußeren Gestalt des „Schloß"-Romans), S. 140, 142.
22 Ralf R. Nicolai hat es unternommen, in seiner Arbeit *Ende oder Anfang* (Ralf R. Nicolai: *Ende oder Anfang Zur Einheit der Gegensätze in Kafkas Schloß* München 1977) Kafka von Kleists Marionettentheater her zu interpretieren.

Bekanntlich hat Kleist in seinem Aufsatz: *Über das Marionettentheater* den Sündenfall von Genesis 3 als ein Essen vom „Baum der Erkenntnis" verstanden. Nicolai stellt nach Kleist die geistige Entwicklung des Menschen in drei Stufen dar.

Der Mensch der ersten Stufe ist der nicht reflektierende Mensch, der wie die Marionette aus ihrem inneren Zentrum lebt. Der Mensch der zweiten Stufe hat durch seine Fähigkeit zur Reflexion dieses innere Zentrum verloren. Er verlor damit durch sein Essen vom „Baum der Erkenntnis" das Paradies und wurde in seiner Erscheinung wie der sich spiegelnde Dornauszieher der Mensch ohne „Grazie".

Auf der dritten Stufe sollte der Mensch nach einer „Reise um die Welt" das „unendliche Bewußtsein Gottes" erringen, in welchem die extremsten Gegensätze: Unbewußtheit und Bewußtheit zu einer neuen Einheit verschmelzen.

Nicolai setzt dieses „unendliche Bewußtsein" des Menschen der dritten Stufe gleich mit der Coincidentia oppositorum, dem „wissenden Nichtwissen" des Nikolaus von Kues.

Infolge seines Ansatzes lehnt Nicolai eine religiöse Interpretation von Kafkas *Schloß* ab, ihn interessiert in allen Kapiteln nur die Frage: bewußt – unbewußt. Darum muß Nicolai vieles verkürzt sehen, manches Entscheidende nicht in den Blick bekommen. So übersieht er, daß bei Kafka wie in der Bibel der Mensch vom Baum der Erkenntnis *des Guten und Bösen* ißt, daß das Erwachen des K. wie das des Adam ein Erwachen *nach* dem Sündenfall ist. Mit wichtigen Heilserscheinungen wie der des Alten in der Badestube und des Mädchens aus dem Schloß kann Nicolai nichts anfangen, bei seiner Analyse der Bürgelszene bemerkt er nicht, daß an ihrem Ende der schlaftrunkene K. Bürgels Fuß ergreift. Die Grundfrage des Romans: Fluch oder Segen, die hinter allen Gestalten des Romans steht, wird durch Nicolais starres Blicken auf das bewußt-unbewußt verdeckt.

1. VII. Pepi

1 Vgl. hierzu H 328 und H 381.
2 W. Emrich: *Franz Kafka.* S. 334.
3 vgl. die einleitenden Bemerkungen über Grete Bloch F 469f..
4 vgl. T 353 und 354 vom 23. u. 26. 1. 1914.
5 In Bayern mit seinem München sind Namen auf -meier häufig.
6 Näheres bei Max Brod: Ü F K, S. 210. Brod bringt einen Brief Grete Blochs an einen Freund in Israel, in dem sie in Andeutungen auf Kafka als Vater ihres unehelichen Sohnes hinweist.
7 S. F 469 f..
8 Chris Bezzel *Kafka-Chronik.* Reihe Hanser 178, 1975. (Im folgenden zitiert als: Chris Bezzel: Kafka-Chronik).
9 Chris Bezzel: *Kafka-Chronik.* S. 197: „Die Argumente in F 469f. gegen K.s mögliche Vaterschaft überzeugen nicht. Vgl. b 3: 115f., bi 296, wa 99f.".
10 Chris Bezzel: *Kafka-Chronik.* S. 102.
11 so Max Brod: *Ü F K.* S. 209.
12 Chris Bezzel: *Kafka-Chronik.* S. 99.

1. VIII. Die Schwestern Amalia und Olga

1 Heinz Politzer: *Franz Kafka, der Künstler.* S. 384.
2 Erich Heller: *Enterbter Geist.*
3 W. Emrich: *Franz Kafka.*
4 Erich Heller: *Enterbter Geist.* S. 320f..

5 Malcolm Pasley: *Zur äußeren Gestalt des „Schloß"-Romans.* S. 139, 142.
6 Kafka erwähnt „Dichtung und Wahrheit" T 214, 246.
7 Wilhelm Bode: *Damals in Weimar.* Weimar 1916², S. 31, 79.
8 s. Klaus Wagenbach: *Franz Kafka. Eine Biographie.* S. 252.
9 s. Max Brod: *Ü F K.* S. 153.
10 Zur Frage der Übernahme der Eigennamen aus der Lektüre schreibt Max Brod: „Er [Kafka] nahm sie [die Eigennamen] einfach aus der Lektüre, die ihn gerade beschäftigte ... Bertuch deutet auf Goethe-Lektüre". (Max Brod: *Streitbares Leben.* München 1969, S. 190).
11 August Diezmann: *Goethes Liebschaften und Liebesbriefe.* Halle a. S. 1913. (s. Klaus Wagenbach: Franz Kafka. Eine Biographie. S. 256). (Im folgenden zitiert als: August Diezmann: Goethes Liebschaften).
12 August Diezmann: *Goethes Liebschaften.* S. 134. Vgl. Goethe: Dichtung und Wahrheit, Cotta 1885 Bd. 25, S. 256.
13 Goethe: *Dichtung und Wahrheit.* s. o. S. 263.
14 Erich Heller: *Enterbter Geist.* S. 318.
15 Erich Heller: *Enterbter Geist.* S. 321.
16 Sören Kierkegaard: *Furcht und Zittern.* Kafka dürfte „Furcht und Zittern" in dieser Übersetzung kennengelernt haben. Nach Klaus Wagenbach (Franz Kafka: Eine Biographie) finden sich auf der fragmentarischen Liste von Kafkas Handbibliothek noch Band 5 und Band 8 der Diederichsschen Ausgabe. Wir dürfen wohl annehmen, daß Kafka Band 3 mit „Furcht und Zittern" auch in dieser Ausgabe benutzt hat.
17 Die hier von Kafka gebrachten Begriffe: „Dialektik", „Ritter der Unendlichkeit", „Ritter des Glaubens", „Bewegung" sind in „Furcht und Zittern" von Sören Kierkegaard in dem Kapitel „Vorläufige Expektoration" (S. 7–10) dargestellt. Die „Durchreflektiertheit" des „Gott versuchte Abraham" ist besonders deutlich in den Kapiteln „Stimmung" (S. 7–10) und „Lobrede auf Abraham" (S. 11–18).
18 Sören Kierkegaard: *Furcht und Zittern.* S 28, 33.
19 Max Brod: *Heidentum, Christentum, Judentum.* Bd. 2, S. 264ff..
20 Kafka schrieb diesen Brief am 7. 8. 1920, kurz vor Beginn der ersten *Schloß*-Skizzen (s. Zeittafel).
21 Ernst Troeltsch: *Luther und der Protestantismus.* In: *Die Neue Rundschau* Bd. 2, Oktober 1917 (Im folgenden zitiert als: Ernst Troeltsch: Luther und der Protestantismus), S. 1321.
22 ebd. S. 1322.
23 Die Anziehungskraft des Prometheus-Mythos auf Kafkas Denken beweist H. 100.
24 Sören Kierkegaard: *Furcht und Zittern.* S. 9.
25 Sören Kierkegaard: *Furcht und Zittern.* S. 110.
26 ebd. S. 9.
27 Heinz Politzer: *Franz Kafka, der Künstler.* S. 388.
28 s. Entstehungsgeschichte. Vgl. B 511 A 4.
29 Die Prädestination Esaus stellt die Bibel dar: Genesis 25, 23; Römer 9, 10–12.
30 Vgl. zu dem betr. Brief an Brod den *Schloß*-Entwurf, in dem Mizzi bei einem versuchten Handkuß des K. einen „kleinen Schreckensschrei" ausstößt (469). Vgl. auch die Feststellung des Kaufmanns im „Prozeß", „daß viele aus dem Gesicht des Angeklagten, insbesondere aus der Zeichnung der Lippen, den Ausgang des Prozesses erkennen wollen" (P 210).
31 Heinz Politzer: *Franz Kafka, der Künstler.* S. 388.
32 Gershom Scholem: *Die Jüdische Mystik.* S. 258f..
33 Sören Kierkegaard: *Furcht und Zittern.* S. 48–60.
34 Hans-Joachim Schoeps: *Theologische Motive in der Dichtung Franz Kafkas.* In: *Die Neue Rundschau.* Jg. 62, 1951 (Im folgenden zitiert als: Hans-Joachim Schoeps: Theologische Motive), S. 29, 55.

35 Zu „Bene Elohim" s. W. Gesenius: Hebr. Wörterbuch 6. Aufl. 1863 zu Art. „El" im Plural, S. 55 mit Bez. auf 1. Mose 6, 2ff.. Kafka benutzt meist den Luthertext (s. T502); die in dem Wechsel des Vokabulars „Diener" – „Knechte" hier offenbar zugrundeliegende Verarbeitung von Genesis 6 weist aber daraufhin, daß er den hebräischen Urtext kannte.

36 Hans-Joachim Schoeps: *Theologische Motive.* S. 30.

37 Malcolm Pasley: *Zur äußeren Gestalt des „Schloß"-Romans.* S. 138.

38 so Gerhard v. Rad: *Theologie des Alten Testaments* Bd. 1. München 1958, S. 164.

39 ebd.

40 so Max Brod: *Ü F K.* S. 191f., Klaus Wagenbach: *Franz Kafka in Selbstzeugnissen.* S. 131.

41 Nach Beginn der *Schloß*-Skizzen geschrieben (s. Zeittafel).

42 Max Brod: *Ü F K.* S. 202. Dieser von Milena erwähnte Brief ist in den „Briefen an Milena" nicht vorhanden.

43 s. Max Brod: *Ü F K.* S. 196–209.

44 Margarete Buber-Neumann: *Kafkas Freundin Milena.* München 1963 (Im folgenden zitiert als: Margarete Buber-Neumann: Kafkas Freundin Milena).

45 s. Entstehungsgeschichte.

46 Margarete Buber-Neumann: *Kafkas Freundin Milena.* S. 123.

47 Vgl. Max Brod: *Ü F K.* S. 194.

48 Margarete Buber-Neumann: *Kafkas Freundin Milena.* S. 53.

49 Willy Haas, Herausg. von *Kafkas Briefen an Milena.* (M), im Nachwort S. 274.

50 Milena starb 1944 als Widerständlerin gegen das Nazi-Regime im Konzentrationslager Ravensbrück.

51 Margarete Buber-Neumann: *Kafkas Freundin Milena.* S. 23.

52 Vgl. M 43, 259.

53 Margarete Buber-Neumann: *Kafkas Freundin Milena.* S. 68.

54 Maragarete Buber-Neumann: *Kafkas Freundin Milena.* S. 83.

55 Max Brod: *Ü F K.* S. 200.

56 Vgl. M 116f.: „Ich bin überzeugt, daß Du schreckliche Dinge erlebt oder sogar getan hast …".

57 Margarete Buber-Neumann: *Kafkas Freundin Milena.* S. 89ff..

58 Ein Greisler ist im Österreichischen Besitzer eines „Tante-Emma-Ladens".

59 Max Brod: *Ü F K.* S. 202ff..

60 s. Klaus Wagenbach: *Julie Wohryzek, die zweite Verlobte Kafkas.* in Kafka-Symposion D T V München 1969, S. 31–42. Wagenbach führt als seine Quellen an: H 213ff., M 15f., 32, 50, 52, 89f., 121f., T 539f.. Julie Wohryzek wird als „Mädchen" außerdem noch erwähnt: M 68, 79f., 85ff., 101, 119f., 134f..

61 Dieser Satz ist geschrieben am „Montag" nach dem Treffen in Wien, also am 4. Juli 1920.

62 Das Datum dieses Briefes ist der 19. Juli (vgl. M 103 vom 14. Juli).

63 am 14. Juli 1920.

64 Klaus Wagenbach: *Franz Kafka. Eine Biographie.* S. 262.

65 s. Max Brod: *Ü F K.* S. 194.

66 Max Brod: *Ü F K.* S. 204.

67 Max Brod: *Ü F K.* S. 203.

68 Vgl. dazu A 509.

69 Margarete Buber-Neumann: *Kafkas Freundin Milena.* S. 46.

70 Max Brod: *Ü F K.* S. 196–209.

71 Milena und Ernst Polak heirateten 1918 (s. Margarete Buber-Neumann: *Kafkas Freundin Milena.* S. 80f.). 1920 wird Milena Kafka von ihrer Ehe gesprochen haben.

72 s. Margarete Buber-Neumann: *Kafkas Freundin Milena.* S. 229.

1. IX. Der Vater

1 Max Brod: *Ü F K.* S. 310.
2 Ich folge hier den Ausführungen von Gershom Scholem: *Die Jüdische Mystik.*
3 ebd. S. 45.
4 ebd. S. 47.
5 ebd. S. 171.
6 ebd. S. 177.
7 ebd. S. 106.
8 ebd. S. 68.
9 ebd. S. 106.
10 Vgl. dazu Hans-Joachim Schoeps: *Theologische Motive.* S. 20f..
11 ebd.
12 Vgl. auch den Schluß der Parabel: „Vor dem Gesetz" im *Prozeß* von F. Kafka (P 257).
13 Sören Kierkegaard: *Furcht und Zittern.* S. 107.
14 ebd.

B. 2. Zweiter Teil
Das Spiel: Der Weg des K.

1 Heinz Politzer: *Franz Kafka, der Künstler.* S. 355.
2 „Zeitangaben werden immer seltener und ungewisser, je weiter der Roman fortschreitet". (Heinz Politzer: *Franz Kafka, der Künstler.* S. 355).
3 Winfried Kudzus: *Erzählhaltung und Zeitverschiebung in Kafkas „Prozeß" und „Schloß".* Aus: Deutsche Vierteljahresschrift f. Lit. und Geistesgesch. 38, 1964 (Bd. 28), S. 192–207. zit. nach „Franz Kafka" (Wissens. Buchges. Darmstadt 1973, S. 346).
4 Gershom Scholem: *Die Jüdische Mystik.* S. 52.
5 Gershom Scholem: *Die Jüdische Mystik.* S. 240.

2. I. Im Dorf

1 Wilhelm Emrich: *Franz Kafka.* S. 310.
2 Gershom Scholem: *Die Jüdische Mystik.* S. 12. Vgl. Julius Guttmann: *Die Philosophie des Judentums.* München 1933, S. 183.

2. II. Begegnung mit Schwarzer

1 Kafkas Bezeichnung auf dem Vorsetzblatt zum zweiten Manuskriptheft des Romans in: Malcolm Pasley: *Zur äußeren Gestalt des „Schloß"-Romans.* S. 137.
2 Zwingli-Bibel Zürich.
3 Felix Weltsch: *Gnade und Freiheit.* S. 116.
4 Gershom Scholem: *Die Jüdische Mystik.* S. 14.

2. III. Auf dem Weg zum Schloß

1 Kafka schreibt an Felix Weltsch: „Wenn Du mir eine gut gedruckte und käufliche Ausgabe der „Bekenntnisse" des Augustinus angeben könntest, würde ich es mir gern bestellen." (B 203 s. auch H 446).

2 *Augustinus Bekenntnisse.* Fischer Bücherei 1955, S. 7.
3 s. Gershom Scholem: *Die Jüdische Mystik.* S. 238. Vgl. dazu den „Herrn de Pointin" der Skizze H 289f..

2. IV. In der Badestube

1 Ronald Gray: *Kafkas Castle.* Cambridge 1956, S. 18.
2 Wilhelm Emrich: *Franz Kafka.* S. 326.
3 Felix Weltsch: *Gnade und Freiheit.* S. 61.
4 P 242.
5 so Wilhelm Emrich: *Franz Kafka.* S. 326.
6 Sören Kierkegaard: *Buch des Richters.* S. 160.
7 Sören Kierkegaard: *Einübung im Christentum.* Eugen Diederichs Jena 1924. (Im folgenden zitiert als: Sören Kierkegaard: Einübung im Christentum).
8 Sören Kierkegaard: *Einübung im Christentum.* S. 110–124.
9 M. D. Georg Langer: *Die Erotik der Kabbala.* Prag 1923, S. 49. (Im folgenden zitiert als: Georg Langer: Die Erotik der Kabbala).
10 Georg Langer: *Die Erotik der Kabbala.* S. 22.
11 Gershom Scholem: *Die Jüdische Mystik.* S. 290.
12 Taufen und tauchen gehören zusammen. Die Taufe ist ein Untertauchen.
13 Kafka fand bei Felix Weltsch: *Gnade und Freiheit.* S. 72 die Beschreibung der Umkehr = Teschuba): „Teschuba – Umkehr – so heißt der Akt der Entscheidung in seiner letzten Steigerung: Wenn er die Cäsur eines Menschenlebens, den erneuernden Umschwung mitten im Verlauf einer Existenz bedeutet. Wenn mitten in der „Sünde", in der Entscheidungslosigkeit, der Wille zur Entscheidung erwacht, birst die Decke des gewohnten Lebens, die Urkraft bricht durch und stürmt zum Himmel empor".

2. V. Am Scheideweg: Klamms Briefe

1 So bezeichnet Kafka die Meditation des K. zu Klamms Brief in seiner Überschriftenliste des ersten Manuskriptheftes. S. Malcolm Pasley: *Zur äußeren Gestalt des Schloßromans.* S. 138.
2 Felix Weltsch: *Gnade und Freiheit.*
3 Weltsch hält es mit dem Talmud für möglich, daß der „Reine und Geheiligte ... aus seinem Trieb einen Wagen für Gott" macht. (Felix Weltsch: *Gnade und Freiheit.* S. 63).
4 „sie (die religiöse Freiheit) tritt verkleidet auf als Pantheismus, ja oft auch als die Attitüde Luzifers, des schönen, aufbegehrenden Teufels". (Felix Weltsch: *Gnade und Freiheit.* S. 92) „Der Abgrund, in den Luzifer fiel, gähnt auf dem Wege des Freiheitsgläubigen". (Felix Weltsch: *Gnade und Freiheit.* S. 114).
5 Vgl. hierzu Gerhard Neumann: *Umkehrung und Ablenkung: Franz Kafkas „Gleitendes Paradox".* zit. nach: Franz Kafka. Wissenschaftliche Buchgesellschaft Darmstadt 1973, S. 461. „Es wäre durchaus möglich, hier (bei Kafkas Verwandlung des: „Wer sucht, der findet" in „Wer sucht, findet nicht, aber wer nicht sucht, wird gefunden") augustinische, aber auch calvinistische Vorstellungen zur Deutung heranzuziehen".
6 Felix Weltsch: *Gnade und Freiheit.* S. 55 u. 56.
7 ebd.
8 Eine scheinbar unbeteiligte Gerichtsgestalt, wie es Momus ist, findet sich in zahlreichen Entwürfen. So: H 249f., 250f., 253, 263ff., 265.
9 Malcolm Pasley: *Zur äußeren Gestalt des Schloß-Romans.* S. 140.

10 Homer *Odyssee* (in der Übertragung von J. H. Voss) XIII. Ges. V. 254.
11 Homer *Odyssee*. XIII. Ges. V. 288.
12 Homer *Odyssee*. XII. Ges. V. 428.
13 Homer *Odyssee*. XVI. Ges. V. 171.
14 Homer *Odyssee*. XII. Ges. V. 290–292.
15 Abbildung in: Walter F. Otto: *Die Götter Griechenlands*. Frankfurt 1970, S. 48.
16 Die Möglichkeit, Kafkas Helden K. in der Nähe des Atlas zu sehen, wird durch H 107 gestützt.
17 S. Theol. Wörterbuch NT Bd. II, *Art. dokeo, doxa*. S. 235ff..

2. VII. Mit der Barnabasfamilie

1 S. dazu: 1. Mose 4 (Kain und Abel) im Vergleich mit B 181; 1. Mose 25 (Jakob und Esau) im Vergleich mit T 506; 5. Mose 11, 29; 27, 12–13; 28, 23 (Fluch oder Segen von Ebal und Garizim) im Vergleich mit dem Wort aus dem *Kübelreiter:* „Der Himmel ein silberner Schild gegen den, der von ihm Hilfe will" (E 195).

2. VIII. Im Herrenhof

1 Vgl. Jesaia 65, 1.
2 E. Wasserzieher: *2000 Vornamen erklärt*. Bonn 1959, S. 56.
3 Martin Buber: *Zwei Glaubensweisen*. Zürich 1950, s. Vorwort S. 5–14.
4 Ja 26f..
5 s. Friedrich Nietzsche: *Die Geburt der Tragödie*. S. 19–22.
6 Klaus Wagenbach: *Franz Kafka. Eine Biographie*. S. 257.
7 Sören Kierkegaard: *Die Krankheit zum Tode*. Ges. Werke Bd. VIII. Eugen Diederichs Jena 1911, S 35/36.
8 Friedrich Beissner: *Der Erzähler Franz Kafka*. Stuttgart 1952, S. 28: „Kafka erzählt stets einsinnig".
9 Die Formulierung: Der „schreiende Herr" mag Kafka in Anlehnung an eine Dichtung gekommen sein, welche er besaß. (s. Klaus Wagenbach: Franz Kafka: Eine Biographie. S. 259). Es ist: „Die Litanei vom schreienden Christus" von Charles Peguy (Drugulin Drucke Neue Folge, Nr. 8, München 1920). Diese Litanei gipfelt in der Meditation über den letzten Schrei Christi, der seiner „unendlichen Todesangst" um Judas, den „hohen Verdammten", entspringt.
10 Im Apparatband der 1982 bei Fischer erschienenen textkritischen „Schloß"-Ausgabe findet sich ein Entwurf des Endes der Bürgelszene, der die hier gezeichnete Interpretation, das Fuß-Ergreifen als Proskynese zu verstehen, bestätigt. Es heißt dort: „... er aber lag bäuchlings ausgestreckt, auf der roh seidenen Decke über das ganze Bett hin" (S. 437).

2. X. Des Weges Ende

1 s. T 507, H 324, P 272.
2 s. T. 182.

C. Die *Schloß*-Dichtung als aufbauende Zerstörung

1 s. 1. Mose 2, 15–17.
2 vermutlich Brods Roman: „Das große Wagnis".
3 Ernst Troeltsch: *Luther und der Protestantismus.* S. 1297–1325.
4 „Heilanstalt" ist eine fehlerhafte Wiedergabe von Troeltsch. Troeltsch spricht (S. 1302) von einer „Heilsanstalt".
5 Ernst Troeltsch: *Luther und der Protestantismus.* S. 1322.
6 Erich Heller: *Enterbter Geist.* S. 315.
7 B 238.
8 Sören Kierkegaard: *Furcht und Zittern.* S. 31: „ ... die Bewegung des Glaubens muß beständig kraft des Absurden gemacht werden".
9 So Ingeborg C. Henel: *Die Deutbarkeit von Kafkas Werken.* in: Wege der Forschung Bd. 322 Franz Kafka, Wissenschaftliche Buchges. Darmstadt 1973, S. 415. So auch Max Brod, wenn er von dem „angeblichen Landvermesser" spricht. (526)
10 Vgl. dazu: „Ein Lehrer, der das Gefühl an einer einzigen guten Tat, an einem einzigen guten Gedicht erwecken kann, leistet mehr als einer, der uns ganze Reihen untergeordneter Naturbildungen dem Namen nach überliefert; denn das ganze Resultat davon ist, was wir ohnedies wissen können, daß das Menschenbild am vorzüglichsten und einzigsten das Gleichnis der Gottheit an sich trägt". (W. v. Goethe: *Die Wahlverwandtschaften,* Teil II. Cotta 1830 Bd. 17, S. 294).